The
Know-It-All

ONE MAN'S HUMBLE QUEST TO BECOME THE SMARTEST PERSON IN THE WORLD

我的
大英百科
狂想曲

[美]A.J.贾各布斯 著

黄芳田译

人民文学出版社

著作权合同登记:图字 01-2011-4421 号

A. J. JACOBS

THE KNOW-IT-ALL: ONE MAN'S HUMBLE QUEST TO BECOME THE SMARTEST

"Chinese translation Copyright © 2012 by SHANGHAI 99 CULTURE CONSULTING CO, LTD
"Original English language edition Copyright © 2004 BY A. J. JACOBS
Simplified Chinese characters edition arranged with SIMON & SCHUSTER INC. through BIG APPLE AGENCY, INC. , LABUAN, MALAYSIA.

图书在版编目(CIP)数据

我的大英百科狂想曲/(美)贾各布斯
(Jacobs, A. J.)著;黄芳田译.—北京:人民文学出
版社,2012
    ISBN 978-7-02-008858-4

    Ⅰ.①我… Ⅱ.①贾… ②黄… Ⅲ.①读书笔记-美
国-现代-选集 Ⅳ.①Z471.2

中国版本图书馆 CIP 数据核字(2011)第 252346 号

特约策划:王轶华
责任编辑:吴继珍
封面设计:董红红

出版发行		人民文学出版社
社	**址**	北京市朝内大街 166 号
邮政编码		100705
网	**址**	http://www. rw-cn. com
印	**制**	山东临沂新华印刷物流集团
经	**销**	全国新华书店等
字	**数**	300 千字
开	**本**	890×1240 毫米 1/32
印	**张**	13.5
印	**数**	1—10000
版	**次**	2012 年 1 月北京第 1 版
印	**次**	2012 年 1 月第 1 次印刷
书	**号**	978-7-02-008858-4
定	**价**	35.00 元

给我的妻子,茱莉

献词

　　我要感谢罗伯·威斯巴赫,他不但是这个世界上最聪明的编辑,也是一个宽容、无条件支持我的好朋友。我还要感谢彼得·布莱斯勒、斯科特·西蒙以及所有国家广播电台的高层们。感谢特德·艾伦、香农·巴尔、吉尼亚·贝拉丰特、史蒂夫·本德尔、布莱恩·弗雷泽、斯蒂芬·科里·弗里德曼、大卫·格兰杰、斯隆·哈里斯、安德鲁·伦德、里克·马林、维克多·奥佐尔斯、汤姆·帕勒那斯、布兰登·沃恩以及安迪·沃德。感谢我的家人以及我妻子的家人,他们没有因为这本书涉及他们的隐私而表示反对,反而给予了极大的鼓励。毫无疑问的,我还要感谢我的妻子茱莉,在她答应嫁给我的那一刻,我就变成了这个世界上最幸运的男人。

作者序

　　我知道在土耳其引领风骚的前卫杂志的名称。我知道美国第六任总统亚当斯是为了钱而结婚。我知道美国喜剧演员艾博特是个卖友求荣的人，爱尔兰很盛行缺席选票①，侏儒的屁股很翘。

　　我知道英国人在一七九七年试过抽取"钟税"（犯了大错）。我知道美国职业棒球选手汉克·阿伦曾经帮印第安纳波里小丑队打过棒球。我知道圣经里的亚当活的时间比美国新闻节目《六十分钟》及《六十分钟续集》所有记者的年龄加起来都长（正确来说是九百三十岁）。我知道南美洲的阿查瓜族②膜拜湖泊，以及第一个把棒球引进日本的人是个共产党员，还有美国第十八任总统格兰特认为威尼斯"如果把水排干"会是挺美好的城市。

　　我所以会知道上述这一切，是因为我刚刚读完了大英百科全书开首一百页，觉得自己有点像著名的气球飞行员阿布鲁佐在高空飞行般感到头晕，但也惊觉世上的资讯量多到如此荒唐的地步，感到自己才把这些资料拼命往脑里塞，它们就满得从我两耳点点滴滴流了出来。但最重要的是我

---

① 通过邮寄方式预先投票给选举机构。
② 阿查瓜人是委内瑞拉和哥伦比亚东部的南美印第安人。

1

已下定决心，要把这套百科全书依照英文字母顺序从头到尾读一遍，或说得明确点，从第一条"雅乐"(a-ak)到最后一条"日维茨"(zywiec)。现在我连 A 字首前面部分都还没读完，但我会继续翻阅下去，直到全部读完为止。我已经上路了，只剩三万二千九百页就读完了！

这事怎么发生的？我怎么会发现自己一屁股坐进长沙发里，眯眼看着细小字体讲述侏儒屁股以及南美洲湖泊呢？且让我稍稍往前追溯一下。

我以前确实挺聪明的，那是在中学和大学时代，事实上大家还认为我蛮有头脑的。我度假时带着劳伦斯的小说，辩论起马克思主义基本原理满腔热忱，谈话间不时加个文绉绉的"纵然如此"，肚子里挺有料的。大学毕业后的几年里，我开始了漫长又缓慢的下滑，滑向愚钝。到了三十五岁，我已经变得无知到丢脸的地步。要是情况再这样下去，到四十岁时，我大概只会把日子花在收看《幸运轮》综艺节目，就此终老，而且愈来愈懒。

我就像我这一代的许多人一样，眼看着当年昂贵的大学教育逐渐化为乌有。没错，我是还记得在布朗大学四年里所学的几件事，举例来说，我记得在宿舍房间地板上放了五天的墨西哥面饼卷多少还是可以吃的，只要咀嚼够用力的话。至于真正书本上的学习呢？我不假思索可以确切回想起班上三件事情：

一、比较文学教授把美国著名诗人惠特曼排除在课程外。

二、西班牙文班上有个激进的女权主义者拒绝用阳性代名词。"La polloe""不对，el pollo。""La polloe""不对，不对，el pollo。"等等。①

三、在尼采研讨会上，有个家伙举手发言："要是我再多听一分钟这个，我会疯掉。"然后他猛地站起身来走到教室后方，从窗口跳出去。那是地面楼层的窗口，不过还是很令人难忘的一幕。

我的才智急速下跌，部分要归咎于生涯选择。大学毕业后，我在《娱乐周刊》找到一份撰稿工作，这份杂志专门报道影视和音乐圈动态。我的脑袋里塞满了流行文化的无用废物。我记了"超级男孩"合唱团团员的姓名，还有他们的编舞者姓名。我可以告诉你哪个明星戴了遮秃假发，哪个人的

①　Pollo 为公鸡。西班牙文的名词、冠词要随词性阴阳之分而定，la 为阴性冠词，el 为阳性冠词。

乳房是假的,哪个人又是两者都有。但这也意味着,凡是深刻的东西都挤出我脑袋之外。我可以很自信地谈那个吃甜甜圈的荷马,却完全忘了那个写出长篇史诗的盲眼家伙。①除了八卦报纸的八卦专栏,以及封面上有魅力名人照片的书之外,我已经不阅读其他东西了。我书房里还真的有一本翻烂的女星玛丽露·亨纳尔自传。后来我在《君子》杂志找到编辑工作,情况算是略有改善(我现在知道 Syrah 和 Shiraz 是同一种酿酒葡萄的不同称法),但是我目前的知识基础依然破得可悲,到处是马龙·白兰度身材那般大小的缺口(顺便一提,我也读过他的自传)。

多年来,我也想过要阅读大英百科,但没很当真。虽然这辈子我还没完成什么特别叫人另眼相看的事,除非你把我小时候搜集各大航空公司呕吐袋一事算进去,但我一向都认为读大英百科是很不错的磨炼。这是座知识的最高峰,我的珠穆朗玛峰,庆幸的是,这座知识的珠穆朗玛峰不会在我两边耳朵形成冰锥,也不会剥夺我最心爱的气体之一——氧气。而且在每样事情上,我都上了个速成课,学习方面也不会再有任何缺口没填补。在这个凡事都极端讲究专精的时代,我会成为美国最后一个拥有全面知识的人,还大有可能成为世上最聪明的人。

其实我以前也真的涉猎过工具书,话说大学毕业之后,我曾花了两天时间钻研韦氏大字典,但主要是为了找一些只有两个字母的字,以便我跟人玩拼字游戏板时可以出招考倒别人(那时我算是待业青年)。结果那次经验还蛮成功的。你大可赌上最后一块 xu(苏,越南货币单位),赌我连 gi(空手道服装)都不用穿,就可以踢我 jo(苏格兰俚语,女友之意)的屁股。

但是阅读大英百科这点子,其实是从我爸那里偷学来的。我还在念高中一年级时,我爸这位纽约律师就决定要阅读大英百科。我爸是个热爱学习的人,他去念工程研究所,然后又去念商学研究所,再去念法律研究所。就在他准备报名念医学研究所时,我妈跟他说,找份工作或许是比较好的点子,因为有工作就可以赚钱,有了钱,对于购买食物多少颇有帮助。不过尽管他白天上班,却还是继续维持他的读书瘾并写学术性文章。一九八二

---

① 吃甜甜圈的是卡通《辛普森家庭》的爸爸荷马·辛普森,写长篇史诗的则是希腊盲眼诗人荷马,他著有《伊里亚特》。

3

年，他认定要在每件事情上成为速成专家的话，大英百科不失为很好的捷径。但他念到B字首的一半，我想大概是到了"婆罗洲"(Borneo)条目，却半途而废，他归咎于太忙。如今我打算从事这项大业，挽救家族荣誉。

我打电话告诉老爸这个好消息。

"我准备把你开了头的事给做完。"

"我不懂你在说什么。"他说。

"我要把整套大英百科读一遍。"

他一时没吭声。"我听说P字首那部分是最棒的。①"

我就知道他会说俏皮话，因为这是他的作风。他满脑子各种领域的资讯和智慧，但对着我姐姐和我时，却宁愿讲笑话、耍宝，譬如帮我们倒水时满到杯口，整得我们喝水时一定会泼洒出来。他的严肃谈话都留到上班去讲，或者跟家族里的其他律师讲，我们家族里有十几位优秀律师。说不定这情况很快就会改变，或许等我跟他谈起腓尼基人那套精密复杂的法律系统时，他会把我纳入他那个大人的圈子里。

我也拿这点子去试探我太太茱莉，那天晚上我们两个正开始清洗堆积如山的碗盘。

"我认为我有必要变聪明一点。"我说。

"为什么？你已经很聪明啦。"茱莉示意我把海绵递给她。

"我想我得少看一点真人秀电视节目。"我说。

"我们大可把每天看电视的时间限制到两三个小时。"

"所以我想去读百科全书。"她没有接腔。"大英百科，从头到尾，从A字首条目到Z字首条目。"

我看得出茱莉不看好我，而且她理由充分。当年我们两个是在《娱乐周刊》上班时认识的，她做业务，拉广告、跟客户闲聊，在交际场合如鱼得水，我则拙于社交，而且她非常实际，我则很不实际。谈恋爱刚开始进展很慢，主要因为她以为我是个同性恋，但迄今我们也厮守五年了。这些年里，她听我宣布过很多其他大计，例如有次我想要发起杂志界的桌球联盟，或者打算要写一个以身怀妥瑞氏症的总统为主角的电影剧本(剧名暂定:《向

---

① 指 please(拜托)。

怪元首致意》),到头来却只见这些大计——告吹。

"亲爱的,很难说,"她终于答腔了,"听起来好像又是白费工夫。"

先不说这不看好以及有点忧虑的部分。茱莉光是设法把我拉出家门,去跟其他真实的三度空间人类互动,就已经大费周章了。无疑她已经推测到,这套百科全书又让我添了一个理由,更可以紧赖在我们家那张舒适的长沙发上。"不如吃遍纽约每家餐厅怎么样?"茱莉建议说,"你可以从餐厅名字A字首的那家吃起,然后一家一家吃到Z字首的,这不是很好玩吗?"

很英勇的尝试。不过我对这百科行动计划认真得很。

等我告诉朋友们时,也没得到多少热烈支持。"你不能读读《克里弗名著解读》(Cliffs Notes)丛书①就算了吗?"这是最多人的回应。有个朋友提议我不妨改为阅读儿童读物《布朗小百科》的每一册。有的人觉得也许小孩子看的《世界百科全书》的程度还比较适合我,起码包含了大量图片。不行,我告诉他们说,我读的非得是大英百科不可。

的确也是非它不可。昨晚我做了百科全书的初步调查研究,大英百科依然维持金牌水准,是百科全书中的蒂芙尼珠宝。它创始于一七六八年,是史上再版最持久的工具书。过去那些年代,为大英百科撰写条目的人包括爱因斯坦、弗洛伊德,还有魔术师胡迪尼。目前的撰文者名单有十几位诺贝尔奖及普立策奖得主的大学教授,还有其他颁奖典礼的获奖者,这些颁奖典礼可不是美国电视名人梅丽莎·李佛斯会评论的那种典礼。网络兴起之后,大英百科经历了严酷时期,而且很久以前就已经逐步裁掉了上门推销的销售员,但它依然奋力前进。很多人公认,自一九一一年以来,那个传奇的第十一版是大英百科最好的版本,它曾激起了一阵狂潮,虽然那种狂潮有点盲目崇拜的意味;但目前存世的这些版本还是最了不得的一个知识来源。

是的,现在有网络,我也可以上谷歌从A字首资料读到Z字首,然而网络资料的可靠性,就跟放在超市结账柜台处那些糖果、电池旁边摆卖的刊物差不多。想要快速查询网络的可信度吗?请搜寻以下两个字:per-

---

① 这套丛书解读各种经典文学作品,是美国学生重要的参考读物,有点像我们的语文参考书。

fectionist（完美主义）和 perfestionist（此为拼错的字）就可知道。不了，我还是宁取老派书籍，大英百科就是有一种吸引人的稳固可靠性，我甚至不想要只需四十九美元就可买到的新巧光碟版，也不要每月订阅的线上大英百科；我会买一套一千四百美元的人造皮革精装版，这价格说来不便宜，但肯定不及念研究所那么贵。再说，读完时说不定还可以去上电视益智节目《大冒险!》，赢取足够买十几套大英百科的奖金。

下订单两天之后，那几箱书到了，总共有三箱，每一箱大得可以装一部冷气机。我拆开纸箱看看新买来的东西，这是一套很漂亮的书，乌黑油亮，书脊上有烫金字体标出该册首尾两项条目。举个实例：有一册是"排泄/几何学"；另一个是"梅纳日/渥太华"，这倒多少证实了我们大家听说过关于加拿大人爱胡搞的传言。①

看见大英百科以三度空间方式出现，虽然引起茱莉一阵恐慌，唯恐它占掉我们家书架的大部分空间，但同时也充分彰显我这番追求的重大性。我看到的是三千三百页，六万五千篇文章，九千五百位撰文者，二万四千幅插图。我看到的是三十二巨册，每本重达结结实实的一点八公斤，装订了超大张的薄纸页。总字数：四千四百万。

我使了个聪明的拖延诡计，把所有书堆叠在地板上，高达我胸口，有一百三十公分高，堪称是个知识的小巨人。我跟这个新对手以假想拳击比划了两下，虚击了一记右拳，然后又退后看着它。这景象挺让人心烦的。花这番工夫真的是个高明主意吗？这是利用时间的最好方法吗？或许我该尝试完成的是某件比较容易的事，譬如到哥伦比亚大学去修一门课，或者买条新泳裤。但是不行，我已经许下承诺了。

我把第一册蓦地往双膝上一放，感觉很有重量，感觉很有学问，感觉很好。我稍稍打开书时，坚实的书脊带给我颇愉快的微微抵力。然后我就读了起来。

---

① 原文是 Menage/Ottawa，前者是法国学者梅纳日，后者是加拿大城市渥太华。但两者合念与法语"menage a trois"谐音，意谓一对夫妇与其中一方的情人同居，类似"三人行"，故作者有此戏语。

雅乐
a-ak

这是大英百科的第一个条目:"雅乐。"接下来的说明是:"古代东亚音乐。参见'gagaku'(雅乐)。"整篇内容就这么寥寥数字,然后是:"参见'gagaku'。"

真会耍人!一开始就这样,这滑头的大英百科先让我来个进退两难。我该先翻到第六册查出这个"gagaku"吗?还是坚守原来计划,接着看"AA"部分的第二个词语?我决定还是继续在"AA"部分奋力前进。干嘛要破坏悬疑的乐趣呢?万一有人聊天时扯到"雅乐",我就来个虚张声势,唬他一番:"喔!我爱雅乐!"要不就说,"你没听说麦当娜准备要在下一张唱片收录一首雅乐吗?"

无伴奏合唱
a cappella

真叫人惊喜。我很清楚这是什么——以前有个女友就是大学里的无伴奏合唱团团员。他们唱威豹乐队(DefLeppard)的歌曲,还称那种音乐为"无伴奏摇滚"(Rockapella)。一词二义。真不赖。

亚琛
Aachen

接下来的几项条目,让我的平均得分大大降低。华人将军的名字或者佛教徒名录我一个都不认得，也从来没听说过亚琛，这个城市是德国最高温硫磺温泉施韦特-奎利温泉的所在地。我拼命背下这些资料，如果目标是做个万事通，就不能挑三捡四的，即使是条顿民族这些默默无闻的地标也不能例外。

亚伦

Aaron

我读到"亚伦"了，摩西的哥哥，就是那种差劲的兄弟、妈妈不大讲起的那个人。"哦？亚伦啊？他还好啦！还在摸索他自己的路。不过我们回头讲摩西吧。你有没有听过红海的事？"

这倒是很好的教材，因为我是犹太人，却从来没受过任何宗教上的训练，也从没行过受诫礼①。我所知的犹太相关知识和传说大部分是从查尔登·海斯顿主演的电影得来的，②也不敢自称是守诫者，虽然的确会在赎罪日③吃顿清淡的午饭。所以大英百科会成为我的救主，我那姗姗来迟的希伯来功课。

艾博特和科斯蒂洛

Abbott, Bud, and Costello, Lou

看了一大堆统统叫做"阿巴斯"的波斯统治者资料之后，终于看见这两张熟悉脸孔，可是等到大概了解他们的过去，原先的轻松感就消失了。这对知名搭档之所以会开始合作，原来是因为有一次科斯蒂洛在纽约帝国剧院演出，但他的固定搭档因病缺席，而艾博特当时在剧院的售票处工作，便自告奋勇担任替角，结果演出顺利，艾博特也就成了科斯蒂洛的长期搭档。

这可不是个让人感到温馨的故事；这是个警世故事。我再也不打电话去请病假了，因为不想在感冒二十四小时之后回去上班时，发现收发室的

---

① 犹太教男孩满十三岁，行过受诫礼就成为成年教徒，从此必须谨守一切戒律，平日晨祷佩戴经文护符匣。
② 美国影星查尔登·海斯顿主演过许多以圣经为题材的电影，包括饰演《十诫》里的摩西。
③ 赎罪日是犹太教最隆重的节日，节日特点是戒食、戒饮和戒色。

洛比志愿担任起主编来。这是个竞争激烈的冷酷世界。

A、B、O 血型
ABO blood group

A型人比B型或O型人更常罹患胃癌,几率高出百分之二十。那就是我,A型血的人。这比背后捅人一刀的科斯蒂洛故事还要让人心寒。显然我得要有心理准备,去知道一些很不喜欢知道的事。

押沙龙
Absalom

押沙龙,这位圣经里的人物,是读大英百科截至目前死得最离奇的。在一场森林战役中,押沙龙飘扬的头发被一棵老橡树的树枝缠住,这一来他就被敌人约押(Joab)逮到杀了。这一点,我想,也就是军队规定要理平头的原因。

不眠修士
Acoemeti

公元五世纪期间,一群僧侣不间断地合唱。他们是以接力方式做到的,每隔几小时就有一个神清气爽的僧侣来替换唱到精疲力竭的那个。我很喜欢这幕情景,不过也很高兴自己不用跟他们做邻居。我们讲的可是MTV频道还没有播映之前老早就存在的二十四小时连播娱乐节目喔,很可能还是滚石合唱团主唱米克·贾格尔没出生之前的事。

糊涂脑袋症候群
Addled Brain Syndrome

好吧,我承认,这个是我捏造出来的,根本就没有糊涂脑袋症候群这回事。但的确有什么东西在折磨我,就在我一小时又一小时狠命吸收这些资讯时,发现自己晕头转向,经常得休息一下,在办公室里到处走动,一如我那些健身教练常讲的,用散步来消除一下。你只不过扭伤了脑,又不是骨折。小子,用散步来消除一下吧。

阅读大英百科实在比我预期的难很多、很多,然而同时又容易到很奇怪的地步。从某方面来说，这完全就是给我这种人读的书；我是看英国摇滚歌手彼得·盖布瑞尔的音乐录影带长大的人，对于甲基安非他命只有蚊蚋般的注意广度，刚好大英的每篇说明都是短小、有趣的文章。觉得美国德州的阿比林市（Abilene）很无聊吗？接下来看废奴主义（abolitionism）吧。这个也厌倦了？别担心，喜马拉雅山的雪人（Abominable Snowman）潜伏在前面拐角处（顺便一提，令人费解的雪人脚印其实是熊奔跑时造成的）。阅读大英百科，就像频频转台去看播放深度文化节目的有线电视，那里绝不会少掉关于苏美①的介绍。

但其间的转变却突如其来又无情，往往让你措手不及，就像心智上挨了狠狠的鞭打一样。你从低落到振作，从微小转到无限宇宙，从古代跳到现代。这中间可没有缓冲连接，也没有新闻播报员跟你说："接下来，我们来看看比较轻松的一面。"有的就只是一小块空白，然后"轰"的一下，你就从"神学"转台到"蠕虫行为"了。不过我一点也不在意。尽管鞭打吧，这种种并列是愈怪愈好。现实生活也就是这么回事，就像一堆古怪离奇材料组成的沙拉一样。我很爱见到先知亚伯拉罕（Abraham）跟卡尔·亚伯拉罕（Karl Abraham）凑成一对，卡尔·亚伯拉罕是德国精神病大夫，他提出关于肛门驱逐期和性蕾期的理论。

喔，没错，说到性，那又是另一个主题了。关于这一点倒是挺让我惊喜的。大英百科或许不能跟电影频道 Cinemax 相比，但该有的可一点也不少！举例来说，我从大英百科得知爱斯基摩人会换妻；还有，阿查瓜族男人可以讨三四个老婆；爵床科植物的花朵则是雌雄同体。乖乖！这些材料可真是够味儿。超辣的，比施韦特-奎利硫磺温泉还热哪！我原以为大英百科很拘谨，不过看来它倒是很乐于告知裤腰带以下那些难以启齿的事。

说到令人心痒难搔的限制级材料，老天——还有暴力！我们的历史浸透鲜血，到了极不寻常的地步。有个波斯政治人物被仆役勒死，另一个是在蒸气浴室里闷死的。再不就想想那个可怜的阿伯拉吧，他是十一世纪的基督教神学家，从他的袖珍肖像看来，长得有点像美国影星斯蒂夫·

---

① 苏美是已知最早的文明发祥地，全盛时期为公元前三千年，位于底格里斯河与幼发拉底河之间、美索不达米亚的最南部，即今日伊拉克南部，从巴格达周围到波斯湾。

巴斯米①。阿伯拉提出的一些想法很有意思,亦即行为本身无关紧要,意图才是关键;换句话说,通往天国的路是靠着出于善意的意图铺成的。可是这项条目后来谈到阿伯拉和他学生哀绿绮思的恋情时,讲到他的下场很悲惨:哀绿绮思的舅舅在盛怒之下命人阉割了阿伯拉。看到这里,要我再深思上述"善意"的观点还真是做不到。天啊!我猜经过这样的风波之后,所有想跟哀绿绮思约会的人,八成都不敢再开口了。

性、暴力、领先于 MTV 的榜样——所有这一切都让我的求知欲更加胃口大开。但我无意误导大家。就像我说过的,这是很艰苦吃力的事,辛苦得不得了。先说大英百科的庞大吧。我知道它包含了汪洋浩瀚的资讯,可是却不知道大到什么地步,直到我开始一杯又一杯舀这汪洋之水来喝时,这才真的搞清楚了。接下来要读的是关于埃塞俄比亚首都亚的斯亚贝巴的资料,还会读到一份名单,列出组成该市的七个种族的名称:加拉人、古拉格人、哈勒利人、提格雷人、瓦拉莫人、索马利人,还有多塞人。我是不是应该也把这些种族名称都背下来呢? 六个种族我还应付得来,但是七个? 这可是很吓人的。

大英百科绝不是你可以浮光掠影随便翻翻就行的,而是得伏案全神贯注细读的书,就像从皮肉里剔除针尖或碎尖东西一样用心才行。它让我这个可怜的小脑袋很伤。直到目前,我还不太了解自己的脑袋已经如何走样变形,反正就是不习惯这种思考方式,感觉就像是要叫脑袋在摄氏三十几度的高温从事三项全能运动,可是它却早已习惯坐在吊床上喝清凉的古巴薄荷鸡尾酒。我脑中数理科学的部分更不用说,早从大学时代就已经软弱无力,最了不得的也不过是计算我那张小小电子地铁储值卡的余额还可以搭几趟而已,而这个计算很少要用到二次方程式哪。至于工作上碰到最难的科学问题,是有一次我得要应付关于男性抗皱肉毒杆菌药物的几个句子,因此一读到关于以共轭碱与非水性溶剂进行酸碱反应,我就大惑不解,被难倒了。通常这类东西我得读了一遍又一遍,希望它会自动入脑。这招跟美国游客在欧洲碰到不懂英语的店老板所用的招数一样。雨伞,雨一伞! 雨一伞一! 大声多讲几遍之后,忽然就"喀喀"一声管用了。不过我还

---

① 斯蒂夫·巴斯米常演出神经质、偏执狂般的角色。

是照样稳健前进。

布朗森·奥尔科特
Alcott, Bronson

他是小说家路易莎·梅·奥尔科特①的父亲，本身也有知名之处，是个基层改革家，充满非正统的想法，曾为儿童开设了多所学校。这些学校有个最特别又不寻常的管教方式：由犯错的学生来处罚教师。这种做法是要给犯错的学生灌输羞耻心。嘿，这真是个聪明绝顶的想法，我有份很长的名单，上面列出我希望能够打他们屁股的那些老师，其中包括小学五年级的老师贝克女士，她强迫我们在园游会卖没加糖的面包，结果害我们很丢脸，只赚到一元五角三分美元。

阿尔杰
Alger, Horatio

我知道他是十九世纪的作家，以写褴褛乞儿奋斗致富的小说而出名。但不知道原来他先在美国马萨诸塞州一所教会当牧师，因为跟当地青少年有性方面的不当行为而被赶出教会，之后才从事写作。我早告诉过你了——大英百科也有像八卦刊物的时候。

紫晶
amethyst

我最大的挑战之一，是要在跟人交谈时，想方设法把这些新发现的知识塞进去。不消说，我确实很想表现一下，但却不能就这么一口气报出一堆数据资料，这会很惹人厌，跟蜱螨类一样；这是一种壁虱，附带一提，它们藉由输送"精胞"这样的一小批精子来交配。

由于才刚看到 A 字母开头的最前面部分，所以这些很专门的新话题还不大容易出现在谈话中。要是你知道有多少日子都没半个朋友跟我提到土豚②（aardvark），更没提到土狼③（aardwolf，大英百科很没有偏见地形

---

① 路易莎·梅·奥尔科特(1832—1888)，美国女作家，代表作为《小妇人》。
② 土豚，亦称非洲食蚁兽，管齿目土豚科哺乳动物，主要以蚂蚁和白蚁等昆虫为食。
③ 土狼，食肉目鬣狗科土狼属，分布于非洲西海岸和南部，进食腐肉、鸟卵、白蚁。

容这种非洲食肉动物为"无害又胆怯"),你一定会很惊讶的啦。

不过今天总算第一次成功提及了,嗯,其实也不知道算不算成功啦!好吧,就算是令人瞩目的不成功好了。彻底失败。反正总是个开始嘛。我跟一位作家在办公室里会面,要给他个截稿期。

"能不能星期二交稿给我?"

"星期三怎么样?"他说。

"行,可是不能超过星期三,不然我会把你修理得比鲍鱼多出几个屁眼来。"对方一脸困惑表情。

"鲍鱼是一种贝类,有五个屁眼。"对方没吭声。

"它们的壳有一排小孔,其中有五个小孔用来排泄废物。"

还是没吭声,一脸不快的表情。我的本意是想加点好玩的花絮,不落窠臼稍微转换一下,用个聪明的手法表明我真的很需要那篇稿子,结果反而把自己搞得像个巨大的废物排泄口。于是我想,在比较轻松的社交场合卖弄我这些增长的才智大概会容易些,于是那天晚上和茱莉去她朋友家吃晚饭时,我就准备大显身手让人刮目相看。我们去香秾和大卫的公寓里,彼此吻颊问候说:"见到你真好。"

"呼——"茱莉一面脱去身上层层厚重御寒衣物,一面惊呼。

"外面有点冷,对吧?"香秾说。

"还没有南极洲的东方工作站来得冷,那里的纪录曾经低到摄氏零下八十九度,"我接口说,"不过还是很冷就是了。"

香秾客气地呵呵一笑。我们在客厅里坐下来,香秾开始对茱莉讲起她即将成行的加勒比海假期。

"真羡慕你。"茱莉说。

"就是啊,简直等不及去晒晒太阳,"香秾说,"你看我有多白。"

"每两万个美国人之中就有一个患有白化症。"我说。香秾不知道该怎么回应这句话才好。

"言归正传,"茱莉说,"你们要去住哪家酒店?"

我大概不该说出白化症这个事实,可是又忍不住。我承载了满满的资讯,只要见到有洞可钻,即使是个小洞,甚至是个小孔,像鲍鱼屁眼那样大的小孔,也会马上钻进去。

大卫到厨房里拿了一瓶葡萄酒,又回到客厅。

"有没有人想喝点卡本内红酒?"

"我要一杯。"茱莉说。

"我也来一点,"我说,"外加一颗紫晶,要是你家有的话。"

大卫把头一抬。

"根据古人讲法,紫晶可以防止酒醉。"

"是吗?"大卫说。

"没错。我可不想落得亚历山大大帝的下场,他就是跟人较量酒力之后醉死的。"

"对,我也不想。"大卫说着笑起来,我想他笑得有点紧张兮兮的。

茱莉又回过头去跟香秋讲话,想要重拾假期话题。"所以呢?到底是哪家酒店?"

"我们订的这地方是我在旅游杂志《康德纳斯特旅游者》发现的……"

"还有,讲到酒的消耗量,"我说,"猜猜看,哪个国家的人民平均消耗酒类最多?给你们一个提示,不是爱尔兰。"

"唔,是法国吗?"香秋问。她很客气。

"错,不是法国。卢森堡人是世界上最能喝的家伙。"

"喔。"

"谁想的到呀?"我反问:"是卢森堡!但说正经的,千万别介入卢森堡人和一瓶威士忌之间!"我边摇头边笑。我心里有一部分希望香秋和大卫不会留意到我列举的资料都是 A 字头,可是又有点渴望他们能够发现。我阅读那套百科累计达到三十小时了,实在很想让他们对我的成就"喔"和"哇"一番。茱莉可能感觉到了,要不就是想避免出现进一步的尴尬情况,总之她决定揭穿我的秘密。

"贾各布斯决定要读完整套大英百科,"她告诉香秋,"现在才只看到 A 字头部分,所以你们会听到一大堆 A 字部分的资料。"

"百科全书?"大卫说,"读这个真是有够轻松的。"

"就是说嘛,在海滩上阅读会很好。"我说。

"说正经的,你为什么要读整套百科全书呢?"香秋说。我老早就为此问题准备好答案。

"喔，话说有个非洲民间传说，我想很可以作为启示。从前有只乌龟偷了装有全世界知识的葫芦，把它挂在脖子上，等爬到横倒在路面上的一株树干时，它爬不过去，因为脖子上挂的葫芦妨碍它前进。由于它急着要回家，于是就把葫芦砸碎了。从那之后，智慧碎成很多小片，散落在世界各处。所以哪，我想要收集所有这些智慧，把它们拼回去。"

"我猜你还没接近P部分，也就是'请（Please）闭嘴'。"茱莉说。他们全都哈哈大笑起来。

阿拉伯马
Arabian horses

第二天早上，又回到我日常阅读大英百科的时间。阿拉伯马只有二十三节脊椎骨，而不是像其他大多数马有二十四节。我花了一点工夫，努力想象有什么情况或许用得上这项资讯。说不定可以写个推理故事，主要情节就是讲述辨认一匹阿拉伯马的骨骸；说不定可以在酒吧跟一个懂得不少（但不是非常内行）的骑马者打赌而且赢了。谁知道呢？

阿西莫夫
Asimov, Isaac

我知道阿西莫夫是美国文坛的大人物，是无数科幻小说和科学书的作者，只是不知道他写过多少本书：原来有五百本左右。这人写了五百本书；我想我写过的便利贴都不到五百张。他写的书之多，以致传记里含糊简称为"大约五百本"。大英百科在这方面很让人泄气，因为你阅读一项又一项的成就，一个诺贝尔奖又一个诺贝尔奖之际，也提醒了你自己的人生成就有多渺小。关于我的条目，要是如今已记录在书里的话，大概会是以下这样的内容：

贾各布斯，阿诺德（一九六八年三月二十日生，纽约，纽约州）

二十世纪美国新闻界小人物。贾各布斯就读布朗大学，主修哲学，之所以受其吸引，是因为该系所需的必修学分是最少的。取得学位之后，展开为《牙科经济》撰稿的生涯，此乃报道牙医和矫正牙医之财务议题的首屈一指的刊物。后来在流行文化杂志《娱乐周刊》以一篇前瞻性的附带报道声名鹊起，该篇报道乃因比较 OJ·辛普森和荷马·辛普森①而受到全美一致赞扬，或起码在家里受到父母赞扬。他见过许多当时演艺界的中层人物，包括政治名嘴比尔·马赫和女星莎拉·蜜雪儿·吉兰，这两人都不知他姓名。

二〇〇〇年贾各布斯娶茱莉·荀伯格为妻，其妻亦在《娱乐周刊》工作，是位活泼的广告业务代表。这桩婚姻显然很幸福，尽管每次要去一家好餐厅吃饭时，荀伯格劝他最好穿上长裤，贾各布斯就叫苦连天。贾各布斯其他成就还包括：懂得把餐巾折成兔子和帽子形状。参见：疑心病与洁癖。

我想，阿西莫夫的条目比什么都更刺激我，是因为我们家就有个跟阿西莫夫差不多的人：我爸爸在余暇会写法律方面的书，纯粹出于好玩，到目前为止已经出版了二十四本。全都是严肃书籍，书名是像《10b-5 法规的影响》以及《保安法之下的详情与补救》之类。他尤其精通内线交易法，玛莎·史都华就是涉嫌此类法规而遭到调查，由于她随口乱讲一通，导致可能要去重新装潢她的监狱牢房。

有一天我去爸妈家吃中饭，心想既然一心要终结老爸这项大业，就应该先看看他写的书，因此吃过饭后就晃进他书房，前去领教那二十四册大书。这些书占了一个大书架，压得书架板都弯了。

自从十四岁之后，这些年来我不曾拿起过其中任何一本。想当年，我还蛮喜欢看《10b-5 法规的影响》第一册，主要是因为老爸曾把《花花公子》的性感女郎照片插入五六本第一册书中，分别寄给朋友，跟他们开玩笑，他自己也留了这样一本特制版本。说来这大概就是我最接近念法律系的时刻了——研究一月女郎没穿芭蕾舞短裙的案例。

这一回，我认为自己阅读的文字不能只限于"不亦快哉之事：香槟、海滩上漫步、能助我发展演艺生涯的男人"之类，于是拿起《10b-5 法规的影响》读了一句，句中堆砌了很多这类字眼：信托、年金计划、本金等，看得我

① 前者为美式足球明星，涉嫌杀妻但受陪审团宣判无罪；后者为电视卡通《辛普森家庭》的爸爸角色。

一头雾水;对我来说那些词汇跟纸页上的脏点根本没差,反正都没有意义。

我翻到书本中央部分,果不出所料,满篇注脚,真是多得不得了,有的页面上端只飘着几行正文,其下是一片汪洋的注脚直到页底。多到这样的程度,我想称之为"注脚"已经不大贴切,这更像是"注肩"或"注额头"了。

家父很自豪于他的注脚,几年前,他曾经因一篇法律文章里拥有最多注脚而破了世界纪录,那篇文章的注脚多得惊人,总共有一千二百四十七条。不久,加州一位法律教授又以一千六百一十一条注脚破了老爸的纪录。老爸并没有对此坐视不理,又写了另一篇法律文章去压倒对手,这回用了四千八百二十四条注脚,以便确保他在注脚方面的地位有如冰上曲棍球名将葛瑞兹基那般,是个常胜将军。老爸也很想引起《吉尼斯世界纪录》的兴趣,但法律注脚显然不及尺寸如成年响尾蛇的长指甲那般受人重视,因此他唯有寄望《哈泼索引》①会稍微提一下了。

我翻到老爸自己编的索引部分,看看是否能认得哪个字眼,结果只见更多拉丁文式的法律用语。然后见到这一条:"不值一读,一至八九四页。"我妈以前跟我说过这个笑话,但我已经忘了。这是老爸比较好笑的笑话之一。但是老天爷呀! 光是一本书就有八九四页之多,这可不是闹着玩的。难怪他放弃阅读大英百科了——他根本在写自己的大百科嘛。

这项对老爸著作所做的调查,对于我的自我评估实在没有什么好处,他的著作既有见识又难懂,两者都引人艳羡,还不提老爸已经成为内线交易方面的专家;他不是专家之一,他就是那个专家。反观我自己又在哪方面自成专家了呢? 是各集《金牌警校军》的情节吗? 我连这个都算不上。虽然还没有阅读到大英百科评论心理分析的文章,但我想,老爸的成就跟我一心一意要读完大英百科多少有点关系;要是我不能在深度方面击败老爹,起码也要在广度方面赶上他。

威胁罪和伤害罪
assault and battery

这两项总是归并在一起,但其实有分别的。威胁罪是"意图"使用武

---

① 为《哈泼氏》杂志每月出版的数据索引,提供全球政治、经济、文化方面的数据资料。

力,伤害罪则是实际上使用了武力。瞧瞧,我已经受过法律教育啰,简直就快可以去考律师资格考试了。

萎缩
atrophy

这是很令人心寒的条目。我的身体正在日渐衰弱。骨骼的重量愈来愈轻,骨质愈来愈疏松,肌肉也逐渐萎缩,最惨的是,衰老导致大脑皮质的活细胞大量减少。每一天,脑部表面的皱折不断萎缩,多出的空间则涨满了脑脊液。

大英百科这段有关大脑皮质凭空消失的段落足以让大多数人感到不安,但我尤其惊惶失措;说来也怪,我向来很怕大脑会受伤,也跟这类恐惧搏斗了很长的时间。索性趁现在摊出来讲讲好了。之前我曾提到过,在成长过程中,我自认很聪明,嗯,也不完全是这样,我不仅认为自己很聪明,甚至认为自己"真的"很聪明。事实上,我自认为是全世界最聪明的男生。

老实说,我也不很确知这念头是怎么跳进脑袋里的,说不定跟我老妈有点关系,因为她对我的迷恋只比我对自己少一点点。而且说真的,我的测验成绩总是不错,有时还是班上最高分。由于我妈喜欢提醒我说我很聪明,结果有一次地理小考时,我趾高气扬地把"新泽西"写成"新左斯"。哈!总之,有我小学四年级那几次很不错的测验分数为证,因此很合乎逻辑地推测,认定地球上没有一个十岁小孩的才智跟我同等。这结论也太贸然了,没错,但话说回来,我又没上过任何高等统计课程啊。在当年,这想法似乎就是很说得通,我就是觉得自己在某些方面是独一无二的(这又是我妈告诉我的)。再说我既非最帅的男生、最棒的曲棍球员或合唱团最好的歌手,剩下来可讲的就是聪明才智了。那要是我并未每次都考最高分呢?或者甚至不是很常拿高分?这也有办法可以解释:可能是我没用心,或者也可能是其他同学作弊。我心知肚明自己是最聪明的人。

不过告诉你:身为全世界最聪明的男生并不容易。又不是我自己要求的,我也没想做最聪明的男生,相反的,这是很庞大的负担。首先,我的任务就是要让脑子受到最周密的保护。我的大脑皮质是国宝,是上天杰作,是所有脑子之中的西斯汀礼拜堂,这可不是儿戏哪。要是能把它锁在保险柜里的话,我一定会这样做。结果并没有,倒是常常心神不宁,担心脑会受伤。

到处都潜伏着危险。要是有人碰了我的头骨,说不定会推挤到脑子而压扁几条宝贵的树枝,所以谁都不准碰我颈部以上的任何部位,那可是神圣之物中的神圣之物哪。谁都不准亲切友善地拍我头部;我也不踢足球,那玩意练起来实在很荒唐,居然要用脑袋瓜去顶球!要是祖母来了,要亲亲我的额头,我闪得可快了,比起拳击手不遑多让。倘若那时就听说过环节动物的例子(这种动物可以把皮肤细胞转化为脑细胞),我一定妒忌得要死。

甚至见到别人头部受伤,我也会紧张不安。十一岁时,我跟老妈去纽约齐格飞剧院看电影《头发》①,看到美国演员崔特·威廉斯和他那群不洗澡的伙伴在中央公园地下道里抽大麻时,我简直吓坏了,几乎可以听到他们可怜的脑细胞在嘶喊求饶。"我们可不可以走了?"还没等到"宝瓶时代"那首歌的副歌唱第一遍,我就这样求我妈,"我觉得不大舒服。"

除了嗑药音乐剧之外,最让我抓狂的莫过于乘坐汽车兜风。小学四年级的生物老师告诉我们说,汽车产生的一氧化碳会造成脑部受损。老师不过是在讲哺乳动物体内循环的血液时这么轻轻带过一句,但对我来说,一氧化碳从此成了头号敌人、与我搏斗的"大白鲸"、我这押沙龙的死对头约押。

我成了死盯着车窗的纳粹分子,车窗一定要随时开着缝隙,以便脑子可以获得新鲜氧气,冲淡那万恶的一氧化碳。因此就算我们开车经过南极的东方工作站,处于零下四十度,我还是会把普利茅斯勇士汽车后座的玻璃窗摇下来。

"能不能拜托你关上窗户?外面真的很冷。"老妈说。

"妈,只是放一点新鲜空气进来嘛。"我会这样说。

"这新鲜空气把我的眼皮都给冻得黏住了。"

---

① 《头发》是一九六〇年代极具代表性的摇滚音乐剧,并于一九七九年改拍成电影,以提出占星学之"水瓶时代"而闻名,认为人类即将进入心灵与环境相对安定的水瓶时代,可说是新时代运动的滥觞。

"把窗户摇上，贾各布斯。"老爸说话了。

我把窗户摇上，等个两分钟，直到谈话转到别的话题去，譬如哪家连锁快餐店最值得我们光顾，然后我就会慢慢地，以迅雷不及掩耳的手法，又把窗户摇下。

"贾各布斯，你这个死家伙！"我妈会这样说，下唇发青，"拜托把窗户摇上。"

我聪明得足以知道不该向任何人道出需要冰冷空气的理由，没必要吐露秘密，让人知道我是天才中的天才、一九八〇年代的达·芬奇，这样只会招致妒羡和疑心。所以我光只是瞪眼瞧着车窗，坐立不安。要是过了十分钟而肺还没有呼吸到新鲜空气，我可就惊慌了。我需要确知一氧化碳没吃掉我的头颅。出于某种原因，而且这点一直折磨我，就是我认为要知道脑子是否仍处于顶尖状态，最好的测试方法就是开创出新奇的壁球运动，这是我土法炼钢的智力测验。于是我假想出各种壁球运动，有的用大球拍、超小球拍、冰箱般大的球、橡皮擦大小的球等等。有的壁球运动要用到车库门、浴室水槽，有的还用上通信人造卫星。我知道这很奇怪，但这样做让我好过些。

且不细数我究竟如何严防脑部受损，身为世上最聪明的男生还有很多其他压力。要喂养这副惊人的器官，就是很重大的责任了。我知道过不了多久，有一天我就会发明某样东西，治愈某种病症，或者写出某种意义重大的东西。我知道应该用品质最好的营养品喂养脑袋，例如阅读物理教科书或陀斯妥也夫斯基的作品，但我却只顾着看重播的电视连续剧《梦幻岛》[①]而让脑袋挨饿；即使在当年，我也难以抗拒流行文化的吸引。每次观看那些不幸漂流到荒岛的人，都让我感到内疚，但内疚非但没有阻止我看，还让我无法像班上那些中上智商的浑蛋同学那么好运，使我无法欣赏剧中富豪那龇牙咧嘴的俏皮话。

我还记得我横下心来，接受自己不是世上最聪明男生那天的情景。我正在看电视，难得居然不是看重播的情境喜剧，而是关于哈西德教派[②]犹

---

① 一九六〇年代美国电视连续剧，以七名男女漂流到太平洋荒岛为题材的喜剧。

② 哈西德教派是犹太教的一个派别，出现于基督教兴起之前，起源不详。

太人的纪录片。影片里有一个房间，里面有很多跟我差不多年纪的哈西德教派男童，全都伏案埋首书本之中，旁白说，这些男童每天苦读十六小时。我顿时甘拜下风。每天十六小时！老天爷。纵然知道自己有先天上的优势、有最高品质的脑子，但那些男童这么用功，在聪明才智的竞赛场上一定遥遥领先我许多了，我实在没办法跟一天念十六小时书的人竞争。这可真是如释重负、重生的一日。于是我开始心安理得观看《梦幻岛》以及其他等等节目了。

随后的那些年里，我愈来愈不觉得自己的才智有什么了不起，我感觉到，自己在智力常态曲线上的位置愈来愈远，偏向低智商的一边。也觉得自己从以前自认比老爸聪明很多，逐渐转为比他聪明一点，然后是一样聪明，终于（要是我非得猜是在何时的话，大概是在大一或大二的时候）觉得没有老爸聪明，他是那令人叹为观止的二十四册书的作者啊。

事后看来，我对于智力的这番告白、因为见到勤奋苦读的哈西德教派男生而有所启发，说来也不是全然出于毫无瑕疵的逻辑推论结果。苦读时间和智商之间并没有绝对的关联，或许根本几乎没有关联。当然，我晓得自己现在又犯了同样的谬误，而且是在二十三年之后。我心知肚明，阅读这部百科、让脑子塞满资料，不见得就能让我恢复"最聪明活人"的头衔。我知道自己这番追求有点是闹着玩的，也知道此举有一点（或许不只一点）荒谬可笑。

万一自己不知道的话，亲友也不断告诉我。我那住在伯克利的玛蒂姨妈是一个一直质疑的人，不管是对我们大男人本位的政府或过于倚赖的垄断性西药都一样。有一天她就在电话里揪着我问了："那么，你为什么要阅读这部百科呢？"

"我正要努力变成世上最聪明的人。"

"这么说来，你是怎么定义智力（intelligent）的呢？你以为就凭你掌握的信息量来判定吗？"

"没错。"

"哦，这可不是很有智力的想法。"

"嗯，我还没阅读到 I 字母开头的条目。"

虽然这答复像是顺口胡诌，但其中却有点道理。我倒没有自欺欺人，以为每读完一千页，智商就会多出一分；我也很老实，并不认为会有麦克阿瑟基金会的人找上门来颁发天才大奖给我。但我还是认为，知识和智力之间的确"有些"关联，说不定知识就像燃料而智力则像汽车？或许也可以说，资料就等同飞扶壁①，而智力就是那主教座堂？我并不知道这两者之间究竟有什么关系，但很肯定的是，这部大约有四千四百万字的大英百科会帮我釐清这一点。

观兆卜
augury

你可以藉由以下各种方式预知未来：掷骰子（签卜）、在白纸上任意打点（地卜）、观火察烟（火卜）、察看祭牲内脏（脏卜）、动物肝脏（肝卜），或者检视动物的肩胛骨（胛骨卜）。我觉得内脏很说得过去，可是肩胛骨未免太扯了吧？真不知道要信哪个才好。

阿兹特克人
Aztec

A字首有很多"阿兹特克人"的资料，在各种不同标题下冒出来，包括美洲居民、原住民艺术、酒精与药物的消耗（他们称产生幻觉的蘑菇为"神仙肉"）。这会儿又出现在这里，老老实实列于"阿兹特克人"条目之下。感谢大英百科，现在我终于知道阿兹特克人有此预言：一旦人类变成猴子的时代来到，地球接着就会毁灭了。咦，这可不是电影《浩劫余生》的情节吗？好莱坞真差劲！原来你们偷了阿兹特克人的点子，真该下地狱！我如此这般飞快啃完了恋猴的阿兹特克人之后，A字首部分就告结束。这样已经花了两星期，总算朝着巅峰迈进了二十六分之一的路程，吸收了世上所有知识的百分之三点八。我砰然阖上大英百科，然后跳了一下胜利之舞。耶！我是个A级猛男！

然而，我是否自觉变得比较聪明了？是否证明了生性好质疑的玛蒂姨妈是错的？嗯，我的确知道了很多信息，但从某方面而言，也比以前更没安

---

① 常见于哥德式教堂建筑的结构元素，与拱穹的主要支撑体连接，作为侧面的支撑结构，形式非常优美。

16

全感;我担心自己的智力不足以消化所有资料,无法融会贯通或产生自己的观点;担心自己的焦点没摆对。就以亚里士多德为例,他是古往今来最伟大的哲学家之一,照说我应该全神贯注于吸收他的道德论与认识论,结果反而着迷于他的婚姻怪论:男女成婚时,男人应该三十七岁,女人十八岁。他得出这样的结论是因为,他结婚时是三十七岁,娶了一个十八岁的女子。我倒颇喜欢他以冠冕堂皇的哲学之论来为自己的为老不尊之举合理化一番。我偷笑,因为好莱坞就有很多这种亚里士多德信徒。看完亚里士多德的文章之后,得出的深入结论是:他喜欢年轻小姐。

或许等我阅读完 B 字首会比较聪明,能够集中心思、一窥全貌吧。

B

培根
Bacon, Francis

我为了追求知识正在做出牺牲，这点谁都没话讲。早上七点钟左右就起床了，对于大多数记者而言，这时刻算是深更半夜呢！我早上阅读，晚上也读，已经差点失掉五六个朋友，原因都是没空回他们电话。最糟糕的是，还错过了好几小时很重要的电视节目，包括茱莉跟我说的一部饶有趣味、叫做《真实世界》的连续剧，剧中有个光火的妞儿朝另一个剧中人扔叉子。

所以这番追求智力的过程还真艰苦，但是跟培根爵士一比可就小巫见大巫，他才做出最大牺牲，为追求知识而殉身。当年在学校学到关于培根的部分，记得的已经不多，只记得有人怀疑他才是真正的莎士比亚；还记得他穿戴一副很大的荷叶边衣领。所以你也看得出来，趁此温故知新挺好的。

我从百科上获悉，培根这位十七世纪的知识分子兼政治家仕途多舛。一六二一年，因为有人指控他受贿，他因而被关入伦敦塔。他的辩词是：没错，他是受贿，但并未因此影响他的审判工作（这时又是他最不得志的时刻）。不过作为学者，他写出了很巧妙的语言学和科学哲学著作。

但有关培根的资料，我最爱的且会谨记于心的却是他的死法。他于一六二六年三月死于伦敦北部，当时正乘坐自家马车，突然心血来潮，想知道冰雪能否延缓食物腐败的过程，于是骤然停车，跳下去买了一只母鸡，在鸡肚子里塞满冰雪。不幸的是,这么一来他突然受到风寒,害他得了支气管炎,没多久就在朋友家里去世了。

在我看来这是件很高尚的轶事。好吧,他的死牵涉到冰冻的鸡,虽说有点难为情,而且他的表现也有点像虐待狂(我只希望他把冰雪塞到鸡肚子里时,那只可怜的母鸡不是活的),但这其中还是有很了不起的地方,培根求知若渴,想到点子就急欲一试,发疯似地冲下马车。这人为了要找出防腐技术,甚至不愿意多等一秒钟。我认为这点很激励人心。要是打算为某个正当理由送上小命,"促进知识"必能排在最前面的第二或第三位。

为纪念培根,我放下大英百科,取出一个冷冻贝果,放到微波炉里解冻。

阴茎骨
baculum

这是阴茎骨头的正式名称,在刺猬、鼩鼱、蝙蝠等动物身上可以见到。好好玩,真没想到。从前我唯一一次听说阴茎骨这回事,是在跟大学老友伊莲娜聊天时,她这人对于事实的真相不太在意,喜欢跟我讲她纽约公寓里那只宠物骆马的故事,还有她父亲跟百老汇著名歌手劳勃·古列的情史。有一次更把她哥哥阴茎骨断掉的事详细讲给我听,当时她哥哥全身光溜溜,站在旅馆房间打开的窗前欣赏外面景色,结果,轰隆一声,窗户滑下来,正好把他的阴茎骨打断成两半。

"已经过了三个月,他的阴茎还得包着石膏,"她告诉我,"我是第一个在石膏上签名的人。"

"可是伊莲娜,"我说,"阴茎没有骨头呀!"

"喔!"她说。就这样——没有为讲错话道歉,也没打算自圆其说,就只有这么一声"喔"。如今看完这则关于阴茎骨的资料,我才明白,伊莲娜的哥哥可能是只刺猬。

脱发
baldness

我这些新发现的知识,总是在很奇怪的时刻从脑海里冒出来。上班时在电梯里,我站在一名亚洲男人背后,这人刚好是秃头。这可怪了,我心想，根据大英百科，亚洲人和美洲原住民都罕见脱发现象。我猜眼前这个人大概是少数无法稳住毛囊的倒霉亚洲人，实在很想慰问他一番。

巴纳姆
Barnum, P.T.

巴纳姆在八十一岁时自觉病重，纽约一家报社应他要求，提前刊登他的讣闻，让他自得其乐。实在高明。事实上这招可以为报社带来滚滚新财源：向临终的人推销讣闻。大英百科给我不少好点子。

逗熊
bearbaiting

这是十六世纪期间英国相当盛行的娱乐。把一只熊拴在木桩上，然后把训练过的狗放出去咬它。这类娱乐还有其他玩法，包括拴在木桩上的公牛，以及将一只大猿绑在小马背上。听起来像是福斯电视公司开了新的综艺节目！

贝德兰姆
bedlam①

随着阅读资料增加，它们也不断跟我的生活搭在一起，我早就知道会这样了，但仍然对这情况频频出现而感到讶异。每一个小时，我脑中都有很多次灵光闪现。踏入浴缸里准备淋浴时，闪入脑中的是十七世纪的健康诊所，里面的人每次泡澡都泡个好几天。吃早餐玉米片时，就想起世上最长的早餐桌，那是在密歇根州的战溪市（Battle Creek）。我在报纸上读到一段童子军的争议，想到的是童子军运动的创办人贝登堡（Robert Baden-Powell），巧的是，他曾利用热气球（balloon）从事军方谍报活动。

这些冒出来的灵感火花如此频密，根本没法在跟别人交谈中全部用上，关于这点，想来对我周围的人来说可真是如释重负。但我还是可以提提其中一些，而且也这样做了，就像今天在办公室里。

我晃过去找编辑同事马克闲聊。马克是办公室里的知识分子，是个身

---

① 点子奇多的美国娱乐节目制作人。

材高大、才华横溢的德州人,发型松软如同休·格兰特。他在《君子》杂志工作了十四年,实在很惊人,其他职员老拿这点寻他开心。"马克,你不是当过海明威的编辑?""马克,丽泰·海华斯①拍写真时你是否在场?"诸如此类。

于是我设法走进马克的办公室里,这可是难事一桩,因为十四年来他从来没扔掉一本书,地板上到处堆了与腰齐高的书籍,都是菲利普·罗斯②和索尔·贝娄③写的。简直就是一间贝德兰姆(顺带一提,这个字眼来自于伦敦一家臭名远播的精神病院"伯利恒皇家医院"的简称)。

"昨晚的盛会真的很棒。"我说。

"的确是很棒的盛会。"马克有同感。

前一晚我们出席《君子》杂志的活动,有一场特别演讲,讲者是个崭露头角的政坛人物布克。布克满腔热情,讲到居民拥挤、住屋破旧的贫民区,最后引述了鲍尔温④发人深省的谈话作为结束。

"老天,你一定爱死了鲍尔温的那段话。"

"那个鲍尔温也是《君子》杂志以前的作者。"马克说。他从鹅毛笔年代就在《君子》杂志打工,已经成了这个办公室的史学家了。

"是吗?"我说,"我可不知道这事。"

"真的,《君子》杂志率先刊登他的《下一次将是烈火》那本书。"

咦? 我才在大英百科看过鲍尔温的介绍,刚好记得鲍尔温为争取民权而写的独创之作《下一次将是烈火》,最初是登在《纽约客》杂志。换了以往,我就会闭上嘴,满怀敬畏地听马克讲下去,他不但口若悬河、往往讲起来就是长篇大论,而且真的很内行,尤其是关于杂志史方面。但这回他却不知道这个细节,而我实在无法错过这个千载难逢的良机。

"事实上,我认为那篇东西最初是发表在《纽约客》。"我说。

"不对,是《君子》先登出来的。"

---

① 丽泰·海华斯是上世纪三四十年代美国著名女星,向以美艳著称。
② 菲利普·罗斯,美国当代重要小说家,作品充满冷酷、深沉、批判的色彩。
③ 索尔·贝娄(1915—2005),美国重要小说家,一九七六年诺贝尔文学奖得主。
④ 鲍尔温(1924—1987),美国小说家和剧作家,生长于纽约哈林区之黑人贫民窟,作品常阐述美国的种族问题。

"错了，我相当肯定是《纽约客》。"

"不是《纽约客》，"马克说着有点动摇，"或许是《进步》杂志，但肯定不是《纽约客》。"

我溜回自己的办公室，上网查询鲍尔温的资料。耶!《下一次将是烈火》确实是先刊登在《纽约客》。我把这讯息用电子邮件寄给马克，还附带有用的建议："还有，如果你对巴伐利亚奶油派(Bavarian cream pie)或河狸(beaver)有任何疑问的话，请让我知道。"

所以我居然做到了，首次更正别人的错误，而且更正的对象还是个才华横溢的人。感觉很棒。嗯，其实我觉得自己有点像某种字典。不过这也很棒。

钟
bell

再回到这些百科书本上。世界上最大的钟于一七三三年在莫斯科铸造出来，重量达到十八万公斤以上，但从来没响过——在可以敲响之前，它就已经遭到大火烧毁了。真是个叫人难过的小故事。花了那么多工夫精心计划、满怀期望，到头来却落得一场空。如今就只是坐落在俄罗斯，成了象征"失败"的大型金属物。我为这口沉寂的钟默哀了一会儿。

边沁
Bentham, Jeremy

英国伦理学家，努力提倡"最大多数人的最大福祉"。他于一八三四年去世，"边沁死后，根据他的遗愿，由友人在场监督，解剖遗体，然后重组骨骸，以蜡制头像取代原来的头(他的头已按木乃伊手法保存下来)，穿上边沁生前的服装，竖立在玻璃柜里。这具人俑和木乃伊头都保存在伦敦的大学学院里。"我不敢说此举对人类福祉有什么较大贡献，但让人起较多鸡皮疙瘩倒是真的。

熊皮武士
Berserker

中世纪的野蛮挪威士兵，据说赤身裸体上战场，故英文有"going berserk"（发狂）一语。所以说，要真正发狂的话，你就应该脱掉裤子。谨此为记。

博伊斯
Beuys, Joseph

德国前卫表演艺术家，最著名的作品题为"如何给死野兔讲解图画"。"博伊斯以蜂蜜和金叶覆盖头部，脚上一只鞋的鞋底是毡布，另一只则是铁皮，他花了两小时走遍一家艺廊，悄悄地向他携带的死野兔讲解艺廊里的艺术品。"哼。这样居然就可以写进大英百科。我也许是个门外汉，但实在看不出这有什么高明之处。要是他向一只死仓鼠或死绿鬣蜥讲解图画——没错，那可就非常匠心独具了。可是跟一只死野兔讲？呃，感觉有点混。

节育
birth control

根据传说，发明保险套的人是个英国医生，这个姓康德姆（Condom）的医生惊见英王查理二世生出成群的私生子，因而发明了此物。总之，这只是传说而已，正经八百的大英百科倒认为，Condom 这名称源自于拉丁文condus，意思是"容器"。保险套、避孕药、子宫内避孕器、输精管结扎——这些方法在"节育"这段落都各有其用，但我还是比较喜欢早期那些很有创意的节育技术，从美味的方法（用蜂蜜来做杀精剂），到有氧健身的方法（性交过后向后跳七次）。

知道这些资料很不错，非常重要。我告诉茱莉，为了保险起见，性事过后千万不要向后跳七次，而且蜂蜜要用在她腰部以上部位。一旦出了任何岔子，我们可承受不起，因为过去这一年来，茱莉和我极力想要有个宝宝，简直到了有点抓狂的地步。眼看着茱莉所有朋友都像母章鱼一样生小孩（一只母章鱼生下来和守护孵化的卵就有十五万颗之多），心里更不是滋味。她那些朋友真是会生，似乎跟老公在家中走道擦身而过都会怀孕。这也意味着，有一支不断扩增的包尿布小鬼部队踏进我们生活中，还带来一排排折叠婴儿车和幼儿汽车座椅。与此同时，茱莉和我却无所出，只得个零，真让人火大。

再说又不是我们不努力，我们就像股市交易员盯着纳斯达克股价指数般,紧紧留意茱莉的排卵期。她每天早上都量体温、做图表、记录和注解等,甚至用上试算表格,但还是啥都没有。大英百科指出:虽然有此一广为流传的说法,但事实上女性并不需要性高潮才会怀孕。知道这点对我们来说可是好事一桩,因为事情发展到这节骨眼,我们的性生活已经变成既得顾及情色,又得顾及人工呼吸(顺便一提,人工呼吸应该每分钟做十二次)。

我明知这世界并不大声疾呼再多添个孩子。大英百科说,每星期出生到这世界的人比离世的多出一百四十万人。可是我不由自主——我真的很想要有个那种流口水又爱嗝的四公斤小家伙。从来没想到自己会这么迫切想要个孩子,但的确如此,我渴望做爸爸。

倒不是说我已经准备好做爸爸了。我敢说我这人还太过于自我又不成熟,而且无知。在我成长过程中,我爸对于所有儿童常问问题的答案都了如指掌:泥土有多深? 为什么地球另一边的中国人不会从地球上掉下去? 为什么树叶会变颜色? 他了解事物究竟如何运作,诸如冰箱为什么会冷、水怎么会流到我们家水槽里等等。这些常识我都已经忘了。或许等读完 Z 字母部分之后会有所长进。

滑雪橇
bobsledding

这个名称来自于早期(而且可能是错的)某个观点,当时以为雪车手(sledder)快速前后摆动(bob)脑袋,就可以加快雪车速度。好,我这就准备去运动酒吧献宝。

书
book

根据联合国的定义,一本书是至少有四十九页的文本。照这定义看来,大英百科就相当于六百七十三本书。真够看的,想到就让人不安。

布拉耶
Braille, Louis

同样让人不安的是,大英百科里的天才儿童还真多。布拉耶才十五岁就为盲人研发出书写文字；边沁（后来让人把自己做成木乃伊）四岁就学拉丁文了（我四岁的时候，学到的是把香蕉放在自己鼻子上面的效果）。俄国诗人勃洛克五岁时就在写令人难忘的俄文诗了。要是当年我自认为是世上最聪明的男生时就遇到这些神童，不知会当他们是死党，还是他们会给我来一记当头棒喝。

脑
brain

此处，希望这堆纠结成卵形的神经细胞会把每座山脉、每个副总统、十五世纪每个冰岛主教等资料全都转成编码。大英百科讲到跟脑有关的资料时，最精彩的部分是：希腊人认为脑会分泌黏涕。如此说来，"用枪轰掉脑袋"倒另有新的诠释：脑袋擤黏涕①。还有要是我学拳击的话，会学老式打法，即赤手空拳、不戴拳击手套；说来讽刺，因为这种打法比较不容易对神经元造成破坏。（赤手的拳击手很少打对方的头，因为生怕打断自己的手。）对于像我这么害怕脑部受损的人，这实在是很重要的资料。

白兰地
brandy

传说这烈酒的发明经过，是有位荷兰人船主把葡萄酒拿去蒸馏、浓缩，打算上岸之后再兑水稀释出售。结果他根本没机会，因为每个人都迫不及待尝尝这蒸馏酒。说起来，没耐性也有好处。

绿花椰菜
broccoli

茱莉和我来到我爸妈的公寓过节，交换礼物。这节日与再献圣殿节②有点相关，不过由于我们没那么虔心于宗教，所以就趁此机会团聚，顺便庆祝新年。老妈开门迎接我们。

"假期快乐！"说着就分别在我们脸上各亲了一下。"二〇〇三年快乐。"

---

① 黏涕（mucus）的辞源与"blow one's nose"（流鼻涕）有关，此处有玩弄双关语之意，"blow one's brains out"是"用枪轰得脑袋开花"之意。
② 再献圣殿节是犹太教节日，由基色娄月二十五日（在阳历十二月）开始，共八天。

"严格来说,可能该说'二〇〇七年快乐'。"我说。

"真的吗?"老妈说,"这又是为什么?"

"噢,因为科学家认为耶稣实际上是在公元前四到六年之间诞生的。"

这时茱莉为了安全起见,早已溜到客厅去了。然而老妈因为是我妈,只好陷在那里听我说。我做什么事她都支持,只有一次我和姐姐去跟一个死之华乐团的"死头"乐迷①学习滑翔翼,或者我在南极般的气温下开车窗的举动,才不在她支持的范围内。

我跟老妈解释说,圣经上面讲到,耶稣诞生的时候恰好出现伯利恒之星,但其实那根本不是一颗星星,而是一种天文现象;要不就是一颗公元前五世纪出现的新星,要不就是公元前八世纪时因为火星、天王星、土星几乎连成一线,由于星光共聚而看起来特别明亮。

"喔,那么,二〇〇七年快乐。"她说。上帝保佑老妈。以后该多多上门来跟她混混才是。

至于交换礼物,我拿到一件毛衣和很不错的长裤。姐姐贝丽(Beryl)和她老公威利给了我两本书,我想起码得等到二〇〇八年左右才有空看,在那之前恐怕连想都别想。

茱莉很善于买礼物,老早就搜遍了各种产品名录和店铺,帮我家人买了超合适的礼物。我也很高兴有部分功劳,起码那些卡片是我帮忙写的,包括写给贝丽的杰作,开首是:"亲爱的 $Be_3Al_2(SiO_3)_6$。"

"这张是给我的,对吧?"贝丽问。

"正是。这是绿柱石矿(beryl mineral)的化学符号。"

"我就猜是这样。"

"最大之一的绿柱石在巴西发现,有两百吨重。所以跟那比起来,你算是皮包骨,很瘦的了。"这下子说溜了嘴,这不等于说我姐姐胖吗?其实她一点也不胖,我很想把话收回,但为时已晚。

交换完礼物,我们忙着清理堆积在地板上的礼物包装纸和丝带等。

"严格说来,我已经赶上你了,"我跟老爸说,我们两人正把这些假日废

---

① 死之华乐团(Grateful Dead)是美国著名的嬉皮摇滚乐团,一般昵称他们的乐迷为"死头"(Deadhead)。

弃物拿出去,"我已经读到 B 字首后面部分。"

"有没有读到什么特别有趣的东西?"

"刚看完讲绿花椰菜的部分。你知道吗? 正式归类的话,它属于包心菜的一种。"

老爸点点头。"我也有个很棒的资料可以讲给你听,"他说,"你知道光速吧?"

"知道,每秒三十万公里。"

"对,可是你知不知道用每两星期几英寻来表示[1]的话,光速是多少?"

"你说什么?"

"你知不知道用每两星期几英寻来表示的话,光速是多少?"

"呃,不知道。"

于是老爸告诉我,他已经换算出来光速等于每两星期多少英寻,为的是可以成为世上唯一知道这独特资料的人。这一点,就像老妈说的,完全就是"很老爸的作风"。

"是 1.98×10^{14}。"他说。

"哇! 真是有够炫的。"我的语气听来绝对没好气,老爸看来有点受伤的样子。我也搞不懂自己为什么会这样说话,大概是觉得他又胜我一筹。但这可不是过节该有的态度,这点是很肯定的。

挫伤

bruise

我的左眼变成龙虾壳的鲜红色,虽不敢咬定这跟耗神费力的马拉松阅读有关,私心却情愿这样认为。我把它当成因大英百科的第一次受伤,还挺自豪地带着伤。虽然我不愿意像早年的蓝调歌手(盲眼麦克特尔、盲眼富勒、盲眼杰弗逊)一样眼睛瞎掉,不过带点男子气概的眼睛疲劳似乎挺适宜的。

茱莉可紧张了,买了好几袋小胡萝卜给我眼睛的杆状细胞和锥状细胞

---

[1] 英寻主要用于测量水深或锚链长度,一英寻等于六英尺或一·八二八八公尺。

进补一番。顺便一提，胡萝卜是毒芹①的近亲（两者都属于伞形科植物），所以我希望茉莉可别把这两样给搞混了。

布鲁图
Brutus

以前我对布鲁图很熟悉，他在莎翁剧中，以那经典名句"布鲁图，你也有份吗？"（Et tu, Brute?）而出名。②但我却不知道，原来参与行刺凯撒大帝的布鲁图有两个，布鲁图·阿尔比努斯和布普图·马可斯，可是却只有一个布鲁图（马可斯）抢尽头条版面，那个可怜的呆瓜布鲁图·阿尔比努斯（也是凯撒大力提拔的人）实在需要一个比较能干的公关。"布鲁图，你也有份吗？还有你，布鲁图，你也有份？"我不是很确定，不过那个为人所遗忘的布鲁图，似乎在当时还更有权势；行刺事件之后，那个布鲁图率领军队对抗安东尼，结果输掉了，一个高卢人首领奉安东尼之命将他处死。我很难说哪一样比较惨：是遭到历史忽视，还是被一个法国人宰掉？

葬礼
burial

这下子又知道了一点：原来我的想法墨守传统到令人吃惊的地步。尽管我在布朗大学接受过开明的跨文化教育，尽管有种错觉认为自己能够很有创意地思考，但现在才逐渐明白，从前所受的训练让我用很奇特的方式看待人生。

就说葬礼这件事吧，我向来以为，入葬的时候一定是像睡觉姿势一样平躺的，这似乎很自然。我从来没想到过，在这独特的选单上居然还有其他不同选项。但真的有。

大英百科指出，某些早期文化埋葬死者是采取屈身姿势或蹲姿。还有，北美印第安人埋葬死者是采取胎儿姿势，双膝抵住下巴，身躯利落地捆

---

① 伞形科几种有毒植物的统称，传说苏格拉底就是被这类植物毒死。
② 莎士比亚在《凯撒大帝》剧中描绘公元前四十四年，凯撒大帝遭到反叛集团刺杀，他发现刺客群中竟有他大力提拔且视如己出的布鲁图，于是痛苦地说："布鲁图，你也有份吗？"后人在描述受到最亲近的人出卖时，常常引用这句话。

成包袱状。其他文化还有立葬，尤其是埋葬战士时。

这可真让我吓了一大跳。以前连想都没想过，我向来都认定死亡好比是长眠，但现在看来也许不是，说不定死亡是漫长的妊娠，应该采取胎儿姿势；又说不定像要搭很久的公车，所以应该要站着。

我很喜欢揭露连自己都不知道原本所怀有的文化偏见，说不定这番揭露哪天可以派上用场。说不定我会选择采取坐姿埋葬，手持电视遥控器。不过眼前来说，倒是觉得又开了眼界。而且坦白说，我还自觉有点高出一等，不只是更胜过之前的我，而是胜过了所有那些以为葬礼就是跟打横平躺有关的蹩脚家伙。就在我读完第二个字母时，这可说是虽小但却很重要的胜利。

卡布基诺

cappuccino

　　每隔不久我总会发现,自己对某个主题懂得比大英百科要多,卡布基诺就是个例子;我刚好知道"卡布基诺"这个词汇来自于天主教嘉布遣会(Capuchin)的僧侣,僧侣穿的袍子是浅棕色的,而加了蒸气泡沫牛奶的咖啡就是那种颜色,所以有了"卡布基诺"的名称。大英百科没有收录这细节;我是去年跟茱莉到意大利南部的阿玛菲海岸度假时,听一个意大利计程车司机讲的。觉得自己好像比大英百科略胜一筹,真是兴奋到有点发抖,可是接着再翻看下去时,兴奋感很快就消失了,因为每一页都在提醒我有多么无知。

卡拉瓦乔

Caravaggio

　　十七世纪别具开创性的多产大画家——也是个彻头彻尾的驴蛋。卡拉瓦乔脾气很坏,差不多等于我们这时代的西恩·潘[①];他把一盘朝鲜蓟扔到侍应生脸上而惹上麻烦,也因为用石头扔掷罗马卫兵而被捕,后来在一场网球赛事里跟人为了得分而争吵打斗,还杀了一个人。杀人之后,卡

---

① 美国男演员,年轻时以脾气火爆著称。

拉瓦乔逃离罗马,从一个城市溜到另一个城市,后遭逮捕,然后逃狱,在一家客栈门口遇袭,向教皇求恕从宽发落;与此同时,他还继续不断画出那些伟大又充满阴郁色彩的宗教画。到头来,卡拉瓦乔死于肺炎,刚好就在罗马的特赦文件送抵的前三天。

我最讨厌这种天才饱受折磨的陈词滥调,也讨厌坏脾气的艺术家,但遗憾的是,可能这其中有点道理。是不是就因为这个,所以我才不是个大艺术家?是我脾气不够坏吗?我没朝着侍应生扔出够多盘的蔬菜?在接下来的三万一千页里,这又是我希望能破解的另一宗神秘事件。

卡萨诺瓦
Casanova

这个十八世纪著名的登徒子,最后下场是成了图书馆员。图书馆员大可以利用这一点,为他们的形象增添性感成分。

白垩
chalk

教室里用的粉笔(英文亦作 chalk)其实不是用白垩做的,而是工厂制造出来的物质。更有理由不信任我那些老师了,哼,那些家伙。

张与英
Chang and Eng

这对古怪的暹罗"连体婴"双胞胎共享同一段说明,的确是很恰当。还有一点同样恰当:这段说明的怪诞程度,比起大英百科的一般词条还要怪上两倍。我获悉"张与英"于一八一一年出生于暹罗,父亲是华人,母亲是半个华人。这对双胞胎的腰部有一条肉带相连,大约八公分长,直径二点五公分,就跟一颗小型电池的尺寸差不多。他们两个还小的时候,这条肉带就已经让他们成了名人,还蒙泰国国王召见。一八二九年,张与英跟着一个英国商人走天下,前往美国、加拿大、古巴和欧洲,商人把他们赚到的钱都收到自己口袋里,正如你预期一个英国商人带着畸形儿去巡回演出会做的事情。大英百科说,等到张与英满二十一岁之后,他们就自己做起巡回演出的生意,发了一笔小财。

到此还算不错,跟我料想得差不多。但是接下来这部分可真让我猜不到了:有了钱,张与英就在美国北卡罗来纳州的艾里山定居下来,买了些土地,归化为美国籍,改姓邦克,过起农耕生活来。我倒很喜欢他们这形象,就是两个姓邦克的农夫,共用一副肝。

两人继续一同生活下去,一八四三年四月,张与英娶了一对姓雅特丝的姐妹为妻,雅德莱和莎拉。他们有一套很行得通的好办法。张与英两人各有自己的住家,中间相隔两公里半,两人轮流跟各的妻子共住三天。大英百科并没有深入探讨这卧房里的逻辑如何运算——英和莎拉正忙得不可开交的时候,张是否假装在看报上的体育版呢?还是他真的默不吭声而趁机偷窥?总之不管程序上怎么运作,反正就是行得通,这对连体双胞胎各生育出七名儿女。而且他们会的体力活动还不仅限于这项,张与英也是射击高手,跑得快,游泳也很行。刚到美国时,曾经有人建议要为他们做分割手术,张与英决定不接受,倒不只是因为手术的危险性,也因为他们对各种状况都已经适应得非常好了。

美国内战期间,张与英损失了大部分钱财,因此一八六九年又去欧洲巡回演出。张向来比英阴郁得多,这时已经出现酗酒情形。然后"到了一八七〇年,欧洲之行完满结束返回美国时,张中风瘫痪。大概四年之后的一个晚上,张与英去世了,张比英早死三个小时。"

这真是太温良恭俭让了。想到从前我和姐姐老是抱怨两人得一起坐在我父母那辆汽车的后座,为了争夺各人领域而闹得很僵,甚至要用胶带划分成两边。(我当然难免忍不住得寸进尺,想把我的这边往她那边移,惹她生气。)我们两人都对于要共住一间汽车旅馆房间、共用一部电视和电话而诉苦发牢骚。哪知眼前就有这两兄弟,人家居然还得共用一副身体,结果却照样运作得非常好。从大英百科的照片可以看到他们穿了背心西装,倚着维多利亚式家具,互相搂着对方肩膀,神态很怡然、满足,还有点贵族气派。实在是很令人感动的照片。等我有了儿女(上帝许可的话),要是他们为了得要共用 XBox 而抱怨的话,我就给他们看这张照片。我有三个字要讲给你们两个听,我会说:"张与英。"

性格作家

character writer

在十七世纪的英格兰,作家如奥弗伯里爵士、贺尔等人,常透过描绘人物言行举止来凸显人性的某种特质,譬如虚荣或吝啬等。我比不上奥弗伯里,但生活中却有这么个人,我倒是该用点这种手法来写写他,那就是茱莉的哥哥艾力克。他所凸显的特质是才华横溢;或者也可说是趾高气扬、自以为是,要不也可说是兼具上述各点。我之所以觉得自己最好变得聪明点,主要原因也是他,说来是这么回事……

艾力克的头脑实在是灵活得惊人,而且他也乐得让你知道这点。他念哈佛,讲话速度快得不得了,写起电子邮件随时引述拉丁文格言。大学毕业之后,他去考外交官工作,因为这种考试是出了名全世界最难的。他通过考试,但又再去考了一次,因为想拿全班最高分。他还真拿到了。

艾力克是那种从来不需要用牙齿矫正器的家伙,胆固醇指数永远保持在低点,发线也坚拒往后退。他甚至还长得挺好看的,酷似美国男星约翰·库萨克。

艾力克看着我的时候(真巧,他的两眼视力还都是二·〇),大概就跟我看着一条黄金猎犬差不多,也就是说,不管黄金猎犬有多聪明(就算已经学会冲马桶,或者跟着"生日快乐歌"的节奏汪汪叫),始终就只是一条黄金猎犬而已。他跟我完全不同种。而且就像我见到黄金猎犬追着自己的尾巴团团转而呵呵笑起来一样,艾力克见到我对克里米亚战争缺乏认知,还有我搞不清楚核分裂和核融合时,也觉得很好笑。

一位怀有优越感的大哥,这可是我前所未有的经验。我跟姐姐一起长大,大家向来认为我很有学问。我姐姐贝丽则有其他优势,举例来说,她很会交朋友。而我则是公认的书虫。哪知到了三十一岁,突然有了这个大舅子,不但懂得比我多很多,而且只要见到我就喜欢强调这点。

他是家里的智多星,他深知这点。到了假日,一坐上餐桌就把两臂往胸前一交叉,滔滔不绝讲起时事大议题来,他谈美国司法部长阿什克罗夫特开创先例的改革行动,①或者剖析投资退休金计划的心态。他谈什么都

---

① 阿什克罗夫特支持极端保守的政策与法案,认为这是社会制度的改革,但自由派则认为这些举动大开民主人权倒车。

充满自信，我们大家就只点头听着，在脑子里记下重点，好像在做某种智力问答游戏似的。我讨厌这种感受。我想成为发言人，要不起码做个懂得够多、可以诘问艾力克的人。

更不用提另一个丢人现眼的场合了：玩游戏。我太太娘家的人都喜欢玩各种字盘游戏，大伙儿凑到一起时，拼字板、拼字盘、拼字棋全都出笼，而且可以打包票，这天还没过完，艾力克就已经大胜五六回合。最近这次过感恩节尤其惨不忍睹。话说几星期之前，刚好就在我开始阅读大英百科的前几天，也不知出于什么原因，我居然同意和艾力克玩一对一的"追根究底"益智问答游戏①。

"你真幸运，"艾力克说，"在这个游戏里，你只需掷一个骰子，而无需费事掷两个了。"

艾力克的筹码盒开始在游戏板上跳来跳去，很快便装满了答对问题而赢来的彩色楔形，速度惊人。一英寻等于多少英尺？六英尺。歌曲"星尘往事"的作曲者是谁？豪吉·卡迈克。谁发现了维多利亚瀑布②？英国探险家李文斯顿。艾力克偶尔也需要思索一下，这时他就歪着头望着天花板，好像答案写在那里似的。显然答案也真的写在天花板上，因为他几乎马上就想起瓦里格航空公司在巴西。

反观我的筹码盒却是空的，空空洞洞，要是你细听的话，可以听到里面有很小的回音。

"不等边三角形有几条等边？"艾力克问。我坐在那里拼命回想九年级的时候，几何老师究竟教了我什么鬼东西，但只能想起他有很浓重的德国口音，还有他把头发梳过头顶盖住秃头部分。

"给你一个提示：就跟你的智商差不多。"

"两条？"

"零条。"艾力克边说边偷笑。他是真的在偷笑。

---

① "追根究底"的游戏板有许多彩色方块，组成一圈大圆和圆内的六条轮辐，每种颜色有六个方块，组成一大组题目，每答对一大组题目可得到一个彩色楔形。

② 维多利亚瀑布，位于非洲赞比西河中游，宽约一千七百多米，最大落差一百零八米，为世界著名瀑布奇观之一。

再轮到我时,他问:"艾摩·林肯初登银幕时饰演哪个角色?①"

我又忘光了,亏我还是编娱乐版的,那本应是我的强项,结果还是一败涂地。这些讨厌的"追根究底"玩家最爱问老掉牙的娱乐圈掌故,都是DVD和狗仔队尚未问世之前的事。

"这个角色懂得的辞汇数量跟你差不多。"艾力克说。

我知道他要说什么。"科学怪人。"我说。

"不对。泰山啦。"

就这样一路玩下去,玩到最后,艾力克把我打败了,赢了六块楔形,我只有两块,他还问我,是否喜欢玩个比较适合我智力的游戏,譬如儿童扑克牌游戏"钓鱼"。

我知道"追根究底"不过就是追究一些鸡毛蒜皮的琐事,但它偏偏戳中了我那一无所知的要害,而且随着游戏推陈出新,现在这些要害又多了政治、经济、文学、历史、地理,还有娱乐频道看不到的所有主题。

那是五个星期以前的事。现在艾力克又来到曼哈顿,还跟茱莉的妈妈、另一个哥哥阿道,带着他们的老婆孩子一起,大家在上西城一家餐厅吃中饭。这时我已经掌握了大英百科两个半字母的信息量,又是一条好汉。

入座之后,我决定把这个大消息透露给艾力克,于是跟他说我这阅读大英百科的行动计划。我想要得到他的称许,同时也想让他感觉受到威胁。哪知他对我这番透露似乎无动于衷,既未称许也不感到受威胁的样子,简直就像是我不过跟他说很喜欢穿灯芯绒裤子而已。

"哦,我在哈佛的时候知道有个人也这样做过。"他说。

"好极了,说不定我可以跟他较量一下,看谁的知识比较多。"

"你是可以跟他较量,"艾力克说,"只不过他已经自杀了。但我敢说你会活得很好。"话题就此转到要点什么开胃小菜和前菜去了。蟹肉糕似乎特别受欢迎。

"啊,螃蟹,地道的贵族。"我说。

"什么?"阿道问。

"螃蟹的血是蓝色的。你也知道,蓝色血统,指的是贵族。"笑声没有我

① 一九一八年,原为拳击手的艾摩·林肯成为第一任饰演"人猿泰山"的演员。

35

预期得那么震耳欲聋。

"我在'血液'部分读到这资料。"我说。

"说些你已经读到的有趣资料给大家听听。"茱莉的母亲说。

"刚才讲的不算吗?"

"不算,那没什么意思。"哇! 这群人真难讨好。

"那,你想不想听个很不错的恐怖故事?"我问。

"当然想。"茱莉的老妈说。

"那就讲柏克和黑尔怎么样?"

"我们洗耳恭听。"阿道说。

"那好。话说有两个人,威廉·黑尔和威廉·柏克,"我边说边放下菜单,"十九世纪二十年代,这两个爱尔兰人在一间寄宿公寓相识了。有一天,有个老乞丐死在这间寄宿公寓里,可是柏克和黑尔并没有埋葬他,反而把尸体卖给当地的外科医生,卖了七英镑。"

"发死人财的生意人,呃?"阿道说。

"还没完哪,后面更精彩。这第一具尸体让他们尝到甜头,于是他们想出了生意点子,开始诱骗旅客到这间寄宿公寓里,把旅客灌醉然后闷死,再把尸体卖给那名外科医生,他们用这手法起码杀害了十五个人。最后被邻居逮到,但也是一年以后的事了。"

"结果他们去坐牢了吗?"

"黑尔揭发柏克的罪行,所以获释了,不过柏克就被处以绞刑。至于那个姓诺克斯的外科医生却从来没去坐牢,不过后来在公关宣传方面有点小麻烦就是了。"

我往背后一靠,这是个很生动的故事,我讲得又很精彩,连艾力克也得承认,他也确实承认了。

"很不错的故事。"艾力克说。

"谢谢。"

"不用说,你也知道关于这事件的顺口溜吧?"他问。

"唔。"

"你不知道那首与柏克与黑尔有关的顺口溜?"艾力克说。

他妈的,我真不敢相信。"不知道。"

"喔,这才是最精彩的部分,从前英国的小学生还经常念呢,这诗是这样的:

> 柏克是那个下手去宰的,
>
> 黑尔是那个下手去偷的,
>
> 诺克斯则是那个去买宰好的。"

全家大笑。

"真是妙极了!"茉莉老妈说。

"你真会吓人。"艾力克的太太亚丽珊德拉说。

艾力克往后一靠,双臂往胸前交叉,这是他最喜欢摆出的姿势之一。他看着我露出笑容,明知已经把我打败了。我很懊恼大英百科怎么没有把这顺口溜摆进去,懊恼自己干嘛要挑柏克和黑尔来讲。但我最想做的是掐死艾力克,把他的尸体以七英镑价钱卖给解剖学家。

我会继续阅读下去,总会找到艾力克不知道的事情。我会找出最稀奇古怪的、连他都不知道该怎么念出来的事物。

查理
Charles

给你个提示:要是你碰到一个国王,却记不得他名字,大可猜他叫做"查理",准保错不了。我已经读到"查理"这部分的词条,冗长得有够烦人——讲得详细一点,总共有二十四页,四十八位查理,几乎所有的欧洲国家都有,只要是能负担得起很不错的镶白鼬毛边斗篷的国家都有,包括德国、意大利、西班牙、葡萄牙、瑞典、荷兰、匈牙利和奥地利。幸好很多查理都有别名,这点倒是颇有帮助,因此我打算试编某种类似苏斯博士的顺口溜,当做帮助记忆的手段:

> 有个好人查理
>
> 也有个坏人查理。
>
> 有个跛子查理

还有个疯子查理。

有个大胆的查理

以及长相英俊的查理。

可别忘了那个秃头的查理。

居然有这么多的查理！

　　但我实在想不出用哪个韵脚来对应"尽责的查理"，所以只好抱着乐观希望用心阅读了。

　　有一点倒是让我留下深刻印象，那就是：这批查理可不是什么很能鼓舞人心、带来启发的人。事实上，这二十四页的记载，完全就像是针对君主体制来个最佳反驳。

　　虽然其中偶尔有些查理创办了大学或促成司法改革，尤其瑞典的那些查理看起来比一般的查理好得多，但是总的来说，这群家伙都是些好战、贪婪、精神不稳定、害了痛风的蹩脚货。更不用说好色了，只要想想英格兰的查理二世，就是那个在克伦威尔①殒落之后收复王位的人，据说他讲过，上帝不会"因为一个男人越轨、享点小乐子而让他不好受"。查理二世也享够了"越轨的乐子"，生下十四名私生儿女（要是你还记得的话，传说这点曾引起康德姆医生的关注而发明了保险套）。有少数几个查理对老婆很忠诚，其中一个是"挨鞭子查理"（不是真名），他在一六九三年缔结布列塔尼条约，却因为听老婆的话而毁约，结果死在战场上。要是他去制造十四名私生儿女的话，下场可能好得多。

　　我拼了老命去记那些查理哪个是哪个，不过这任务可会把人弄得跟法国那个查理六世一样疯癫，这个查理在十三世纪末和十四世纪初精神失常发作过四十四次。我真希望这些君主在取名字的时候多一点点创意——虽说我的家族也好不了多少。我的全名是跟着老爸而来，我是小阿诺德·史蒂芬·贾各布斯，老爸是老阿诺德·史蒂芬·贾各布斯。老爸最爱耍宝，原本想为我命名为阿诺德·史蒂芬·贾各布斯四世，跳过中间那几世，

---

　　①　克伦威尔（1599—1658），英格兰军人和政治人物，担任共和政体护国公，使英国由衰落状态上升到欧洲主要强国的地位，是近代欧洲史上最杰出的统治者之一。

但老妈不准，所以我就成了小的。

乔叟
Chaucer, Geoffrey

这位《坎特伯雷故事集》的作者，显然曾经因为在伦敦街头殴打一个方济会修士而遭罚款。又是个坏脾气的艺术家。

切尼
Cheney, Dick

这个美国副总统是耶鲁的退学生（还是被踢出来的？反正没人清楚），后来在怀俄明大学完成学业。民主党知道这件事吗？看起来可以藉机大作文章哩！

国际象棋
chess

我在成长过程中向来就对国际象棋不感兴趣，也不知是怎么回事，不过我认为，大概是跟那些国王和王后有关吧。甚至还没有读到那一大堆堕落的查理之前，我就不是很迷君主的人。那些棋子要是改成总统和第一夫人，又或者是"警网双雄"的史塔奇和哈奇警官，说不定我会玩上瘾。但国际象棋一直是老样子，所以我也从来没染上棋瘾。

话说回来，国际象棋看起来毕竟像是聪明人玩的，既然我一心要彰显自己的才智，就得留意大英百科里所有关于这古老黑白格子棋局游戏的资料才是。闲暇时，我开始利用 Palm Pilot 玩起电子棋。大概玩了六十三盘之后，终于打败电脑。我承认我玩的其实是最低难度，是给那些需要补习数学的初学者以及波霸名模玩的，但我一点也不介意，反正我打败了那个混账东西。

受了这番成功的鼓舞，我不免有点飘飘然，暗自认为：或许该到城中的马歇尔国际象棋会去跟那些老手比试一下，应该挺有意思的。说正经的，我这人天生害怕身处陌生环境，所以这念头实在不是很合我个性。但我必须做这个决定，因为在阅读大英百科的一年自我教育期间，要把所学拿出来做个检验，看看是否有助于我跟那些最优秀又最有才华的人互动，于是便出发前往国际象棋会了。

果不出我所料,马歇尔国际象棋会有很多张下棋用的桌子,还有一叠叠国际象棋杂志,但是群聚的成员却让我有点意外。真是很奇怪的组合,各式人等皆有,有十来个大腹便便的犹太男人,裤头拉得高高的直到腋下;几个二十多岁的黑人;寥寥几个东欧人;还有少之又少、背着背包、神气得很的小学三年级神童。我先去跟管事的赖利自我介绍,他看起来比较像是该归类于犹太人的那群。我跟他说,此行目的是要测测我的棋技。他回答说,你选错日子了。

"今天晚上是大赛,"赖利说,一面忙着文书工作,"你挑了个迷人之夜来到这里!"我看看周围,这种迷人法完全不是狗仔队梦想要追的新闻,不过我懂他的意思。

"我不能参加大赛,跟人下棋吗?"

"不行。"赖利说着,放了文书工作,领我穿过那些大赛棋手,来到后面一个房间,那里是棋会的聚会室。"哪,你可以在这里下棋,"他说:"你可以跟她下。"他指着一个护送三年级神童前来的菲佣说道,然后就笑呵呵离开了。

事实上,如果那个菲佣不算,聚会室里还真有几个极具潜力的对手呢!有两个快到青春期的棋手正在对弈,他们一面吃掉士兵,一面咬着潜艇堡三明治。

"我可不可以跟赢这盘棋的人下棋?"我问。

他们两个点点头,视线根本没有离开棋盘。与此同时,我又瞥见一个可以归纳到高腰裤头群里的人,他的犹太式蓬松鬈发简直可以媲美老牌摇滚乐团"球风火"任何一个成员的发型。

"有兴趣下盘棋吗?"我说。

"可以呀!"他说。

下棋之前,我先在心里把从大英百科学到的东西复习一遍:先出骑士才出主教,要预先察觉对手的威胁,布局尽量全面性,像是开局时利用王棋那半边出击造成进逼。我本来要用后现代开局法,也就是让骑士跳过我这边的一整排士兵,但一开始却下成最传统的开局法,让士兵走两个方格。再走几步之后,这个犹太鬈发人就把我的士兵吃掉了。我跟自己说这样很好,这是开局让棋法,先做点小牺牲以换取优势。然而接下来再走几步之后,做出的牺牲可大了,牺牲的目的究竟是什么? 我不太清楚,只知道我很有牺牲的本事。就在殚精竭虑思考该怎么走剩下来的一个骑士时,我把食指放在棋盘的 e4 格,准备要走下一步。我的对手一脸痛苦万分状,好像刚被计程车压到脚趾头似的。

"你不该这样做的,"他说,"你不该碰棋盘,这是很差劲的举动。"

"喔!"我边说边赶快缩回手指。

"这实在是很没风度、很外行的行为。"

我保证不再玩弄棋盘,决定要用主教出击,希望这步棋能赢回他的尊重。用这步棋,再加上说说一些西洋棋的知识:"你也知道,以前主教被称为象,而且只能走两个方格的对角斜线。"

他点点头。再走了两回合,他吃掉我的前锋象。国际象棋的守护女神凯萨一定会引以为傲,我暗想。

据尼姆佐维奇①说,你应该主动弃守中央。我已经弃守了,也弃守侧翼和前线。我走了皇后。"以前这个棋称为相,而且只能走一个格子,横直斜方向不限。"

他又点点头,手抚着下巴,很好,我让他绞脑汁了。

"唉,我在考虑等一下要用'下变'这招。"我说。明知这有点乱枪打鸟,不过我想,说不定他不知道"下变"的定义是什么,那我就可以告诉他:这意思是说,你的士兵走到对方的底线,但你不选择让士兵变成皇后,而是选择变成骑士、城堡或主教。

接下来他就将死我了。他以权威之姿将死我,那动作就像乌贼用第四条触手运送精细胞一样。

他跟我握手。棋下完了,这个满头犹太式鬈发的男人还蛮友善的,花了很多时间为我剖析棋局,指出我犯的许多错误,却设法不流露出高我一等的样子。他还告诉我,棋手是在什么状况下才会使出"下变"那招,那是当皇后造成王棋受困,但城堡可以将军,这时就用下变这招,把士兵变成城堡。

---

① 尼姆佐维奇(1886—1935),拉脱维亚出生的国际象棋大师暨理论家,虽多次参加比赛但未能赢得世界冠军,不过以《我的着法》一书闻名于世。

我先后又抛出十几条关于国际象棋的资料，最后终于还是让他开了眼界。

"你可知道，中世纪穆斯林的棋盘是单色的。"

"真的吗？我知道早期有些棋盘是单色的，但不知道是穆斯林的棋盘。"他一点都没有讽刺的口吻，而是真的很感兴趣。

"是穆斯林的棋盘没错。"我说。

我又转而去找旁边那对小学三年级的棋手，准备跟他们下棋，然而问题来了，他们看到我棋品那么差，早就没兴趣跟我玩，还嫌我会浪费他们的时间，于是我只好收包走人。以前我还算晓得知易行难的道理，但这回才真正亲自上了一课，彻底明白知与行之间的鸿沟有多大。回家途中，我狠狠修理我那台 Palm Pilot 一顿，然后向它解说它所犯的一切错误。

柴尔德夫人
Child, Julia[1]

她曾在美国战略情报局工作，那是中央情报局的前身。听起来倒像是一部精彩电影：白天当大厨，晚上当间谍。我应该会选这部电影来看。

儿童十字军
Children's Crusade[2]

这是看到目前为止最让人心酸的。大约三万名儿童，在一个法国牧羊童率领下，一起出发前往巴勒斯坦圣地，打算用爱心而不用武力，从穆斯林手中收复圣地。结果他们没有达成任务，反而落入臭名昭著的商人手中，大部分被卖到北非为奴。等茱莉和我有了儿女之后，一定要有人盯着，我才准他们去中东。这点我先说定了。

编舞
choreography

茱莉和我正在看电视——嗯，算是正在看。我在读大英百科，她在玩

---

[1] 柴尔德夫人，美国著名烹饪专家，也是烹饪节目主持人，专门推广法式烹饪法与法国料理。
[2] 一二一二年夏天在欧洲掀起的一次宗教运动。

《纽约》杂志的填字游戏,然后抬起头来问我:"喂,你知道佛雷·亚斯坦①的原名是什么吗?"

"说真的,我还真的知道哩。"

他的原名是雷德里克·奥斯特利茨。我帮我太太填了第四十二行——虽然跟我花上一整年的精力去读大英百科比起来,这也许是杀鸡用牛刀,但仍然让我喜不自胜,就好像拥着茱莉跳起了优雅的华尔兹,在房间里不断旋转。我是个佩戴着闪亮信息的武士,前来拯救那位烦恼的淑女。太棒了!

圣诞节
Christmas

今晚《君子》杂志开圣诞派对。(顺便一提,亚美尼亚人是在一月六日庆祝圣诞节,所以你要是没来得及赶上送礼,就改说你是亚美尼亚人好了。)我要自己一个人去《君子》杂志的派对,因为茱莉要上班到很晚。她的新工作很有意思,公司在纽约市里到处找可以环保回收的东西,但是每星期她得上一次夜班。所以,我只好一个人去参加啦!

《君子》杂志的派对是为我们在文艺圈里的作者和朋友开的,没什么特别花样,就在八楼办公室举行,小隔间里挂上红白格子桌布,复印机充当酒吧台。我来晚了,毕竟从七楼办公室到这里要走很长的路;我一眼瞧见老友瑞克正在两个小隔间之外的地方跟一个高个子女人讲话,我不认得那个女人,但显然她有很多话要说。瑞克示意我过去,但我走过去之后,也没能打断这高个子女人的独白。听起来她正在讲自己很喜欢读剧本而不是看小说,这时刚好快讲到史特林堡②的一个句子。她解释说,史特林堡比起同行对手易卜生要错综复杂多了,虽然易卜生的名气比较大。我不是很确定,但我想她用了"受到忽略实在可耻"等字眼。

瑞克一点也没有入迷的样子,事实上倒像是随时会从口袋里掏出枕头,窝在地板上补个眠。

---

① 佛雷·亚斯坦(1899—1987),美国著名舞台剧和电影舞蹈家。
② 史特林堡(1849—1912),瑞典最伟大的剧作家,著有一系列长短篇小说和剧本,开创了现代瑞典文学,并对欧美戏剧艺术有深刻影响。

"贾各布斯很聪明喔,"瑞克趁她正在换气时赶紧插嘴说,"他正在阅读大英百科。"

"是吗?"这女人说。

"真的,从 A 读到 Z。"

"你现在读到哪里了?"

"我正在看 C 字母开首的部分。"

"那你记得多少?"

我很讨厌这问题,尤其是她问我的那种态度,听起来比较像指控而不是发问,仿佛我已经违反了"色情业人口贩卖法案"还是什么的。那你记得多少?

我回答说:"有两条玻利维亚的河流我印象有点模糊,但其他所有事情都了如指掌。"

我想,这总该堵住她的嘴了吧?当然啦,我记得的部分比那又再少一点点,还有两条在非洲查德的河流也有点印象不清,另外有几个词条也是。

不过老实说,我记得的比例比想象中要高得多。关于这一点,最好的根据是脑中的灵光闪现,只要我的生活跟大英百科有交织时,就会闪现那些灵光,而且次数有增无减。那是我脑中一首不断演奏的交响曲,我敢说,至少每两分钟就会闪现一次灵光。

所以我很心安理得。然而最挂心的,却是记忆的重点并非很均衡、事事兼顾;新知识都集中在几个主题和方向,而这些方向又并非总是这世上最崇高的那些。譬如说梅毒,我就记得一大堆关于梅毒的资料,可以告诉你:卡彭①和丘吉尔的父亲都患有梅毒;法国诗人波特莱尔患有梅毒,而且他是从一个叫做"斗鸡眼莎拉"的犹太妓女那里染上的。我可以告诉你,某些贝都人②染上的是非性病梅毒;这倒是个很方便的借口,当检验结果报告出来、让人很不开心时,那些得跟老婆解释的人大可说:"你也知道,我是贝都人,这不是性病喔!"就某一方面来看,梅毒真是个很恰当的例子。这

---

① 卡彭于一九二五到三一年期间为美国芝加哥黑社会犯罪集团首脑。
② 贝都人是游牧民族,分布于中东的沙漠地区,特别是阿拉伯半岛、伊拉克、叙利亚和约旦等地。

些主题不断从我脑海里蹦出来，简直就像烦人的接触性传染病，自己一点也没办法控制。它们就这么溜进我脑中，然后突然间，我就像报流水账似的提起食人习俗（cannibalism），或者随后又回想起那些一只眼睛瞎掉的男人。言归正传，再讲那位史特林堡的粉丝，她好像不太相信我讲玻利维亚河流那句对白，一脸严肃。

"你对贝克特①知道多少?"她问。贝克特，贝克特，我拼命搜寻脑袋里的光碟，寻找贝克特的资料，可是却一片空白。"如果你要谈作家的话，我倒发现巴尔扎克更有意思，"我说，"你知不知道他这人是个超级龟毛、讲究完美的人，过了截稿期都还在改稿，结果差点因为印刷厂的账单而破产?该放手的时候就要放手，你知道吗? 这对我们大家是个很好的教训。"

这是回避策略第一计，要是你不知道某事的话，就用另一个事实去转移、分散、声东击西、扰乱对方注意力，希望他们忘掉原本要问什么。这回，这招似乎管用了。

"好，那就说说花椰菜怎么样?"她说。

"还没看到这部分，我想它是列在 V 字母开首的'蔬菜'一栏里。"

这是第二计:"回头再告诉你"的老招。当然，这招等于设定了一个期限，我一路这样啃着字母，也会愈来愈难靠这招脱身。不过眼前来说，还有二十三个字母可以供我选来拆招。"讲到这个，我想该去拿些开胃小点心了。"我说。

这是第三计:溜之大吉。我扔下倒霉的瑞克，不用说，还有更深入的北欧戏剧剖析要让他受罪。

美国南北战争
American Civil War

在开始涉猎大英百科之前，我对美国南北战争也算是知道得不少，起码不至于有失我祖国的颜面。几年前，我还看了伯恩斯②拍的内战纪录片，至少看了半个小时之久，然后才转回原来的频道，看个彩色且有超生动

① 贝克特(1906—1989)，爱尔兰作家、评论家和剧作家，一九六九年获诺贝尔文学奖，著有剧作《等待戈多》等。
② 伯恩斯，美国纪录片导演，最有名的作品包括《美国南北战争》(1990)、《爵士乐》(2001)等。

音效的节目。不止这样,我还知道美国演员丹佐·华盛顿率领一支黑人军团,在历史性的奥斯卡战役中获得大胜。①

但我还是错过了影片中的几处细节,例如错过了贝儿·博伊德这位女子的事迹(在 B 字首部分有她个人资料),我很庆幸能够弥补这个缺失,因为读了她的生平事迹之后,我认定她的故事很值得拍成暑假卖座片(第二号电影点子),而且足以证明人间的确有浪漫传奇之事。

博伊德在弗吉尼亚州出生长大,南北战争开始,她所以出了名,是因为她和母亲不准联邦军队士兵进入她们家门,有个穿蓝军服的北军士兵试图硬闯进屋,被她开枪打死。结果她因此受审,但终以自卫而获释。她不但没有因此悄悄退隐去过乡下生活,反而更深介入了战争。后来一批北方联邦军官驻扎在她家里,她无意中偷听到他们在商讨作战计划,打算摧毁弗吉尼亚州皇家堡镇上的所有桥梁,"她冒着千辛万险,通过火线去见南方同盟的杰克逊将军,向他通报联邦军这些计划。"大英百科如是说。结果这竟是事关重大的情报,后来南军更分配任务给她,她就做起莫斯比②游击队的密使和侦察员来。她曾遭联邦军拘捕,但因为患上伤寒而获释。

到此还算是个很不错的故事,称得上够水准的坚毅女子密谍惊险小说。可是接下来就是好莱坞星探应该留神的了,因为从这里开始就是浪漫情节插入的地方——南方同盟的淑女间谍跟联邦海军军官邂逅。一八六四年,博伊德带着一封南方同盟总统戴维斯的信函,搭乘同盟军的船前往英国,遭到联邦军船只截住,有个名叫哈丁的联邦军官上船来,结果被博伊德迷住了,大英百科是这样说的,"迷住",却没有说明这是什么意思。是她对他抛媚眼?还是恭维他的大军刀很好看?

哈丁迷恋博伊德迷得不顾后果,竟然放这艘南方同盟船只的船长一条生路,让他逃走。哈丁捅了这么大的娄子,结果遭到军法审判,被联邦海军开除。然后在一八六四年八月,哈丁军官乘船前往英国,到博伊德此刻居

---

① 一九九九年,丹佐·华盛顿以《震撼教育》获得奥斯卡最佳男主角奖,成为影史上第二位获奖的黑人男星,赫蕾·贝莉也以《拥抱艳阳天》成为影史上第一位获得奥斯卡最佳女主角的黑人女星,再加上威尔·史密斯以《叱咤风云》获男主角奖提名,当年共有三位黑人影星入围。

② 莫斯比(1833—1916),美国南北战争时期南方联盟游击队领导人。

住的地方(插入音乐),然后娶了他从前的敌人。从此之后,哈丁和博伊德快乐地生活在一起,要不起码也是到一年后他死为止。

这不免让我想到,我那些中学历史老师究竟在想些什么? 我记得上过关于南北战争的几堂课都乏味得要死,讲一大堆关于南方棉花产业以及南北战争的经济因素等等,无疑这些是很重要的,可是他们难道不能加点料,讲个联邦家伙和南方淑女的情史来调剂一下吗? 一个老派的动人爱情故事有什么不好? 准保深得班上女生的心。

粗籽黄花菜
clammyweed

这是头一遭,我在读大英百科时睡着了,正看到贝甲类(clam shrimp)、沙蚕(clam worm)、烤蛤(clambake)还是粗籽黄花菜,总之搞不清楚究竟是读到哪一项时,就迷迷糊糊睡着了。当时我躺在长沙发上读百科(现在我知道,这可是要小心提防的危险事),快阖上的眼睛只能硬撑那么一会儿工夫而已。我有没有讲过,我的进度实在他妈的累死人?

总之,茱莉进到房间里来时,我醒过来,觉得自己好像做了不乖的事情,譬如正在手淫或者把满腔理想的基督徒小孩卖去做奴隶之类,当场被逮到。

喝彩人,又称"罐头笑声"
claque, aka canned laughter

有一点是愈来愈清楚了:太阳(顺便一提,这是个天体,有些印度苦修僧依然直视太阳,弄到眼睛瞎了为止)底下无新鲜事。我知道很多事都有段历史,例如宪法号①、节奏蓝调、加拿大等,但是琐碎小事也有过往可讲,这才真叫我惊讶。我第一次有这种惊讶印象是在阅读麻醉药的条目,获悉原来早在一八四〇年年初,就已经流行开派对时让客人吸入气囊里的氧化亚氮(即笑气),换句话说,就是飘飘然派对! 我们在中学开的派对正是这类,我们会去买十四罐发泡奶油,然后狂吮奶油,直到大伙儿成功忘掉几百万个神经元的存在,全都趴在我朋友安迪的长沙发上为止,还自以为很先

① 美国历史上著名的战舰,第一批驱逐舰之一,一七九七年在波士顿下水。

进呢!

这会儿,我又学到关于"喝彩人"的历史了,其实这个字眼是"罐头笑声"自以为高级的法文用字而已。早在喜剧演员露西・鲍儿表演把巧克力掼到脸上,或者劳夫・克兰登以很过分的暴力威胁老婆之前,就已经发明出罐头笑声了。话说公元前四世纪就有希腊剧作家雇用成群帮手,在他们的喜剧上演时大笑,借此影响评审。古罗马人也暗中对观众做手脚,但他们显然对拍手比较感兴趣,而不是呵呵笑,因此尼禄(他贵为皇帝又妄想成为音乐家)雇用了五千名武士和士兵,陪他巡回登台演出。

然而罐头笑声的黄金时代则是十九世纪的法国,几乎每家法国剧院都得雇用"鼓掌班"。最具影响力的鼓掌班领班叫做"鼓掌头子",每个月都向演员支薪,而且鼓掌班的每个男女成员都各掌专长:上演喜剧时负责大声笑的是"欢笑者";专门负责喊"安可"的叫做"喝彩人";还有"特派员",他会在看戏时用手肘碰碰身边观众说"这部分真好"。而我最爱的则是"哭娘子",那些女人收了丰厚的法郎,专门在悲剧演到伤心情节时掉眼泪哭泣。我很喜欢这点子,搞不懂为什么广播电视界不用罐头哭声呢?这样一来你在看《急诊室的春天》时,看到一名垒球球员被送进来,额头插了球棒碎片,就会听到背景声先是一阵微微的抽泣,接着转为哭哭啼啼。见到茱莉连看《谁要嫁给百万富翁乔伊》①的大结局都会泪流满面,一面看一面哭,要是再加上罐头哭声,保证她会哭得稀里哗啦的。

克利夫兰
Cleveland

我以前一直以为,这个俄亥俄州城市是以美国总统克利夫兰为名,哪知却不是,真正的故事是:它以康乃狄克地产公司的职员克利夫兰(Moses Cleaveland)命名的,这人在一七九六年率领测量人员来到这里,任务是要加速出售俄亥俄州的土地,为了纪念他,此城就命名为"克利夫兰"。

命名那天必然是这位销售员生平最光荣的一天了,难怪他写信给老妈

---

① 美国福斯电视公司于二〇〇三年推出的真人实境电视节目,由建筑工人乔伊假扮有钱人在电视上征婚,轰动全美。

说:"亲爱的母亲,这个姓氏不会为人所遗忘,在这美丽的俄亥俄州,有个城市冠上我们这个堂皇的姓,伟大的克利夫兰!"

然后,到了一八三二年,"Cleaveland"去掉一个"a",变成"Cleveland",为的是迁就报纸刊头的排版空间。这可真是个好理由,乱改他的姓氏,就为了迁就报纸刊头?难道不能缩小字体吗?他们有没有考虑过把"俄亥俄"改成"俄亥"呢?这还可以省下一点油墨呢!

名气是个一溜烟就不见踪影的淘气姑娘。这不算是我领教过最惊人的教训,不过倒是每天都学得更彻底。我已经知道,有很多人在他们那时代名气很大,千百万人仰慕他们,然而如今却完全为人所遗忘,只有少数阅读百科全书的怪人才会知道他们。再说就算有人记得你的姓名,人家也可能拼错或念错。克利夫兰大可跟荷兰探险家科内琉斯·梅伊(Cornelius Mey)搞个声援团体大会,因为新泽西州的五月岬(Cape May)本来是因梅伊而命名的。

真叫人泄气。要是我有所成就而变得很有名的话,不到二十年,我就会变成 R. J. Jackobz。

气候与天气
climate and weather

闪电是由下往上闪,是从地面闪回到云层里,这是大英百科在"气候与天气"这部分讲的。我把这段重复读了两次,以确定没神经错乱——真的没错,闪电是由下往上闪的。

严格来说,闪电先从上往下,这是叫做"先导闪电"的霹雳开端,"咻"的一下,从云中传到地面,但是最亮的部分,也就是闪光那部分,则是"回击",这是从地面闪回到云中。

这真叫人不安。当我发现以前竟然不知道罐头笑声,或不知道曾经有个性感的南方同盟间谍的历史时,也不过有点懊恼而已,可是这件事却真是叫我失去自信,这是全新层面的无知。我看了一辈子的闪电,明明方向就是从天空到地面,那就跟我脸上的鼻子有点不对称一样,看起来是很确定的事啊。乍然跟这种与直觉相反的资料冲撞,很叫我想不开。我还有什么其他的观念是不正确的呢?太阳实际上是否冷冰冰的呢?天空是橙色的吗？基努·里维斯是不是个出色演员呢？

咖啡
coffee

显然我需要多喝点咖啡（根据传说，有个牧羊人留意到羊群吃了咖啡豆的举动很奇怪，因此才发现咖啡），要不或许我该多睡点，要不就想想其他办法——因为我上班时老是出岔子，最近的这桩更是捅了个大娄子，糗得要命。话说我帮忙编一篇稿子，里面讲到一位超级名模给男人的忠告，是关于男女关系的。上司把稿子交给我，说文章有点淡然乏味，于是我想应该加油添醋弄得有趣一点。

名模奉劝男士们在恭维女人时，不要老是恭维对方的眼睛，应该要选选别的来讲。太老套了，她说，最好恭维身体其他部位，比较出人意外的，譬如说脸颊或者膝盖等。好建议。我干脆就加上这个句子："恭维女士双眼的男士们，都该带出去让保加利亚驯狗师鞭打一顿。"好吧，就算比不上马克·吐温或萧伯纳的幽默感，但总算也有那么一点，而且还奏效了，老板比较喜欢这样的修饰。

问题是，我完全忘了要把这份稿子送回去给那位超级名模过目，确定她同意我加的这小部分。我本来是打算要这样做，我知道不能就这样没经过作者同意而添加文字，但是却忘得一干二净。实在是有够笨的，很没礼貌，而且也很不符新闻界行规。

好了，这回我那驯狗师的句子回头咬得我够受。今天去到办公室里，见到八卦专栏出现这位超级名模发的牢骚，说《君子》杂志硬把话塞到她嘴里，害她接到很多保加利亚社群寄来怒气冲天的电子邮件。老天呀！谁知道原来还有个保加利亚社群？谁又知道这社群还有个反中伤联盟呀！总之我觉得糟透了，真该让大块头保加利亚男人赏我一顿鞭子（顺便一提，他们的平均寿命是六十八岁）。

希望这宗小糗事很快就会风吹云散。我想也会，而且也很有信心，我生涯上因粗心愚蠢造成的错误绝不会收录到大英百科里，想到这里就感觉好过多了。有些人就因为捅了娄子才名留青史，这些人之所以出名不为别的，纯粹只因为他们的失败事件。

　　我尤其想到可怜的查理士，你一定会同情这个十九世纪的倒霉家伙。大英百科讲到他时，开首第一句就是这么说的，查理士是"英国教士、天文学家，由于没及时发现海王星而经常被人提起"。

　　以下就是这个可悲天文学家的故事。查理士的生涯本来一直都发展得挺快的：出生于一八〇三年，二十几岁到三十出头便发表过十几篇科学论文，还受到提名当上剑桥天文台台长。很不错。然后到了一八四五年那个要命的九月，当时有个剑桥天文学家同事已经在计算天王星轨道的摄动情形，他要求查理士帮忙，在据此推算而确定的天空区域里，找出一颗未知的新行星。显然查理士没怎么把这事放在心上，只把它排在"待做"事项很后面的位置。

　　最后，由于同事催急了，查理士才在一八四六年七月开始仔细寻找，每天晚上都观测，每天晚上都没有新发现。到了九月二十三日那天，有人抢在查理士前面，柏林天文台成了国际新闻的头条，宣布发现海王星。查理士翻查之前的计算才恍然大悟，其实早在八月的一个晚上，他就已经观察到这个行星了，但由于没有拿这晚的记录跟前一晚的做比较，因此不晓得已经见到海王星。

　　我很怜悯这个人，想来他必然因为那晚的失手而受尽天文学同侪的耻笑："喂，老查，我的怀表不见了，能不能帮我找找？喔，我刚想起来放在哪里，不用麻烦你了。"接着就全体爆笑。接着另一个皇家学会的天文学家又尖着嗓门说了："老查，跟我们说说这究竟是怎么回事，你的脑袋在哪里呀？会不会……是在天王星上面？"然后他们就笑到连嘴里正在吃的小黄瓜三明治都喷出来了。

　　我尽量不让自己沉迷在人家的失败上，不过这样的确让我对自己的保加利亚大糗事感到好过得多。我会难为情个两天左右，那又怎样，谁在乎呢？人人都有在工作上失手的时候，这又不是太阳系的末日，起码我不是查理士。我知道把自己的生活跟历史人物扯在一起有点不伦不类，而且反过来也令人非常懊恼，因为了解到自己的人生竟然如此平凡无奇又不起眼。但也很有启发性啦，或者说鼓励性，又或者就这个例子而言，让人很安心。我感谢可怜的查理士先生，然后继续阅读下去。

科尔特斯

Cortés, Hernán

更多梅毒。科尔特斯是"非常喜好女色"的贪欲男人,这名西班牙征服者染上梅毒,使他错过了一五〇九年前往南美洲且注定失败的远征。运气真是很难说,有时候患上性传染病还能救你一命呢!

宇宙

cosmos

在"宇宙"这个词条里,大英百科告诉我们,宇宙到最后要不变成"又冷又黑一片空洞",要不就是"滚烫的熔锅"。那么,究竟是哪一种?烈火还是冰雪?这中间的差别可大了。大英百科,你得表明立场啊!假定我每天运动、吃低脂松饼,再活个几十亿年好了,我想知道到时候会有什么情况发生。资讯竟然可以这么不精确,简直让人生气。要我打赌的话,我会赌冰雪,因为依稀记得有些杂志的文章说,这是目前领先的论点。总之不管是哪个下场,万物都会觉得很泄气。这可不像来得及时来得巧的性病,宇宙的下场并没有这种因祸得福的好运可以扭转乾坤。我才不过看到 C 字首而已,竟然就已经看到万物的恐怖下场。

求偶

courtship

真不能相信,这些动物竟然是这样一群蠢蛋,每次我阅读到动物世界的求偶仪式就忍不住这样想。那些畜生,起码那些公的,真可说是谄媚、不老实的骗人家伙。就拿这个不要脸的浪荡子剑尾脂鲤(我是在"动物行为"项目首次见到他)来说吧,话说那剑尾脂鲤雄鱼的鳃居然会飘垂下来,形成长长的细丝状小段,形状就跟红虫差不多,而红虫正是剑尾脂鲤最爱的点心。等到有条饥饿的剑尾脂鲤雌鱼见到这可望而不可即的红虫,当然马上游过去,以为可以有顿好吃的。哪知等她靠得够近了,得到的却是一场不顺心的意外:那条雄鱼"上"了她。不折不扣的钓饵让她上当。

像这样的故事有十几个,为了换换口味,下面还有一个。雌丽鱼因为在口腔孵化鱼卵,因此称为"口育鱼",母鱼吞入分散的鱼卵,含在两颊之间稳妥保存起来,而雄丽鱼知道这一点,于是就让鳍长得看起来就像一颗鱼卵,同样大小、同样芥末黄的颜色。那条可怜的丽鱼女士瞄到这样一颗所谓的鱼卵,就游过来要吞它,哪知才张开嘴,说时迟,那时快,这条公鱼就喷了她一嘴精子。就这样。

想来我也不该对求偶行为的欺骗手法太感惊讶,讲到谈情说爱,人类也不是百分之百不奸猾的,真要老实的话,神奇胸罩就没生意好做了,而红娘网站的征婚启事也会变成下列写法:"矮冬瓜,收入不清楚,脸上的粉刺疤痕清晰可辨犹如小熊星座,征求美丽佳人共享他受租金管制政策保障的公寓。"所以我实在不该这么神气。

说真的,茱莉最爱告诉我说,我追她的时候也用了很厚脸皮的欺骗手法。"头三个月是杰柯医生、杰柯医生、杰柯医生,"她说,"然后追到手了,突然之间就变成海德先生了!"[1]照茱莉的说法,我有我自己那条可望而不可即的红虫状鱼鳃,也就是说,我假装喜欢派对、跳舞、上高级餐厅吃饭,甚至还偶尔去百老汇看音乐剧。有一次我们提早吃晚餐,还共商大计要去以下这些地方旅行:瑞典、南非、葡萄牙。如今茱莉知道我想去旅行的地方有哪些:厨房、浴室、卧房。至于百老汇的音乐剧,自从她戴上我的订婚戒指之后,我就没再接近过乐池五百码之内。

至于我,倒不认为这是欺骗。我告诉她:"这不是有心从杰柯医生变成海德先生,而是已经找到我心爱的女人了,所以认为不需要再出去参加派对。"这说法每次都招来她半嗔半笑。

我看完脂鲤这部分之后,晃晃悠悠进了客厅去跟她分享这段。"嗨!茱莉,"我说,"你不是老说我把你骗到手,哄得你嫁给我吗?"

"我当然这样认为啰!"

"嗯,那你看看这段。"

她看了。"有道理,"她说,"非常有道理。"她看起来挺高兴的。

我拿回大英百科,踱回书房,搞不懂为什么要跟她分享这个,这对我的进度肯定没帮助,事实上,这回是搬石头砸自己的脚,以后跟她争辩恐怕要

---

[1]　杰柯医生和海德先生是史蒂文生小说《化身博士》里分别代表正反两面的人物。

吃亏。我想日后若要分享信息,得更加谨慎才好。

苦娃达
couvade

这是一种风俗。孩子出生时,做父亲的要卧床做出分娩的所有症状,假装经历分娩痛苦,一如宝宝的母亲。事实上,有时母亲生完孩子几小时后,就起床去伺候父亲。大英百科说,苦娃达所起的社会作用,是要强调父亲在生殖过程所扮演的角色。时至二十世纪初期的西班牙巴斯克地区仍有此风。

我无意冒犯巴斯克人,不过苦娃达似乎……该怎么形容呢,很荒唐。C字首的开头几个词,我的同性已经表现得像一群自私的工具,先有奸诈骗人的丽鱼,这会儿又来个巴斯克父亲,显然是要大叫大喊引人注意嘛!做老婆的因为创造一条人命而得到一切同情和关注。嘿,瞧瞧我们,我们也会做鬼脸呢!

嗯,起码我还不会那么快就妒忌我太太的这份苦差事,因为昨晚茱莉和我又做了另一次妊娠初期测试,得出斩钉截铁的否定结果。过去几星期以来,茱莉已经拼命服用促孕药,我还以为或许能生一窝小贾出来,哪知没有。没关系啦!失望之余分析了一下,说不定这也是好事;这个世界又没有很棒,不但有南北战争,还有卖尸体的杀人犯,以及坏脾气的艺术家、一氧化碳等等,不值得把一个生命带到这世界上来。所以没有小孩也无所谓啦!

切特韦尔滕斯基
Czetwertynski

我赶着看完了切特韦尔滕斯基(他们是波兰王族)的资料后,C字首部分就完工了,二十六个字母完成了三个。已经入了门,有什么心得呢?我仍然对世上浩瀚的知识感到茫然惶惑,不过也留意到两件事情,起码让我稍微好过一点。第一件,大英百科老是有重复,我在A字首看到了英法百年战争,接着又在B字和C字首见到相关词条。如此看来,这四千四百万字的信息量说不定有五十万字是不必要的。其次,偶尔读到某些词条时,脑中会"叮"的一声灵光乍现,不过是非常微弱的"叮"一声,不比俄罗斯那口破钟的钟声更能让人听得见——换句话说，我想起小时候的一件事，那件事的记忆因为年代久远而消退了。很久以前，我知道棒球源自于英国的圆场棒球游戏，那是比较不斯文的棒球，你可以用球打中跑垒者而让他出局(小学三年级那个爱欺负人的同学也学了这招)，然而我差不多有二十年时间没想过圆场棒球。不过话说回来，知道它还埋藏在我记忆深处，多少还是感到有点安心。

这是个令人开心的消息。坏消息是，我还是得下很多苦工夫去摸清这些资料的意思，不管是新的、旧的、忘得差不多的都一样。我觉得我的脑袋基本上没怎么不同，最多也不过是给它重新粉刷一下、修好纱门而已，但仍然是原来的烂房子。

舞蹈

dance

西南太平洋的圣玛丽亚岛上有个部落，这部落的老人惯于拿着弓箭，站在每个跳舞的人旁边看着他们，谁跳错了就射他一箭。这真是提高"美国偶像"①选拔赛奖金的最棒方式。

乔治·达尔文

Darwin, George

可怜的乔治。虽说你老爸是达尔文，这点八成能为你带来那么一两样特殊礼遇，譬如说到最高级的维多利亚式餐厅可以享受免费羊肉招待之类，不过你一出娘胎就注定吃瘪的时候多，是个输人一截的达尔文；当然啦，除非你刚好也在科学领域掀起彻底改革，扭转了我们的世界。好吧，这情况并没有发生在乔治身上，虽然他的确也像他父亲一样跨入科学领域，成了天文学家，但是重要创见却是：由于太阳的潮汐作用，把处于熔融状态的物质从地球拉出去，因而形成了月球。这个想法如今已不可能成立，科学家认为应该是有个巨型小行星撞上地球，使地球物质飞裂出一大块，大小就是现在的月球。所以乔治的月亮创见不能跟演化论相提并论，但是公

---

① 美国知名选秀节目，曾捧红亚裔歌手孔庆祥。

56

平一点来说,他还是有另一个很有意思的理论,也就是:太空里呈梨状旋转的流体是稳定的。喔,等一下,连这个理论也不正确耶!

我在大英百科里读到的达尔文后裔中,他其实算是第二个,还有个康福德,是达尔文的孙女。她的成就是什么?原来是写过一首题为《献给从火车上看到的一位胖太太》的诗,内容是这样的:"没人爱的女人呵又白又胖,你为什么戴着手套在田野里徜徉?"云云。

看了足以让你想在那列火车前面躺下来。这些史上留名的失败亲戚总是令我感到情绪低落,要不是因为系出名门,恐怕根本上不了大英百科。好了,他们上了百科,结果却让人怀疑"虎父无犬子"这说法的可靠性。我也读了哥伦布的跟屁虫弟弟巴托罗缪·哥伦布的事迹,以及一群姓巴赫但不怎么有出息的人,他们可算是巴洛克时代杰克逊家族的提托和哲曼①的翻版。

从个人层面来说,也很让人泄气,因为这也勾起我人生中反复出现的重要课题——生怕自己成了康福德的现代翻版。我们家倒是没出过在科学领域有创新建树的人,不过我却有个老爹写出前面提到过的二十四本书,是他那行的专家。还有外祖父也是个很了不起的人,他是律师,名叫泰德·基尔,在二十世纪六七十年代致力于解决罢工问题,跟大老板们开会,争取公民权益。他会讲从前跟约翰逊总统以及马丁·路德·金吃饭的事情。已经八十八岁了,仍然每天去办公室,煞费苦心处理一堆有待争取的事,包括寻求解决冲突的方案、生物多样性、永续性烹饪法、第三世界的网络等。他做的事其实就是改善人们的生活。再接来就是我了,至于我,呃,做的是为《君子》杂志挑选每月之星女演员的照片,看是要露乳沟还是露屁股,总之,有帮忙挑选就是了。

我本来想说,各人有各人的成就方式,不能把你的人生拿去跟人家做比较,但接着读到像勃朗特姐妹艾米莉和夏洛蒂②有那样一个兄弟白朗威尔,不但酗酒又是鸦片瘾君子,而且是在"跟他雇主的老婆做爱之后"被炒鱿鱼、丢掉了教师工作,我就没话说了。

① 提托和哲曼两人都是美国歌手迈克尔·杰克逊的哥哥,曾共组合唱团。
② 勃朗特三姐妹皆是作家,大姐夏洛蒂·勃朗特著有《简·爱》,二姐艾米莉·勃朗特著有《呼啸山庄》。

商羯罗遁世派

Dasnami sannyasin

商羯罗遁世派是印度裸体苦行者,跟别的印度教派作战。前面出现过熊皮武士,现在又来了这个,我好像老碰上大英百科里算是比较怪的主题:裸体士兵。

身为新闻从业人员,我在辨认未来潮流方面已经有十几年的训练。说正经的,在我这行业里,找到三个例子才能算是一种潮流;要是出现两部讲宠物星座算命者的电影,你就求老天,但愿某处有某人正在准备拍第三部,好让这变成潮流。在《娱乐周刊》工作时,我终于厌倦了寻找"三者成潮流"这种事,于是开辟了"成双就是潮流"的专题报道,结果主管马上就把它消灭掉了。不过总而言之,以眼前这两个裸体士兵为例,成双就算是潮流了。

死亡

death

有个俄罗斯贵族申请了一种棺材专利,让死尸万一埋葬之后又复活的话可以按铃呼救。又是个好主意,因为醒过来发现躺在没有空气的棺材里,真的会搞砸你的生活。如今我想可改在棺材里放支手机。

笛卡儿

Descartes, René

笛卡儿对斗鸡眼女人特别着迷,这是很受尊崇的大英百科说的。这位法国哲学家深爱一位女士,她的眼珠会朝向自己鼻子方向移去。我知道这点时,有点替笛卡儿难过,因为在想象中,十七世纪他那个欧洲知识分子圈子里,应该没有一大群斗鸡眼女人。他应该投胎当玛雅人,要不就生在我们今天这时代,因为我很肯定,如今一定有一种封了收缩膜的杂志叫做《斗鸡眼狐狸精》,还有只收付费会员的网站叫做"热辣辣斗鸡眼"之类。但讲回他那时代,想来这种迷恋癖好必然很难找到发泄的管道。我只希望读到H字首部分时,千万别发现霍布斯①喜欢兔唇女士就好。

---

① 霍布斯(1588—1679),英国伟大的哲学家暨政治家,与笛卡儿同一时代。

不过,大英百科讲到他迷恋斗鸡眼这事是有原由的,而且怪得很,其实这背后有很深奥的哲学含意。他在《哲学原理》一书中论及,之所以会受到斗鸡眼女人的吸引,是因为小时候爱上一个斗鸡眼玩伴。他说顿悟了这种迷恋的起源之后,反而就解脱了,可以再去爱上眼球距离正常的女人。大英百科说他这种顿悟是"笛卡儿为自由意志和心灵能够控制身体提出辩护的根据"。天啊,不知道他的斗鸡眼玩伴是否晓得,她竟然对西方思想造成这么大的影响。

我对笛卡儿很另眼相看(附带一提,他还得到大英百科最令人垂涎的双重待遇,登上两段内容,一段是"笛卡儿",一段是"笛卡儿主义"),我敢说他招认自己喜欢斗鸡眼时,一定引起当地法国哲学家学会的某些绅士窃笑这个"怪人"笛卡儿。不过他提的观念倒是挺好的,我喜欢他对于心灵力量有这样的信心,对于自知之明赋予如此高的价值观。"我思故我在"这句话显然也可解读为"我思我的怪癖面,故我得以解脱出来"。早在弗洛伊德买下躺椅、用来为病人做心理治疗之前的二百五十年,笛卡儿就已经在做弗洛伊德式的自我治疗了。

这想法是挺好的,但却很难相信,我不认为一旦知道起源之后,有那么容易就甩掉某种热衷之情,要真是这样的话,纽约格林威治村卖出去的皮鞭和手铐就会少多了。①

不管是否同意笛卡儿,总之我确实很高兴能够思索一下有关"知识力量"这种让人头大的话题,而不光只是思索平时的话题,像是"昨晚《盲目约会》电影中,那个家伙竟然在热水浴缸里弄掉了泳裤,不是很滑稽吗?"要是这还不算好事的话,不妨再想想这点:笛卡儿喜欢在床上赖到早上十一点——下次再有人到处张扬说我睡到很晚的话,这是很好的反击武器。

犹他新闻报

Deseret News

我一直以为,这份犹他州的重要报纸大概把"desert"(沙漠)拼错了,所以这个字有点怪怪的。结果不是。根据摩门教经典,"Deseret"是"蜜蜂之

---

① 纽约格林威治村有许多情趣用品店。

乡"的意思。我早该想到,这份报纸已经出刊了一百五十四年,要是刊头排版有错的话,老早就校对出来了。

措辞
diction

书写或口述时选择恰当的用词。举个例子,约翰生[1]认为伟大的思想放诸四海皆准;他说诗人的正务并非"数郁金香上的条纹"。我绝对无法同意。我很赞成数郁金香上的条纹数目,写作班不就是这样教你的吗? 他们教你要写出细节详情,一旦你花了时间细数条纹之后,就可以对于郁金香或植物学或人生得出某些堂皇结论。我认为,伟大的思想并不是无中生有的。没错。妈的,跟过去的卓越智者唱唱反调可真痛快!

狄俄尼索斯
Dionysus

也许我该去加入国际高智商协会(简称"门萨"〔Mensa〕)了,一如大多数人所知道的,参加这个会的人都是真正的天才,包括吉娜・戴维斯[2]。为了能够变成上述二者之一,我打定主意要去跟重量级的脑袋多混混。

当然我很害怕人家不肯收我,事实上还相当肯定他们会寄封信给我,谢谢我有兴趣加入,然后就开怀大笑一番,继续研究他们的代数拓扑、海德格[3]提出的议题、收看重播的连续剧《星际大争霸》。要是我真有机会溜进去,那就是现在了,趁我满脑袋都是资讯的时候。

我上网登入国际高智商协会网站,按鼠标了好几分钟之后,发现有点奇怪,原来不需要先做那出了名困难的入会智商测验,只要你有所谓的"先前证据"就可申请入会。这先前证据又是什么? 就是智商测验分数、研究生管理科学入学考试(GMAT)成绩、入学能力测验(SAT)成绩之类的。我查了一下入学能力测验分数,要是你跟我一样是在一九八六年做过这测验的话,那得拿到一千二百五十分才有资格入会。一千二百五十分? 似乎

---

[1]　约翰生(1709—1784),英国著名的辞典编纂者。
[2]　吉娜・戴维斯为美国女星,智商一百四十,为此会的会员。
[3]　海德格(1889—1976),德国重要的哲学思想家。

不太高嘛！只要掌握吸气和呼气的诀窍，就可以拿到八百分了。我总共拿了令人肃然起敬的一千四百一十分，可以看出当年做这测验时我仍然相当才华横溢哟！我已经超过一千二百五十分了，这么说，要不是没聪明到能够弄懂这个国际高智商协会网站，就意味着过不了多久，我便可以在年度大会上跟吉娜·戴维斯把酒畅谈普鲁斯特了。这实在易如反掌，我觉得就像发现了一个大漏洞似的。

于是我申请了入学能力测验的成绩寄去给门萨，果不出所料，两星期之后就接到一大叠表格。我可以入会了！嗯，起码等我想出怎么填这些该死的表格就能入会，简直就是靠直觉，乱枪打鸟嘛！计算会员费和入会费时我尤其小心，四十九块美金加十四块再加二十一块，总共八十四块，我计算了七八次。在门萨表格上算数做错、被抓到小辫子，是会被取消会员资格的。我又再检查一遍。八十四块大洋，天啊，难怪他们急着招收新会员，就算新会员的入学能力测验才拿了一千二百五十分也可以。

反正这是个天大的消息：贾各布斯是门萨会员啰。我开始抓住每个机会宣传这点。在办公室里，文字编辑莎拉质疑我在一篇稿子里用了太多大写字母的词语时，我就说："嗯，你也知道，我是个门萨会员呢！"在家里跟茱莉发生争执时，我也抬出这个来压她，就像那次为了叫泰国菜外卖而吵嘴，我在电话中跟那家餐厅下订单，却忘了她要吃什么，虽然她已经跟我讲过三次。

"椰汁虾。"她重复说，然后伸舌头、两眼骨碌转，做出全球共通的语言表情"你这笨蛋"。

我挂上电话之后说："那很没建设性喔！"

"你这算什么？智障呀？"她反问。

"呃，门萨会员有几个是智障的？"

"就一个。"她说。

真够俏皮。好吧，起码我可以躲回那惊人的大叠门萨文献里头去，我喜欢窝在沙发上看《门萨月刊》，尤其是最后面那些小启事，专为门萨特别兴趣小组开辟的，这些门萨会员有的喜欢网球，有的喜欢猫，还有潜水、歌手"搞怪艾尔"唱的搞怪歌，反正你所能想得到的各种嗜好都有。最让人错愕的是，居然有门萨狱友，也就是身陷囹圄的门萨会员，以及有个优生组，让那些有兴趣操纵基因库的门萨会员参加，当然啦，前提是如果他们有机会培育的话。但是其中最让人心神不宁的是天体组。我还没有第一手资料，不过这其中有百分之几的门萨会员是我会想看到他们光着身体晃荡的呢？先来看看，有百分之七的会员参加天体组，好吧，就是这样，我想看到的是百分之零，这是把吉娜·戴维斯都算在内了。

门萨文献里还有很多让人看得很乐的，譬如找出排版印刷错误就是其中之一。我在门萨青年网站上看到有人提这个问题时，更特别感到一阵孩子气的兴奋激动："罗宾·威廉斯（Robbin Williams）在哪部电影里饰演门萨会员克罗瑙尔？"Robbins？哈！"罗宾"的拼法只有一个"b"字，你这天才爱因斯坦。那是在电影《早安越南》里啦。要是我厌倦了校对游戏，就去浏览门萨商品目录，很开心地看那些门萨T恤、门萨棒球帽，还有门萨填充玩偶动物，大概原本是想设计得让每个人看了都觉得像豆豆娃熊①，只有豆豆娃熊的律师觉得不像而已。

但是这样过了一个月之后，我开始觉得自己实在不登大雅之堂，不像个货真价实的门萨会员，倒像个喜欢钻漏洞的冒牌货。我在堂堂门萨登入簿上的姓名旁边永远有个星号标志，犹如天才界的马里斯②。于是我决定要做正式的门萨入会测验。我打电话到门萨组织去，留话说我想知道做测验的时间，要是有人能回我电话，我会"有很感激的"。有很感激的？老天，就凭我这烂文法，他们就应该取消我的会员卡了。可是打电话到这个全国总部去，有谁不紧张呢？

几星期之后，我在一间日光灯照明的教室里，等候门萨入会考试开始。旁边坐了一位仁兄，正在做一连串挺复杂的脖子伸展操，倒像是我们正要踢一场激烈的足球赛似的。他在胶面桌上整整齐齐摆了四种口香糖：黄箭、白箭、大红、爽口片状口香糖。我讨厌这家伙，暗中祈求上帝不要让他做天才人物。

---

① 以豆状聚氯乙烯作为填充物的绒毛玩具，由美国Ty公司（Ty Inc.）生产，每只熊都有专属名字，因此掀起收藏风潮。

② 一九六一年，美国职业棒球选手马里斯在第一六二场例行赛击出单季第六十一支全垒打，打破贝比鲁斯一五四场击出单季六十支全垒打的纪录。但因马里斯的场数较多，因此这项纪录记为"61＊"。

负责监考的是个大块头女人,说话带有口音,可是我听不出是哪个地方的人。她对照会员卡上的照片验明我们正身,以便确定没有雇用史蒂芬·霍金①这号人物来当枪手,验明正身之后就发考卷。总共有七个部分,每部分答题时间约为五分钟。前面三个部分我还挺有信心,因为包括看起来颇可爱的小画面,有点像你在《芝麻街》看过的那种,不过很深奥就是了。这些图形之中,哪一个跟其他的一样——是埃及的图坦卡门法老王,还是复活岛的石像?我发现自己在想这样的问题:亚洲妇女的相反词,是西方妇女还是亚洲男人?

词汇部分我答得还不错,知道"propinquity"(接近、类似)的意思,但数学考题就差点要抱鸭蛋。

我满怀不快地明白到:尽管正在阅读大英百科,但我老早就忘了怎么做长除法。那位带有口音的监考官叫我们放下铅笔时,我才答了三分之一的数学考题。

"这真是太容易了。"我说,想要打破和那个口香糖狂之间的冰冷气氛。

"你觉得容易吗?"他说。

"没啦,只是开开玩笑而已。怎么,你觉得容易吗?"

"嗯,我没多大困难就答完了。"听到这里,我真想狠狠扭他那用心做过伸展操的脖子。

我觉得大英百科到此为止让我失望了,这点真叫人生气。不过到了最后的第七部分时,可靠的大英百科又让我重振一点威风。这部分是考我们的记忆,监考官先念一个故事给我们听,然后问很多跟这故事有关的问题。也真够好运的,这故事跟狄俄尼索斯仪式有关,以及他是由宙斯大腿生出来的神话。由于大英百科很钟情希腊历史,因此我如鱼得水,甚至还知道狄俄尼索斯是从宙斯的腿爬出来的。我在第七部分占了上风!交出测验卷,临走时,那位邻座考生还在收拾他的口香糖收藏。很难说我究竟勉强通过考试还是没通过。

几天之后,我接到门萨总部一位很客气但大惑不解的女士打来的电

---

① 史蒂芬·霍金是著名的英国天文物理学家,但他因病瘫痪坐在轮椅上,根本不可能认不出来。

话,她搞不懂我已经是会员了,为什么还要做入会测验?"我只是想知道,自己是不是还跟以前一样聪明。"我说。

"我会把测验费退回给你。"

"可是我的测验成绩怎么样?我能不能光凭测验分数也照样能入会呢?"

她半天没吭声,真是漫长又令人痛苦的停顿。"你应该高兴自己在入学能力测验拿了高分。"

疾病

disease

我对疾病想得很多,有些人(说穿了,就是我太太、朋友、同事、家人,还有初识的陌生人)都称我是"疑病症患者",我也承认自己确实很小心,避免跟人握手,尽可能点头招呼就好,要不就干脆跟人拥抱(毕竟衬衫后背似乎不大可能成为窝藏病菌所在)。我洗手洗到手发白,跟人饮酒碰杯也一定只碰玻璃杯下部,不让细菌有机会转移阵地。所以没错,我是比你们一般人要小心些。

但我不会称自己是疑病症患者,原因之一:我的确每个月至少生病两次。我发誓这是真的。我的免疫系统坚忍作战的程度不亚于典型的法国将军,譬如巴赞将军,他在法国对普鲁士的战役,交出手下十四万人的部队向敌方投降,此一战略让他在法国监狱蹲了二十年。病毒、细菌、霉菌,我的白血球通通欢迎。我在《娱乐周刊》最傲人的成就之一,就是有几次从名人那里传染到感冒,其中一次是被脱口秀主持人艾伦·狄珍妮丝传染,另一次是被演员尼斯·鲍宁传染。感觉虽然差劲透了,但起码我带了名人的细菌,不用说,这些细菌有过很辉煌的生活,说不定是在某个颁奖典礼上或在杰克·尼克逊的泳池里繁殖出来的。

大英百科对于我这样的人不会客气,甚至在"疾病"这条目之前,每隔两三页我就会读到某种很可怕的死法。这套书窝藏的疾病足以让一百万个细菌培养皿滋生满满的细菌。

两天以前,我很准时,照例又病了,拖着脚步走进客厅里。

"我又病了。"我说。

"真替你难过,亲爱的。"茱莉说。

"我是不是苍白如蜡?"

"你说什么?"

"苍白如蜡,我的脸色是不是这样?"

"没有比平常白啊!"

"那好。否则就表示我得了再生不良性贫血,我现在可病不起。"

其实我有点在说笑,然而说笑的同时,脑中却不禁浮现所有症状和疾病。每次我觉得身体有点不大好时,就会不由自主在脑中把最近读过的所有苦恼事逐项核对一遍。

尿液有没有发黑?没有。那我可能没有染上黑尿热。这点倒可以放心。关节没有作痛,所以并没有滑液囊炎之类的毛病,譬如网球肘、女佣膝盖、阿兵哥脚跟或要命的织工屁股之类。

我看看双手,手指并没有漫无目的又缓慢的不由自主弯曲,所以可能不是患了指痉病。还好。我掐掐皮肤,也没像是要从脸上松脱下来似的,所以没患上皮肤松垂毛病。我也不担心患上薛迪克——东氏症候群的几率,这是一种免疫失调疾病,不过登记有案的病例只有两百宗,所以我很放心。

我大概也没有黑穗病之类的感染,因为主要的感染者都限于小麦和裸麦。不过我还真喜欢这名称,这是到目前为止最带有脏话味道的疾病名称,听起来倒很像是连续剧《黑道家族》里,东尼·索波诺会跟那些不听话的手下讲的话:"你这黑穗鬼!别再给我胡搞瞎搞!"

另一方面,我也可能得了安德生氏症,这种病会引起昏睡现象。不过最可能的只是得了感冒。

所以这就是问题所在了。我有这些新知识让我烦心,还包括在"疾病"这条目所读到的一些疾病新资料,但到头来我还是老样子:喝点少油鸡汤、吞几颗锌药丸,两天之后就好转了。

有时我会以很积极的眼光去看待外面那浩瀚疾病之海,告诉自己说,没错,我生病次数比换刮胡刀片还要频繁,但应该为自己的免疫系统自豪,因为它的确把那些可恶又可怕的微生物挡在外面了,起码把关严实,没让我染上马尔他热,这种病又称"布鲁氏杆菌病",会引起盗汗症状。小噬细胞,加油!可是接着我又把心思集中在马尔他热,这病听起来真是挺吓人的,于是我又忧虑了。那么多种疾病,白血球却只有这么少。

迪士尼

Disney, Walt

迪士尼早期的合作者是伊渥克,这大概是我看到现在大英百科出现过的最好的名字。伊渥克和迪士尼创造了"奥斯华幸运兔",结果因为发生版权争议而不得不放弃。这又让人想到,人生本来可能会有怎样的不同结局:到处都是兔迷,成千上万的小孩戴着兔帽,奥斯华幸运兔大行其道。①

离婚

divorce

最简单的离婚方式:美国西南部印第安人村的妇女,只要把老公的鹿皮鞋摆在门前台阶上,就这样喔,就离成婚了,易如放鞋子。不用找律师,不用找碴,不用找袜子,只要一双鞋就好。

狗

dogs

狗有第三层眼睑,可保护眼球免受刺激物伤害。这听来似乎是妙透的好点子,真让我颇为妒忌。

顺便一提,我自己的眼睛以及那两片差劲的眼睑已经成了家人关心的目标。那只原本充血发红的左眼,现在已经褪色回到传统的白色,不用说,这要归功茉莉的胡萝卜。但我老妈还是很为我用眼过度、拼命阅读的习惯而担心,买了一盏名为"眼儿乐"的灯送给我。这个装备很够看,象牙色的庞然大物,有好几个部分可以移动,放在妇产科检验室里倒很适合。不过我已经喜欢上这盏灯了,它大概是要模拟日光的光线,不过那光线更让我想起小时候养宠物龟的水槽里的光。总而言之,如果我要让眼球拼到底,逼它们每天跑上一场马拉松的话,起码可以为它们配备宛如耐克慢跑鞋般的装备。在此谨向所有肩负此种大任的人推荐"眼儿乐"。

谈到这个,我还学到其他重要的阅读技术。首先,要有相当的耐力。

---

① 迪士尼却是以米老鼠出名。

由于大英百科是像砖头般厚重的书，所以不能像派翠西亚·康薇尔的侦探小说那样悬空手持来阅读；我试过，结果手腕付出了代价。你得有支撑物才行，经过多番实验之后，我发现最佳方式是把大英百科放在膝上，双手紧抓住书缘，有点像握着驾驶盘那样。

至于其他配备，你会想穿件宽松舒适的衣服，不会妨碍翻书页，旧的大学厚长袖 T 恤挺合宜的。你应该多喝流质、补充蛋白质，还有最要强调的一点：阅读过程中一定要经常停下来休息一下。脑筋练举重时，你总得让它不时稍事休息。我还喜欢在旁边放些八卦周刊，好让我阅读一篇讨论茱莉亚·罗伯兹穿中空露肚装的文章轻松一下。

大概有百分之九十的时间，我是在家中客房里的松软白绒毛长沙发上阅读大英百科，不过也曾在家中及其他所有地方阅读过：浴室、汽车后座、汽车前座、电影院、餐厅、酒吧、饭店大厅、办公室、候诊室等。另外由于背着装有大英百科的黑袋子在纽约到处走动，害我的肩膀被压得酸痛不堪。

我带着袋子搭曼哈顿地铁，虽说车厢的灯光不大理想，但我倒挺惊喜的，因为竟然没有同车乘客向我投来异样眼光；试想就在同一节车厢里，有个无家可归的流浪汉在高喊"某某某是再世基督"，另一个手持大开本金边书的男人就不怎么引人注意了。相反的，纽约的计程车就没有地铁那么易于阅读，路面的坑洼颠簸得让你晕车。我也极力奉劝千万不要在台阶式健身器上阅读；你要不就操练脑子，要不就操练身子，但两样一起来可不是好点子。何况汗珠滴到大英百科上更是错事一桩。

每个人都问我，我是否只是浏览而不细读？嗯，这就要看你对"浏览"怎么界定了。有一点可以向你保证：到目前为止，我的眼光确实扫过大英百科的每个字，虽然并没有每个字都"入脑"，但真的"看过"每个字。有时候，是没错啦，我的心思飞离，只让目光顺着一行行字从左到右扫过，心里却想着家里是否该买柳橙汁了，或者是否忘了回我姐姐的电话，几分钟之后才又猛地恢复注意力。

阅读"大英百科详编"时，尤其受这种自动驾驶模式的影响。有些人对于大英百科的结构不太了解，大英百科分成两个主要部分，分别是简编和详编。简编占了十二大册，包含几千则小篇说明，都只有两段长，最多也不过一两页。详编总共有十七大册，摘录了简编的一些说明（例如像会计、中国、进化等),并提供加长的巨细靡遗版。详编里的说明就让人很吃不消,又十分费解,差不多要花一个"前寒武纪"的时间(三十亿年)去读。"消化"和"消化系统"就啰啰唆唆讲了三十九页,长达五十六页的"大陆地貌"更是读得我要求饶。

我轮流阅读简编和详编,例如先在简编读了几百页 B 字首条目后,再去看两百页左右详编的 B 字首条目,之后又换回简编,继续读 B 字首部分。两者比较我喜欢简编,它很像杂志的开头部分(我在《君子》杂志就是做这部分),跟中间部分吓人的特别报道刚好相反。此刻我正在阅读简编,就要继续去埋首于有关……

服装与饰物
dress and adornment

我人生最难过的讽刺之一,是我在《君子》杂志上班,这是男士时装的权威鉴赏杂志,但我却是个惊人的不懂穿衣打扮者,我的时装鉴赏力大概跟热衷农业的强尼苹果籽①差不多,他喜欢穿老旧的咖啡麻布袋,在袋上剪洞让两手可以伸出来。

其实我不是一直都这样的,二十五、六岁时,我对服装用心得很,衣柜里面挂满紧身长裤,有些甚至是红、黄、蓝等原色,还有一大堆花哨的衬衫,纽扣用珠母贝之类的材料做成。后来我结婚了,如今的穿衣原则是一切都要穿起来感觉像睡衣一样,这点在上班时倒是会引起问题。我在办公室里穿拖鞋式帆布鞋到处走动,这种鞋要是在海滩度假屋里穿,别人还可以勉强接受。当然,我去见上司时(他是位穿戴整洁潇洒的男士),一定会换上像样的黑皮鞋。去年有一天,因为来回往他办公室跑了几趟,我昏了头,搞到最后去开会时,左脚穿着漂亮的黑皮鞋,右脚穿了拖鞋式帆布鞋,完全就是一九七〇年代情境喜剧里的场面。所以你不用感到奇怪,为什么我这三年来都没升迁。

讲这么多,想说的不过是我对布鲁梅尔的一生有点幸灾乐祸,这人是

---

① 强尼苹果籽是美国童话式的人物,穷尽四十九年时光到处去散播种植苹果种子,希望每个美国人都有苹果吃。

大英百科里的头号花花公子,"服装与饰物"这项说明中特别提到他。我依稀听过布鲁梅尔,但除此之外几乎一无所知。以下就是我读到的:布鲁梅尔念英国的伊顿公学时,就以讲究穿着打扮而出了名,念牛津大学时,履历上更添了一项"风趣"特长。他一七九九年迁居伦敦,跟当时的威尔斯亲王交情很好,成立了一个王老五会所,没多久他就被公认为上流社会的高级品位评判人,穿戴围巾式领带和丝袜、丝长裤,在市区里很神气地到处亮相。布鲁梅尔"非常在意风格款式,因此会找一个裁缝做外套,另一个做背心,第三个负责缝制及膝裤……用来装饰颈部的领巾饰物不但精致复杂、体积又大,以致贴身男仆要花整个早上的工夫才能整理得当。"连亲王都仿效布鲁梅尔的打扮。

后来到了一八一二年,情况开始不妙了,布鲁梅尔跟亲王吵架(大英百科说他讲话太"刻薄"),又把三万英镑的遗产耗在赌债及那些白领巾上。到了一八一六年五月十六日那晚,这位英国最著名的纨袴子弟逃往法国躲避债主。布鲁梅尔在法国落魄挣扎多年,还坐过短期的牢,也是因为欠债。

接着就是我明知不该但看得心头大乐的句子:"不久,他丧失了对服装的兴趣,衣着不整而肮脏,开始生活在对过去的幻想之中。"我为他难过,但这可以让我很得意:即使是完美典型的纨袴子弟,到头来也要放弃时尚打扮。下次茱莉再说我像个无家可归的流浪汉,我就可以告诉她这点。

对偶性
duality

到目前为止,大英百科断断续续派上用场,让我对生活有了观点(有时较好,有时较差)、在鸡尾酒会跟人交谈有话题,还帮茱莉填对字谜的第四十二直行。但有没有类似我以前在报社工作时,前任上司所称的"实用新闻"这种材料呢?就是那种很扎实、教人如何去做的提示?

嗯,说到这方面的信誉,大英百科也不完全缺乏方便的建议。举例来说,有一篇很不错的报道,教你在太空船上怎样保护自己免受重力造成的离心之苦(只需侧面转向火箭推力这边就好)。还有一则是教人如何正确甩出回力飞镖(要向下抛出,放出飞镖之前手腕一抖)。万一你见到一条蛇,但不知道它是不是会要你的命的珊瑚蛇,只要记得这句介绍它颜色的押韵诗句便可："红环接着黄环,咬上一口就完。"不过到这个冬天为止,我还没有机会接触回力飞镖、加速运动产生的压迫感及珊瑚蛇。

所以今晚请客吃饭时,终于为我带来了等待已久的突破机会,可以实际运用学到的知识。这感觉真好,让人舒畅万分。情形是这样的:我的助理珍娜薇芙是土生土长的阿拉斯加州安克拉治人,对于家乡很自豪(每次我们为纽约的冬天叫苦连天时,她就露出看扁我们的笑容),还送我阿拉斯加螃蟹腿作为圣诞礼物。茱莉很高兴,于是就邀请她朋友安娜来家里吃饭,尝尝螃蟹汤。

"你也知道,"我在厨房里打转,茱莉正在给快做好的汤加些料,"日本的巨型螃蟹可以生长到超过三百六十公分长。"

"哇喔,三百六十公分!"茱莉说,就像一个妈妈见到四岁的宝宝信步走进厨房,跑来表演他滴下特别大串口水时所用的语气一样。安娜点点头,也假装很另眼相看。

"做好啦! 汤要上桌了!"茱莉说,为每个人舀了一碗汤。"那道食谱建议最好在汤上面撒点芫荽(coriander),你要不要?"

"那当然,我要一点。"安娜说。

"等一下,"我还装模作样停顿一下,"英国人就是用芫荽(coriander)来称呼香菜(cilantro)①。"

"是吗?"茱莉说。

"我想是的。"我说。

茱莉和我都非常清楚,安娜很厌恶香菜,那种强烈程度就跟多数人对战犯或美国男星大卫·阿奎特的反感差不多,这是我们跟她一起去过几次墨西哥餐厅、有过几次吃酪梨沙拉的不愉快经验之后知道的。茱莉已经在她的汤里撒了切碎的芫荽叶,这时用手指在汤里捞了点芫荽,放在舌上尝尝。

"他说得没错,的确是香菜。"

"这是我前些时候在大英百科读到的。"

"唔,我一直不知道呢!"茱莉说,"还以为看起来像香菜而已。"

***

① 此为西班牙文的"芫荽"。

茱莉跟杂货铺说要买新鲜芫荽,结果拿来的是香菜叶。现在我把疑团厘清,揭露了这个双重性。

"谢谢,贾各布斯。"安娜说。

"很荣幸,女士。"我回她说。

"真有你的,亲爱的,我真以你为荣!"

这真是很有面子的时刻,这面子可大啦! 我刚得来的新知发挥了造福人类的实际效应,挽救了一个朋友,使她免于陷入不愉快的香菜经验,又赢得我太太的尊敬。

"唔,我需要加一匙!"我说。

"得了,"茱莉说,"英国佬用词就到此为止。"

大脚霸王乡

Dundatree

大英百科的说明是这样的:"神话传说中的国家,很多大脚丫霸王都源于此地。"呀! 我心想,这可真奇怪,从来没听过。我没听过大脚霸王乡的原因是……这是我梦见的。我读了太多大英百科,结果它侵入梦乡。我无法逃过那些没完没了的条目和资料、十号印刷字体的内文、漂亮的烫金,就算闭上双眼也逃不过。好了,现在连我都造出了自己一套信息,真担心会跟真正的信息混淆在一起。

戴尔

Dyer, John

我相当肯定自己并没有无中生有捏造出这个英国诗人,他生于一六九九年,写了以下这首诗:

> 管点儿事,掌点儿权,
> 再加上某个冬日的阳光,
> 这些就是所有得意者与有权有势者
> 在摇篮和坟墓之间所拥有的。
> 老天! 这可真叫人泄气。

从一方面来看，我想这也算是很有智慧的谦卑之诗。所以美国地产大王川普有十几个男仆帮他把那些镀金马桶吸把上的灰尘掸掉又怎样？实际上他这辈子也不过就是管点事、掌点权而已。然而另一方面而言，这首诗也挑起我愤世嫉俗悲观的那一面。"不管你做了什么都是一场空，因为迟早都会死掉。"这不是很健康的思想。我需要比较好的智慧。

E

地球
Earth

星期五晚上,茱莉和我准备外出和朋友丽莎与保罗吃饭,当年茱莉在夏令营认识丽莎,后来二十年里交情一直很好。丽莎长得有点像影星奥黛丽·赫本,而保罗有点像丽莎,所以我想他大概因此变成了头发比较少的男奥黛丽·赫本。

看到他们总是很开心,虽然我们一致认为那家餐厅的大厨应该学学抓重点:他供应寿司、法国料理、犹太薄煎饼等,五花八门,只差没有燕窝(这是中国人用小鸟口水做成的料理)。我们着重于谈大家怎么忙过了头。我发现,这绝对是美国东岸像我这等都市人最爱讨论的事项之一,除此之外,还有房地产价格、吸烟管制法,以及美国公共电视打蝴蝶领结爱讽刺人的主持人马克·罗素莫名其妙走红。嗯,最后这项可能纯属我个人的小困扰而已。总之,这顿饭局的饭友全都在诉苦,说自己时间如何排得满满的。丽莎(她绝对不会不带相机出家门)有十几个装照片的鞋盒已经爆满了。

"我就是找不出时间把照片放进相簿里。"

"我来帮你整理。"茱莉说。她是世上最井井有条的女人,要是叫她在整理衣柜和度假之间做个选择,她还真需要考虑一下呢!

"说不定真要找你帮忙,"丽莎说,"但我还是自己做算了,只不过需要每天再多加几小时。"

"一天起码该有三十个小时才够用。"保罗说。

说到这里,简直就像持球进攻的美式足球后卫,见到进攻线上有个大漏洞一样机不可失——我马上出动了。"你知道吗,要是你稍微等一下,总有那么一天,每天真的会有更多个小时喔!"

没人接腔,所以我就继续讲下去。

"日子会愈来愈长,因为地球自转慢下来,所以只要再等个几百万年就行了;我的意思是说,你运气好,不是生活在五亿年以前,那时候一天才只有二十小时。"

"你知道的可真多。"保罗说。我得说,他说得很对。我是在"我们的行星地球"这个条目中知道这个事实的,这是篇很让人入迷的文章——不过也很叫人仓皇失措。

不仅关乎我们的日子长短正在转变而已,还有个很令人恐慌不安的现象叫做"极移",显然北极和南极是不安于室的小鬼。地磁南极每年都往西北移动十三公里左右,再这样移动二十年的话,它就会移到路易斯安那州的巴顿鲁治市去了。之后,我听说它会继续向泽西海岸①移去。

这我就不懂了,流浪猫会到处跑,或许迷昏头的嬉皮人士也会追着费西合唱团②、听他们的演唱会,可是南极和北极怎会这样? 它们应该是很稳定、牢固而且冰天雪地冻结住的,就像我以前看过兰金贝斯动画公司制作的圣诞老人特辑,应该就像动画里那根红白条纹圆柱一样③。

更别提"岁差"了,这是地球自转轴产生周期约为二万六千年的摆动所引起的。还有呢! 地球每隔三十万到一百万年就会来一次"地磁倒转";此外更有个叫什么"方位漂移"的名堂,与粒子流移动有关。总之有很多我看得雾煞煞的名词。重点是:地球并不是固若磐石,也并非坚定不移。地球是个像果冻般颤悠、飘移、颠倒、不断转变的大球体。我念小学的时候早该知道世界并非全然一成不变,因为那时已经学过地球会自转和公转,而且

---

① 统称新泽西州的大西洋沿岸沙滩地带,为著名度假胜地。
② 费西合唱团是美国摇滚团体,以精彩的现场演出著称。
③ 一九五六年,美国在阿曼森-史考特南极研究站竖立一公尺高的圆柱,标示出地理南极点,漆成理发店招牌一般的红白色条纹状,但由于冰河滑动,它与现在真正的地理南极相距数百公尺之遥。

对板块结构也有很粗浅的认识。可是这种不稳定和不停变动的程度,实在让我惊骇得六神无主,感觉好像走在溶解到一半的结冰池塘上。

顺便一提,要是你以为地球是个球体行星的话,那就错了。它其实是中间部分鼓出来,好像希区柯克多吃了两客腰子派,吃得太撑了一样。地球是个会颤动、游移、颠倒、不停转变的果冻状星球,而且还有体重超重的问题。可是我们也只好认了。

饭局结束之后,我们沿着很不牢靠的曼哈顿西区街道散步时,茱莉说:"亲爱的,我认为你讲话时要有点节制。"

可恶,我才正因为香菜带来的胜利处在兴头上,这会儿却被泼了一头冷水。"可是我很有节制呀!"我说,"还有很多关于地球的知识我都没提到。"

"喔,那可要谢谢你了。"

"难道你不觉得这些知识很有意思吗?"我问,"譬如我们的日子愈变愈长了。"

"我只想说,你有点快要丧失跟人类互动的能力了。"

"这么说,我以前确实拥有跟人类互动的能力啰?"

这下子抓到她的小辫子啦!哈!不过茱莉说的也是,或许我该稍微约束一下自己。不过这实在很难做到,我脑子里储了那么多信息,觉得只要能找到机会就得宣泄出来。"宣泄"实在太舒畅了(就跟吃下毛茛属某些有毒植物可以通便一样)。

传道书
Ecclesiastes

这是旧约圣经的一卷。我不认为自己算是读过旧约圣经;《创世纪》我念得颇熟,还有"十诫"(我喜欢罗列清单),但其他很多部分就云里雾里了。大英百科在此提供了很方便的《传道书》导读:

> (作者)看透世情之后深信"快跑的未必能赢,力战的未必得胜,智慧的未必得粮食,明哲的未必得赀财,灵巧的未必得喜悦;所临到众人的是在乎当时的机会"(第九章十一节)。作者认为,人的命运不是受

正邪左右,而是掌握在神手中之不可思议的奥秘(第九章一节)。想要弄明白这种奥秘,从而得到所需智慧去巩固自己命运的一切努力,都是"枉然",或者也可说白费心机。面对这样的无常难测,作者奉劝世人,不如就趁着能够享受的时候,尽情享受神所提供的一切美好事物。

这太棒了。读了七千多页、累积了几百项资料之后,我一直渴望增加深度和广度。没错,之前确实读过戴尔那首诗,但那只是带有嘲讽而已,眼前这段才真是说正经的,是我阅读大英百科以来最有深度的一段文字,堪称智慧格言。真是一针见血,否则怎么解释我在高中认识的笨蛋蠢货而今竟然年薪几百万呢?又怎么解释那些才华横溢、人又好的朋友,如今却还在健康食品店里卖小麦草汁呢?怎么解释冯迪索①走红演艺圈呢?没错,人生确实非常令人失望、没理性、不公平到荒谬的地步,然而〈传道书〉却针对这个事实提出了最正确无误的反应:既然无能为力,何不今朝有酒今朝醉?从小事得到乐趣,譬如对我来说,这些乐趣如茉莉的笑声、某种好吃的洋葱蘸酱、我们客厅里那把破烂却出奇舒服的皮椅。

第二天我还在想着〈传道书〉。万一大英百科能提供的最好部分就是这个,那怎么办?万一读到 E 册的三百四十七页就发现了人生真谛怎么办?大英百科不是传统书籍,所以没道理到了最后才会出现压轴的大启示。Z 字首的最后一条"日维茨",会比〈传道书〉更有深度吗?或许吧,但我很怀疑。

快乐丸

ecstasy

我获悉快乐丸是德国默克公司于二十世纪二十年代申请专利,原本要作为胃口抑制剂。顺便一提,我还在念高中时曾经去参观布朗大学,那时是为了想知道将来该念哪一所大学才好。参观前,我服用了一颗默克药厂出品的胃口抑制剂。妈的,那次参观真是棒透了,布朗大学应该发给每个可能申请来念他们大学的新人一颗快乐丸才是。

---

① 美国动作片男星,演技普通。

那时我简直无法相信,这学校的每样事物竟然都那么神奇美好。"我爱死这间学生餐厅了！这是我见过最美的自助餐厅。还有那个焗通心粉——真他妈好吃极了！你们住在这些宿舍房间里？这简直就是皇宫。还有图书馆里的个人小单间书桌和书架,设计得真好。那日光灯的光线真美！上帝,看看院子里那堆砖头,我从没见过哪所大学有这么抢眼的砖头堆！"我想,当时我对着那些既惊讶又疑惧的在校生大概拥抱了十五次吧,那些人都是一个不小心误闯进我方圆六十公尺范围内。

遗憾的是,等到真的进了布朗大学、成为大一新生之后,快乐丸的效力就消退了,结果我体会到的就是:焗通心粉吃起来实际上就像是浸在番茄酱里的保丽龙。

茄子
eggplant

这晚是我们的迁居派对之夜——我们六个月前搬进这户公寓,却一直到现在才抽出时间开派对。这是我们头一回让包办宴会的人上门来服务,是真正的成人宴会,有穿礼服的男人递来串烧椰汁鸡和烧烤茄子卷(顺便一提,eggplant 这个名称的由来源自形状如蛋的白茄子,不过我从没见过)。我们花了一整天打扫家里。至于我,起码要确保那套大英百科排得整整齐齐,以便在上流社会初次亮相。

派对似乎挺顺利的,大家都喜欢串烧椰汁鸡,我们本来还担心这些生张熟魏的朋友们是否能混在一起,结果看来也都相谈甚欢、没什么问题。过了大半时间之后,我看见老爸正在跟茱莉以前的同事聊天,这人是银行家,叫做杰夫。杰夫示意我过去。

"你生日是在什么时候？"杰夫问。我看看老爸,他一本正经板着脸孔,但我从他眼里可以看出究竟:出现那么一丝闪光。我心里有数,知道我应该要说二月二十九日。

老爸必然已跟杰夫讲了一个他的经典之作,说白了,就是他精心编出的故事,说我们贾家全家人的生日都在同一天:闰年闰日那天。不用说,老爸告诉杰夫,他自己的生日是一九四〇年二月二十九日(其实他在二月二十六日出生),他跟我妈是在康奈尔大学的社团认识的,他们都是社团成员,而这个社团专门招收闰年出生的学生,我妈刚好就比他小四岁(她其实是二月三日出生的)。在他编的这个故事里,他们不但在闰年结婚,连我姐姐和我也是他们算准日期受孕而在闰年生下的,呃,当然免不了要采用剖腹产来生下我们,不过我们仍算是二月二十九日生下来的。他告诉杰夫,所以我们家可以说是一家四口都是闰年闰月出生的。老爸计算过,这几率是四兆六千亿分之一。

不用说,杰夫内心天人交战。就一方面来说,我爸跟他几乎素昧平生,没有理由骗他,而且老爸不带一丝笑容,以非常令人信服的细节告诉他这故事;但另一方面,这听起来实在像是乱唬人的。

"你生日在哪一天?"杰夫又问。

我实在做不出来。"三月二十日。"我说。

老爸对我最感失望的大概就是这点了——他恶作剧捉弄人的时候我不跟他串通。开这些玩笑是他最喜欢的社交互动方式,一有机会就用低分贝声音、含含糊糊讲这些玩笑话。

有时候他开的玩笑很简单。他会在派对上向陌生人自我介绍说:"哈啰,我是森姆。"要不就叫做"哈维"或"爱德嘉"或其他刚好想到的名字。不过那都是脱口而出、说完就算了的。老爸更喜欢的是复杂的鬼花样。人家问起他从事哪一行时,老爸会说:"我是卖墓地的。"然后就开始向那个聊天对象大谈他可以供应多好的空间,还有美丽的湖景视野。

接着他可能会问起对方靠什么谋生,不管对方回答什么,老爸总是装做不知道那家公司。

"时代集团? 那是家钟表公司吗?"

"哈佛? 那是在宾夕法尼亚州吗?"

不是的,对方会耐心解释说:那是家杂志公司,或者那是位于马萨诸塞州的大学,总之诸如此类的。

"喔,对,"老爸会这样说,"我想我听过。"

此外老爸还有精心预谋的玩笑。老爸根本不碰酒,不过要是去参加晚宴,而且最好主人家跟他不是很熟,人家问他要喝什么时,他绝对会要杯"黄闪电"。

"黄闪电?"那位主人会反问他。

"对,麻烦你。"

"抱歉,我不大知道'黄闪电'是什么。"

"喔,那是用两份'酷爱牌'柠檬汁加上一份龙舌兰酒调成的。"

老爸自行创出这"黄闪电"配方是有理论根据的,他认为全美国没有哪户人家会同时有这两样必需调配料。结果主人从厨房转了一圈出来,满怀歉意跟他解释,橱柜里找不到"酷爱牌"柠檬汁。

"唉,意思是说我没饮料喝了,"老爸会叹息着说,"总之还是谢啦!"

再来是他那些最高竿的唬人的话,很有拜占庭式的诡计多端,非常曲折微妙,我始终搞不清楚是怎么回事,即使重复听他讲十几次也一样。举例来说,我知道他跟一位女律师谎称她先前在餐厅给的小费不够多,害那个服务生为此抓狂,盛怒之下出拳砸烂那家餐厅所有的窗户,结果遭到逮捕而毁了他这辈子,还有很多块木板什么的。她打电话给餐厅要向他们道歉,当然,搞得那老板一头雾水。

我从来都不配合这些把戏,就像他跟别人介绍我是他女婿威利,我却干脆说:"嗨,我是小贾。"他看来有点像斗败的公鸡。我也不知道自己为什么要这样,或许是自知无法在竞技场上跟他较量,又或者仍未尽脱脱青少年的反叛习性吧,眼见老爸花这么多精神和心思捏造这些,我只想泼他一盆冷水。

言归正传,杰夫一面摇头,一面礼貌地呵呵笑,知道有些不对劲。"你爸爸差点唬住我了。"他说。嗯,我告诉他,有一点倒是可以确信:要是有陌生人跟他说自己是在一五八二年十月四日到十五日之间出生的话,就是在骗人。为什么? 因为那些日子根本不存在。那时世上大部分地区正在转为改用格列高利历①,因此跳过了这十天,这十天也就从来都不存在。杰夫做了个我已经从其他人那里见惯的表情:嘴一撇,双眉一扬,点点头,那种全球共通的表情:"这可真是了不起啊!"

老爸和我在这方面其实很像的,我们都找到一种方式来对付自己不善交际的笨拙面:他用恶作剧,我用资料数据。我们是一对宝,甚至连长相都很像——瘦竹竿似的、棕发、戴眼镜。显然我们父子档的这番交谈技巧让

---

① 格列高利历亦称格里历、新历,即现今普遍使用的阳历。最早是天主教教皇格列高利十三世改革历制,以之取代儒略历,于一五八二年公布。

杰夫胃口大增,他向我们告退,再去拿些茄子卷。

精灵

elf

这绝对不是媒体灌输我们的那些可爱家伙。在民间传说中,传统精灵会趁人睡觉时坐在人的胸口上,让他们做恶梦,有时也把人类的小孩偷走,换上畸形的精灵或妖精的小孩。不知道圣诞老人实际上会不会是个入屋行窃的家伙?

尸体保存

embalming

我仍然很担心自己。还记得念亚里斯多德条目时的问题吧?我对他追求年轻女孩一事,比对他的原理体系还感兴趣。我现在照样苦于这个障碍,明知应该掌握的是类星体或学习人类基因的奥秘,结果呢?埋头读了一万四千条目之后,到目前为止,我最爱看的一篇文章竟然是这篇:尸体保存史。但我就是不由自主,因为文章内容很让我着迷。

首先,这篇讲尸体保存的文章让我得知,自家厨房里很多基本必备的东西原来有很多新用途。譬如说,亚历山大大帝的遗体放在一桶蜂蜜里,从巴比伦运回马其顿;英国海军上将纳尔逊勋爵的遗体从西班牙的特拉法加用船运回英格兰时,是腌在白兰地酒里,跟老牌影星李·马文还蛮像的。①

其次,由于大家都喜欢简易步骤食谱,所以大英百科谈到埃及木乃伊的处理过程也用了这样的手法:去除脑和肠,用棕榈酒洗净,放进坛中,再用香料填满体腔内,缝上割口,置于硝石粉中七十日,取出洗净,用棉布绷带缠裹包好即成。请享用。

但这项"尸体保存"条目里最得我心的部分,是个名叫范·布彻尔的人,以及他巧妙钻法律漏洞的手法。不过在我讲经过情形之前,先绕个弯儿,因为钻漏洞这件事本身就值得注意。我追踪过各种钻漏洞手法,得出

---

① 李·马文最著名的角色为电影《狼城脂粉侠》的醉鬼杀手,每回出击必得灌下一瓶酒。

结论是：人类实在是一种够烂、滑头、诡计多端、不值得信赖的物种。圣经说教士不得动刀剑，于是中世纪的主教们怎么应变？他们就动棍棒。显然认为耶稣绝对会同意重击敌人脑袋瓜，只要不是用金属刀锋就行。说到宗教人士，照例说僧侣是禁止在星期五吃肉的，结果也不知怎么搞的（而且背后完全没有合乎逻辑的解释），那些出家人竟然认定兔肉算是鱼类。当年美国还是殖民地的时候，据说当局立法禁绝玩九支球瓶的保龄球。于是那些保龄球迷怎么做呢？他们就多加一支球瓶，变成十支球瓶的保龄球。就这样！这一来就不算非法了。

所以你看得出来，只要有条法律、法规或规定，总会有人找出漏洞来钻。说到这里，再讲回范·布彻尔，他是十八世纪英格兰鳏夫，太太生前是个富婆，遗嘱里面特别声明：只要她的遗体尚未入土，老公就有权动用她的钱。我猜想，她大概不想让他把钱拿给第二任老婆买金制鼻烟盒吧。问题在于等到范·布彻尔太太死了之后，她老公却找到了堪称遗嘱史上最好的漏洞。他雇用了一个名叫约翰·亨特的人，做了空前第一次的动脉防腐处理来保存尸体，然后把盛装打扮的范·布彻尔太太遗体放在玻璃盖柜内，摆在一间客厅里，定时瞻仰。她的遗体严格说来没有入土，于是他就称心如意，得以自由动用她银行户头里的钱。

情绪

emotion

尽管〈传道书〉的智慧格言教人"今朝有酒今朝醉"，但我最近还是有点意兴阑珊。部分原因是我累过头了，大清早规定自己起床实在要命。我知道这是自找的，又没人威胁我说：要是每天不读完一百页就要用枪打穿我膝盖，但还是很要我的命就是了。当记者的人，本来就不能跟着太阳一同起床、一面听着早晨气象播报员那欢天喜地的声音。但真正让我情绪低落的主因是，前几天的怀孕检验又得个否定结果，我恨这个。这一来就让日子变得有点讨厌了，特别是我的通勤时间、在药房里排队等候结帐的时候，这些事情似乎尤其难以忍受。

我已经针对情绪低落发动攻势，那真是讨厌死了。我认定百分之九十八的情绪低落都比达尔文所说的分类等级持续得更久。你每天都吸取十几页生物学知识,包括甲壳纲动物和细菌以及血型等的演化,之后看样样事情都会带着达尔文式的眼光,即使情绪也不例外。我不知道"难过"最初属于哪个演化分类等级,但可以向你保证,我的难过绝对不是用来协助我生存或生殖用的。不管在等地下铁那十四分钟是否感到难过,家里冰箱冷冻库里照样有大批用微波炉一热就可以吃的素食意大利千层面。不幸的是,纵然这番心得领悟很高明,却也无助于我摆脱那种恐慌不安的心情。

因此埋首于大英百科详编阅读"情绪"条目时,我期望能找到一些比较有帮助的资料,而且还真找到了。有段言简意赅的文字谈及什么"面部表情回馈",说的是你的大脑感觉到面部肌肉处于愉快位置时,脑子就会想着说:嘿,我一定感到很快乐。(脑子有的时候也很蠢。)按照大英百科的说法,"某种科学根据支持常言所说的'感到郁卒的时候就要面露笑容'以及'心里害怕就吹吹口哨'。"

那个早上后来的时间里,我都在埋首苦读 E 字首部分,顺便充分验证了面部表情回馈,我迫使双唇保持两小时的假笑状,笑得有点吃力。等到中间休息去洗手间时,我检视镜中那张脸孔,结果吓了一跳;两颊像是具有电极似的,一下子把脸电击成很不自然、状若快乐的表情,看起来简直就像一部讲持斧凶杀圣诞老人的恐怖电影里那个神智失常的精灵。但我得说,这招还挺管用的,起码我真的觉得心情好了一点点。除了面部表情回馈之外,我还特别用心去读关于对付愤怒情绪的那部分。大英百科列出以下几个策略,其中有:

一、正面对抗("坚定不移、奋斗到底");

二、疏离("不让它上我心头");

三、很有条理地解决问题("像某个人一样改变或成长");

四、积极重新评估。

研究结果显示,前两项方法,即正面对抗和疏离,只会让人心情更不好。后面那两个方法,有条理地解决问题以及积极重新评估,则让人心情好很多。我一向是个疏离者,很典型的恬淡寡欲男性。这倒好,我要试试这个很有条理的解决问题方法。

我决定从昨天跟威瑞森移动电话公司争吵一事着手。这事让我很恼火,包括让我悬在电话这头等候四十七分钟、填几份之前已经填过两次的表格,还有一个颐指气使的女人声音,她的智商就跟五个屁眼的鲍鱼差不多。我要怎么样才能很有条理地解决这问题?思索了不到一分钟,我就想出办法了:下次让我的助理珍娜薇芙打电话。交代别人去做事真是再爽不过了。

百科全书
encyclopedia

大英百科一点都不用为了自尊心而烦恼。这套书绝不会感到自惭形秽。事实上,大英百科最喜欢的话题之一就是……大英百科。大英百科编辑、大英百科发行人、大英百科中文版,全部都各有条目说明。我曾经跟大英百科光碟(对,是真的,我让了步买了大英百科光碟版,因为偶尔也要用上搜寻功能)技术支援部门人员通过电话,要是不久之后跟我讲过话的家伙也上了大英百科,我不会感到意外。

更不用提大英百科如何设法在最让人想不到的地方让自己也来插个花,譬如讨论到手榴弹先锋时就讲到,那个人是在大英百科读到关于武器的条目,才念念不忘想着他的手榴弹。简言之,大英百科好比是一个十几岁的男生,因此你得留神,他很有可能会养成毛手毛脚的自渎习惯。

不过此刻,我已经来到自渎的高潮:谈百科的百科条目。要是我打算花一年时间跟这三十二巨册纠缠的话,好歹也该花点精神知道它们是从哪里冒出来的。

Encyclopedia一词源自于希腊文(你想也想得到),意思是指"一套完整的知识系统"。柏拉图的侄儿很可能写下第一套学习百科,不久之后又有古罗马作家老普林尼整理自己编写的版本。(顺便一提,老普林尼是在公元七十九年去调查维苏威火山爆发时呛死的。又是一名为知识殉身的烈士——我们向你致敬!)过去这几个千禧年里,估计人类大概写出两千套百科全书。篇幅最长的奖应该颁给中国的《玉海》,于一二六七年印行,总共有吓死人的二百四十卷。最具诗意的要属一二四五年出版的法国百科全书,全部用八音节诗句写成。最具创意的编写手法,这个奖我要颁给十五世纪的西班牙百科全书,因为用寓意手法写成,以一个年轻人的角度,从分别名为文法、逻辑、修辞学等的少女那里学到这些课业。

不过,最具历史意义的百科全书却不用争辩讨论,必然非狄德罗①那套《百科全书》莫属,这套百科于一七五一年八月在巴黎初次露面。我知道这是一堆引起很大争议的书,可却一点也不清楚这百科掀起的风波有多大:编辑被关进牢里,这些巨册本身全都锁在巴士底监狱里,跟那些杀人犯和疯子同陷囹圄,警察还搜遍巴黎,要找出全部手稿烧掉。参与编纂这套《百科全书》的人包括伏尔泰和卢梭等,堪称当时知识界的摇滚明星,他们可说使出浑身解数要粉碎各种神话、激怒神职人员,甚至特别刊载了一篇近乎阿谀的无神论吹捧文章。后来,法王路易十五在宫廷的晚宴上跟嘉宾为了火药的正确混合比例吵起来,最后解决方法是派人翻查一本不合法的百科全书,不然这套百科全书本来大有可能在严厉的检查制度下完全禁除。从此之后,据伏尔泰说,国王就勉为其难容忍这些麻烦讨厌的巨册。

不到二十年,在巴黎北方八百公里外(而且没有惹出那么大的麻烦),权威的大英百科全书第一版在苏格兰爱丁堡推出了。一七六八年的这套版本有三个催生者,一个是默默无闻的印刷商麦克法夸尔,一个是负责编务的斯梅利,此君闲暇时是个有才华的酒鬼(他喜欢跟诗人伯恩斯对酌鲸饮);还有个很会搞笑的滑稽家伙贝尔,身高只有一百三十七公分,长了个特大鼻子,却还喜欢戴上一个更大的纸黏土假鼻子来搞笑。哈!顺便一提,他靠着帮有钱人家镌刻花哨的狗项圈,就可以赚很多钱去买他的怪鼻子。这三个人不仅都对知识有兴趣,而且显然在拼字的时候也很受希腊文的启发(所以大英百科才会拼成 encyclopædia,中间用 æ)。

他们合力生产出来的是鸡尾酒般的合成品,很奇特,但很让人着迷。我向大英百科公司订了一套,你可以跟他们买到仿古版复制品,纸上还有做得跟真的一样的岁月斑痕。随手翻阅,你可以体会到十八世纪一般苏格兰人最看重的事情是哪些,一如柯根在《旷世巨著大英百科》(这是一本巨细靡遗、令人叹为观止的大英百科历史书)所指出的,第一版的大英百科只用了七行文字说明戏剧,谈诗也只花了五百字。但是讲到治疗马匹疾病呢?却很精彩地填满三十九页。显然苏格兰人有不少不太健康的马匹。

且不说兽医这部分,其实第一版的大英百科阅读起来也真的很精

---

① 狄德罗是法国文学家、哲学家,更主编著名的《百科全书》,成为启蒙时期的巨人。

彩——很武断、怪论连篇，偶尔语调还很没好气。大英百科告诉读者，自杀是"伪装成豪气行为的懦夫举动"。至于吸入过量瓦斯，大英百科的救治处方是"把杏仁油和香烟的烟吹入肛门里"。冷水盆浴可以用来治疗忧郁、神智失常、被疯狗咬伤。至于猫呢？老天，这些苏格兰人可真不是爱猫的人，可怜的猫科哺乳动物启发了几百字恶毒的评论。你看以下说明就知道了：

> 所有家畜之中，猫的性格是最暧昧又多疑的。人们养猫不是因为它们有任何可爱的性格，而是纯粹用来扑灭家中的大小老鼠及其他有害动物……它们老想着偷窃掠夺，既狡猾又懂得掩饰自己；深藏不露；抓住每个机会捣蛋，然后溜之大吉……一句话，猫实在毫无友情可言。猫太过于"充满爱意"（也就是说，欲火中烧）、"作弄折磨"它的猎物，而且通常"很乐得漠然摧毁各种弱小动物"。猫常常假装在睡觉，"实则在深思捣蛋的方法"。喔，还有猫妈妈会"狼吞虎咽它们的子嗣"。

嗯，身为公开的爱猫者，我绝不同意上述所言。猫也许不像狗那样具备天真轻信的死忠，可是也绝对不是猫科动物里的门格勒①。更何况它们绝不会发神经似地啃你的大腿，害你不得不去洗个冷水澡。（顺便一提，现在流通的大英百科讲到猫的议题似乎已经克服偏见，二〇〇二年印行的大英百科说"猫具有独立性格、优雅、爱干净、表达感情的方式很细腻，因此广受喜爱。"这样的编写好多了。）

第一版的大英百科只有三册，奇怪的是，这些知识渊博的苏格兰男生只执著于 A 和 B 字首，光是这两个字首就占去一大册，其他就全挤在其余两册里。显然斯梅利和他朋友执行这计划后，到了中途有点做烦了，于是决定还是跟伯恩斯上酒馆去比较快活。Z 字首还能提及已经算幸运的了。

据《旷世巨著大英百科》指出，第一版卖得还算不错，销售了三千套。没多久之后，美洲就出现了盗版，以六美元一套的价格卖给殖民地居民，买盗版的人包括华盛顿和杰弗逊。正版的第二版是在一七七七年面世，这回

---

① 门格勒(1911—1979)，曾任纳粹奥斯威辛集中营医师，负责指挥毒气室，并用俘虏当做伪科学种族实验的牺牲品。

斯梅利婉拒了编务，所以就由另一个嗜好杯中物的苏格兰仁兄来接手，此君名叫泰特勒。泰特勒其他方面的名声还包括：早期的热气球迷，据说有一次驾驶气球时，在天上跟一个牙医的女儿做爱，因此某些人称他才是"高空俱乐部"①的第一个会员。

从那之后，大英百科就往上一直爬到了第十五版，这一版号称"从头到尾"重写过，于一九七四年露面了，现在我那芥末黄书架上摆的就是这个版本。第十五版的销售量在一九八〇年代盛期之后就跌了下来。拥有大英百科又明察秋毫的读者应该会留意到，大英百科的推销员已经不再挨家挨户来敲门，他们在一九九四年就全都被裁撤掉了；昔日的王牌推销员，包括后来创办"正点形象零售公司"兼搞笑大王迈尔斯在内。不过最近销量又有稳定趋势，这要归功于学校和图书馆，因为它们会定期补充大英百科。

你大概也料到了，最异军突起的销量来自电子版，包括网络版、光盘版及 DVD 版，如今占了大英百科营业额的一半。没错，微软的 Encarta 百科全书在市场上遥遥领先，可说是百科全书世界里的耐克运动鞋，不过大英百科的生意也足够养活世界各地总共五百名的员工，让他们孜孜不倦地修订里面的文章。过去两年里，大英六万五千项条目有三分之一都经过大大小小的修订。

不断修订转变的大英百科内文很让我着迷。最初两版的大英百科是艺术之作，但我也很爱阅读每个陈年版本，因为总是可以从中窥见岁月的留影，每一幅留影都流露出本身或喜或厌的偏见。我朋友汤姆士是《君子》杂志的作者，拥有一套一九四一年版的大英百科，但只有 A 到 Q 字首的部分，这还是他有一天在纽约庇护岛垃圾场无意中搜到而抢救出来的，但他不得不放弃 R 到 Z 那几册，因为上面污迹斑斑，都是墨西哥薄饼卷的酱汁渍痕。这个版本竟对梅尔维尔②有点嗤之以鼻，称他为"某个美国小作家，缺点在于爱写浮夸的散文，曾绞尽脑汁写出两本像样的航海主题书"。显然一九四一年大英百科的编写人员还没有染上那复古的梅尔维尔热。

---

① 俗称在一英里以上高空中发生性行为的人，可以组成一个"高空俱乐部"。
② 梅尔维尔是美国小说家，最著名的作品是《白鲸》。

即使二十年前的版本也一样可以找到很精彩的资料。《君子》杂志图书室里那套大英百科是一九八〇年版，我去窥看了一下，却发现一段大概是大英百科发行以来最奇怪的说明。那是关于美国亚当斯总统退休后的一段话，说他晚年把时间花在"每天吃早餐之前享受大酒杯装的苹果酒"以及"见到他的粪堆而欣喜万分"。哪，美国第二任总统会在吃早餐之前先痛饮一番，这已经算是蛮奇怪的事了，而他竟然还会从大堆粪便得到乐趣？我真不知道该怎么诠释这个。不过在我看来，仿造他那高达六公尺的粪堆做个大理石粪堆像，说不定是对这位美国英雄最好的纪念。拉什莫尔山①，你说对吧！

说到经典的大英百科，怎能忽略掉这些经典中的经典呢？那就是一九一一年面世的第十一版大英百科。每个沉迷书籍的书呆子都会告诉你，这是空前绝后、最伟大的百科全书，这套百科不是只有一个专属网站，而是有两个：1911encyclopedia. org 以及 classiceb. com。当然我得承认，影星艾什顿·库彻②的网站比大英百科多几个，不过以一部百科全书而言，两个专属网站已经算不错的了。

究竟它有什么大不了的？一部分重要性来自于编纂者来头很大。有几百位重量级专家负责编写这版，包括英国科学家赫胥黎、哲学家怀海德、诗人斯文本恩，以及俄国革命家克鲁泡特金，他在牢房里写了"无政府形式"这条目。但是光有这份令人刮目相看的名人录，并不足以说明第十一版自成一家的地位，尤其很多文章还是前面那些版本流传下来的。更何况，真正更具热卖号召力的名字到了第十三版才出现，包括胡迪尼③写"魔术"条目、弗洛伊德写"心理分析"、爱因斯坦写"物理学"。

你也可以辩称第十一版的吸引力在于它的文采，文笔确实很棒，有时简直形同小说。不妨看看麦考利勋爵④写英国辞典编纂家约翰生这段，他讲到约翰生的忧郁症时有这么一段描述："天国的灵光确实照耀到他，但却

① 拉什莫尔山位于美国南达科他州，花岗岩上刻有美国总统华盛顿、杰弗逊、林肯和罗斯福的巨大头像。
② 美国年轻影星，黛米·摩尔的前夫，受欢迎程度尚可。
③ 胡迪尼(1874—1926)，著名的魔术师，以逃脱术闻名。
④ 麦考利勋爵(1800—1859)，英国史学家，著有《英国史》。

不是直线照来,或者带有灵光本身具有的纯然光辉。这光线得奋力透过恼人的媒介,经过折射之后才照到他,而且被盘踞在他灵魂之深沉阴郁渲染得顿失光彩。再说,这些光纵然清亮得足以引导他,也还是太过微弱,无法让他振作起来。"这人可真会写。

然而,生花妙笔还是不能完全解释第十一版的独特吸引力。要真正探出个究竟,最好参考一九八一年《纽约客》杂志的一篇文章《与人文科学共同前进并向上提升:第十一版》,作者是康宁。他写这篇文章时,处在杂志文章篇幅差不多都像大英百科本身一样长的年代;要是这篇文章出现在今天,很可能会缩成只有三行句子的图说了。康宁这篇大作刚开始先做一番入门介绍(我已经在前面提过一部分),接着提出他的论点:第十一版是启蒙运动的集大成之作,是理性时代最后一批伟大作品,也是所有人类知识得以用单一观点提出的最后一个例子。四年之后,促使第十一版产生的这种信心及乐观态度,按照康宁的说法,结果成为"伊普尔①和阿尔贡②杀戮战场上死难事件的导火线"。

第十一版所呈现的氛围是文明即将征服地球每个角落,也预言了"国际间的猜忌逐渐减轻"。康宁说,这套书是理性当道,是由很有逻辑头脑的崇高伟人立功之下的产物,而不是非理性势力或运气的产物。稍微读了第十一版的内容后,我认为他讲得很对。这个版本真正的吸引力就在于此——怀念一个样样合情合理的世界,在这个世界里,一切都是可知的,提出的观点也是正确的观点。

当然,诚如康宁所指出,第十一版的观点也有丑恶的一面,即种族歧视非常严重,例如"就演化层面来说,黑人似乎低于白人,而且与最高等的类人猿有密切关系",海地人则"无知又懒惰",菲律宾土著则是"身体瘦弱……有双笨拙的大脚板"。从第十一版以后,大英百科已经删除了种族歧视的部分。但是阅读了八千页之后,我仍然留意到康宁所讲到的那种调调,音量虽然调小了,不过还是听得到:大英百科仍然很合情合理地对待一

① 伊普尔位于比利时西部,一次大战期间,德军于一九一五年首度在此使用毒气武器,二十五万名盟军士兵丧生。
② 阿尔贡位于法国东部山区,一九一八年著名的阿尔贡战役为第一次世界大战最后战役,美军在此地击溃德军。

切事物,仍然坚信文明会有整体的进步。随着世界观的盛行,上述理念或许也会成为妄想,但我还是喜欢。它比相反的另一面要好得多。

谜语机
Enigma

"第二次世界大战以前和战争期间,德国军事指挥机构用来将战略性电文译成密码的装置。二十世纪三十年代初期,波兰人率先破译了这种谜语机的密码。"看到没?波兰人并没有那么呆喔!这又是大英百科打破的另一个刻板形象。(顺便告诉你,"刻板"原来是一种印刷板。我以前都不知道呢!)

橡皮擦
eraser

幸好我当年念大学时没有再吃快乐丸。我很需要拥有那些脑细胞,这点在茱莉和我的一番谈话中变得很明显,那是上次开完派对两天后的事,她问我喜不喜欢她送给我的再献圣殿节礼物。

"哪份礼物?"我问。

"在你办公室里的那份。"

我的脑袋一片空白。我带了再献圣殿节礼物去上班吗?那究竟是什么鬼礼物?我脑子里挤满了铝土层及喀麦隆各城市和十九世纪作曲家等,以至于生活中所有事情都挤到我脑子外面去了。

"愈来愈喜欢了!"我说。然而我迟疑了两秒,结果露出马脚。

"你根本不知道我说的是什么东西,对吧?"

"谁说的,我当然知道。"

"那是什么东西呢?"

"呃,是个飞盘?"我瞎猜说。

"你脑袋里东西塞太多了。"

结果原来是有青草香气的芳疗蜡烛,而我也真的愈来愈喜欢这礼物——这点我很记得。

我不只忘了再献圣殿节的礼物而已,连最喜欢的资料也逐渐忘了,新资料不断把旧资料挤出脑袋。以下就是个很令人泄气的故事:话说阅读 E 字首最前面那部分时,我读到有个科学家率先研究出一个结果,是说人类如何因时间久了而逐渐遗忘;他发明出一种曲线图来描述这种现象。读到这条目时就跟自己说,我要努力不要忘了这人的姓名。

嗯,昨天,差不多是我发过那个誓之后的两星期,我拼命要想起他姓名,可就是做不到,明知他的姓氏开首是 E,但除此之外什么都想不起来。很讽刺对不对? 我查看笔记,然后想起来了,他姓艾宾浩斯(Ebbinghaus),以及他那有名的"遗忘曲线"。之前我说过,我能记住的东西比当初以为的多很多,这是真的,但是忘掉的也不少。说起来好像自相矛盾,但你要明白,我并不是抓住那一大块资料,啃下去就能全部吸收了,所以才会比当初预见的记得多也忘得多。就是这么回事。

可是,唉,我忘掉的可真不少。忘掉的资料比很多人一辈子所知道的还要多,忘掉的历史人物差不多可以坐满一座露天小型体育场,忘掉的动物几乎等于两座动物园里的动物数量,忘掉的城镇都市乡村等于一块大陆的所有城镇数量,忘掉的方程式足以写满几千块黑板。

当然,遗忘并不是黑白分明那么绝对的。这些资料不是突然间消失,犹如橡皮擦(顺带一提,这是用橡胶、浮石、植物油、硫磺制成的)擦去的铅笔痕迹一样,也不是像火药硝烟那样消散掉,而是像沙发的色彩给太阳晒到逐渐褪了色。所以,剩下来留在我脑子里的是数以百计缺了一半的资料,这里少了个正确细节,那里少了个姓名。

我记得《小飞侠》的作者有桩夫妻不同房的婚姻,但我无法告诉你这个无性欲男人的姓名。我记得某杂志发行人曾经在一八〇〇年代某时期于纽约建了一条秘密地下铁——可是究竟是哪一份杂志呢? 我记得有部电影里面饰演埃及法老王的演员因穿了网球鞋而穿帮,但究竟是哪部电影呢? 我不知道。(是《十诫》——我刚刚又去查了"时代错误"这条目。)

伦理学相对主义
ethical relativism

这个我老早知道了,我早在念高中的时候就已经发现伦理学相对主义。那时我正在念些颇自命不凡的东西,大概是罗兰·巴特①的作品,也

①　罗兰·巴特(1915—1980),法国社会评论家及文学批评家。

可能是某个逻辑实证主义者之类写的作品,因此发掘出这惊人真相:世上没有所谓的绝对道德规范可言!从那之后我就认为,青少年加上深奥的哲学教诲是很糟糕的混合,跟硝化甘油和矽藻土混合在一起同样充满危险性(这是诺贝尔当初发明的火药配方)。这番哲学教诲还真的当着我的面爆炸了,为我青年时代的万事通生涯带来荒谬又丢脸的一刻。

那时我念道通高中,这是纽约一家私立学校,我在这里从幼稚园一直念到高中毕业。要是你看过伍迪·艾伦的电影《曼哈顿》,大概还会记得道通在影片里是个不怎么突出的小角色。电影中,玛丽·海明威饰演的十七岁女学生就是在这所学校上代数课,下课之后就回家去跟伍迪·艾伦饰演的角色做爱,而伍迪·艾伦在影片中演个八十三岁的老头。我不相信我班上会有太多女生下课后去跟八十三岁老翁做爱,不过要是真有其事的话,那也就解释了为什么她们没有一个人跟我有过性关系。总而言之,道通是非常傲慢的学府,吸引律师和银行家甚至名人的子嗣来上学。(影星劳勃·瑞福的女儿!科学家沙克①的侄女!)学校教学要求很严格,这都得归功于巨额到令人不好意思的捐款。

我高中念物理课时情况就是这样,当时跟朋友尼克一起上课,由于我的物理比尼克好那么一点点(大家都公认他不会成为下一位海森堡②),我决定考试时让他偷看我的答案。这样做一开始就不聪明了。但我还做了更糟更糟的事,犯了很愚蠢的错误:我写了"f=m+a",而不是比较传统(或者该说有点老套)的方程式"f=ma"。尼克照抄我的错误。一如当年我们那时常说的,我们是对难兄难弟。

高中校长是个满脸大胡子的矮胖家伙,摆出一副自由又开明的样子,其实是个彻头彻尾的凶悍人物,他订好时间要我和父母第二天去见他。回家以后,我花了几小时振笔疾书,写了长达三页、不空行、很高明的说理辩词。简而言之,这篇辩词的重点就是:所有道德观都是相对而定的。我有我自己的道德系统,在这系统中,让尼克偷抄我的考试答案不属于过错;因此,我所做的也没有错,故而道通不得处罚我。证毕。

---

① 沙克(1914—1995),即是小儿麻痹症之沙克疫苗的发明人。
② 海森堡(1901—1976),德国著名物理学家,一九三二年诺贝尔物理奖得主。

在商量要去见校长的事时,我向父母提呈那份辩词。你知道的,只是想看看他们有没有什么小建议。我照着写在黄色拍纸簿上的辩词念给他们听,还尽量用丹田之气来念:"因此,道通中学没有任何哲学的立足基础可以处罚我。你们必须放过我。"

我抬眼看看,老爸脸色非常凝重,甚至连我妈,她几乎向来都为我撑腰,最喜欢炫耀我的聪明,自从我比班上其他小朋友先学会操纵玩具卡车,她就知道我很特别,但这时她看起来也对我很不高兴,皱起了脸,仿佛不小心踏入一大片天南星科植物丛(这种开花植物会散发出吸引苍蝇的恶臭)。

"我认为这个点子非常糟糕,"老爸说,"你最好就是进到办公室里,说你很抱歉就可以了。"

"不要,我才不要这样说。这点子会管用的,信我啦!"

我带着写好的演讲稿去见校长,但是细察他那张面无笑容的脸,听着他长篇大论讲述荣誉准则,我开始心想爸妈可能讲得对。要彻底扭转他的道德哲学观,得花上比这篇精心准备好、大谈伦理范式的五分钟演讲还要多的工夫才行。再说我要是真打算这样做的话,大有可能到头来就要转而申请念那些不曾出现在伍迪·艾伦电影里的中学。结果我没演讲,校长听到的反而是我说自己有多后悔让尼克偷看我考卷答案。很真心、深深地感到抱歉。"让尼克偷看我的考卷是错误的行为,"我一面说,一面对自己昧着良心感到难以置信地摇摇头,"我不会再犯了。"

每次一想到这件往事,我总是对自己皮毛程度的谬见感到讶异。如今,我知道天花乱坠的哲学辩论无法让你摆脱工作上遇到的麻烦、帮你获得加薪、在 Nobu 餐厅①订到位子。换了今天我是那个大胡子校长,这套肯定也对我起不了作用。伦理学相对主义,就算在后来的岁月我仍然在知性上依附它,但这对我结束学业后的生涯只有一点点的影响。

不过话说回来,阅读大英百科却对我起了很奇异的作用,反而让我愈来愈不再深信伦理学相对主义。从高中到大学,我就有了个模糊的想法,认为自己不应该对其他文化妄下断语,尤其是那些无文字民族的文化。他们有他们的习俗,我们算老几,要用我们西方偏见眼光去批评他们?但阅

---

① 欧美当红的和洋料理餐厅,以名厨松久信幸(Nobu Matsuhisa)为名。

读几千页大英百料之后，却会消除你对那些无文字社会雾里看花的理想化看法。我已经阅读过一个又一个文化，而这些文化的传统在我看来错误得很，甚至可说是很坏的。

不妨试试看你能否忍住不去论断，譬如说阅读到美洲原住民库钦人的风俗好了，库钦族的女孩第一次来月经后，就被送到远离部落的特别栖身处去过一年，还要戴上尖头儿帽，迫使她只能向下看着地面，还有个拨浪鼓防止她听到其他声音。要是她想搔搔头，可以用一根特制棍子去搔，此外还有个特制杯子，让她喝东西时不会碰到嘴唇。在我心目中，这习俗不仅是荒唐而已，而是根本就不对。

我还得出一个结论，足以让我从此被摒除于所谓的"开明教育圈子"之外，那就是：殖民主义也不见得百分之百是很坏的，最多是百分之九十六很坏，因为有时殖民主义的确改进了当地文化的道德观。我在读到废除印度烧死寡妇的风俗时得出这个结论。英国人殖民印度之前，丈夫火葬时要把寡妇一起活活烧死，英国殖民者终止了这个风俗。没错，英国人压迫整个印度民族时是有罪的，但是就像入门行窃的小偷偷走你家的电视机时，又顺便帮忙把冰箱里的冰格加满水，也算做了点好事。

伊特拉斯坎字母
Etruscan alphabet

意大利的伊特拉斯坎人写字时，有时会采用犁耕式，也就是每行的书写方向会交替转变，先从右到左，接着再从左到右。真聪明！这样一来读完一行之后，眼睛就不用回到同一页的左边再开始读下一行。要是大英百科采用犁耕式写成的话，我现在老早已经阅读到 F 字首部分了。

阉人
eunuchs

茱莉对于大英百科不怎么高兴。她曾经利用几分钟空闲，查查大英百科怎么讲她最心爱的电影明星汤姆·克鲁斯，结果翻遍了 C 字首那册都没找到答案：因为根本没有。

"这算哪门子玩意儿？"她说，指着插画家克鲁克香克（George Cruikshank）和巡弋飞弹（cruise missile）两个条目，"居然没有汤姆·克鲁斯？他对我们的文化有很大的冲击影响力，很大很大的。”

"他们对于通俗文化只提到一点点。"我说。

"这可怪了。"她说。

那么她最爱的歌手乔治·哈里森呢？她抽出 H 字首那册，结果发现这位披头四成员也没有列入条目；虽然还是有篇关于乔治·哈里森的文章，不过此君却是十九世纪知名的教堂管风琴设计家。他也算是音乐界人士，不过是他自己那个领域的。

"你这本书可真够怪的。"她说。

大英百科有时在选择上是有点奇怪，不过好消息是，一旦你读了几千页之后，慢慢就摸索出怎样才能看透薄纱的窍门了，我可以很自豪地说：我已经解破其中奥秘。为了向诸位读者效劳，我列出以下有助于你跻身大英百科条目的十大要诀：

一、让自己被砍头。这大概是跃上大英百科条目最保险的途径了。大英百科最爱的恐怖就是某个人（最好是王公贵族）让自己的脖子被人砍成两半。我阅读时最喜欢的游戏之一，就是读到以"法国大革命"为开头的传记时，开始猜测这个主人翁要等多少年才发现自己置身在断头台的铡刀下。

二、到北极去探险。要是你的探险行程多灾多难，就更有助于你登上大英百科的条目，不过几乎所有到北极的探险行程大概都可登上大英百科。总之，只要你能旅行到加拿大班夫以北的任何地方，大概都可承蒙大英百科编辑委员会另眼相看。

三、写几首诗。超现实主义及俄国形式主义的诗人尤其受欢迎，但其实几乎随便哪个人只要写过四行诗，或者超过十几个字的押韵句子，似乎都可以中选。有时它编写得很怪异，简直如同保罗·柏尔斯①早期写的诗，譬如 B 字首前面部分有整整两页，讲的居然是三个不怎么有代表性的人物：贝尔曼（Carl Michael Bellman）、贝略（Andres Bello）及贝罗克（Hilaire Belloc），一个是瑞典诗人，一个是委内瑞拉诗人，还有一个是老乡亲英法语诗人。

---

① 柏尔斯（1910—1999），美国作家，最有名的著作是《遮蔽的天空》。

四、**成为植物学家**。北欧人似乎尤其受欢迎。还有，也别低估了研究苔藓及泥炭的威力。

五、**在即兴喜剧插一脚**。大英百科对于这种十八世纪意大利喜剧的沉迷简直到了病态程度，非常热衷于讲那些喜剧演员，不管这些演员演的是外强中干的士兵卡皮塔诺，还是风骚的女仆哥伦比娜，又或者是疯疯癫癫的特技卖艺者赞尼都一样。

六、**赢得诺贝尔奖**。经济奖、物理奖、和平奖——哪一类不重要，只要拿到那个奖就行。

七、**被阉割（只限男士）**。假如你真的肯拼了命只求上大英百科的话，履历上有"阉人"一词是件好事。而且也别因为你失掉这颇重要的睾固酮来源就感到绝望，因为没了这个并不表示你就失去雄风，刚好相反，历年来有很多太监都具有惊人的势力，或许这是一种补偿作用吧。例如巴戈阿斯，公元前四世纪的波斯宰相，他曾领军征服埃及、抢掠神庙、发了大财、弑君、杀掉好几位太子，然后又意图毒杀他立的新君，到头来却被迫喝下毒酒。蛮叫座的好戏。

八、**设计一种字体**。显然想出一种新字体是令人刮目相看的一大功绩，比我原先所以为的程度更大。大英百科尤其钟情的字体，是刚设计出来时大家都不屑一顾、假以时日之后又败部复活、公认为非常出色的字体，例如巴斯克维尔字体，由字体英雄约翰·巴斯克维尔所设计。

九、**成为君主的情妇（只限女士）**。这似乎是挺愉快又无痛苦的可行之道，要是我生为女人，就会尽快着手进行，因为如今君主一天比一天少了。

十、**成为宗教礼拜仪式的法衣**。我知道这个说的比做的容易，不过我发现，宗教知名人物穿过的每件衣物都可以留下很不错的照片，所以我想还是把这条也记下来，以防万一。

以西结
Ezekiel

这位圣经里的先知吃下写有预言的书卷，以示他真正把书卷的话语据为己有了。诺，这才真的是拼到底的读者。或许我也该吃下整套大英百

95

科,以示我把书中讯息全部占为己有,但我不认为我的胃消受得了那些真皮封面。

我挺喜欢以西结的形象,以及把书卷当点心吃,完全就是把吃和阅读拉在一起的文学比喻——他是个如饥似渴的读者,啃很多书,求知若渴,诸如此类。在我听起来很有真实感。每天早上这样限定阅读四小时之后,我感觉脑袋里好像塞满了非常丰盛的食物,仿佛每天脑袋都在吃感恩节大餐。真希望脑子也可以解开裤腰带,让大脑皮质松一松。

继续用以西结这个比喻,我当初把这个阅读大英百科的计划公告天下,是否有点贪多嚼不烂?我得老实跟你说,我真不知道自己是否能撑下去,不知道是否还受得了继续听到这薄薄纸页翻过去的沙沙声,见到又一张胡须端整老头的黑白照片;再不然就是念到另一条非洲河流的排水量平均有多少立方公尺,是否还能再砰然翻开另一册书脊上印有苏格兰蓟(这种有刺的植物用来作为大英百科那看来古怪又雄心勃勃的商标)图徽的大英百科。我当初到底怎么想的,怎么会认为这是个好主意呢?

F

寓言
fable

茱莉和我这个下午都在我爸妈的公寓里,他们招待朋友吃早午餐,也邀请我们去吃熏火鸡,并尽量给人家留个好印象。我坐在长沙发上,旁边是他们一位律师朋友名叫鲍伯。鲍伯知道我在阅读大英百科,就跟我讲了一个以百科全书为主题的寓言故事。由于不大常听到这类故事,所以就在此复述一遍。

"你听说过那个中东国王吗?"他问我:"他把王国里的智者都找来开会说:'我要你们把世上的知识全都集中起来放在一起,好让我那些儿子阅读、学习。'于是众智者就去做这件事了。过了一年他们回来,带了二十五册知识书。这位国王看看说:'不行,太长了,做短一点。'于是智者又去做了一年,这次回来带了一本单册。国王看看又说:'不行,还是太长。'于是他们再去做了一年。等到回到国王面前时,给了国王一张纸,上面只有一句话。就一个句子,你知道写什么吗?"

鲍伯看着我,我摇摇头。

"那个句子写道:'连这个也会成为过去。'"

鲍伯停了一下,好让我把这句话听进去。"我很小的时候听到这句话,从此一直留在我心头。"

的确是个好故事,也有几分智慧。"连这个也会成为过去。"到目前为止,大英百科一直证实了这个见解。黑死病成为过去,百年战争成为过去,十五世纪男人穿紧身裤要加一块遮阴布的风尚也成为过去。或许鲍伯讲的这个句子事实上就是人生的奥秘。我不知道自己走到人生旅程尽头时，会不会领悟到比这更好的？如果要把我脑子里所有知识浓缩成一句话，会是哪一句呢？笛卡儿对斗鸡眼女人格外迷恋？还是法国人不仅有罐头笑声，还有罐头哭声？我得花点工夫才能知道。

华伦海特
Fahrenheit, Daniel

我对十八世纪德国物理学家华伦海特的愤怒，简直到了不可收拾的地步。刚才我走进客厅里，对着茉莉开始哇啦哇啦大骂这个没脑筋的笨蛋华伦海特。她把头一歪，很关心地问我："是有别的什么事让你火大吧？"她没讲错。我们结了婚却一直没有小宝宝，让我很郁卒，而华伦海特先生就成了我的出气筒。不过话说回来，他也确实让我火大得很。

这人出生于一六八六年，大半辈子都在荷兰度过，一七一四年他发明水银温度计的时候也是在荷兰。温度计很好，我不为这个发他牢骚，不过我是真的认为他的温标彻头彻尾荒谬得很，因为他是以冰和盐的等量混合物为华氏温标零度，因此水的凝固点定为三十度，人体的正常体温是九十度。

这实在是大错特错，我真不知道该从何讲起。首先，华伦海特把这些测量值乱搞一通，害我这辈子都要拼命才能记住，因为水的凝固点实际上是三十二度，而人体的正常体温是九十八点六度。所以他是个做事不精确的蠢蛋。其次，当初干嘛要定三十度是水凝固的冰点呢？从零度开始有什么不好？喔，没错，他是把零度保留给冰和盐等量混合物的温度。嘎？他又是怎么想出这个的？那么冰和番茄汁的等量混合物又如何？要不然就一份冰和两份小苏打，再加一点匈牙利辣椒粉怎么样？

坏主意习惯成自然，很让我惊骇。一旦生根就他妈的很难根除了。如今时隔三百年，还得跟华氏这构思很差、执行很烂的系统苦苦纠缠，简直让我热血沸腾，而这在摄氏温标一百点一度才会发生。

家庭
Family, The

这是一九六〇年代曾出现过的嬉皮基督教文化，"家庭"中的女性成员奉命实践"卖俏钓鱼",换句话说,就是藉由跟男人发生性关系来传播福音。不幸的是,传播福音的同时也传播了疱疹,结果卖俏钓鱼就寿终正寝了。

法里内利
Farinelli

还记得我讲过阉人吗?这里又是一个。法里内利原名卡洛·布罗斯基,是十八世纪最著名的阉人歌剧歌手。一七三七年去了西班牙,以歌艺为国王腓力五世解忧,连续十年每晚为国王唱同样的四首歌。我希望他起码每次都把这几首歌的次序调换着唱。

法恩斯沃思
Farnsworth, Philo

这位美国犹他州的工程师协助研发出电视。一九二七年,经过多年研究之后,法恩斯沃思成功传送出美国电视史上的第一幅影像:美钞标志。这真是跟他的发明配合得最天衣无缝的影像了。想来他心中早就有数,知道丽萨·库卓①光是在每集电视剧唱她那只臭猫咪的歌就可赚一百万美元。

费里尼
Fellini, Federico

电影《八又二分之一》这个片名,是指费里尼到那时为止所执导过的影片总数(七部剧情长片和三部短片)。我以前一直想不透的问题,这下子可有了答案。

生育力和不育
Fertility and infertility

按照大英百科的说法,茱莉和我严格来说正在体验不育:"不育的定义是指一年内不采取避孕措施并固定有性行为,但一年期满之后却仍未怀孕。"我们这样做已经有十五个月了。大英百科说,每八对配偶就有一对不育,比例相当高。要是我的人生有点什么添油加醋的证据可以支持为何不

① 美国女星丽萨·库卓在连续剧《六人行》中饰演傻大妞菲比。

育,我心里还会觉得好过一点,哪知不但没有,还眼看着周遭的朋友不断生出一个又一个小家伙。

至于克服不育障碍的医学建议,大英百科能提供的,我差不多都已经知道了,全都是从家里那堆愈来愈多的"如何怀孕"书籍看来的。但这并不意味我们用不上大英百科的辅助——我是说,茱莉和我因为大英百科的关系,成了精通古代生育仪式的专家。每次我读到无文字社会的求育仪式就会告诉茱莉,她会记下来。虽然明知这些大概都不管用,可是试试又何妨呢?反正死马当活马医。

于是我们每周都把一位掌管生育之神请回家。第一位是伊朗掌生育和农业的女神阿娜希提;接着是巴力,这是迦南人膜拜的神,主司生养化育。之后请来的是苏美女神杜木兹,她掌管繁殖和沼泽。我们并没有真的膜拜这些神明,更没有用任何哺乳小动物献祭,甚至没有把家中那棵榕树摆去供神,不过真的很喜欢记记他们的名字,让我们有点事可做。

"这星期请的是哪个神仙?"茱莉会这样问。

"这星期请到的是古老的好女神大地之母。"

"喔,对喔,大地之母。"

"而且她不像其他主司丰饶化育的女神,她不会定期跟男神性交。"

我也买了一只兔子玩偶给茱莉,因为读到"复活节"这部分时,才知道兔子原来象征繁殖。复活兔其实是从异教仪式输入的,跟耶稣没有多大相关。

"你知道吗,有些文化认为鞭打能够促进生育力。"有天晚上我们躺在床上看书时,我跟她说。

"这个我就跳过去不试了。"

"就试一鞭可以吗?"我说。

"不要,谢了。"

我用盖被轻轻打了她一下,就当做求个好运吧。

费尔莫尔
Fillmore, Millard

美国第十三任总统出生于一间小木屋里,为什么可怜的米勒德未因此得到关注?因为林肯总统已经独占了所有和小木屋有关的关注。

菲茨杰拉德

Fitzgerald, F.Scott

一九二〇年,菲茨杰拉德娶了姗尔达,又出版《人间天堂》之后,曾写道:"有一天下午,搭计程车经过两边的高楼大厦,头顶上是淡紫和浅红的天空,我忍不住放声痛哭起来,因为我已经拥有想要的一切,而且心里有数,以后不会再像这样快乐了。"

老天!看到这里我停了下来,多悲伤的引述啊!我感到心有戚戚焉,因为也有过同样感受。在我人生中少数几次异常快乐的时刻,同样感到乐极生悲,认为快乐会溜走。菲茨杰拉德的下场不怎么好,酗酒愈来愈严重,写出的小说本本卖不好,四十四岁心脏病发。实在不是个好榜样。

弗莱明

Fleming, Ian

他不仅写了〇〇七情报员邦德系列小说,而且也是《飞天万能车》的作者。从大英百科可以看到足以代表弗莱明人生哲学的这句话:"绝对不要跟各种冒险说'不',永远要说'好',否则你的人生会很沉闷无聊。"吓!其实这话说来还挺深奥的,不算是《传道书》那种风格,但却是很不错的忠告。总之,比起菲茨杰拉德的想法要好多了。

乳酪涮锅

fondue[①]

传说这吃法源自于十六世纪的瑞士,某次休战期间,作战双方的新教徒带来面包,天主教徒则带来乳酪,抑或刚好相反,总之没有人确知。这是很动人的故事。吃起来味道跟利斯氏奶油花生酱差不多,不过多了点战争和宗教就是了。

家禽

fowl

严格来说,"duck"一词应该只用来指母鸭,公鸭应该用"drake"。所以

---

① 瑞士名菜,将乳酪融化,用长柄叉叉着小硬面包块蘸着热乎乎的乳酪涮料吃。

达菲鸭(Daffy Duck)之所以颠三倒四的真正原因在于：它有性别认同的问题。

法国文学
French literature

我用电邮知会我高中老师关于阅读大英百科的行动，料想此举必然让他觉得很光彩。他同意跟我吃顿午饭。走进一家名为"聊聊吃吃"的餐厅里，我屁股还没坐稳，他就先声夺人了。"你知道，这实在是很可笑的计划，根本就是浪费你时间。"喔，乖乖！当年我做作业拿英国文豪乔伊斯和搞笑演员曼戴尔做比较，他发还作业给我时就是用这种口吻。那次他给了我 D 减，可是这次是我自己的人生，不是作业。

奔德先生是我高一和高二的英文老师，如今时隔十五年，现在我称他"史提夫"，虽然每次这样叫他，都会感到自己是在充大人。史提夫是个大块头、留了大把胡子，看起来有点像林肯总统，只不过没有深陷的两颊和高筒礼帽。他是个冷静又很妙的英文老师，常跟我们讲他以前的生涯，他曾跟艾迪·墨菲同事过，做单口相声喜剧演员，而且尤克莱利琴弹得很好。他介绍我们欣赏西班牙超现实主义制片人布纽尔①的作品，对我们这些满脑子稀里糊涂反叛念头的中学生来说，那简直就像猫见到了樟脑草②。我毕业后，史提夫信了佛教，这会儿他就用佛教那套来攻击我的努力。

"从佛教徒的立场来看，你其实是愈来愈驽钝，"史提夫说，"你本来心无罣碍，质朴纯净，反映出心灵明澈，但现在却污染它、蒙蔽它，结果就无法看清一切了。你是在搞乱自己的心灵。"

"我不同意这看法。"我一面说着，一面拼命挥手叫女服务生过来，总之找点其他事情打打岔，就算要一份当日特餐的菜单也行，总之要解救我的处境。但这里的女服务生就像印尼的海之荣光芋螺一样难找（这种螺的标本还不到一百个）。

"身为佛教徒，我和知识的关系已经改变了；现在注重真正的探究，而

---

① 布纽尔制片的电影风格独特，内容充满社会压迫、宗教狂想、弱肉强食和声色犬马，引起强烈的批评和争论。
② 樟脑草的香气很吸引猫。

不是累积资料而已。"

"为什么我不能同时兼顾呢?"我问,"譬如说,你知道狄福①曾经破产十三次?这对你的英文教学不是很有用的资料吗?"

史提夫摇摇头。"你或许能记住大量的肤浅知识,而且由于处在肤浅文化中,所以还能用这些资料唬唬人。可是智慧(Wisdom)呢?"

"我还没念到 W 字首部分。"我说。这是我的拖延之计,史提夫对此大失所望,我似乎搅乱了他佛教徒的平静心灵。为免招来更多攻击,于是我转移话题,引史提夫讲讲佛教。他告诉我,他很喜欢静坐观想,说受佛教吸引是因为佛教很和平,佛教徒不杀人。

"事实上,他们会杀人。"

这真是令人兴奋的时刻,居然轮到我来纠正以前的老师了。我告诉史提夫,锡兰总理就是被一个心生不满的和尚枪杀的,这正是一个例子。史提夫点点头,他全都知道,对我的表现不觉得有什么大不了,反倒认为我没有看到佛教徒的全貌。

"帮个忙,你去找福楼拜②那本《布法与白居谢》来看看,我想你会觉得这书很切中要点。"

当你的高中英文老师交代你去做某件事,最好就是乖乖听从,即使床头柜已经有一套三万三千页的书等着看也一样。于是我乖乖拿起福楼拜作品,埋头啃起这本我差不多已经遗忘的小说。

史提夫说得对,这书是很切中要点,太切中了。我惊愕地发现,原来福楼拜早在一百五十年前我还没出生时就窃取了我的人生,而且还很乐不可支地嘲笑一番。这个爱喝苦艾酒的卑鄙浑球!在《布法与白居谢》书中,福楼拜讲十九世纪两个法国人的故事,他们笨手笨脚老出差错、性方面很无能、钝得就像卡门培尔乳酪③,却决定要学成万事通。他们开始埋头苦读万卷书,先是迷上了化学,于是动手做起实验,结果把房子炸掉了。然后又去阅读医学书籍,却成了蹩脚江湖郎中,差点害死自己的父母。同样的故

---

① 笛福(1660—1731),英国小说家,最有名的作品是《鲁滨逊漂流记》。
② 福楼拜(1821—1880),法国十九世纪写实主义文学大师,最有名的作品是《包法利夫人》。
③ 产于法国诺曼底,是一种白色外皮的软质乳酪。

事还在政治、宗教、哲学等主题一再重复。这两人可以成为喜剧中的哼哈二将,让金·凯瑞和亚当·桑德勒来主演。更让我懊恼的是,福楼拜还戏谑了我某些独到看法。记不记得我讲押沙龙那段?我说他早该去剪个小平头,就不会发生后来头发被树枝缠住而遭逢杀身之祸;福楼拜则说他应该戴假发。我唯有自我安慰,认为我那个剪小平头的看法更高明。

我知道福楼拜在说什么,他是说,只懂皮毛知识是件很危险的事;还有,你无法光靠阅读教科书就学到生命的奥秘。我也知道他和奔德先生说得有道理。从表面价值看,我这番寻求知识的行径其实很荒诞,但终究还是一种寻求,因为寻求本身仍旧有其好处。以前我从未认真兴起寻求的念头并致力于此,谁知道此番寻求会把我带到哪里去、会让我找到什么呢?

事实上,我倒喜欢把布法与白居谢看成很有冒险进取精神的人,起码他们不像十九世纪一般法国人那样过日子,只知道到处闲坐吃糕点,完全不顾基本卫生,而且还迫害犹太人。何况他们有些看似很滑稽的点子,例如女人应该从父权体制解放出来、将来有一天室内会备有灯光等等,在今天看来都不是那么滑稽了。做得好,老兄!

我恨福楼拜,这个高人一等的混蛋。为什么追求知识就该是所谓专家的专利?半吊子人士万岁!总而言之,在阅读F字首前面那部分时,我知道福楼拜曾经爱上一个女人,但一直没向对方表白,直到三十五年之后才讲出来。这点让我得出以下结论:这家伙懂个屁呀!

弗洛伊德
Freud, Sigmund

我从来都不是弗洛伊德的崇拜者,想来我大概知道原因,要是能稍微恣意发挥一下自我分析的话。当年开始看弗洛伊德理论的时候,我还在念高中一年级,那时期并没有很多、很多性经验可言;我的意思是说,根本没有性生活啦。所以当时挫折感原本已经处于危险级,他这套"性是人类行为驱动力"的想法,无异是对挫折感火上加油。就像一个色盲人士读到理论说,人生意义在于色彩缤纷的花朵所带来的喜悦。不,谢了,我还是宁取马克思。倒不是我对工厂、无产阶级或链结很有体会,但起码可以把马克思那套当做工具,用来对抗父母、那些压迫人的小资产阶级分子,以争取个人权益。至于弗洛伊德,我在别的地方看过这样一句话,总是乐得有机会就引述:"心理分析是一种自称为疗法的疾病。"说得真好,一句俏皮话就把整个思想体系给打发掉了,高明!

早年形成的偏见是很难根除的,所以到现在我仍然不怎么能接受弗洛伊德那套,不过要是得从这位医生大人的学说中选择一项拥抱的话,我会挑俄底浦斯情结,①这个可能还有几分正确性。事实上,此刻似乎是很合适的时机,该在长沙发上躺下来,枕着分析师的枕巾,剖析我这辈子跟老爸的竞争。

这竞争很早就开始了。我还很小的时候,每天晚上父子俩都玩同一个游戏,那是手球的变化版,玩的时候要用到我房间的墙壁、棒球般大小的绿色皮球、还有我的床(让这游戏变得有趣的障碍物),我们想当然就称这游戏为"墙球"。

这游戏对我产生巨大无比的重要性。每天放学回家,我会用那个皮球(顺便一提,皮球有个名字叫做"西摩")练习好几个小时。练球所下的苦功,恐怕连瑞典网球名将柏格看了都会留下深刻印象。那是很单调的动作,砰! 砰! 砰! 把皮球丢到墙壁上,想办法让它落在暖气管旁边很难碰到的角落里。唯一能够打破这常规训练、让我乐一下的是,皮球有意无意滚过走道,再滚进姐姐房间里,引起一阵可以震碎玻璃窗的尖叫声。其实她尖叫是很有理由的,因为我习惯在皮球上吐口水以求好运(不要问我原因),所以正在房间里做西班牙文作业的贝丽突然感到绿色的湿湿皮球滚到她脚边时,嗯,那不是很愉快的感觉。

到了我该上床的时候,爸爸会来我房间,一起玩个两三回合。我非常在意这比赛,发起脾气来虽然比不上卡拉瓦乔那么凶,但也比得上马克安诺②了,我会大吼大叫,用尽想得出来但不会为此挨骂的难听话——"呆瓜"是我最爱骂的字眼。要是现场有裁判的话,我大概还会去踢他小腿。

多亏平时发愤练球,所以偶尔还会赢一回合,这时爸爸会恭贺我一番,

---

① 俄底浦斯情结是指对于异性生身父母有无形的性欲望,以及对同性生身父母的敌对感。该词源出希腊底比斯英雄俄底浦斯的传说,他无意中杀死生父,娶生母为妻。亦称"恋母情结"。

② 马克安诺是美国网球名将,脾气十分火爆,常因举止不当而受罚禁赛。

看起来是真心为我高兴。我也趁此机会做做比较成熟的事,譬如说频频搋着拳头高喊:"我是墙球王!"

要是我们不大想玩体育竞赛的话,就会玩另一种竞赛——纸上曲棍球游戏。我非常喜欢这游戏,主要因为那是我发明的,由于是游戏的发明者,当然最精通游戏规则啦!很有意思的是,游戏规则可以变得很有弹性,尤其是我爸正在领先、像是快要赢的时候。"球要是以四十五度角连续弹跳两面墙壁的话,事实上你的骰子得掷出九点才行,不然就自动轮到我了。"我说。

"是这样啊?"老爸会如此说,从来不跟我争论,继续照我讲的玩下去,很高兴跟我有互动。

我再长大一点之后,爸爸和我还是继续玩游戏,只不过改玩别人发明的游戏,有槌球、拼字棋、拼字盘等。我的运动精神稍微有点进步了,不再乱摔东西,而且也选了比较成熟的字眼来代替"呆瓜",譬如说改为骂"该死"。

我想,现在我知道为什么那时如此渴望打败我父亲了,其实不是因为(对不起啦,弗洛伊德医生)害怕被阉割,或者希望跟我妈发生性关系,也不是因为我爸特别爱跟我竞争,你绝对不会见到他用篮球砸我额头,像劳勃·杜瓦在电影《霹雳上校》里对待他儿子那样。不,这种渴望大概源自于我从童年就开始有的认知失调,也就是说,这是种两难困境:一方面,我坚信自己是世界上最聪明的小孩,但另一方面,同一屋顶下又住了显然比我聪明很多的另一个人。这个人知道所有事情的答案,知道冰箱为什么冰冷、纽约莱星顿大道的地铁为什么会运转,以及泥土究竟深入地里有多深。跟这个人一比,最聪明的小男孩也像个小呆瓜。这点在我青春期之前的心灵引起不少困惑和挫折,至今依然挥之不去。我需要有某些领域让我发挥,而且还要有高人一等的表现。我曾经希望墙球就是这领域,但如果不行的话,或者会是曲棍球或槌球,又或者是阅读大英百科。

军舰鸟
frigate birds

我发现《君子》杂志的编辑同事安迪正要找个写手去采访垂贝克,他是电视益智节目《大冒险!》的主持人耶! 我马上自动请缨,怎能不自动请缨呢? 我的意思是说,《大冒险!》耶! 那可说是阅读百科大业尽头的聚宝盆;还有垂贝克! 他是举世最知名的万事通! "我是垂贝克的忠实观众,"我告诉安迪说:"非常忠实的垂贝克迷。"安迪可不是傻瓜(但后来他心软了),他知道我在阅读大英百科,而且怀有私心,认为我想去跟垂贝克对决,在知识上一决雌雄。

说真的,我对垂贝克的感受很矛盾。我很爱收看《大冒险!》,很敬佩他主持节目那种一丝不苟的权威感,绝不浪费时间说些废话。但我又实在很想把垂贝克塞进他那沾沾自喜的加拿大嘴巴里。我的意思是说,这人自称知道所有烈性饮料及每一任总统的宠物,每次参赛者犯了错,他就假仁假义地用那著名的轻蔑口吻说"抱歉,你错了";他念"burrito"(墨西哥玉米卷饼)的发音时,仿佛上幼稚园时就跟古巴的卡斯楚同班了,而念起"Volkswagen"(德国福斯汽车)的发音就好像是在德国莱茵河畔长大的。再加上我那位负责报道电视圈动态的朋友说,在现实生活中,垂贝克的为人有点不客气。那更好,这样一来我就有机会揭穿他的真面目:不过是个留了可笑小胡子的家伙,按照卡片读出答案而已。没错,各位,他一定老早就有现成答案了!

总而言之,我盘算好了。但若说我一心想要凭借过人才智让垂贝克刮目相看,这起步却做得不怎么好。话说当天飞到洛杉矶,我开着租来的小轿车,前往垂贝克住的比佛利山豪宅,按了门铃。

来应门的是垂贝克的儿子,跟我说他爸爸在后花园里,说着手往后花园方向随便挥了一下。这所谓的后花园,其实是个精心规划的大片园林,有很多树木、围墙、灌木丛和小路,走了一小段路之后,我碰见一个墨西哥园丁。"我在找垂贝克先生。"我说,他挥手叫我往后头走。我又经过另一个墨西哥园丁,这回他挥手叫我再往更后面走去。等见到第三个墨西哥园丁,这人跪在地上,一脸专注表情,看着他正在挖的洞。这次我已经有点感到挫折了。"我在找垂贝克先生。"我说,有点没好气,差点就准备用西班牙文问"垂贝克先生在哪里?"但却没有机会。

"你已经找到他了。"园丁说着站起身来,脱掉沾满厚厚泥土的手套,然后跟我握手。

　这很不妙。作为老手记者,照理说应该要能在垂贝克自家范围内认出他的。但我的说辞是:垂贝克戴了棒球帽,头发比我原先想象得要灰白一点;还有,他那活见鬼的小胡子到哪里去了? 原来几年前就已经剃掉了。好吧! 或许我早该学乖一点,采访前多做一点功课。这些念头大概在我所谓的"万事通对决"里晃了五秒钟,然后我又感到很聪明了,好比玉女明星珍妮弗·萝芙·海薇上《名人大冒险》①节目一样。

　我不敢说垂贝克对于我欠缺记者应有的涵养有什么看法,但他倒是很有礼貌没多讲什么。"去我办公室吧!"他说。于是两人就回到屋子去。进门后,走道上铺了像冲浪板那么大块的地毯,上面是黄蓝色的《大冒险!》图案。至于办公室的四面墙壁,你大概也想象得出,全都是满满的书架,包括俄文教科书、南北战争全集、那套堂堂的大英百科全书。也可想而知,这些书全都分门别类摆得整整齐齐。据媒体报道,垂贝克这个人是个用浅色衣架来挂西装衬衫、深色衣架挂运动衫的人。

　正式访谈之前我先东拉西扯一番,园艺、租车等等。就在他开始感到自在的时候,我出其不意问了真正想问的问题:要是他真该死有那么聪明的话,会在《大冒险!》节目做个怎样的参赛者?

　嗯,垂贝克说,要是跟年长人士竞赛的话,成绩应该还不错,但要是跟像我这样年纪的人比赛,他就会被打屁股,因为记性已经没有那么好了。"我最近从纽约飞洛杉矶,"垂贝克说,"头一次忍不住很认真地想,我是不是得了老年痴呆症。因为空服人员送来餐饮,我说'喔! 这是我最爱吃的蔬菜。'然后看着那菜,看了又看,就是想不起'绿花椰菜'怎么讲。人到这时候就会突然明白,嘿,自己开始愈来愈没记性了。不过那又怎么样? 没什么大不了的。做万事通也不是最大不了的。"

　垂贝克有了衰老的早期迹象? 而且他还不在乎? 这算哪门子的万事通报应啊?

　随着我们谈下去,我也见到一个完全出乎原先意料的垂贝克,全无谨言慎行作风,反而还像《黑道家族》连续剧里的小叔那样百无禁忌、大讲粗话("屁话"和"驴蛋"是他的两句口头禅)。也别以为他是很冷静、无动于衷

———————
① 《名人大冒险》是模仿《大冒险!》益智竞赛的搞笑节目,由艺人模仿其他明星参赛。

型的人，他告诉我说，他是个冲动浪漫派，曾经追求一个女孩四天之后就逃离军校。

我不会说垂贝克这人一点都不自吹自擂，偶尔他仍会不时流露出自负的一面，例如告诉我说他会讲英语、法语及一点西班牙语，而且可以"随时混几句其他各种语言"，基于某种原因，这点尤其让我感到很讨厌。他还会在闲谈间用上"escarpment"（断崖）这种字眼。整体来说，他是个很有格调的人。

访谈大概进行到一半时，垂贝克跟我讲了以下这个故事。

"不久前，我到俄亥俄州去主持大学校际竞赛，站在台上跟观众讲我的非洲之行，讲到后来竟然热泪盈眶、哭了起来，真是有够傻的，站在三千人面前，居然为了讲非洲而哭起来。"

垂贝克会哭？真是很难联想的形象，简直就像是说美国前国务卿基辛格会吃吃傻笑，或者俄罗斯总理普京用假嗓子唱山歌。实在说不通嘛！

"非洲跟我又扯上什么关系呢？"垂贝克接下去说，道出了我心中正在想着的疑问。"嗯，我去到非洲，到肯尼亚、埃塞俄比亚、坦桑尼亚，站在那里，思绪澎湃，想到这就是我来自之处，我来自这里，于是感到很自在。"吓！我真不知道该怎么回应才好。垂贝克是黑人吗？他看起来可一点都不黑啊！我看他白得很，简直就是白之又白的白色化身。

"你的意思是说……因为非洲是文明的摇篮？"我猜猜看说。

"正是，那感觉就像，嘿，我回家了。"

真是个奇怪的故事，我搞不太懂为什么他会跟一个记者分享，但这故事对我产生了奇特的效果：让我更喜欢他了。这点非常肯定。垂贝克不是一个捻着小胡子的坏蛋，何况他已经没有小胡子了。这人不怕自己看起来不中用了，甚至有点傻头傻脑。我原本打算一决雌雄的计划，这下子全冰消瓦解。

如果不打算让他丢人现眼的话，我或许还可以跟他结交一下。我们是两个把光阴花在浸淫知识资料中的男人，所以我就告诉他自己在阅读大英百科的事，虽然他不很惊讶，但似乎也颇刮目相看。他跟我说，等到《大冒险！》不再播出时，就退休回家把每本书读一遍，"甚至是以前已经读过的，因为不记得那些书的内容了。"

我问他，过去十三年用过的大约二十五万条资料之中，哪一项最深得他的心？

"噢！天哪！"他说。苦思一阵后得出一项：你知道按照航海法（nautical law），一个国家的管辖权可以伸及沿岸三英里之内的海洋区域吧？（其实我不知道，因为还没有读到 N 字首部分）嗯，这是因为从前炮弹的射程只能达到三海里。"真有意思。"我说，虽然这大概不会是我的首选。

两个小时交谈的过程中，最深得我心的一段话是，我问到他的知识哲学是什么？垂贝克想了一会儿，回答说："我对凡事都好奇，甚至对不感兴趣的事也好奇。"我很喜欢这种心态，听起来完全矛盾，但我明白他的意思。于是，访谈结束后，我钻进租来的小轿车里，开车回到旅馆，阅读"互助会"（friendly society，十七世纪的组织，堪称保险公司的先驱）还有"军舰鸟"（两翼张开可以宽达二百四十公分，而且当别的鸟类吓得惊慌失措、把抓到的鱼弄掉时，军舰鸟可以在半空中拦截），以及其他很多我并不感兴趣的资料。但最起码，说不定哪天我决定重返洛杉矶，穿西装打领带、成为垂贝克益智节目连闯五关受人爱戴的冠军，这些资料倒是可能会派上用场。

富克斯
Fux, Johann

我很自豪，因为看到这个十八世纪奥地利音乐家富克斯的姓名时，并没有吃吃笑。当然啦，是有微微一笑，但跟你说，我真的有进步喔！我并没有思忖这个富克斯是不是第一次约会，或者有没有采取应有的保护措施。我也没有偷偷想着"Fux You"印在 T 恤上会很酷。

随着阅读的字首资料逐渐增多，我也愈来愈能够管住内心那个十一岁男生；那个小男生仍然认为，"瘪四与大头蛋"式的屎尿屁谐音双关语很好笑。

要做到这样很不容易的，光是有那么多跟"驴"（ass）有关的字，就足以引诱最正经的脑子想歪了①。我已经知道有《金驴记》（这是一位柏拉图学派哲学家写的书），还有《驴皮记》（巴尔扎克写的一本小说）；我还读过"半驴"（亚洲的一种骡子）以及"比里当的驴子"（这是哲学讽谕里的驴子），而且还不止讲这些驴子而已，这不过是个开头。你还可以旅行到萨克河

---

① ass 亦有屁股之意，属于比较不雅的用词。

（river Suck，在爱尔兰）①，可以在那里钓一种叫做"crappy"②的淡水鲈角，还可喝布列斯特奶（Brest milk，白俄罗斯首府以生产奶制品著名）。如果觉得无聊，还可以在玩冰球（冰上曲棍球的一种）时敲他一记（stroke-off）③，并抚弄丛山雀（bushtit，一种小鸟）。如果你自觉够聪明，大概会想议论一下巴特（Isaac Butt，爱尔兰民族主义领袖）的冲击影响力，要不就辩论"四王"（Four Wangs，中国山水画家）④的各家优点，而富格尔家族（Fuggers，爱好艺术收藏的家族）则可能收藏了他们的作品。再不然就去乘坐一架佛克飞机（Fokker，德国生产制造的一种飞机）。

我知道这很不对，我阅读大英百科不是为找这种乐子，而是为了要变得更聪明、更有长进、更有所启发，不是为了联想这些脏话谐音双关语。大概因为阅读了太多这类字眼吧，也可能因为大英百科真的让我懂事多了，但我的确已经在这方面收敛很多，只不过，"四王"还是让我感到挺滑稽的。

① suck 用来咒骂极度糟糕的事。
② crappy 用来咒骂很烂、很蠢的事。
③ 此段的 stroke-off、bushtit、butt、fuggers、fokker 皆与脏话谐音。
④ 明末清初四位姓王的画家，王时敏、王鉴、王翚、王原祁。而美国小学生口中的 wang 是指小鸡鸡。

G

雅乐

gagaku

终于给我等到了。如果你还记得的话，大英百科一开首就是"雅乐"（a-ak）一词，但没有定义说明，只叫读者"参见 gagaku"。我表现了无比的意志力，坚决不先翻阅到后面，而是按照进度，从 A 字首一路看下去，想着时候到了自然就会读到"gagaku"。哎，三个月之后，终于读到这里了。

也应该把这点算进去，再怎么说，无疑都是一项成就，令人费解的谜终于解开了！遗憾的是，"雅乐"的条目说明并不如我预期的收获大，至少不像你可能会在欧·亨利①的小说或奈特·沙马兰②执导的电影所获得的惊世骇俗感。"Gagaku"是日文念法的"雅乐"，这是五到八世纪期间很受重视的东亚音乐（"a-ak"则是韩语发音）。雅乐用到的乐器包括笛、鼓、弦乐器，有时也伴以舞蹈。乐谱失传不详，但在日本依然可以听到某种形式的雅乐。资料就是这么多了。

哼，好吧，反正总还会有个 Zywiec（日维茨）条目可以期待。

伽

gal

这天是情人节，我们家不太把这个节日当一回事，因为两人都曾经单

---

① 欧·亨利(1862—1910)，美国短篇小说家，善于描写平凡人物，经常出现意想不到的结局。
② 奈特·沙马兰是美国导演，作品极富诡异玄奇色彩，如《灵异第六感》《灵异象限》等。

身了那么多年,所以一想到从前没有约会的情人节,心头余恨未消,觉得情人节实在是个很残忍的点子,仿佛有个节日让有钱或有魅力的人去庆贺,至于惨兮兮又孤零零的人,那就抱歉了,这个节日不是为你们而设的。所以就当做是小小的抗议好了,茱莉和我这天晚上就在家里度过,叫了外卖泰国菜在家里吃,并收看某个浪漫的电视节目——《CSI 犯罪现场》那名法医解剖尸体取出胰脏的那幕,尤其让人看得入迷。

不过,交换情人卡倒是可以的。茱莉给了我一张很可爱的卡片,说过去跟我在一起的五年是她人生中最美好的时光。我也回了她一张情人卡,是那天我上班时自己打出来的,而且守在打印机旁边看着它印出来,因为不想泄漏出去。茱莉大声念出卡片上的句子。

"你让我饱受心搏过速之苦。"她念出之后,把头一歪。

"因为心搏太快引起的心律不齐才叫心搏过速,"我说,"我是说你让我心跳加速。继续念下去。"

"我很为我们一起实施的同型婚配感到高兴。"她说着,又看着我。

"这是指当你挑了一个相似的人为配偶,就好比胖的人跟胖的人配对。我是说我们俩很相似。"

茱莉又继续看那张卡片。"你比二十根矛还贵重。"她说。

"那是非洲阿赞德部落娶新娘的传统聘礼。"

她念完最后一句:"你是我的伽(gal)①;而且我不是指容量单位的加仑(gal)。"

"正是,伽是指重力加速度的单位②,也就是每秒平方一英寸,咦,还是一公分? 对了,是一公分。总之,你是我天造地设的伽。你觉得怎么样?"

"有点卖弄,"她说,"不过倒是很有心意。"

我放心了。因为搞不好可能适得其反被她骂一顿,但结果看来她像是还蛮喜欢的,这一来就让我壮了胆,进一步告诉她,虽然阅读大英百科占去我不少时间,为我们的婚姻生活带来了一点点紧张关系,但却让我明白自己有多幸运。其实大英百科提到的幸福婚姻实在不多。历史上的婚姻都是没

---

① gal 为口语的 girl,小妞之意。

② 此单位以最早提出重力与自由落体定律的伽利略(Galileo)命名。

有爱情的义务关系,是一段段婚外情之间必须忍受的事。法国人就更不用说了,把婚外性关系发扬光大,甚至还为国王的情妇创立了正式地位。我知道那些国王都有很多情妇,却不知道她们实际上居然还有名片以及一间办公室。

举行了婚礼但不同房的婚姻多得惊人,而且还有更多的婚姻落得血腥下场。偶尔,平均大概每读了两百页左右会读到一宗幸福婚姻,但即使是这些幸福婚姻,也往往带有荒谬色彩,例如才华横溢的英国诗人布雷克①和文盲农妇的结合。我希望他们的性生活如鱼得水,因为实在无法想象他们之间的谈话会很活泼生动。我告诉茉莉关于布雷克的事,还加上一句说我很高兴她不是文盲,茉莉对这话倒很泰然自若接受了。

厚颜无耻
gall

茉莉的两个哥哥来到纽约,各自带了老婆孩子,在前往参观纽约自然史博物馆之前先到我们公寓来,贺我们乔迁之喜。阿道顺手抽出大英百科A字首那册翻阅浏览。他很聪明,拥有一家软件公司,但他不像艾力克那样是个资料狂,而且只有一半时候会取笑我。

"你还记得 A 字首部分的资料吗?"他问。

"差不多全都记得。"

他随手一翻,说:"安可②。"

"象征生命的古埃及符号。"我说。但没说其实阅读大英百科之前我就已经知道了。

他又翻了翻。"阿留申群岛总共有几个岛屿?"

"四百二十三个。"我说。

"不对。十四个大岛,五十五个较小的岛。"他说。

我扯了马雅人用二十为基本单位的算法系统,想借这个蹩脚说笑转移注意力,为自己找台阶下。

"阿基米德螺旋泵是什么?"

---

① 布雷克(1757—1827),英国诗人,作品极具独创性,但生前不受重视,一生贫困,死后一百多年才渐受重视。
② 安可系一"十"字形,上覆环状结构,即所谓"柄状十字",见于古墓碑上。

这个我知道！是一种圆柱形管子，里面有螺旋，古时候用来抽水的器材。阿道对我颇刮目相看。

"古人又为什么要抽水？"他问。

这可真是个鬼问题。我已经讲出是什么东西了，他干嘛一直逼问更多细节？我只好承认不知道。

"古人用这方法把船只底舱的水抽出去。"阿道说。

"让我看看，"艾力克说着，把那册从他兄弟手上抢过去，飞快速读，"这是错的。阿基米德螺旋泵最初是灌溉用的器材。"

我简直无法相信。艾力克曾下结论说，大英百科漏掉了关键资料（参见"柏克和黑尔"那段），现在又说这段资料根本就是错的。我该怎么对付这么侮慢大英百科的行为呢？他正在质疑大英百科的权威性，仿佛是阿基米德螺旋泵早期用途的专家似的。这个脸皮厚到极点的家伙（顺便一提，厚脸皮"gall"也指植物肿胀现象，称为"瘿"）。我叫艾力克拿这册去跟大英百科的编辑理论。

我需要歇一会儿，于是走进书房，我这两位妻舅的儿女正在里面玩"抱歉"游戏。阿道的儿女实在很讨人喜欢，这点没什么好诧异的，连艾力克的儿女也一样，就像 Gap 服装广告里的小孩那么可爱，甜蜜可人如同奶油硬糖（butterscotch，这糖果是因为制糖时要把所含牛油〔butter〕烧焦〔soorch〕而得名）。虽然艾力克对待我大概有点像驾车人士对待路上撞死的小动物，但我得承认（虽然很不心甘情愿），他的确是个爱护子女的好爸爸，而且在教养儿女方面真的下了很多工夫。

"有没有人要玩'赛门说'？"我问。

他们似乎全都有兴趣玩。由于我最年长，所以就指定我来当"赛门"。

"赛门说，举右手。"我说，大家全都举起右手。

"赛门说，摸脚趾。"我们全都摸着脚趾。

"赛门说，团团转、团团转、转呀转。"

这些侄儿侄女们和我全都开始团团转。跟你说，这可不是自动自发的旋转，我预谋这种旋转已经有些时日了，自从读了布拉西斯①技巧之后就

---

① 布拉西斯(1803—1878)，意大利芭蕾教师，对舞蹈技巧多所革新。

在盘算。布拉西斯这位芭蕾舞教师发明的诀窍是：旋转时，舞者的头部要转得比身体快，以便让目光保持在一个定点上，这样就不会感到头晕。

我知道这是极其有用的资料，但怎么用上呢？因为办公室很少有员工演出"天鹅湖"的机会，所以我也没借口在上班时旋转一番，更别说在上西城会遇到很多回教神秘主义苏非派的旋转舞僧。唯一碰得上的机缘就是玩"赛门说"了。于是我就转呀转的，用力把头很快一甩地旋转身子，以茱莉那幅雷·查尔斯的肖像为目光定点。这招居然管用呢，可以保持自己不太头昏，甚至等到侄儿侄女一个个都倒在地板上了，我还能撑着。

我并没有感到晕眩想吐，但是过后还真的感到自己是恃强欺弱的驴蛋，太过于想要实验学来的知识，以至于硬是用到"赛门说"这个有点残酷的游戏。这有点说不过去，不像上次我解救安娜、让她逃过吃香菜的噩运。我究竟在想什么？

那天晚上我向茱莉忏悔此事，她并不觉得有什么大不了，还说任何人只要上过一堂现代舞课程，都知道这个快速甩头的诀窍。

配子
gamete

茱莉又有一个朋友有喜了，她的配子（生殖细胞）现在变成具有两套染色体的合子。她那些朋友全都有惊人的生育力，我们心情很坏。那天我让双唇冻结成微笑状，希望借助某些面部表情回馈来改善心情，结果不管用，无法安慰我的心情。

甘地
Gandhi

我没有青春期的儿女，这点再清楚不过了，但哪天要是上帝许可，我有了儿女的话，我会尽量记住青春期的甘地。万一孩子跑出去砍倒电话线杆，或在他们朋友的储物柜里摆个恶作剧的臭气弹，我会忆起这段话："（甘地）度过很反叛的青春期，期间曾经在内心深处偷偷信仰无神论、偷东西、偷吸烟，而且他出生于信奉毗湿奴神的家庭，却做了十分惊人之举，即吃肉。"

甘地真是个小太保！不知道波尔班达城①的其他父母有没有告诫自己儿女："最后一次警告你，不要去跟那个坏胚子甘地鬼混！"这给了我第三个拍电影的点子：《青年甘地》，让年轻演员法兰克·莫尼兹主演，叼根烟、吃汉堡、扒人家口袋，到最后终于接受自己的命运，成为活人之中最神圣的人。

我倒不是要拿一段话来大做文章，但这的确让我对人性多了一点希望。随着年纪愈大，我对人性愈来愈不看好，开始认为江山易改本性难移，小时是恶霸，一辈子就是恶霸。不过现在却碰上甘地这例子，人的转型大概不可能比他更大了，除非我不知道德雷莎修女曾经当过放高利贷的吸血鬼。

加里波第
Garibaldi, Giuseppe

我知道加里波第与意大利的统一有关，而且大概还讲得出他率领过红衫千人军（顺便一提，实在该有个人根据衣服颜色来写一本世界史）。除了意大利的红衫千人军之外，我还读过西藏有黄帽派②、用来镇压爱尔兰的"黑与棕"③、黑衫党④则是法西斯人渣、令人生畏的塞尼卡人酋长则是"红外套"⑤、中国历史上有过"黄巾起义"⑥；此外，为了求多点花样，还可以加上支持前阿根廷总统庇隆的"无衬衫者"。我想，这题目可以写出很了不得的博士论文，要不起码也可以在《哈泼时尚》杂志做个很吸引人的跨页专题。

回头来讲加里波第，我很惭愧竟然对这个人有眼不识泰山，因为他的人生实在太充满启发性了，还跟林肯的人生有过出人意表而且（起码我看

---

① 甘地出生于波尔班达城，位于印度中西部。
② 黄帽派的正式名称为"格鲁派"，为藏传佛教四大系统之一，因僧人戴黄色僧帽而得名。
③ 黑与棕，亦称爱尔兰王室警吏团，一九二〇年英国在爱尔兰雇用辅助警察来镇压爱尔兰共和军，因衣帽颜色而得名。
④ 黑衫党，泛指墨索里尼手下所有的意大利法西斯武装队伍，队员身着黑色衬衫制服。
⑤ 塞尼卡人是北美印第安东部落，"红外套"(1758? —1830)是塞尼卡人酋长，他常穿红衣而得此名字。
⑥ 东汉末年一次有组织的全国性农民起义，起义军头戴黄巾为标帜。

来是如此）深奥的交会。先来个加里波第简介：

生于七月四日，加里波第最初惹上麻烦，是还在意大利皮埃蒙特的海军当水兵的时候，他参加一项社会主义者号召的起义行动，之后就逃到南美洲以躲避死刑。他在那里的种种事迹包括跟一个已婚妇人私奔，以及率领一群意大利士兵在乌拉圭革命中对抗阿根廷，这些士兵是最早的红衫军。至于风靡一时的其他新闻，还包括他从此一辈子都打扮成南美大草原牛仔高楚人的模样。

加里波第于一八四八年返回意大利，致力于对抗奥地利，为争取意大利独立而战。再度流亡之前，他打了几场反败为胜的战役，后来几度造访多处地方，还到过纽约史坦顿岛。但加里波第是个百折不挠的人，一八六〇年回到意大利，打了最著名的一仗：在当地农民的响应支持下，凭着红衫千人军征服了西西里岛和那不勒斯。当地农民深为他的魅力所倾倒，视为解救他们脱离封建制度的神明。到了一八六二年，他实际上已经统一了意大利这个国家。

加里波第的爱情生活却不很美满，大英百科说，一八六〇年他娶了名为纠瑟皮娜的女子，但结婚几小时后就抛弃她，因为加里波第发现原来她和他一名手下有染，而且怀了差不多五个月身孕。这宗婚姻比起莎侬·多赫提①的大多数婚姻都要短。

晚年的加里波第成了反战的和平主义者，并且提倡女权、种族平等以及宗教思想自由等。真不赖，这是到目前为止我所见过最讨人喜欢的革命者。

但我还没讲到最喜欢加里波第的一点，经过情形如下：一八六一年七月，投入美国内战的林肯曾邀加里波第统帅一部分北军，加里波第却拒绝了。部分原因是林肯还没有做好废奴的准备，另一部分原因则是加里波第想要担任北军最高统帅。

这是很吸引人的花絮，不只因为它令人联想到其他问题，如：万一是个意大利人统帅北军打赢了南北战争，结果会如何呢？美国南方会不会从此对意大利产生怨恨？阿拉巴马州会不会因此而没有比萨店？但让我最感

---

① 莎侬·多赫提为美国女星，两段婚姻都很短暂。

兴趣的一点是,我做梦都没想到,可敬的林肯竟然会为加里波第的人生添上另一笔精彩片段。我很喜欢见到这种情况发生,这向来都很令人兴奋,就好像见到情境喜剧里出现一位特别来宾客串一样。大英百科充斥着这类大人物的人生以奇异方式交会的记载。我津津有味读着柯南·道尔和胡迪尼之间的深仇大恨(胡迪尼对于迷信崇拜深恶痛绝,认为柯南·道尔搞的降灵会根本就是个骗局);还有丘吉尔帮伊安·佛来明的父亲写过讣闻;巴赫与亨德尔都由同一个冒牌医生诊疗。大英百科也让我想起凯文·贝肯的"六度游戏"①,只不过换成在真实人生中发生。套句多恩②的话:没有人是孤岛。发现自己并不孤独,而是宛如大型织物结构的一部分,而且是很美好的织物,就像波斯王阿巴斯委托织成的复杂精美地毯,的确令我感到很安心。

加立克
Garrick, David

十八世纪的莎剧名演员,曾经负责管理特鲁里街剧院③。他拼命要"改造"观众,原本的规矩是提早离场的观众可减票价,但他中止了这行规。我不喜欢这家伙,他的改造法实在太差劲了。我们实在需要回复从前的老规矩:进场看一小时的电影,只付半价;看半小时,只付四分之一票价。要是开场后看了十分钟就走人的话,戏院应该要付你钱,赔偿害你如此费事跑来一趟。

西班牙冷汤
gazpacho

我读大英百科读得晕头转向,实在花太多、太多时间在这上面了。印刷字体太小,页面太大,多音节的文字太多;打个比方,这就好像奋力徒步走过丛林中浓密的林下灌丛(不过亚马逊雨林例外,因为光线无法穿透浓密的树冠层,因此树下反而灌丛稀少)。总而言之,进度慢得令人心痛,我

---

① 这个游戏以美国影星凯文·贝肯为中心,先讲他与某位影星在某部影片合作,而某位影星又与某位在另一部合作,如此推出六道间接关系。游戏理论是"世上人与人之间几乎都会以六或七层关系连在一起"。
② 多恩(1572—1631),英国抽象派诗人兼散文作家,对后世作家影响巨大。
③ 特鲁里街剧院是伦敦最古老的剧院,至今仍在使用。

需要有把开山刀来斩出一条出路。

于是我做了件很极端的事:去纽约成人教育电台的"附加学习课程"报名速读班,交了四十四块美元的补习费,说是保证让我成为速读高手,阅读吸收量能够加倍。这堂课是在一个星期二晚上于一间难以形容的教室里上的,指导老师名叫雷斯,是"伊弗林·伍德速读课程"创始人之一,他宣称该课程已经训练了两百多万人,其中包括美国前总统肯尼迪、詹森、尼克松以及卡特,"卡特后来得了诺贝尔奖,"他说,"这个倒不是我们的功劳。"

班上同学听了客套地呵呵一笑。全班大概有二十人左右,由于事前通知我们各自要带书来,所以每个人纷纷取出了书,真是五花八门的一堆阅读材料。有个女人带了戈尔①写的《濒危的地球》,有人带了马基维利的《君王论》,还有个家伙带了一本情色杂志《美心》,八成是想学习加快手淫速度(后来才知道这本《美心》是中间休息时才看的;他其实另外带了一本小说,小说里面穿护士装的模特儿比较少)。我从袋里抽出大英百科,豪气万千地往桌上一放,真泄气,竟然没有人留意到。

我觉得雷斯看来好像一只乌龟,很替他条纹衬衫上的纽扣感到难过,因为胃部以下的纽扣似乎都承受了庞大无比的压力,简直像是随时会爆开飞出,射到某个未来速读者无从提防的眼睛。我很庆幸自己戴了眼镜。

我首先学到的是:雷斯真能掰。他掰起从前教过的一个独眼执行长,又讲到有个家庭主妇卖她写的平装书版权卖了三百万美元。对了,还有,他也讲到眼前的话题:"你阅读得愈慢,就愈能记住内容,对不对?"他以浓厚的纽约口音问:"才不……你阅读得愈慢,理解程度就愈差。"雷斯环顾班上,看看有没有老爱质疑的人反驳他,结果没有人上钩。"你们的脑子威力无穷,放慢速度阅读,就好比用时速五十公里开一辆法拉利跑车;或者也可说像我女儿开车那样,一脚踩煞车,一脚踩油门,我们后退又前进,后退又前进,她搞不懂怎么会这样,直到我解释之后她才明白。你阅读得愈快,理解得也愈深……要是你慢慢读,脑子就会感到无聊,结果就会做起白日梦,想着去逛大百货公司或者参加派对。"

我点点头,希望他会看到。真的。我的法拉利脑子已经理解他说的,

---

① 戈尔为克林顿时代的美国副总统,后来参选总统败给小布什。

准备好要全速前进。但雷斯却依然缠着这主题不放,讲了似乎很长的时间,搞得我很希望自己是在一家百货公司里或者派对里,总之任何地方都好。雷斯也许是个阅读速度很快的人,但肯定不是个进度很快的老师。

后来他叫大家拿起一个小玩意儿,这是一上课时就先发给每个学员的,是个雪茄状的银色镭射指点棒。"这是革命性的产品,"雷斯洋洋得意宣布说,"我们称它为'光栅大师'(Raster Master),希望你们先跟它打个招呼,说声'哈啰,光栅大师'。"

全班还真的这样说了:"哈啰,光栅大师。"大家都按钮亮起了红点灯光,在教室里照来照去。雷斯解释说,"Raster Master"取自拉丁文"rake"(耙),还补上一句说这是"专业用词"。

"这玩意可不是从天上掉下来的,"他接着说,"是我们花了十年时间研究出来的。"个中奥秘,他解释说,在于"视线会追随移动的物体。为什么?因为我们的老祖宗当初住在非洲热带草原上时,万一不小心从树上掉下来,都不想因此没命"。这是因为有很多敌人,有狮子、老虎还有其他穴居人(但他指出一点:没有恐龙,因为早就绝种了),所以必须快速窥见危险。"不管是谁创造了我们,上帝也好,演化论也罢,随便你选,总之都赋予我们周边视觉,便于求生。"他有点担心我们这班跟不上他,"会不会讲太深了?太复杂了?"

不会,我们觉得懂了。"我教小学四年级学生时,告诉他们不要把光栅大师插到鼻孔里,结果他们就插到耳朵里去了。"我笑着点点头,我不会把光栅大师插到任何五官孔洞的。雷斯说,光栅大师可以扩大我们的周边视觉,因此可让我们每次读到不止一个字。关于这点,他跟我们讲了很多。

最后终于轮到我们亲自体验这个著名的光栅大师的功能了。我翻开G字首部分,然后和班上其他学员一起阅读了六十秒,我在每行字之间移动着镭射红点,尽量读着一堆文字而不是一个单字。我读了 gazebo(眺台),这个字的拼法很搞笑,是把 gaze(凝望)跟拉丁文后缀语 ebo 放在一起,ebo 的意思是"我将会";还有"西班牙冷汤"(gazpacho),这是阿拉伯文,指"浸湿的面包"。我正准备埋首攻读"邦加"(Gbarnga,赖比瑞亚的城市)时,他就叫停。老实说,我真的很难说在光栅大师的协助下是否加快了阅读速度,但我不想多事,所以就说阅读速度确实加快了。

雷斯请我们使用光栅大师时要小心,因为这并不是要送给我们的,但可以上他的网站买,每支约二十美元。他继续在班上讲周边视觉以及光栅大师,感觉像是讲了一两个永恒之久,最后有个穿紫色长裤的俄国女人举手发问:"你一直反复讲这个,都没讲其他新东西。"

好耶!终于有人讲了我不敢讲的话,她挑战了威风的雷斯,哈利路亚!但雷斯马上就还击了。"大多数人都无法一次掌握一个以上的要诀,"他这样说,然后语气尖锐起来,"要是你想的话,大可以离开。但你还没有到可以接受第二个要诀的阶段,现在讲只会让你无从适应。"

她没再说话。我的视线扫过全班,希望有同学义愤填膺,暗中祈祷这个俄国女人就像托洛茨基①,可以在班上掀起一场革命,结果没这运气,其他人看着她,仿佛她是个惹麻烦的无用之人。我真搞不懂,人总是太过乖乖听命于威权,即使那个威权只是拿着有拉丁文的小玩意儿、不断唠叨吹牛的家伙。

稍息过后,雷斯的确又教了几个新招,可惜都跟速读没有关系。其中一招是个新的学习方法,主要是把手放在纸上,然后沿着手画出轮廓来,这跟幼儿园小孩学画感恩节火鸡差不多。另一招是运用咒语"马亥辛"来静思的技术,他教我们把咒语的发音跟《白宫风云》的男演员马丁辛联想在一起。"印度教徒这样做已有二千五百年,所以你们看看他们有多聪明。"雷斯停了一下又说:"嗯,我不知道他们到底聪不聪明,不过他们瘦得皮包骨。你们有没有注意到印度教徒有多瘦?"

我们点点头,有,我们都注意到了,印度教徒确实瘦得皮包骨。

喔,我们还学了另外一招,是最重要的一课:要是你真的想要学习怎样读得很快,可以报名参加雷斯的周末班,他会在周末班上透露很多其他的速读秘诀,每人的学费只不过三百九十五美元。

一听到这里,我马上觉得拨云见日,真相大白。今晚这讲习不过是广告片头介绍,用来介绍真正(或名为昂贵)的课程。他妈的!我毅然决然把G册塞进袋子里,一面摇头。

走出教室时,我实在忍不住去戳一下雷斯、挖苦他一番,我跟他说他发的讲义第一句就排印错误:讲义上警告说,如果你的脑子像自动驾驶仪那

---

① 托洛茨基(1879—1940),俄国十月革命主要领导人之一。

样阅读的话,就会"造成灾害"(wrecks havoc)。

"正确拼法应该是'wreaks havoc'。"我告诉他。

"你认为是这样拼吗?"

"我知道是这样拼。"

"是,你说得对。是拼成 w-r-e-e-k?"

"不是,是拼作 w-r-e-a-k。"

"你说得对,我会叫我秘书更正。"

我本以为给雷斯一点颜色会让我心里好过些,结果没有,只让我觉得自己很低级。我懊恼地搭上九号线地铁,一面把玩着光栅大师,对着地铁车厢里的海报乱照(对,我是个二百五;买下了那个混账玩意儿)。接下来几天,我用这红点灯光协助阅读 G 册,但感觉又钝又不自然,而且碍手碍脚,我放弃了。想来就算阅读速度加快一点点,但省下来的时间绝对补不回那堂课浪费掉的三小时。

格兰特将军国家纪念堂
General Grant National Memorial

我简直迫不及待,希望有人会问我这个尘封已久的经典问题:"葬在格兰特陵园里的人是谁?"因为现在我可以说了:"葬在这陵园里的是格兰特总统,还有他夫人朱莉亚·登特·格兰特。此外,营造费用花了六十万美元,这在一八九七年是很可观的金额,而纪念堂高达四十六公尺。"

成吉思汗
Genghis Khan

我所以对这条目特别留意,是因为老爸对成吉思汗很着迷,他书架上有一部分摆了各年代有关成吉思汗的书,起码占了一公尺长的位置,可能还不止。我敢说大英百科上的成吉思汗资料他都知道,也知道成吉思汗出娘胎时手握凝血,这点被视为吉兆;我确定他知道成吉思汗征服鞑靼人之后,勒令所有身高超过车轴的鞑靼人都要处死,这让我联想到迪斯尼乐园里某种很恐怖、很该死的旋转飞车。你得是这样的身高才能活下去。

老爸对成吉思汗这种固执偏爱实在很怪异,因为他这人是我所见过最没有武士精神的人;我看过他最暴力的时候,大概就是狠狠用订书机钉住一大沓纸。要是老爹搭乘时光机回到成吉思汗的军营里,肯定会因为无法斩断足够数量的脑袋而遭殃。我这辈子都没见过他骑马,更别说要他把一具染了瘟疫的尸体抛越敌军的城墙了。

大英百科对成吉思汗的特写,无助于我弄懂老爸迷恋成吉思汗的原因。在我看来,成吉思汗不过就是另一个常见的攻城略地、大肆抢劫的暴君,只是他做得很成功而已。所以疑问仍在:为什么老爸那么迷恋成吉思汗?既然我号称致力于做个万事通,想来也该尽力解开这个谜团,说不定可以趁搜集知识的这一年摸透老爸。于是我就做了件难得会做的事:打电话给老爸,开门见山问他这个很正经的问题。

"我喜欢他穿衣打扮的方式。"

别这样啦!说正经的。

"呃,他是舞林高手,你该看看他跳狐步舞的样子。"

我才不会让老爸就这样脱身。别这样,拜托讲正经的啦!我真的很想知道。这实在是我们父子关系之中最不寻常的严正要求了,可能他很不喜欢这样吧。不过经我再三恳求,老爸总算稍微思索了一下,最后终于提出两个理由。其一,对成吉思汗知之甚详的人不太多,这点是个诱因;其次,虽然这个暴君残酷无情、杀人不眨眼,但也协助散播文明,因为他的蒙古帝国打通了东西方的贸易路线。

现在我明白了。而这两个理由实际上也很富有启发性。我自己的兴趣(不算很巧合)也是出于类似的动机。我就跟老爹一样,喜欢在知识天地里耕耘出一小块比较怪又少人涉足的领域;我也跟老爹一样,对于与直觉相反的资料很有好感。我觉得自己有了些进展。跟老爹道谢时还告诉他说,我不会像成吉思汗的儿子术赤谋害老子那样去谋害他。

乔治三世
George III

这个英国国王每次讲话时,总是在"修辞上与口头禅习惯重复以'什么,什么,什么?'"作为结束。我于是想把这招"什么,什么,什么?"用来对茱莉试试,尤其为了哪些厨房纸巾应该放在食品储藏柜里而吵起来时。结果连我都晓得,这口头禅实在太讨人厌了。

沙鼠
gerbil

有人说非洲的沙鼠会传播腺性瘟疫①。在各种啮齿类动物中,沙鼠已经不需要再做负面宣传,眼下好莱坞已经有不少针对沙鼠的八卦了②。

葛底斯堡演说
Gettysburg Address

就像智商达到"两个二十又三分"的人一样,我也懂得"四个二十又七年之前"这句话的意思③,但是高中毕业之后,我就没有读过林肯这篇演讲词的其余部分。大英百科刊登了全文,我很感激这点。这的确是篇很好的演讲词,不虚其名,甚至有过之。林肯说:"我们在这里说过什么,世人不会注意,也不会长期记住,但英雄们的行动却永远不会为人们所遗忘。"但事实是,世人的确注意到、也长期记住林肯说的话,甚至比起战争细节记得还要清楚。我还能回想起自己当年在高中的那点嘲讽言行吗?我应该还记得,只是已经想不起来了。

然而,这还不是我所知(或者重新体会到)关于葛底斯堡演说最令人惊讶的一点。我这回才知道,尽管林肯身为美国总统,却不是当天的主要演讲者,担纲主演的其实是爱维莱特两小时的演讲,他是前马萨诸塞州众议员,也是哈佛大学校长,被公认为是当时最杰出的演说家。

可怜的爱维莱特,可能事前花了几星期准备讲词,绞尽脑汁,拿老婆当听众来练习。然后到了那个大日子,上了讲台,比手画脚整整讲了两个钟头,抹抹额头,可能还停下来喝口水,最后画龙点睛地结束了演讲,还以为自己让每个人大为倾倒。接着林肯上了讲台,两分钟之后就走下来,结果爱维莱特却成了历史上的一则注脚,成为葛底斯堡演说之前那个口若悬河的人。

两小时和两分钟的对阵,这可真神奇。现在我有了这则历史轶事,就可以支持我常被人取笑的论点,也就是"愈短愈好";甚至在一百四十年前,

① 鼠疫的一种,主要引起淋巴腺肿大。另一种是肺瘟疫。
② 好莱坞有些八卦指称,某些明星以沙鼠当做性玩物,但没有获得证实。
③ 葛底斯堡演说是美国总统林肯于宾夕法尼亚州葛底斯堡国家公墓落成典礼上的演说辞,公认为不朽之作。演说一开头是"四个二十又七年前",即八十七年前。

当人们的注意力还没办法缩小到倭鼩鼱（这是最小的哺乳类，体重大概只有一毛钱硬币那么轻）那么丁点大时，大家就喜欢只抓重点了。多年来我早已习惯如此，没法老实坐着看一部电影拖拖拉拉放映九十分钟；开胃菜才刚上桌，我就已经准备要付账了。我连观赏半小时的情境喜剧都有困难，于是摸索出一个窍门，现在就拿出来跟你分享：只要启用字幕功能，然后录下来，再按录像机或数字视频录像的快速播映功能，照样可以看到所有对白。我就是这样做，只要八分钟就可以看完情境喜剧的对白。所以等《君子》杂志的同事再取笑我喜欢轻薄短小更胜于洋洋四千言的大块文章时，就可以搬出可怜的爱维莱特来还击啦！但这个话题我也碎碎念得够多了，所以到此为止，谈下一个吧。

长颈鹿
giraffe

"由于很少听到这种动物发出声音，因此一般人认为它们不会出声，但其实它们会发出低沉叫声及呻吟声。"知道这点真不错，下次我可以跟小孩这样玩："母牛哞哞叫，猫儿喵喵叫，长颈鹿（讲到这里便发出不带性意味的低沉呻吟声）。"

喉塞音
glottal stop

在语音学里，这是由于声门阻塞，引起气流短暂停顿而形成的语音。讲话带有布鲁克林腔或伦敦土腔的人要发出"bottle"的音时，会发成"bah-ul"，就是用了喉塞音。但也有点讽刺的是，这些发喉塞音的人，却连"喉塞音"这个词也没办法正确发音，他们会发成"glah-ul stop"。不知道这样命名是否故意的，真是些差劲家伙。

格林杜尔
Glyndwr

位于英国威尔斯的一个地区。请买个母音吧①。

---

① 此字的字母全部都是子音，故作者有此戏语。

126

歌德

Goethe

难得有那么一次(once in a blue moon,顺便一提,蓝色月亮其实是出现在森林大火之后,是空气中布满尘埃造成的现象),我也会用大英百科光碟查查一两笔资料,例如看歌德这个条目。当时我在办公室里,带了笔记本电脑,加上中午吃饭时间有点难得的空闲,这诱惑实在太大了。事后我总是有点犯贱的感觉,好比跟一个比较年轻、打扮俗艳的女人偷过情似的。回到家之后,面对那套端庄贤淑、白纸黑字的书册颇感歉意,或许应该带些花回家送给它们。

总而言之,讲回歌德。阅读大英百科之前,我没办法正确念出他的名字。上高中的时候,曾经有两个星期时间我以为歌德是两个人,一个是英文老师奔德先生不停讲到的名为"葛塔"的德国作家,一个是教科书上我念成"勾易萨"的某个家伙。后来发现这两人都写了《少年维特的烦恼》,才想到原来是同一个人,感觉简直像得到内幕消息似的。

但我以前并不知道歌德的生平经历。当他不用忙着跟人解释姓氏如何发音时,他抽出时间担任评论家、记者、律师、画家、剧院经理、政治家、教育家、炼金术士、军人、占星术士、小说家、歌曲作家、哲学家、植物学家、色彩理论家、探矿者,而且也是个军服商人。嗯,起码他并没有监督灌溉计划,这个逃避职责的人。喔!等一下,我弄错了,他也是灌溉计划的监督人。

我常听到"全才"一词,但歌德简直就像是服用安非他命的全才,我实在想不通他怎会在一辈子里做了那么多的工作,更不用说,雇主通常很喜欢这种不用空行就可写满一页的履历。达·芬奇跟他一比,简直就像个游手好闲的懒汉。

还有,他让我妒忌万分。我向来就想做个通才,从人生拼盘中样样取一点来尝尝,而不用特别点一道开胃菜。念大学的时候,我专攻概论,社会学概论、人类学概论、数学概论,不管什么科目都只修概论。到了大三时,朋友的程度已经到了参加如"塞万提斯作品里的鸟类学符号论"之类的研讨会,我却还跟一大群大一新生坐在一起上"几乎不会讲英语者修读的心理学"。大学毕业后,我当起记者,部分原因是多少还可以做个通才,但除此之外也没找到其他工作。不过即使是记者生涯,离全才仍远得很,我在这行待了十年,对色彩理论还没有过任何深思,更难得有人找我去监督灌溉系统。

我老爸也想成为全才,证据就在于他的文凭多得不得了——要不是我妈坚决勒令他去找份工作的话,恐怕他还会念出更多文凭。显然,我和老爸都生错了年代;二十世纪之前的人起码都有第二份工作,而且跟第一份工作截然不同。以下就是我所读到的工作组合实例:

诗人/气象学家

律师/天文学家

船东/社会学家

作词家/软体动物科学家

印刷商/傀儡戏操作者

海盗/科学家

如今这个时代,你不但得是个专才,而且还得是那专业里的专才,因此大概再也找不到通识的软体动物科学家了,你得成为专门研究东北部蛤蜊生殖情况的科学家才行。想来我这阅读大英百科的冒险计划,也算是企图对抗专才化的大趋势,重新宣扬"全才"这一称呼。但是读了歌德的资料之后,我才明白,自己能有他所发挥领域的百分之四就已经算好运,这点让我很伤心。

我有没有讲到,歌德光是科学方面的著作就多达十四册?他居然还有时间写出一千五百封热情洋溢的信,送给他所倾心的朝臣妻子施泰因夫人!但我的确还记得,高中所念的歌德资料里提到他的作品《浮士德》讲的是追求知识的危险性。不过从他的生平来判断,他求知若渴,永不满足,而且充分发挥自己的才能。

福音

gospel

我上班的日子有时还挺让人兴高采烈的,这样说是因为想到,譬如有时酒厂会送免费葡萄酒,希望我在每月的佳酿专栏里报道一下。这种情况总是让我兴致勃勃。顺便一提(万一有酒厂老板读到这里),《君子》杂志的地址是:1790 Broadway, 13th floor, New York, NY 10019。我最喜欢白苏维浓葡萄酿制的酒了。但很多时候,上班的日子实在很无聊,沉闷得好像只是盯着青草生长,就算那青草有很酷的名称,譬如像"匍匐剪股颖"或"旱叶草"也于事无补。

眼下就是我说的这种无聊时刻。身为编辑,必须要把我负责的每篇文章审个四十三遍,直到每个句子都言之有物,而且变成页面上怪异的黑色小符号为止。今天这篇文章是"教男人如何用部队里的方法擦鞋",老早已经进入荒谬可笑的境界。"whorl"(螺旋打转),我心想,这真是个怪字。

但阅读大英百科起码为我在工作上带来新的眼光,让我意识到编辑工作所产生的威力。举例来说,我想到一八七〇年那通埃姆电报,普鲁士首相俾斯麦故意修改了一场外交会面的报告以冒犯法国政府,因而引发普法战争。倒不是说我这个编辑想要发动战争,但知道我有能力发动战争还挺不错的。

还有更棒的,读 B 字首时才知道原来还有邪恶版圣经,这是一六三一年很不光彩的版本。问题出在哪里?它把《出埃及记》第二十章十四节的"不"字漏掉了,结果"十诫"的这条就变成"可奸淫"。看到没?编辑上的一个小小错误,造成举国都跟邻人老婆私通。无疑的,英国寻常农民读到这邪恶版圣经时,心里都会想着:好,我不会杀人,也不会拜偶像,但我一定要跟已婚女人交媾一番。通奸,这倒是我可以支持的一诫,只是不知道上帝喜欢我去搞农夫的老婆,还是牧师的老婆?

我很好奇的是,这本邪恶圣经的编辑(顺便一提,他们为这个错误遭罚款三百英镑)究竟是无心之错,还是拿上帝的话搞了个不成熟的小恶作剧?说不定本来想把"不可杀人"(Thou shalt not kill)改成"不可溢出"(Thou shalt not spill),这样一来就会造成很多人斟茶到杯里时小心翼翼,但却多了几百宗他杀命案,不过最后却是不小心错改了通奸诫。我一面思索着上述一切,一面审着《君子》杂志这篇擦鞋诫:以"画小圈方式逐渐收拢这个螺旋状擦法"。万一我把"小"圈改成"大"圈呢?结果会害得几百个阅读《君子》杂志的男士穿着擦不好的鞋子走进办公室里。好大的权力！我删掉句子里的"小"字，然后又改回保留，重新体会到自己的责任很重大。

葛兰姆饼干
graham crackers

这又是为人所遗忘的几千桩争议性话题之一：发明这种饼干的葛兰姆①在他那时代算是提倡养生之道的怪胎，宣扬睡硬床垫、冷水淋浴、吃自制面包的种种好处。最后那一项招来怒气冲冲的面包师傅纠众攻击他。

报恩的死人／死之华乐团
Grateful Dead

我不是"死头"。我看过他们的演出，有意思的程度就跟在菌类专文里读到面包霉菌的生命周期图表一样。不过我还是对这支老牌嗑药乐团知道得不少就是了，我知道杰利·贾西亚②、掺了迷幻药 LSD 的水果酒、他们的《水龟车站》专辑等。而且肯定知道得比我妈多，因为贾西亚死掉那天，她还打电话问我知不知道这个"杰利"是何许人也，她回家听到长达十分钟的电话留言，是个"死头"从加油站打来的，听得她一头雾水。显然那位仁兄听到杰利的噩耗后方寸大乱，连电话号码都拨错。总而言之，大英百科对于"死之华"乐团会讲些什么，我大概已经有个谱了。

我开始阅读："在许多文化的民间故事里，传说死人的鬼魂……"嗯，还没读完第一句，我就觉得自己很像傻瓜。我以前一直以为，杰利和他那个乐团凭着嗑了药的迷幻脑袋登上大英百科，结果不是，原来这里讲的是另外一个意思："报恩的死者"。为了让你知道这个典故的来源，兹复述如下：有个旅人在路旁发现一具没人肯埋葬的死尸，因为死者生前欠了太多债，这个好心旅人就为死者付了丧葬费用，然后又上路了。过了不久，死者的鬼魂化身为一个奇人，把旅人从某个险境中解救出来。最后，这个奇人揭露自己是那个死者的报恩鬼魂，然后拿了两张前往红岩大峡谷的免费车票

① 葛兰姆(1794—1851)，美国牧师，提倡禁酒和素食主义，曾采用一种粗面粉制作饼干，流传到现在，并成为现代谷片早餐食品的先驱。
② 死之华乐团的团长。

给旅人,再加上一些难吃得要死的巧克力蛋糕片。嗯,最后这部分是我编出来的,不过你大概也知道是怎么回事。

像报恩死者这种先让我上钩、然后发现内容调包的情形并非罕见,每隔几页就会碰上这种出乎意料的条目,仿佛当头棒喝,每每令我感到自己就如火成岩那么钝,搞得我愈来愈疑神疑鬼,因为明白自己每天不知错过了几十个、几百个、几千个东西其实是有典故的,这些东西隐藏在每个地方,可能在药柜子里、书架上、电视荧光屏里,等着让我看起来像个大笨蛋。我讲的并不是《为芬尼根守灵》①这类作品,错过了乔伊斯的两个暗示,还不至于像错过犹太基督伊德教派的神秘符号那么难过;我讲的是日常所见如洛纳杜恩(Lorna Doone),我以为那是一种饼干品牌,结果发现原来是很有名的小说,作者是十九世纪英国小说家理查德·布拉克摩尔;还有克尔维特(Corvette),原来不只是雪佛兰的汽车型号,还是一种小型巡防舰。

说来很难过,“死之华”还不是我从大英百科学到典故的第一支乐团,读到 Eurythmics 时也有同感,原来这不只是一九八〇年代英国女歌手安妮·蓝妮克丝的“舞韵合唱团”的名称,而是源于二十世纪初教授音乐的方法“肢体节奏”,这种方法要手脚并用来打拍子。还有“超级流浪汉合唱团”(Supertramp),其实是取自戴维斯②的书名《高级流浪汉自传》。我还没读到 N 字首部分,但猜想“超级男孩合唱团”('N Sync)的名称应该是奥斯曼帝国一个革命党之类的团体。

润滑脂

grease

我是不是产生凡事都很多样化的幻觉了?大英百科无论扯到什么话题,不管是瓶子、湖泊、啮齿类动物,似乎都有好几百个你从来不知道的种类可讲。就好比走进了班与杰瑞那一型的冰淇淋店,瞪大眼看着那一桶桶芒果洛甘莓冰砂、大头菜牛奶软糖等各种口味的冰淇淋,才初次发现原来冰淇淋除了巧克力和香草之外还有很多其他口味。

---

① 英国作家乔伊斯的作品,内容充满别有用意的暗示与双关语。
② 戴维斯(1871—1940),英国诗人。

就拿油脂来说，我敢说就像大多数亲友想的一样，油脂就是油脂，哪知却不是这么回事，原来竟然有一个如此神奇又恶心的油脂世界，还有无穷多的各种口味可供选择。有从不可食用的猪脂肪里提炼出来的白油脂；黄油脂是从色泽较深的猪脂肪里提炼出来的；棕油脂则含有牛和绵羊的脂肪；皮油脂是从兽皮刮下的脂肪物质。别忘了还有兽骨油脂和废料渣滓提炼的油脂！这些还只是用动物脂肪提炼的油脂，此外还有矿物提炼的油脂，包括液态润滑油如石油，混以肥皂、无机凝胶等。可真美味！

这种多样化永远都比你所想的要多很多，就算你以为已经对某个话题掌握很多了，大英百科仍然有办法让你大吃一惊。想当年念高中的时候，我死背生物分类法：界（kingdom）、门（phylum）、纲（class）、目（order）、科（family）、属（genus）、种（species），多亏有那句谐音联想"菲力浦国王星期六从德国来"（King Philip came over from Germany Saturday），才能记住这分类次序。所以我本来觉得好好的，等读到大英百科详编的"生物科学"条目时，才很窝囊地发现自己对于分类学的了解程度只有零蛋。除了那可贵的"门"与它一堆朋友之外，还有旅、队、排及部落……当然也有亚门、总纲及亚目，可想而知，该是多样化到了什么地步！

既然谈到分类学这个主题，就让我再谈一会儿吧！因为我现在恍然大悟：大英百科正在为我脑子所做的事，其实就是茱莉要帮我下半辈子做的事。我指的是训练我脑子变得井井有条。

前面我已经提过，茱莉是全美国最井井有条的人，活在一个少不了四色笔记本、便利贴、神奇标示笔、挂式档案夹、三孔打洞器的世界里。她用Excel工作表记录我们看过的每部电影，不管看的是DVD还是录影带，或是在戏院里看的。以前她还把自己穿过的每套衣服全都记录下来列成清单，还有她瞄到的名人。（她居然在以色列台拉维夫的旅馆见到美国主持人蒙提·荷尔！）她还记得我们结婚请客的嘉宾名单，几个月前的一个晚上，她花了二十分钟就按照名字把来宾归类：有五个大卫，三个麦可，诸如此类。我们家的厨房美不胜收，厨房柜台上有一本三孔笔记本，收集了每一家可以送外卖到我们家的餐馆菜单，按照各国菜色分门别类，贴上有色标签以供识别。有一次我向她指出，这些菜色没有按照字母顺序来排，像是意大利（Italian）菜单竟然排在印度（Indian）菜单之前，结果她告诉我得按照地理位置来排,从最西方的国家开始往东方排去。

起初我还取笑茱莉这种执迷于井井有条的习性,但是渐渐过了两年之后,她根本不必费劲来训练就感化了我,现在我也用资料夹储存东西,而且列起没完没了的清单。上班的时候,我有自用的四色笔记本,只不过上司一进到我办公室里,我就赶快把它藏起来,觉得用这种笔记本有点不像男子汉大丈夫的作风,颇感难为情,就跟在句子后面画上笑脸一样稚气。但实际上,用四色笔记本的确让我的日子好过很多,样样事情都可以各归其所。生活也许充满大混乱,热力学第二定律(克劳修斯①所提出)最终会胜出,但起码我们活着的时候依然可以对抗它。

言归正传,回到大英百科,多亏了这番阅读,让我觉得脑子变得有条理多了,仿佛脑壳里面挂满了很多小小的挂式资料夹。大英百科帮我把整个世界分门别类、归纳整理出来。它很擅长运用分类学,例如纸牌游戏恐怕就有几百种,但大英百科指出,所有纸牌游戏都可归类成两种,一种是以牌面点数决胜负(桥牌就属于这种),一种是以牌点组合定输赢(例如扑克)。也许这分类本来就很明显,也许因为我是大傻瓜才不知道,但以前还真的没想过。纸牌游戏的世界骤然变得比较好料理了,就只有一清二楚的两大类。讲到早餐谷片食品也一样(分为四大类:雪花片状、膨化、块状、粒状),还有如蛋糕、火、缩写形式等各式各样的事情,甚至连分类学本身都还有一套分类法,不过还是让我们就此打住吧。

希腊系统

Greek system

我暂时放下 G 册大英百科,以便有时间跟茱莉在电影院会合。我们挑了《重返校园》这部电影,是部喜剧片,讲一群三十几岁的男人回到母校大学附近自组男生联谊会的故事。(顺便一提,最早的大学校友联谊会是 Kappa Alpha 联谊会②,一八二五年于纽约联合学院成立。)我以为这部片

---

① 克劳修斯(1822—1888),德国数学暨物理学家,确立了热力学第二定律,提出熵的概念,即随着时间过去,封闭系统将趋向于最大乱度。

② 此为希腊字母 K 与 A 的读音,故亦称"希腊字母协会"。此类联谊会为会员提供大学生之家或宿舍,通过集体生活把膳宿费降到最低。

是挺好的选择,因为片名有"校园"一词,多少跟我现在追求知识的渴望有所关联。

我们像平常一样,开场前半小时就到了,通常这样做比较聪明,免得晚了只能买到前排座位的票,往后两个小时就得瞪大着眼,看着银幕上演员那硕大如下水道孔盖的鼻孔;可是这回却很离奇失算,才刚在自己的位子坐下,就有一对男女坐到我们后面,我马上讨厌起那个男的来。这人年轻又跩得很,吵得就跟发情中的驼鸟一样(驼鸟的气管结构很特别,所以发声特别吵)。

他觉得有必要用手机处理一件公事,我推测他是在一家唱片公司做事;讲电话过程中,他摆明了办公室里人人都是连汤匙都不会用的笨蛋,只有他不是。挂上电话后,他向女友嘀咕,因为是女友要他来看电影,而他知道这部片会很无聊。接着又转而抱怨格莱美奖,因为他被迫出席,真是可怜啊,明明晓得颁奖典礼上全是些蠢货和驴蛋(嗯,关于这点,说不定他的看法是对的)。他又打了一次手机,这次狠狠修理了另一个同事,在这个节骨眼,女友讲话了,(在我看来)很英勇地示意他不要再把人家当 peon(打杂奴工)看待。

"你根本就不懂 peon 的意思。"那家伙说。

"那是指仆役或下人。"女友说。真有她的!我暗想。他的想法却不一样。

"不对,那是错的,"他说,"这词和社会地位根本无关。"

"你倒说说看是什么意思?"

"那是指矮小的人、块头小的人,譬如侏儒。"他一脸看扁对方、自信满满、懒得多讲的表情。

"真的吗?"他女友说,"我敢说这词是指仆役。"

"才不呢!真正的定义是'小个头',一般人常乱用这个词。"他还真不是开玩笑的。

Peon 是指侏儒?真的吗?我还没读到 P 字首,所以还没念到关于peon的资料,但百分之九十六确定他讲错了,我几乎可以确定,块头真正小的其实是他的大脑皮质。但剩下的百分之四不肯定,使得我没转过头去告诉他:就请把手机当做肛门栓剂使用吧!嗯,除了不肯定之外,也因为我这辈子很讨厌与人冲突，所以才没那么做。我脑里闪过电影《安妮霍尔》的一幕，伍迪·艾伦冷不防从屏幕后面拉出媒体理论家麦克鲁汉，纠正一个胡说八道的家伙。我倒不需要用到麦克鲁汉，只需要一本字典。

我和茱莉看完《重返校园》，结果这电影很有娱乐性，虽然把学院生活的艰苦面有点淡化了，总之回到家里后，我翻字典查"peon"这个字。字典里完全没有提到侏儒、小矮人、哈比人，或甚至矮个子达斯汀·霍夫曼。"Peno"是指农场劳工、仆役或者穷苦人，这个词源自西班牙文，原意是农民，从拉丁文转变而来，指的是奔走步行者。

这又是个提醒：日常生活里可能有很多"万事通"，其实他们根本狗屁不通。我发愿等到自己又变聪明之后，我会善用得到的知识，不做邪恶用途；这些知识要用来启发别人，而不是小看别人。

格林
Green, Hetty

人称"华尔街巫婆"，显然不是受人敬爱的女人。海悌·格林是十九世纪末、二十世纪初的人，运用聪明甚至有点贪婪精刮的投资手法，成为当时最有钱的女人。但她也最小气，穿破旧衣服，住在新泽西州霍博肯市一户小公寓里，而且她儿子的腿受伤时，她还拒绝请医生来治疗，结果这个决定害儿子后来得把腿锯掉。说不定她真的喜欢这种结果，因为这样一来就可以少买些袜子。

我个人从来都不算是吝啬鬼，但先跟你声明，我虽然不是乱花钱的人，可是的确会买中等连锁店如"香蕉共和国"的像样衣服，大概也肯付钱给医生以挽救我儿子的肢体，只要那孩子好好求我；而且除非是服务生把卡布基诺泼洒到我膝盖上，或说我长得像莱尔·拉维特①，否则我总会给他们百分之十五的可观小费。

我会说我的小气程度属于中等，或者该说以前是这样。大英百科已经促使我略微减少小气程度，过去几个星期里开始给更多小费，大约都在百分之二十到二十五之间。这是最明显的一例（纵然是小事一桩），可以看出

①　莱尔·拉维特是知名美国乡村歌手，长相普通。

大英百科改变了我,让我变得更好。我在"经济学"条目里阅读到边际效用理论时,才留意到自己的这种改变。我念大学的时候,算是学过边际效用的全部理论,但却没有吸收,就像大多数在大学里学过的东西一样,除非这些东西牵涉到更新或更有效的方法,才会塞进脑袋里。

有些人可能对个体经济学一头雾水,因此我在这里简单解释一下:边际效用理论讲的是,消费者从每一单位商品所得到的满足程度是有差距的。一个只有七片面包的人,如果又多拿到一片面包,这额外的一片会让他大感开心。但如果有人已经有两百片面包,多得足以让他吃几个月的三明治,后来再多一片,并不会使他的精神为之一振。

简而言之,金钱对于没钱的人比较有意义。我知道这一点逐渐变成常识了,但是在大英百科里看到这理论就是有点不同;写得坚如磐石的经济定律,让我觉得更强而有力。于是,举个例子来说,像今天,我在下雪的日子搭计程车回家,虽然司机考验我的耐力,一路上全部时间都在跟我讲他最爱哪一种甜甜圈的口味,但我还是给他六块美元,而不是平时的五块。我银行账户里的钱可能比他的多,所以那一块钱带给他的快乐会比为我带来的要大,这是很简单、很合乎逻辑的结论。我知道这样有点故作高尚的味道,一副恩赐的样子,但我不在乎,因为这样做让我心里觉得舒畅。当然,真正要做好事,就该把我银行账户里百分之九十的钱都给出去,可是我怎么能呢? 毕竟我喜欢香蕉共和国的卡其装,还有卡布基诺咖啡呀!

格陵兰
Greenland

又解开一桩费解之事。以前我一直感到很奇怪,为什么格陵兰(基本上是一块面积庞大的白色冰块)会叫做"格陵兰"(字面意思为"绿色之地")? 结果原来是一个叫埃里克的人取的名字,这人在公元九八二年因为杀人罪而遭驱逐出冰岛,他来到这处新家园,称之为"格陵兰",以便吸引更多人到这里来加入他的行列。换句话说,根本就是重刑犯所用的唬人宣传伎俩嘛! 虽然唬人靠不住,但却很高明。毫无疑问的,他唬了不少人上钩。要是当初取个比较名符其实的名字,譬如说"荒凉之地"、"丧气之地"、"你会饿死之地"等,去的人一定会少很多。

体育馆

gymnasium

按照希腊文字面的意思是"裸体做运动的学校"。因此,把健身脚踏车擦干净就更加重要了。

H

哈布风暴

haboob

哈布风暴是撒哈拉沙漠的一种热风,会卷起异常大量的沙,形成厚墙般的沙暴,可以高达九百多公尺。老天!这有点让我想到自己的生活。说来是活该,不过我的确发现自己置身在信息哈布沙暴中,一堵看不见出路的厚墙困住了我,我甚至还没读到通往那光荣 Z 字首条目的三分之一,生活就已经只剩下工作和阅读,阅读和工作,加上一点睡眠以及两者之间的一碗活命谷物食品。

我抽出几分钟打电话给爸妈,互通近况。老妈大多数时间都在跟我讲她最新的抗争:反对人家一心数用。她最恨人家一面讲电话一面查看电邮了,这表示他们没用心听电话。"嗯哼,"我跟她说,"这很有意思。"说着说着,我又点选了"美国线上"电子邮箱里的另一封邮件查看内容。

汉森

Hanson, John

有时大家也称他为"美国第一任总统",这要归功于他曾在一七八一年被大陆会议推选为合众国总统。第一任总统不是华盛顿——这倒是在酒吧跟人提起来的好资料,我的意思是说,假设你想要让鼠蹊部被踢一脚外加酒杯砸烂的话。

哈里森

Harrison, William Henry

美国第九任总统（要是你把汉森算进去的话，那他就是第十任），竞选时到处请选民喝免费苹果酒。这人根本就是靠黄汤来收买选民而登上总统宝座。不过事与愿违，就职一个月后他就死了。

哈佛

Harvard

好像还需要有人提醒我似的：世界史上每个重要人物都上过哈佛大学。我的母校布朗大学也算是不赖的学校，但要说到名人校友，就只能想到佩雷尔曼[1]、两名肯尼迪家族成员，还有，呃，我想想，卡拉·杜卡吉斯，她是前总统候选人杜卡吉斯的女儿，跟我住同一栋宿舍，她的室友曾在宿舍淋浴室嘿咻得很大声。可是说到哈佛大学，我的天！出了很多总统、无数的国会议员，还有很多美国大作家。大英百科就只列出一些享誉文坛的哈佛校友：詹姆斯[2]、艾略特[3]、卡明斯[4]、弗罗斯特[5]、多斯·帕索斯[6]……哇，真够看的！不过且慢，弗罗斯特是哈佛毕业生？我翻回 F 字首部分，因为明明记得——对，真的，就在他照片旁边——弗罗斯特没有念完哈佛就退学了。肄业，没错，但是毕业？我想不是，你这愚蠢的金边大册。

这真是我非常兴奋的一刻，事实上，兴奋到这种程度还真有点难为情。我难得挑到毛病（平均大概每四百页才找到一个），然而一旦见到，感觉就像是天文学家窥见一颗彗星似的（说不定还是多胡—佐藤—小阪彗星[7]，顺便一提，这颗彗星每四十二万年才经过地球一次），觉得自己像个平均成绩拿丙等的中等学生，看见班上最聪明的小孩在黑板上写方程式，而我竟然可以挑出这聪明小孩的毛病，让他出丑。还记得阅读到捷克城市"王宫

---

[1] 佩雷尔曼(1904—1979)，美国著名的幽默作家。
[2] 詹姆斯(1843—1916)，美国著名小说家。
[3] 艾略特(1888—1965)，美裔英国著名诗人、剧作家、文学评论家，为现代派诗界的领袖人物。
[4] 卡明斯(1894—1962)，美国诗人和画家。
[5] 弗罗斯特(1874—1963)，著名美国诗人。
[6] 多斯·帕索斯(1896—1970)，美国一九六〇年代"失落的一代"的主要小说家。
[7] 多胡—佐藤—小阪彗星于一九六九年由三位日本观测者发现。

镇"时，发现有个引号用反了，我乐不可支。

以下这项其实还有商榷余地，不过我照样先抛出来，因为这发现让我很自豪。话说大英百科讨论到文法，讲到有种叫做"中缀"的用法，这是"字首"与"字尾"的亲戚，只不过出现在单字中间。大英百科说，中缀只见于希腊文和达加洛语①，英文没有这种用法。但我却从当年大学的语言学课程推论出一点：事实上，英文里是有一个中缀词用法，就是用"fucking"这个字来做中缀，譬如 in-fucking-credible（难以置信），或者 un-fucking-believable（不可置信），或 Bri-fucking-tannica（大英百科）。也许不能算是斯文英语，但仍然算是英语，起码照我那开明的大学教授的说法是这样。

由于是人为作品（纵然这些人都是高智商的人类），大英百科出现错谬也有很长的历史。我无意中看到一九九九年麦卡锡在《华尔街日报》发表的文章，讲到这部庞然大制作里的资料瑕疵，信手拈来，妙趣横生。第一版大英百科夹杂的错误资料尤其多，而且内容半真半假，例如说到"加州"的条目："加州是西印度群岛的一个大国，很难确定它究竟是半岛还是岛屿。"哈！就连一般电影明星都知道这讲法很怪，起码在你跟他解释过半岛的定义之后，他会这样认为。

大英百科从那时便订正了加州条目，但其后又不断冒出其他各种错谬，而读者也很乐于帮忙指出来。显然有一大批人爬梳过大英百科，致力寻找错谬之处。《华尔街日报》那篇文章便提到，多年来大英百科一直采信那项广为流传的传说，亦即古罗马暴君卡利古拉曾委任坐骑为罗马元老院成员，后来是在一位读者建议之下，大英百科再对资料来源做过研究，终于否决了上述引文。卡利古拉的骏马从来没有在政府部门任职，不过倒是拥有象牙马槽及大理石马厩，这也算不赖了。另一个经过仔细检验而遭殃的条目，是讲马丁·路德把他的《九十五条论纲》②钉在教堂门上的事，结果经过查证，发现原来他只是到处派发论纲而已。大英百科不久前也在苏格兰引起一阵哗然，因为光碟版有误，指称这个国家没有国会。有份英国报

---

① 达加洛语是菲律宾的基础语言。
② 德国宗教改革家马丁·路德就赎罪券问题，于一五一七年撰写《九十五条论纲》，论者以此事件为宗教改革运动之发难。

纸登出一篇文章谈到这大笑话,标题用的是《大蠢百科》。真够呛的。当然啦,也不是所有的吐槽都有依据。有位受到误导的读者写了怒气冲天的信给编辑部,长篇大论、满口粗言秽语声称:东哥德人(中世纪一个不重要的种族)并没有受到同化,绝非如大英百科所说。大概他认为自己是个东哥德裔美国人吧。

讲句公道话,大英百科致力于修订的努力是很令人佩服的。他们的查证部门曾经弄到胡迪尼的出生证明书复本,证明他是在匈牙利布达佩斯出生的,而不是如他声称是在美国威斯康辛州出生。一九八六年,他们还千钧一发逃过一场资料大灾难,那年有个遭到裁员而心生不满的编辑把资料库乱搞一通,插入一项资料说他的上司是兰博,又把本来提到耶稣的地方全部改换成安拉①——这才真是愚蠢的大错。等到大英百科威胁说要采取法律行动,这个编辑才招认他未经授权乱搞的一切内容。

然而,尽管他们这么仔细爬梳,仍免不了有漏网之鱼而当众出错。感谢上帝,能知道即使最有脑筋的人,甚至是最有分量的机构,也会有出错的时候,实在很让人安心。但为了要确定弗罗斯特的情况,我上 Nexis 网站再去搜寻资料。他是真的退学过——不过后来拿了个荣誉学位。哼,我还是认定这样不能算是哈佛毕业生,虽然也许我是错的。

霍桑
Hawthorne, Nathaniel

我念高中的时候,可说对霍桑有点认识。但现在身为成年人,我只知道最基本的几点:一、他写了《红字》这本小说。二、那个字是 A。三、那本书有个很悲惨的结局。(所以记得最后一点,说来要感谢黛米·摩儿,她把这本书搬上银幕,还安上一个大团圆结局,并辩称"反正看过这本书的人又不多"。关于这点,就我的情况而言,不幸却说对了。)

结果原来霍桑的一生很不快乐。他老爹是个船长,霍桑四岁时他就死在海上了。霍桑一直对于有个祖先是赛伦女巫审判②中的法官而深感内

---

① 伊斯兰教之真主,旧译"阿拉"。
② 赛伦女巫审判是一六九二年发生在美国马萨诸塞州殖民地的一系列调查与迫害,导致十九名女性被宣判为"女巫",遭处绞刑,也在公众中掀起恐慌。

疚。他和梅尔维尔有很复杂的友谊，后来两人闹翻了，因为梅尔维尔认为霍桑太孤僻，写了首诗讽刺他。霍桑在海关工作却被炒鱿鱼，满腹苦水无法释怀。到了人生末期，"他养成在碎纸条上写'64'这个数字的习惯，无法自拔"。

这句话我反复读了好几次，真的就是这样写的，就在大英百科上——霍桑不由自主地在碎纸条上写"64"这个数字。没有进一步解释，也没有提到他为什么写 64，而不是譬如说 65，或甚至更神经病一点，63。我想到雄心万丈的研究生实在有必要探讨这个题目，并且写篇论文叫做《红色数字：霍桑及其重复 64 数字的末世命运含意》。

同时，这项资料也深深盘踞我脑中，也许是因为我自己就有不少强迫性的行为吧。我倒不特别受 64 这个数字所吸引，但吞吃东西时喜欢成双成对。举例来说，要是咬个桃子吃，我会先在半边果肉上咬一口，然后在另外半边果肉上咬第二口。再不就是听收音机仪式；我关掉收音机的时候，一定要等最后听到的那个字眼是个名词才关掉，不可以是动词，不可以是介词，也不可以是形容词——我需要一个名词，道道地地、扎实的名词，是你可以捧在手里的某种东西。于是淋浴时，我会盯着正在收听的收音机，浑身滴水，把开关打开又关掉，关掉又打开，要逮到节目主持人妮娜·托覃伯格讲出如"瓶子"或"汽车"这类字眼，只有到这时，我才能走出淋浴间去穿衣服。

我确实很愿意把这些不自觉的行为和习惯一起除掉，但既然不花些时间做治疗就无法除掉，我倒很乐得花时间知道别人有哪些强迫性行为。所以阅读大英百科对我很有好处，书中怪人多得是，而且我们讲的强迫性行为可不是什么张三李四之类的强迫性精神病患，而是历史上才华最横溢的男女喔！

头颅扁化
head flattening

听起来完全就是它讲的那么回事：用人力使头颅变形的习俗惯例，从前北美洲太平洋西北岸的某些印第安人就会这样做：捆扎婴儿头部，固定在摇篮底板上，造成扁平头颅。有些北美洲东南部的印第安人用另一个方法:用沙包抵住婴儿额头。

我还记得有关头颅扁化的资料,因为在 B 字首部分读过,那篇讲身体的"改形及毁损"实在精彩万分,容我稍微回想的话,我认为那篇是大英百科最离奇的文章之一。里面讲到人类用各种方法让自己的身体扭曲变形,可真让人大开眼界,看得你下巴掉下来,我的意思是说,假设你的下巴还没有因为某种习俗惯例而改变形状的话。

千百年来,各种文化都曾经在头颅各个不同部位加上箍带,把头压挤成沙漏状。人类拼命拿自己的牙齿搞花样,拔掉门牙、齿缝插入木栓、染黑、在牙齿表面刻上浮雕图案等。玛雅印第安人认为斗鸡眼很美,于是就在婴儿双眼间吊个物体,养成斗鸡眼习惯。

舌头也挨过不少苦日子,例如切开舌背(某些澳洲部落的做法),而且还用一条有刺的绳子穿过(阿兹特克印第安人)。耳垂则可以拉长,脖子也像面团被扯得长长的(缅甸巴洞族妇女戴上四十公分高的螺旋状黄铜颈环,将四块胸椎拉上颈部)。此外,乳房也曾遭到压迫(见于十七世纪的西班牙)、加以扩大(在巴拉圭出现过),现代的美国部落成员更是很有系统地将之变大。

这实在令人震惊。我边读边想:这些原始文化竟然觉得需要把好好一个人的身体搓圆、捏扁,搞得完全走样,实在不可思议。然后,"砰"的灵光一闪,我想到用凝胶植入隆乳或乳房切除术,显然我们现代人也没多大分别,不也就是这世上另一个有独特恋物怪癖的文化——所恋的刚好是像雌蓝鲸(这是最大型的动物,重达两百吨,心脏就有六百八十公斤重)大小的女人胸脯而已。

海斯曼
Heisman, John

海斯曼杯①以这人名字命名,因为他担任乔治亚理工大学美式足球校队教练时闻名遐迩。但是在休赛期间,他却是莎翁戏剧的票友,也因为有这个客串的工作,让他在指导练球时会采用伊丽莎白时代的多音节语言,

---

① 由体育记者投票选出美国年度最佳大学美式足球运动员,颁授此项奖杯。

譬如说他会称橄榄球为"长椭圆球面"(prolate spheroid)。如今怎么没有莎剧票友美式足球教练了呢？我们有的就只是比尔"鲔鱼"帕索斯[1]，而他爱好易卜生剧作。好吧，我招认，其实连这样的人都没有，那是我捏造出来的。我的论点是，海斯曼就是个活证明(万一你需要一个证明的话)，证明我们不知不觉陷入麻木迟钝的程度有多深。

海洛因
heroin

海洛因最初是由德国拜耳公司研发出来的，可以比二十几颗阿司匹灵更快消除你的头痛。注射满满两针筒，然后明天早上才叫我起床。或者下午再叫我好了。

嘻哈文化
hip-hop

"早期最具影响力的唱片 DJ 包括酷吓克、大巫师西奥多还有闪光大师。"我听说过"闪光大师"，可是酷吓克？大巫师西奥多？妈的——两个我都不知道。我跟你说，当你发现大英百科比你更"嘻"进时，那可真是非常让人伤心难过的一天。我为了从来没听说过这些家伙而感到心里很不痛快。想当年高中时代，我确实是饶舌音乐的早期粉丝，这得归功于我朋友艾利克的影响，他自称为 M. C. Milano(明白吗？也就是"外白内黑"的意思[2])。但是显然我们当时听的都不是正宗嘻哈，因为竟然漏掉了酷吓克和大巫师西奥多。

就在我感到可悲又很老土时，读到大英百科中肯定"人民公敌"和"武当派"是"二十世纪八九十年代最受欢迎的饶舌音乐供应者之一"的资料。饶舌音乐供应者？这大概是我读过最像白人会说的句子了。哎哟，什么名堂啊？我还是去跟我那些原班人马一起混，喝起瓦士威士忌，并"供应"一些饶舌音乐吧！

---

[1]　比尔·帕索斯为美式足球传奇教练。
[2]　作者这位朋友仿效知名饶舌歌手汉默(MC Hammer)，为自己取名为 MC Milano。

霍根

Hogan, Ben

霍根是二十世纪四十年代最著名的职业高尔夫球运动员,大英百科说:"他在车祸中受重伤,本以为从此再也无法走路,可是他却凭着无比毅力,还能够赢得高尔夫球赛冠军。"真让人动容的句子。

我需要这种句子,需要一些很正面、攻克难关的故事。我自己的人生就有很多难关,最大的一关似乎就是正在妨碍茱莉和我孕育孩子的这个。我们尽量避谈此事,可是却挥之不去,弥漫在我们的公寓里,因为公寓有三个房间,一间是给我们两人用的,另外两间是打算给影儿都没的儿女用的,所以两个空房间就成了老在眼前出现又昂贵得很的提醒,提醒我们的不育。喔,除此之外还有老是盘旋在我们脑里的善恶大对决等小事,譬如似乎要跟伊拉克打仗了。上帝才知道这样一来会发生什么事。

所以我要为霍根及他的无比毅力感谢主,也为了像他那样克服万难的人而感谢主。大英百科里面有一大堆让人惊愕气馁的事,但幸亏也有这些浓缩成一小段或甚至一个句子、令人难以置信的励志故事,很像花十秒钟看了一场由罗宾·威廉斯主演、令人热泪盈眶的电影。

古希腊大演说家狄摩西尼原本有讲话缺陷,不但口吃而且发音很糟糕,但是他把小石子含在嘴里苦练发音,终于克服了这些缺陷。伦敦巡捕队的发起人之一费尔丁虽然双目失明,却能听声辨识出三千多个贼犯,可说是原始但有同等效果的指纹辨识系统。这种励志故事就像心灵鸡汤,微波炉版的。美国导演法兰西斯·柯波拉小时候罹患小儿麻痹症卧病在床,只好演木偶戏自娱,结果对导演工作产生兴趣。发明全录影印机的卡尔森在卖出他的发明之前,先后遭到二十多家公司拒绝。还有其他诸如此类的种种故事。你知道切·格瓦拉有气喘病吗?所以你不该让气喘毛病妨碍你去领导狂热的革命。

我得要有霍根那样无比的毅力才行,不管怎样,反正茱莉和我一定会有个孩子。要是不能生一个,那就去跟繁复的公文手续奋战,领养一个孩子。

霍兰隧道

Holland Tunnel

这又是一项让人安心的好资料,又少一件令人担心忧虑的事。霍兰隧道,就是衔接曼哈顿和新泽西州那条,顺便一提,这隧道可不是因为"荷兰"而命名,而是照着工程师霍兰的姓氏而取的名字。霍兰隧道的通风系统非常棒,每九十秒就能更新隧道内的全部空气。还记得我提过小时候深深恐惧一氧化碳会造成脑部受损的事吗?嗯,二十年之后,这恐惧感还在,我每次开车经过隧道都紧张得要命,所以说这段资料真的很棒。

好莱坞
Hollywood

好莱坞是由名叫威尔科克斯的人兴建起来的,"此君拥护禁酒令,他对这社区的想象,是按照他清醒严肃的宗教原则为基础而建立的。"嗯,我知道好莱坞有很多那类的人都去参加匿名戒酒会,但除此之外,威尔科克斯先生对好莱坞其他方面大概都不会感到太高兴。

裙环裙
hoop skirts[①]

十八世纪期间,有些裙环裙撑开来有五公尺宽,真吓人。那些讽刺作家还谈到七公尺宽的裙环裙。坦白说,我觉得真该修理一下那些讽刺作家;光是加个两公尺,对我来说一点作用也没有,也许他们大可加码到八九公尺,如此一来我才会觉得他们写得很好笑。

胡佛
Hoover, Herbert

我和茱莉走在纽约的哥伦布大道,我要她考考我记得多少东西。她先考我"直布罗陀",我答得很好:这是欧洲唯一可以见到野生猴子的地方。茱莉点点头,有点刮目相看。又考我"胡佛",我回答说是美国总统,而且是个孤儿,由叔父抚养长大。茱莉再问"哈利法克斯",这条目就有点记不清了。

"英格兰的一个城镇。"我说。

"不——对。"她说,一脸关切地看着我。

"那么是美国卡罗来纳州的城市?南卡或北卡?"

---

① 以鲸骨或柳条骨架撑开的裙子。

"不是。"

"那我就不知道了。究竟是在哪儿?"

"是加拿大的一个城市,你不知道吗?"喔,对喔,我知道的,我跟她说。

回到家之后,我去查"哈利法克斯";总共有三个条目。一个是英格兰的哈利法克斯镇;一个是北卡罗来纳州的哈利法克斯市;还有一个是加拿大的哈利法克斯。我却只把两个小的哈利法克斯塞入脑袋,忽略了大的那个,也就是人人都知道的那个哈利法克斯。看来我脑子的运作方式很奇怪。

蜂鸟
hummingbird

蜂鸟每秒钟可以拍翅达八十次,真惊人。但更惊人的是:它们极度保卫自己的领域,会奋力逐出误入领域者,包括乌鸦、鹰,甚至人类,这点已经出了名。它们很有我父母所称的"胆大包天"的精神。这种只有葡萄大小的鸟儿竟敢跟人类较量,而且居然赢了。这对每个领域的微小个体倒是一种鼓舞,包括我太太最心爱的那位男演员在内。

幽默
humor

你得身历其境才会懂得。这是我从幽默史上学到的一点。假若你不信我的话,不妨在寄物间讲这个十八世纪的日本笑话给别人听听看:"猴子大王下令一千只猴子都下去捞水中月,那些猴子全都照办,但是失败了。最后,其中一只猴子捞到水中月,恭恭敬敬呈现给它大王看。'这是您要的。'它说。大王大乐,于是说了:'真了不起的功劳! 你比别人都强!'这猴子接着问:'主公,顺便问一下,您打算怎么处置这个水中月呢?'这时主公说:'嗯,对喔……我还没想到这点。'"

我拿这个笑话去跟《君子》杂志的编辑同事安迪和布兰登讲,试试他们的反应。结果他们倒是为我取了个新外号,叫"最会让交谈变冷的人"。

狩猎
hunting

人类实在很喜欢杀害动物。中欧国家的君王似乎更爱身体力行,大英百科说，十七世纪统治萨克森①的约翰·乔治二世猎杀红鹿数量惊人，达四万二千六百四十九只。"他拒绝接受波希米亚的王位，并非出于政治理由，仅因为波希米亚的牡鹿长得比萨克森的牡鹿小而已。"而且他还在波希米亚和萨克森之间竖起藩篱，防止波希米亚那些发育不良的哺乳动物越界进入萨克森。法王路易十五也是另一个逐猎迷：一七二六年，他把二百七十六天花在狩猎上，工作日数比小布什总统还少。

我本人从来都不是个狩猎迷，一则不喜欢大声喧哗，也不喜欢需要配备大量器材的运动；再则也尽量避免在闲暇时把哺乳动物开膛破肚、掏出内脏。

但比较沮丧的时候却觉得，用狩猎来比喻我这番追求再恰当不过了。想来我恐怕比萨克森的约翰王好不了多少，他们在墙上挂满鹿头、狮头和熊头标本，而我也算是在墙上挂满关于狮子与熊的所有资料（举例来说，我知道熊并非真正的冬眠动物，它们的体温并没有下降，而且也很容易醒来。你要找真正的冬眠动物，不妨考虑蝙蝠、刺猬及松鼠）。这算不算是大男人的积习呢？

爱尔兰曲棍球

hurling

我朋友哲米邀我一起去参加美国纵横填字游戏大赛。我从没料到会有这样的邀请。多年前我在《娱乐周刊》上班，认识了哲米，当时他是我的编辑。我自以为知道他的秘密，知道他看过辣妹合唱团主演的电影而且很喜欢，也知道他走到哪里都有人跟着，因为他帮本地一家杂志撰写很搞笑的性专栏，吸引了很多热烈捧场的忠实读者。我甚至还知道他喜欢无调爵士乐。可是他竟然有这个填字游戏的嗜好，在我看来可真是新发现。

哲米跟我说，他迷这个已经有很长时间了，花了十几个星期六的夜晚在家解这些字谜线索。"这比出去见人容易得多，"他告诉我说，"而且也好玩得多。"（他假装是个厌恶人类的遁世者。）

我决定接受他的邀请。虽然我不是填字游戏专家，但这辈子大概也玩

---

① 位于今日德国中部，十七世纪时为德意志选侯领地。

过三回;并不是我对此有什么抗拒,只不过就是没上瘾而已,就跟我对壁球或毒品甲基安非他命从来没产生兴趣一样。但我的确在茱莉玩纵横填字游戏时有过辉煌胜利,帮她填了弗雷德里克·奥斯特利茨,因此料想这应该是考考我最新吸收知识的最佳测验。我会示范两下子给那些拿着铅笔绞尽脑汁的呆瓜看。

星期六早上,哲米和我搭上八点十分开往康涅狄格州斯坦福的火车,这时我才明白麻烦大了。他带了一份周六《纽约时报》的填字游戏给我,我却有几个线索解不出来,比如一条是第五十七横行,一条是第五十三纵行。我看着哲米,他坐在我旁边,充满自信地飞快填写。

"我对比赛策略有个疑问。"我说。

"什么疑问?"

"你怎么知道该在哪些格子里填哪些字母?"

哲米不大知道该怎么回答我才好,我也不很确定自己在说什么,只知道我的知识(虽然如此广泛)并不包括解开第二十九纵行的线索"切斯特顿[1]的作品《这个世界出了什么错》的人物",但起码总算解出第三十二纵行的线索"爱尔兰曲棍球相关运动",因为不久前才读过爱尔兰曲棍球运动,所以推想答案应该是曲棍网球[2]。

我们来到斯坦福的万豪酒店,只见大厅和咖啡厅到处是纵横填字游戏的参赛者,我们也加入这四百人之中。最令我难忘的第一印象是看到形形色色印有纵横填字游戏的服饰配件,包括领带、购物包、笔记本、围巾、T恤(写了"真正的女人使用笔")。还有一个最起劲的参赛者索性在额头绑了纵横填字游戏头巾,电影《越战猎鹿人》那种打扮。这人稍后作势要用铅笔戳哲米的后颈,嫌他用削铅笔机用得太久。他假装是开玩笑的,但我很确定根本不是开玩笑,因为留意到他没怎么眨眼。

说来真巧,大厅里的另一批人竟然是一队中学生曲棍网球校队,来到此市参加一项大赛,他们带着畏惧又困惑不解的眼光,望着这大群纵横填

---

① 切斯特顿(1874—1936),英国评论家、诗人和小说家,最成功的作品是以布朗神父为主角的一系列侦探小说。

② 曲棍网球比赛时,双方队员使用一种类似网球拍的长柄拍接球、带球、射门。

字游戏参赛者。"祝你们'爱尔兰曲棍球同类运动'比赛顺利!"我隔着大厅老远对他们大喊。哲米和我吃吃笑着,然后才晓得,我们俩真像是一对六个字母拼成的字,也就是以"L"开头,"O—S—E—R—S"结尾的那个字(输家)。

话说我们跟一个大谈内行话的女人搭讪,她跟女星丽亚·波曼像得不得了。从谈话中知道我们错过了昨晚某些很精彩的字谜。(参赛者很喜欢把"字谜"当动词"解字谜"用。还有,"解字谜者"是很多人爱用的名词,譬如"我只是个玩票的解字谜者。")此外,法国纵横字谜游戏协会的会长在晚餐后发表了一场很逗趣的演讲,讲的是法国填字游戏;他告诉在座者,法国的填字大赛只挑名字由两个字母拼成的城镇来举行。哲米和我摸不着头脑地笑笑。

"因为法国的填字游戏常出现两个字母拼成的城镇名字。"她对我们两人这么蠢感到很不快。

"喔喔喔。"我们回应说。

她走开了,去找其他比较聪明的人讲话。不过没关系,反正我们还可以跟很多解字谜者鬼混。我们认识了《纽约时报》的填字游戏编制者——我因此学到他们比较喜欢用的术语是"编制者"。这人跟我们说这活儿不好做,光是接到的投诉就够他受的。他曾经给过一条线索"二十四小时",答案是"地球自转",线索是指地球自转所需的时间,结果有人写了一封愤怒的信指出:事实上,地球自转的时间是二十三小时又五十六分九秒,因为地球也同时绕着太阳转。

我还没弄懂时,有个人走近前来,光头、戴眼镜,夹克上面别了满满的圆章。有一个圆章写着"我以前常因循苟且可是如今……"另一个则写"知识就是权力。权力会腐化人心。用功学习然后做坏人。"走过来的这人不是参赛者,他只是在场观察,担任义务监考人。我们问他为什么不参赛。

"我不玩纵横填字游戏,"他说话咬字短促、音调断断续续,"起码不是美国人玩的这种,这种游戏难度不够,玩起来不过瘾。我比较喜欢玩英式解码字谜。"

英式解码字谜?嗯,他刚好随身带了一份,于是摊开那张纸示范给我们看:"喏,线索是'Late bloomer, finally flown, in back'(开花较晚者,最后飞了,在后面)。紫菀属植物(aster)便是一种晚开花的植物,'最后飞了'的最后一个字母是 n,而 stern(船尾)就是在船的后面。所以答案是'astern'(机尾)。"

他满怀期待望着我们,好像我们应该爆笑摇头、大开眼界似的。英国先出了个搞笑天王本尼·希尔,现在又出了这位! 这些英国佬可真精彩。

幸亏有人在我们不得不回答之前来告诉我们,头几回合的填字比赛马上就要开始了。

"我们去打倒那些格子!"哲米说。

"我们去用动词钉死它!"

其实我们心里很清楚,跟这夹克上面别满圆章的英式字谜家伙一比,他简直酷毙了,不过没关系,我们准备好了。大家鱼贯进入圆厅,围着前面一张长桌坐下来,很郑重地把"兵器"铅笔放在自己面前。我努力让自己感到豪气万千,希望先前在火车上的溃败只是某种怪异的反常现象而已,毕竟我已经掌握所有知识的百分之二十八了。

比赛主持人是讲话声音柔美如丝绒、留着小胡子的威尔·萧兹,也就是《纽约时报》纵横填字游戏版的编制者。对现场这群人而言,他比"地下丝绒"主唱路·瑞德①还酷。他跟大家说,比赛是以速度和准确性为评判标准,一回合是十五分钟。现在开始解字谜!

好,这条我知道,"雷达荧幕指示信号"是"光点",B—L—I—P。再来看下面的。"罗斯韦尔市的异象",这个是"幽浮"(U—F—O—S);好,再看下一则。就在这时,我留意到圆厅里有很多只手开始纷纷举了起来,这意味着跟那只手相连的那人已经填完了。那都是些什么样的人呀? 两分钟后,哲米也把铅笔朝桌上一放,举起了手。妈的! 感觉十五分钟似乎还没到,萧兹就叫还没填完的人放下铅笔。我看看自己没填完的那些字谜,还有很多空白,白茫茫的就跟南极的东方工作站一样。这太差劲了。我不太确知为什么大英百科这回不管用,反正我对此很不高兴就是。

第二回合的字谜游戏就更惨了。流入布里斯托海峡②的河流是哪条

---

① 路·瑞德是二十世纪六十年代美国前卫摇滚名团"地下丝绒"主唱。

② 布里斯托海峡位于英格兰西南部和韦尔斯南部之间。

鬼河呀？木星（Jupiter）的最小卫星中的一个？我脑中一片空白，一定是因为还没读到 J 字首部分的缘故。才填了差不多三分之一，就已听到萧兹用他那温和、有如小儿科医生语气的声音，告诉我们时间到了。

我决定把自己的挫败归咎于坐在我旁边的那个女人，因为她不停地咳嗽，极度扰乱我的心思。那不是一般的咳嗽法，而是牵涉到好几种内脏器官及大量黏稠液体的深深咳法。有这样的咳法在旁，我又怎么能专心解字谜呢？哲米和我一致认为，应该另外划分一区给这些可能患了肺痨的参赛者。

第三回合的成绩稍微好一点，第四回合也差不多，但是第五回合包括线索如"《凡尼亚舅舅》①剧中角色"，以及"伯·格雷斯以前所画的一则漫画"，却让我的心往下沉。早该知道这回合会很惨的，因为一宣布这回合字谜的编制者姓名时，全场就肃然起敬，不约而同发出"喔……"的一声。

所以究竟出了什么错？为何我这番在纵横填字游戏一显身手，竟如此惨败？要说有哪个人能为我厘清疑问，这人必然就是戴芬了，他等于是字谜界的老虎伍兹，曾赢得七届大赛冠军，五百二十五条线索解出了五百一十条，让我肃然起敬。他两分钟就摆平了《纽约时报》星期一的填字游戏，周日的字谜则花六分钟就搞定。他有十五本字典。

他一点都没有什么反常、怪异之处，这可真叫人不安。他的交际手腕看似灵活，长相看起来有点像保罗·西蒙②，还靠弹钢琴为业，不但没对我的挫败幸灾乐祸，还很好心安慰我。

"纵横填字游戏是一种语言，"他告诉我，"一旦你懂得这种语言之后，就可以说得很流利。"

但问题是，一般常识难得在做纵横字游戏时派上用场，你得要有很专精的知识才行；说白了，需要知道的其实是母音字母很多的字，以及四个字母左右拼成的名词。因此，需要知道像 Aere 或 Uele 这类的河流名称、eland 这种非洲巨羚、所有叫做 Aida、Oona 以及 Erma 这些名字的人，不管那人是尔玛·邦贝克③还是尔玛·弗兰克林（她是艾瑞莎·弗兰克林④的

---

① 俄国著名作家契诃夫的剧本。
② "西蒙和加芬克尔"二重唱中的西蒙。
③ 尔玛·邦贝克是美国女作家，著有《懒得外遇》等书。
④ 美国著名灵魂歌手，有"灵魂皇后"之称。

姐姐)。因此,虽说我也许差不多知道 A 到 I 字首的知识,但在多母音名词方面却有点不足。总之,我是这样跟自己说的。而且说真的,通常我并非母音的粉丝,嫌它们发音太软了,给我个结结实实的子音吧!我深深向往字母群(像伊待拉斯坎字母)根本没有母音的时代。

本来我已经打算怀着只剩下轻子①般大小的尊严搭火车回家去,但哲米要我留下来参加字汇游戏,也就是像《大家一起来》中的那种游戏,不过是以纵横填字游戏为主。总之,我竟然同意了;总之,主持人竟然从帽子里抽出了我的名字;总之,我发现自己竟站在圆厅的舞台上,面对台下四百位字谜参赛者。我属于"十字队"成员,要和"当尼队"成员竞赛。哲米这个好运的浑蛋就只坐在观众席上。

主持人提出的问题是"请讲出纵横填字解字谜者所喜欢的另一种字谜名称",我那些队友很令人敬佩,他们猜出"移字母构新词"②和"找一个字"③。两个答案都正确。然后问到我了。主持人把问题重复了一次,我深感责任重大,我那队就看我了,然而脑海里却一片空白,什么都想不起来,空白得就跟我的第三回合字谜答案卷的右上角一样。但我觉得总该说点什么,于是倾身向前,对着麦克风说出我的答案:"跟纸牌有关的字谜游戏。"

吓!跟纸牌有关的字谜游戏,我自己都没搞懂这是什么意思,而且还说出口了。主持人望着我的表情,简直就像是刚听到我用罕闻的安达曼语④(顺便提一下,这种语言只有两个数字:"一"和"一以上")讲了什么似的。我转头环顾现场看大家的反应,四百多张面孔全都流露出大惑不解又很关注的表情。他们都很好奇我怎么不说"七巧拼字"或"解码字谜",总之任何听起来有点合理的就好。

"好——吧。"主持人说着,转过头去对着答案板,"跟纸牌有关的字谜

---

① 基本粒子的一类,质量比重子小的费米子,能与电磁场与重力场相互作用,例如电子就是轻子。
② 将一词或几个词的字母变换位置以组成新词,如词意与原词有某种逻辑关系更佳。
③ 与纵横填字游戏的玩法刚好相反,格子上已经填满各种字母,旁边列出很多拼好的字,玩家要从这些格子里的字母圈出旁列的字汇。
④ 安达曼群岛位于孟加拉湾,属于印度领土。

游戏"，然后电铃大响。

我匆匆溜回座位。哲米说："跟纸牌有关的字谜游戏？"我不知道该说什么才好，脑子已经停顿了。我太急于表现，给自己太多压力，以致连最简单的智能运作能力都暂时失去了。"等散场时，"哲米要求说，"你可不可以走在我前面、离我五公尺远？"

认识自我

identity

　　人家教导我说，认识自己是件好事。如今，我比以前任何时候都更认识自己，变得和自己颇亲密，也知道许多以前从来不知道、与自己有关的几十、上百甚至成千笔资料。

　　我知道我是七十五兆个细胞的集合体，听起来是颇吓人的数目。（更糟的是，由于很少再去踩阶梯式健身器，所以身体中段部分想必又增多了一亿个细胞。）有百分之六十的体重是水分，属于两足哺乳类，这是人类独有的不同之处（袋鼠不能算数，因为尾巴等于第三条腿）。我头上大概有十万根头发，平均生长速度为每月一点三公分；至于门则是脊索动物门，这倒挺令人震惊的。我以前就知道我属于哪个界和种，大概还能类推到纲和目，但是门对我来说却很新鲜。

　　要是我从事拳击活动的话，属于次中量级（体重六十七到七十公斤）。出生时左右眼视力是二○／八○○（或记为○·○二五）。在子宫里的时候还有鳃裂。呼吸的时候，除了会吸入寻常氧气之外，也吸入某些发音很怪的气体，如氪和氙之类的。至于地址，你可以在本星系群找到我，位于一个头尾距离约一百万光年的螺旋星系里。我住在地球上，这个星球的周长大约四万公里，略为倾斜成二十三点五度。说得更确切些，我住在北美洲，这是由加拿大地盾撑住的大陆。

跟其他三亿五千万个人类一样，我讲的是英语，要分得更清楚的话，是内地北方发音，也就是通用美语（不像那些爱炫耀英式标准发音的家伙，我发 motor 这个字的 t 音反而像发 d 音）。我是个德系犹太人，这系最早住在现在的德国和法国一带（不过提醒你，这点并没有让我很法国化）。我在杂志社上班，最早叫做"杂志"的刊物是一七三一年创办的英国《绅士杂志》，该杂志曾以出名的"合众为一"（e pluribus unum）为信条①。

另一方面，我其实也很喜欢这样，能够清楚界定构成你生命的光谱，颇让人感到安心。但是生物学这方面的解析就让我方寸大乱，因为高中毕业之后，我就没再想过那七十五兆个细胞的运作情况，按理说应该要对生命这个奇观感到讶叹才对，哪知反而是吓坏的感觉。上星期我醒着躺在床上耗了九十分钟，为身体器官担心，尤其是心脏；我心跳每分钟七十下，每分钟七十下似乎太多了些；虽然还比不上金丝雀的心跳多，它们是每分钟一千下，但是比起大象可就太多了，大象的心跳每分钟才二十五下。我的心脏就这样从来没停断过，跳了三十五年了。它还能这样安然无恙继续跳多少下呢？心脏有那么多精密的活动部分，包括决定心跳规律的窦房结，还有乳突肌、三尖瓣。我把手放在心脏部位，躺在床上保持不动过了九十分钟，以便确定它一直在跳，而我也还活着，直到终于渐渐沉睡。

错觉
illusion

茱莉家族的朋友结婚，我们去参加婚礼，那是个很开心的场合，但是和艾力克的太太雅丽珊德拉聊了之后更让人感到开心。

雅丽珊德拉是个很贤淑的女人，茱莉和我都封她为"圣人雅丽珊德拉"，因为她能受得了艾力克；他们是艾力克在哥伦比亚做外交工作时邂逅的，两年后艾力克调回美国，那时雅丽珊德拉会讲的英语大概只有十四个字左右，现在她一口流利英语，虽然带有口音，有时还把某些字眼的意思弄拧了（她以为"homly"是漂亮的意思，结果恭维邻居说他们的儿女"其貌不扬"，弄巧成拙）。

---

① 后来美国国玺和货币都有这句格言，也是"美利坚合众国"意思的来源。

话说回来，在那个鸡尾酒会上吃着小碟烧烤芦笋时，我跟雅丽珊德拉诉苦说，我永远都赶不上艾力克的博闻强记，他的脑力实在过人。雅丽珊德拉跟我讲了一件事，听了之后我觉得心里舒坦多了。

两年前，雅丽珊德拉和艾力克跟另一对夫妇上餐厅吃饭，女服务员写好他们点的东西之后走开了，雅丽珊德拉却兴奋不已。"那个女服务员讲话有哥伦比亚口音，"她说，"而且还不止如此——我猜她跟我同乡，也是从卡利来的。"

艾力克大摇其头。"那不是哥伦比亚口首，是斯拉夫口音。"接着长篇大论，谈到巴尔干半岛各国的语言学。等到女服务员端来开胃小菜时，雅丽就问了："你是哪里人？"

"哥伦比亚。"女服务员说。

"哪个城市？"

"卡利。"她说。雅丽这下可跩了，艾力克故作满不在乎状。

实在是很妙的故事；倒不是因为艾力克搞错了，这点无疑是好事一桩；我觉得最妙的是：讲到哥伦比亚口音，他居然还敢小看自己那位有哥伦比亚口音的太太——真够酷的！

毋庸置疑，他宣称女服务员的口音是斯拉夫腔时绝对信心满满，毫不迟疑，就像平时道出自己眼睛的颜色，或者哈斯丁战役发生在一〇六六年一样。①诺，我不是说艾力克知道得不多，他的确累积了数量多到气人的信息，但是万一碰上他对某事不是那么有把握的场合又怎样呢？唉，他才不会为了这种小节而收敛呢！

有一点我已经琢磨了两个月之久，现在很确定了：要做个成功的万事通，秘诀之一就是要非常有自信；你就是要大声而自豪地讲知道的资料，就算跟我一样常常记不清楚细节又搞混了也没关系。我有个财务分析家朋友曾跟我说他的工作概况：有时讲对，有时讲错，但讲的时候永远都要一口咬定。

有一天，办公室有人带了一对双胞胎儿女来，我讲了很妙的资料给他听。"你知不知道，从前越南社会的传统习惯会强迫龙凤胎彼此结婚？"我

---

① 英格兰国王哈罗德二世与法国诺曼底公爵威廉之间的战争，英格兰于哈斯丁战败，确立了诺曼人对英格兰的统治地位。

跟他说,"因为他们认为龙凤胎在子宫里一定有过性关系了。"这很妙,但其实发生在巴厘岛。我知道不是在越南,但一下子记不起来是哪个社会要双胞胎彼此结婚,所以就编出一个。我猜那个听话的人一定没有修过东亚产科学的博士学位。我还真猜对了。

印度兵变
Indian Mutiny

这是十九世纪印度反英统治的叛乱行动,结果失败了。这场印度兵变最引人瞩目的地方是:导火线很奇怪。话说一八五七年,英国佬雇用印度兵为英属东印度公司服役,但是英国佬犯了个错误,他们不该引进新型的恩菲尔德步枪到印度人部队里,因为这种枪需要靠阿兵哥咬掉涂了油的弹壳两端。这种润滑油有问题吗?问题就在于那是用猪油和牛油混合的产物,这样一来正好同时冒犯了穆斯林和印度教徒阿兵哥,因为一个是忌讳吃猪,一个是忌讳吃牛。印度人于是群起攻之,杀死英国军官,但英国人则以圣经式的凶猛手段平息了这场叛乱。套句大英百科的说法:"最终,报复行动远超过最初的过分行为。英国人在狂暴的复仇心理下,用大炮打死了数以百计的士兵(不过有些英国军官抗议这种血腥行动)。"

起初想到用大炮轰死人的景象,可说是我最感恐慌不安的事之一,但我也留意到括号里的说法:有些英国军官抗议这种血腥行动。这真是最典型的大英百科作风。大英百科是出版史上唯一最公正、不偏不倚的书,样样事情都有两面说法,即使是最邪恶的行为、最黑心的人,也有可取之处。

黑死病,无可否认,干掉欧洲三分之一的人口,但也造成劳动市场开放,剩下那些一息尚存的人,工资因此提高了。你得到好处,也得承受坏处。

匈奴王阿提拉?还用说,他是个凶狠成性的野蛮人,有个让人一听就绝对不想拥抱他的绰号:"上帝之鞭"。没错,他害死兄长布莱达以独揽大权,恶行还包括对东欧几乎每一亩地的居民奸淫掳掠。喔,还有阿提拉死后,负责埋葬他遗体的傻瓜后来全都遭到处死,这样一来坟墓的所在地就永远不会被人发现。好,他是有很多缺点,不过……你选对日子碰上他的话,很可能会大出意料。阿提拉"绝非无情无义",大英百科如是说,而且在筵席上"用木盘子、只吃肉,手下主将则吃银盘装的珍馐佳肴"。看到没?他用木盘子装东西吃。要是换了你,辛苦一场征服全欧洲满足胃口之后,还肯用木盘装东西吃吗? 大概不会。

　　也许这没什么大不了,但也算不错了,大英百科非常得体,可说是道地绅士。我想象它要是撞到你,一定会说:"老友,非常抱歉!"每天读它个五小时,你就会开始被持续不断的正反两面调性给洗脑。没错,你会暗想:美国电台主持人林鲍夫真是个霸道的驴蛋,不过他提及爱国主义的重要性,却也有些很不错的观点,而且口齿清晰。

工业工程
industrial engineering

　　天大消息! 大英百科启发了我,让我改变把待洗碗碟放进洗碗机的方式。这项革命始于谈论大量生产的那篇文章,我由此学到了最重要的事,就是仔细把整个作业过程分成一个个独特步骤,说白了,也就是分成"简单的、高度重复的动作模式,以及工作部件更换位置最少的专门化作业。如此可以发展出让人容易上手的人力动作模式,消除不必要的动作或步骤,也不必经由大脑去调整。"

　　那天稍后我在厨房里的时候明白了:以前负责饭后洗盘子时,我一直做些极度不必要的动作及脑力调整;我习惯先把一个盘子刮干净,用水冲一下,然后放进洗碗机里,再去刮净第二个、用水冲一下,放进洗碗机里,如此继续。很可笑,我知道,既不专业,也没有分工,纯粹就是乱无章法。

　　而今,我变成优美又讲效率的动作诗人,现在先一次以同样准确的动作把所有盘子刮干净,再用水冲洗整叠刮净的盘子,之后,才用很精简的动作放进洗碗机里。

　　我爱死了这套动作,因为正在仿效二十世纪初的效率专家,如吉尔布雷思等前辈的榜样,他们这些人当年拿着计时表以及写字夹板大驾光临工厂,想要找出改进效率的方法。顺便一提,吉尔布雷思有十二个儿女,他那本书《妙人齐家》①的题材就是讲他教养孩子的故事。

────────────

　　①　后来亦曾改编成电影《二十四笑》。

我是在告诉你，我这新系统的做法比较快。阅读大英百科也许会浪费我人生一年光阴，但起码我从日常杂务省下一点时间；一辈子下来，算起来这方法可以让我整整省下两三分钟呢！

遗传特征
inherited traits

最近我读了很多关于遗传的资料，非常引人入胜，譬如古人相信有"胎教"这回事，即婴儿的人格会受到女人怀孕期间历经的各种经验所影响（因此爱斯基摩妈妈在怀孕期间吃鸭翅膀，希望生出来的孩子是划桨能手）。亚里斯多德还为"前父影响"的说法背书，这个理论认为婴儿天生的特征不仅遗传自生父，更带有很久以前与其母"配对"过的男性遗传特征。我老妈以前曾经跟塔虎脱①的曾孙约会过一次，所以我要是变成大胖子，而且开始支持提高税率的话，我们就知道应该怪谁了。

不过今天我却上了一堂超级详细的遗传课，这是和老爹共进午餐时的事。话说老爹和我都在纽约中城上班，所以父子俩不时约在餐厅吃个三明治当午餐。我们才刚坐下，我就对他下工夫了："来，看看我从大英百科学到了什么法律的东西，可以帮你解决手头某个案子。"老爹看起来很不自在。

"就跟我随便说个你手头的案子，看我能不能解决。"我说。

"那个服务员不见人影的案子怎么样？这倒是个很不错的案子可以让你解决。"

我其实可以缠着他不放的，但感到还是罢手比较好。这中间涉及律师跟客户之间的特权。

"那就谈谈跟法律无关的问题怎么样？"我问他，"你有没有这类问题呢？"

"讲讲'你打算点什么菜？'如何？"

"别这样，讲正经的问题啦！"

老爹想了几秒钟，然后提出了一个："美国最南方的州是哪一个？"

我沉吟了一下，这是不是个暗藏玄机的问题？"夏威夷。"

---

① 塔虎脱是美国第二十七任总统。

160

"答对了。最北方的呢?"

"阿拉斯加。"

"没错,最西边的呢?"

我努力在心目中勾勒美国地图,应该不是阿拉斯加就是夏威夷。

"阿拉斯加是最西边的一州。"

"很好。最东边的呢?"

"缅因州。"

"不对。最东边的州是阿拉斯加。"什么? 这太说不过去了吧? 我做出很不相信的皱眉不满表情。

"阿留申群岛有两个岛超过一百八十度经线,所以正式说来,阿拉斯加是最东边的一州。"

呃,我实在不愿意承认,但他这招还真是不赖。

"你是当年阅读大英百科A字首部分知道的吗?"

"我也不确定是在哪里看到的。"老爹说。

我从来没逼他讲阅读一九七四年印行的大英百科还记得哪些东西,我知道他会说没记住多少,而且阿拉斯加这部分可能也没让他留下很深的印象,不过话说回来,总是有些进入他的脑,对吧?

"我记得大部分的字都是以 A 或 B 为开首。"他说。

"拜托啦! 真是的。"

"记得不多,东一点、西一点的。"可恶,听来不是个好兆头,大概问不出什么所以然了。

"我小时候有一套《世界百科全书》,其实我更记得从那套书看到的资料,"老爹说,"我还记得写了一大篇关于澳洲的报告,真的对澳洲非常感兴趣,迷得不得了,还想叫你祖父把家搬到澳洲去,结果他不得不叫我坐下来,跟我好好解释了一番,说他是个在纽约工作的律师。"

我听了猛然一惊,回想小时候我也对这个岛屿大陆着迷,常常花几个小时查看澳洲地图,那种迷法简直就跟电影《第三类接触》里面理察·德瑞佛斯演的那种发神经似的专心一志差不多①。

---

① 理察·德瑞佛斯在《第三类接触》饰演目击外星人的电子工程师。

"我小时候也很爱澳洲。"

"是的,我还记得。"老爹说。

知道这件事后,心头到底是什么滋味,我说不上来;难不成有一种基因会让人特别喜欢某个地理位置吗? 还是老爹多少对我产生潜移默化,使我也选择澳洲作为最爱的大陆? 不管是哪一个原因,都让我成了泄气的皮球。以前除了自认是世上最聪明的男生之外,我也幻想自己彻头彻尾是个独一无二的人。我要跟别人不一样,或许浑然天成得就跟北欧神话里的巨人一样,是由水滴逐渐凝聚形成的。这也是我选择澳洲的一部分原因,使我成为班上唯一对狄洁里都号角①和澳洲野狗很内行的男生。可是现在,眼前有更多证据证明,我根本没什么与人不同的地方。我其实是个复制品。

知识分子

intelligentsia

周末我有大事要办。经过将近一个月的等待,终于要去参加在史坦顿岛举行的国际高智商协会大纽约分会每半年一次的聚会。由于他们也欢迎会员携配偶参加,所以我就邀茱莉同去,但她已另有约,这约包括躺在沙发上看杂志等。好吧,那我就不携伴参加了。这是我第一次出席门萨例会,心情有点紧张。他们会不会对我的知识刮目相看呢? 会不会认为我运用了取巧手段,靠那微不足道的入学能力测验成绩入了会? 会不会把全部时间都花在谈生物伦理学? 吉娜·戴维斯会不会出席?

两个星期之前,我也出席了门萨的另一次活动,是在下城一家中国餐馆里的欢乐周五聚餐,结果并不像广告说的那么好玩,我只落得坐在一角又没办法加入交谈的下场。唯一的精彩时刻,就是看着一位门萨会员很小心地把冰块排在他那碗馄饨汤的碗缘。"请问您这是在做什么?"我说。

"这样可以让汤凉下来,又不会因为冰块融掉而稀释了汤头。"他说。

"喔!"我说。

---

① 狄洁里都号角是澳洲西北地区原住民用的直号角,用竹子或中空的小树制成,长度约一点五公尺。

162

"在家里我通常都用塑胶冰球。"

"那您为什么不把塑胶冰球带来这家餐馆呢?"我问。

"我整天都要上班,上班时间塑胶冰球要放在哪里呀?"

他对我的智力出奇地没有留下深刻印象,反倒开始打量我,不用说,心里一定嘀咕着,门萨何时开始招收这种小时候都在吃含铅油漆的人。但我不得不承认:这个用冰的点子是蛮聪明的。

话说这个例会(正式称法是"纽约州智力会")应该会好得多,可以让我不虚此行,享有更多充实的门萨光阴。星期六我起了个大早,想要赶搭前往史坦顿岛的渡轮,哪知反倒在鸽子群集的渡轮码头里等了两个钟头。我人都还没离开纽约市,这趟行程就起码花掉我三个小时,心情很不好。我已经没参加周五晚间的各种活动,实在很不想错过更多。这是谁出的鬼主意,竟然在史坦顿岛开例会? 我心想,这可不是很聪明的点子。于是对自己的风趣呵呵一笑。

来到史坦顿岛大饭店时,刚好赶上门萨的比萨午餐会,设在海港厅里,空间很大,天花板很低,有块图案令人触目惊心的地毯。眼前有四十个左右的天才人士正在大嚼甜椒,喝着加州的阿玛丹葡萄酒。没见到吉娜・戴维斯。我在一张圆桌就座,同桌的饭友正忙着评论昨晚的喜剧表演,显然并不顺利。

"怎么回事?"我问。

"糟糕透顶,"有个穿牛仔夹克、戴副其大无比眼镜的女人说:"有好些捣乱分子。"

"门萨捣乱分子?"

"对,"她坦承说,"喝醉的门萨会员。他们表现得一点都不像门萨会员该有的样子。"

"他们说了些什么?"

"他们跟那个喜剧女演员说她的屁股很不错,而不是跟她说'演得好'(nice act)。他们说的是'俏屁股'(nice ass)。"

"喔!"我说,心里很懊恼自己竟然错过了粗俗的醉酒门萨会员,我倒真想看到那一幕。

"这样做很不明智,"这位穿牛仔夹克、眼镜片足以用来镶满潜艇舷窗的会友说，"破坏了整个晚上，在那之前本来是个很不错的晚会。"

这还不是门萨例会唯一引人争议的事件，我马上又知道，有个天才人士带了两条庞大的伯恩山犬同来，其中一条在娱乐室门外留下一堆庞大如伯恩山的狗屎，但据人家说，那个狗主人根本就不当一回事，没有去清理。原来门萨会员也会跟智力一般的人同样不成熟又不负责任。我咬了一口比萨，想了半天才想通这一点。接着我留意到这位饭友所佩戴的会议胸章上贴了张黄圆点贴纸。

"这个黄圆点有什么用意？"我问她。

"贴绿圆点表示'是的，我要一个拥抱'，黄圆点表示'拥抱之前先问过我'。"

我环顾厅里其他人，每个人的胸章都加贴了彩色圆贴纸，就只有我的没有，不免让我有点感到受冷落。我还见到有个男人贴了起码二个绿圆点，所以料想这代表想要人家拥抱他想得要命，大概就跟毒瘾发作、想要过瘾头一样的程度吧。

"您不喜欢人家拥抱您吗？"我问身旁这位朋友。

"我个子太小了，"她说，"会被人家挤扁，这里有太多大胖子门萨会员。"

嗯，我本来还不想提的，不过她说得一点没错，是真的有很多大胖子。这群人或许都有个大脑子，但也有个奇大无比的屁股，而且这类人多得惊人。若以他们的单位智商和体重来看，我看每一分智商大概等于一公斤体重。讲到这方面，值得注意的是，痴肥还不是这里见到的唯一生理问题。还记得笛卡儿最迷恋的是什么吗？这么说好了，要是他出席门萨例会的话，准保他如鱼得水乐坏了。

又吃了几块比萨并喝了两塑胶杯的阿玛丹葡萄酒之后，我得出了几项观察心得。

一、门萨会员很喜欢玩双关诙谐语。我听到有人讲到吃田鸡腿可以让田鸡气得到处跳。对建筑感兴趣的人具有"大厦情结"①。我碰到一个

---

① 大厦情结（edifice complex）是美国谑语，仿恋母情结（Oedipus complex），指热衷于建造宏伟建筑的情结。

在冲印店做事的门萨会员,他告诉我说:"这工作让我对人生有很负面(与"负片"一语双关)的看法。"

"我吓得不敢想。"我这样回他,结果赢得他由衷对我另眼相看,但让我深恨自己多嘴。

二、门萨例会绝不是建立人脉、找新工作的好地方。且不说那个喜欢双关语的冲印店家伙,其他似乎没有固定收入的与会者多得出奇,问起他们是做哪一行时,很多人的回答都含含糊糊,如"我接一些案子做"或者"这个做一点,那个做一点"。最后我终于学乖了,知道问人"您靠什么谋生"在门萨圈里是很没有礼貌的事,等同问一般人:"请问您平均多久手淫一次?"

门萨会员很喜欢发表宏论。有个五十几岁的女人跟我解释她那套"人性盆栽树论"。"柏拉图有他的洞穴理论,我有我的盆栽树。"我没法在这里引述她的理论,因为我根本听不懂她在讲什么,不过显然等同于人类行为的爱因斯坦相对论。

我决定去娱乐室,继续私下进行人类行为研究。娱乐室在大厅的另一头,位于"韦拉札诺"①厅里,我在这里见到了很可观的一大叠局戏道具:拼字板、拼字盘、猜字游戏,随便你说,这里全部都找得到。我旁观了一局,有个灰发男人正设法要他的队友猜出一个字。

"两样东西之间的空间。"他说。

"间隙(interstital)!"有个女人大声说。

"不对,"他说,"是两样东西之间的空间。"

"空隙(interstice)!"她又试一次,"间隙! 空隙!"

"不对!"他说。

时间到了。原来是"间隔"(gap)。我为此颇乐,因为那个女人拼命讲四个音节的拉丁化字眼,结果答案却是美妙简单的"gap"。我的结论是:有的人想要表现聪明,结果却努力过了头。

娱乐室另一个角落里,有两个会员玩游戏告一段落聊起天来,看他们谈得非常起劲的样子,我就晃过去窃听一番。嗯,我并不想刻意加深之前的刻板印象,所以很希望在这里能向各位引述有关克林顿卸任后的美国外

---

① 韦拉札诺(1485—1528),意大利探险家,是发现纽约湾的第一个欧洲人。

交政策,或者比较莫扎特与柴可夫斯基的特色之类,但实际上,他们争辩的话题却是《银河飞龙》,所谈重点是毕凯舰长。

会员甲:我真搞不懂为什么毕凯是秃头。

会员乙:这有什么问题?

会员甲:因为到了二十二世纪,总应该有治疗秃头的方法了吧?

会员乙:对喔,应该有。

会员甲:所以说,为什么他还是秃头呢?

会员乙:因为是个人作风的选择;他选择秃头。

会员甲:我还是认为这很奇怪。

由于我不是星舰迷,又没人邀我加入一起玩游戏,于是就回到海港厅,看看是否还能再吃一块比萨。我在一张桌子就座,同桌有两个男人,发型都很不正统,至于谈的话题,我很高兴听到的不是《星舰奇航记》,而是计算机。

他们在比较自己做的笔记,看用计算机可以拼出哪些字,也就是按几个数字之后,把计算机倒过来看,正好会组成一些字,例如 Shell Oil、hello、hel 等等。之后,其中一人又进一步讲更深的层面。

"你知道我很想做什么吗?"梳了迷你大包头的家伙说,"我想弄台计算机算算看负一的平方根,看看计算机怎么算法。"

"结果怎样?"另一个家伙问,这人留了一脸大胡子,胡子正向颧骨北面蔓延、往额头方向生长。

"要看是哪一种计算机。如果性能比较好,二十美元以上的,它会说这样是错的;如果不到二十美元,它就会精神崩溃。"大胡子家伙当场对他刮目相看。这实在是很好的计算机知识。接下来二十分钟里,我静静坐着听谈话转到二十世纪的物理学。他们自信满满地谈着量子、波子、普朗克①、超弦、平行宇宙、夸克及双狭缝实验等。我很想插一脚,因为从大英百科学到的物理学够我跟上他们的谈话,但他们连正眼都没瞧我一眼,我觉得他们拒我于千里之外。

----

① 普朗克(1858—1947),德国理论物理学家,导出量子理论而在一九一八年获颁诺贝尔物理奖。

这时有个棕发女人在我身边坐下，来得正好，羊入虎口。她刚从娱乐室过来。

"啊！韦拉札诺厅，"我说，"乔凡尼·韦拉札诺。"

"正是。"她说。

"你可知道，他在亨利·哈德逊之前先发现哈德逊河。"

"这个我可不知道。"

"除此之外，哈德逊也是个如假包换的混账东西，他很吝啬，送礼给一个船员又要了回去，结果引发一场叛变，他手下船员起来造反，把他放在一艘小船上任船漂流，就这样完蛋了。所以我的看法是：应该称为韦拉札诺河，而不应该叫哈德逊河。"

"我以前从来没听说过。"这位女士说。

哈！我瞄瞄那两个计算机高手，希望他们听到我露的这手知识。但是他们毫无表示。他们正扯到波尔①。至于那个女人，正在东张西望寻找开溜途径。我倒是成功把一个门萨会员烦死了。

算她运气好，这时刚好有人宣布，九〇二室举行的有奖问答比赛就快开始。我当然要去，这可是露一手的大好机会，现一现阅读大英百科得来的知识。

九〇二室挤满了门萨会员，有的歪坐在长沙发上，有的坐在地板上，铅笔和纸张传来传去。"每个人都有铅笔了吗？"主持人问。他看起来很像乡下地方刚出道的牙齿矫正医生，不过由于问人家工作是禁忌，因此也就无从得知他真正的职业。"每个人都有铅笔了吗？"

每个人都有铅笔了，于是开始有奖问答。我会这样评论门萨会员的益智问答题：真他妈难得要死。有个简单的问题如下："谁的最后遗言是'这个世界已经失去一个伟大艺术家了'？"（暴君尼禄，这是我后来知道的。）另一题："下面这句用来助记的句子'Oh be a fine girl kiss me right now sweety?'（喔，做个好女孩现在就亲亲我，甜心）真正指的是什么？"（是恒星光谱类型②。）

---

① 波尔(1885—1962)是丹麦物理学家，提出氢原子结构理论，获颁一九二二年诺贝尔物理奖。

② 哈佛天文台将恒星的光谱分为七类，分别是 O、B、A、F、G、K、M，表面温度由高变低，恒星年龄也由年轻变老。O、B 型恒星为蓝色，A 型是白色，F 型黄白色，G 型黄色，K 型橙色，最冷也最巨大的是 M 型。

要是其他那些天才会员没有那么大声抱怨的话，恐怕我早就因为自己缺乏智力的程度而吓坏了。有个坐在角落里，长得跟 K 型巨星①大小差不多的女人质问说："哪个鬼家伙出的题目呀！"

要不是有大英百科的话，十七条题目我大概最多答中一题，但幸亏我勤奋阅读，所以十七题拿下了很光彩的四点五分。我私心盼望这分数足以为我赢得大胜（之所以得到那半分，是因为我知道富兰克林支持选择火鸡作为美国国鸟，但却不知道这是因为他认为老鹰"怯懦"之故）。

我答题最感自豪的一刻，是知道"三伏天"（dog days of summer）这句话的出处（源自于古人相信犬星，也就是天狼星，散发出的热度等于第二个太阳，因此当它升起时，天气就会特别热）。不过我也知道阿伯拉遭到的刑罚是什么：阉割。

"我连阿伯拉是谁都不知道。"主持人一面说、一面读出答案。所有人发出一阵嘀咕，纷纷摇头。

"他是十一世纪的基督教神学家。"我说。此刻应该是我扬眉吐气的时候，给这班懂得比我少的门萨会员好好上一课。但出于某种原因，可能是传声系统不佳，或我讲话口齿不清，结果似乎没人听到我说的话。我又说一遍："他是十一世纪的基督教神学家！"还是一样，没有反应。

那个主持人已经讲下一题了："'学究'最初的定义是……"

"他是十一世纪的基督教神学家！"但我的答题时机早已过去，而且其他会员都可以听出我语气里的怒气和愤懑，大家都吓到了。主持人停顿了一下，在脑子里把我列入"小心处理"的名单上，排在那个不为自己的伯恩山犬清理狗屎的仁兄旁边。然后又继续讲下去。到最后，我输给一个得了七分的家伙，他很臭屁，剪了个楔形发型，体态像只长鼻猴，甚至不把我这可敬的四点五分放在眼里。

没多久之后，我已经置身史坦顿岛渡轮上，重返我在曼哈顿的无门萨会员的生活。我心里酸溜溜的，不仅因为输掉这场天才有奖问答，还加上在这里跟门萨们泡了一天之后，对于这个会所表现出的菁英作风和沾沾自喜感到很不快，气自己竟然那么想参加这个会。愤怒感和怜悯感交替出

---

① K 型恒星为橙黄色巨星，直径约太阳的数百倍。

现,怜悯是因为看到他们之中有很多人比我还不善于适应社会,而且绝对更需要就业辅导。想到这里,愤懑之余不免又有点脸红,想到他们若知道我走旁门左道,靠着入学测验成绩入会,说不定也会可怜我。

我下了定论:这次例会让我看到自己很不可爱的一面。尤其想到临走前几分钟的那一幕,有个住在那家饭店、来自新罕布夏州的仁兄,上前来跟我和另一位门萨会员搭讪,说有个问题想问我们。

"您二位是那个门萨会的吧?"他问。

"是,门萨会的。"我那位天才会友说。

"那好,我有个很正经的问题要请教:户外茅坑有个好听的叫法是什么?"

"盥洗室?"我自告奋勇先给他一个答案。

"不是,不是这个叫法,是 P 字母开头的,我听到收音机播出考古学家的访问,他挖掘出古代的户外茅坑,他们讲的是 P 字母开头的字眼。"

"厕所(privy)。"我那位天才会友说。

"没错! 就是这个字眼!"那个新罕布夏仁兄说。

"所以那些政府才会称私人智囊团为 privy council。"天才会友说,不脱门萨会的不成文规矩:所有交谈都要用上双关谑语。那位新罕布夏仁兄很满意,踱步走开了。就在此时,会友和我相视大笑,摇着我们高人一等的脑袋。唉,这些普通人。连室内卫生设备的同义字汇都很缺乏,可不是挺傻的吗? 是的,或许是吧,但起码他们不需要靠贴纸来认定该不该拥抱别人。

性交

intercourse

由于茱莉和我一心一意想有喜,所以性生活多得吓人。谣传性生活应该是饶富兴味的事,但我们老早过了那阶段。我们是怀有目的在过性生活。对我们来说,性生活的有趣程度就跟搭公车到市区另一头一样,只不过是载我们前去的交通工具而已。这似乎很不公平。为什么一个男人不能在他一辈子里有比较平均的性生活呢? 为什么眼前这种性生活不能分一部分给我真正最需要的时期呢? 譬如说我二十几岁单身寡人一片空白的那些年里？结果却反而通通挤在我三十几岁时，就像骤然高起的钟形曲线，只能证明一样好东西多过了头是很累人的。有时我还真希望茱莉就像个女王蜂，女王蜂只偶尔有一次性生活，可是每次在储精囊里储足了未来五年都够用的精子。

不过这个晚上，我打算为我们的性生活添点从未有过的刺激感。茱莉已经上床了，正在看小说。到了十点半左右，我放下大英百科，走进卧房里，站在床尾处，两脚开始重重地原地踏步，左右左右，然后脑袋朝天花板点一下、点一下的。茱莉抬起头看我。"这是在干啥？"

"你有没有觉得欲火点燃了？"

"喔，我火热得很哪！"

我踏完左脚换右脚，然后重复一遍。"这是蓝脚鲣鸟的求偶舞，叫做'朝天'，我想你会喜欢。"

"喜欢，这舞特别撩人。"

"也许你更喜欢看到粪堆，就像兔子留下来的，表示它们已经交配过的那种粪堆？"

"呃，不如你就干脆上床来让我受孕好了。"

"有道理。"我爬上床，两人办起正事来。茱莉亲我到一半忽然停下来，头往后一昂。

"你在想着大英百科是不是？"她问。

"没有。"我说，其实是假话，因为的确正在想着，我不由自主。即使在做这最不要需用到大脑的娱乐时（不把喜剧演员吉姆·贝鲁西的节目算进去的话），我脑子里还在反复思考得来的新知识；想着豆娘在空中如何交配，两栖动物有储精囊，三趾鹬的雌鸟跟很多雄鸟交尾。我在想，苏格兰订婚的男女可以获准同睡一张床，但两人分别缝在两个睡袋里（此种做法称为"与情人和衣同睡一床"）。我想到雌、雄硬骨鱼都有长在左边或右边的性器官，只有性器官方位相反的雌鱼和雄鱼才能交配，因此要是有条雄鱼的阴茎长在左边，却爱上了阴道也长在左边的雌鱼，那有多凄惨呀！

茱莉又回过头来亲我。她知道我在讲假话，不过她已经慢慢习惯了。

伊拉克

Iraq

事态愈来愈明显，美国要跟伊拉克开战了。我多少有点期待《电视指南》会列出战事日期和时间，以便可以用数码录影机录下来。

我为此苦恼不堪，饱受折磨。开战的后果会很骇人的。有天晚上我和同事把酒倾谈时，说这场战争恐怕会打开恐怖主义的潘朵拉盒子（虽然本来是想说潘朵拉的罐子；大英百科是这样称呼的，罐子，不是盒子，但我想他们听了一定会看着我，觉得很滑稽，所以我还是从俗，用了"盒子"一词）。

我仅有的一点点闲暇也都用来担心战争，以及上网去看雅虎的恐怖警号指标，一面设法想出避免搭地铁的方法。茱莉叫我别再浪费时间，这样担心对谁都没有助益。她说我大可投身海军陆战队，要不就加入那种把垃圾推车扔进麦当劳窗口里的示威团体，起码我总算在做点事情，光是瞎担心恐怖主义来袭，对谁都没好处。她讲得很对，我也知道，可就是没办法不担心；我担心惯了，已经上瘾。

原本还指望大英百科能协助我，为这场伊拉克危机找出清楚的解决办法，要不至少也厘清我对战争的看法。结果未能如愿。刚才看完大英百科详编长达二十五页有关伊拉克的文章，对这块位于东方阿拉伯世界、面积有四十三万平方公里的地方知道很多，起码在艾宾浩斯的遗忘曲线①还没踢掉它们之前。我知道这地方在公元七世纪之前一直被称为美索不达米亚，知道它除了盛产石油之外，椰枣也是出口大宗。巴格达有红色双层巴士，是当年英国人占领后的余物。我知道它到二〇〇〇年之前都有肥料短缺的问题。巴格达有座很大的纪念像，塑的是阿里巴巴的女管家。我知道底格里斯河和幼发拉底河形成最早的文明摇篮之一。关于这点，或许也可以让它成为挺好的落幕之地：世界始于此，也可能于此告终。对于战争我也有些史观：知道这块土地在过去八百年里，几乎每隔一年就遭到一次劫掠。喔，星期二了，又到了伊拉克闹乱子的时候。我也知道，基督教和伊斯兰教的深仇大恨早在十字军东征之前就结下了。

---

① 艾宾浩斯（1850—1909），德国心理学家。他研究发现遗忘曲线，认为人们可以从遗忘曲线中掌握遗忘规律并加以利用，从而提升自我记忆能力。

但该怎么应付萨达姆呢？这个我就不知道了。坦白说，我也不确知自己在期待什么；期待大英百科在伊拉克这条目的结尾说"附记：美国不应与伊拉克作战，因为后果不堪想象"？或者"结论是：打垮他们"？反正很失望就是了。我想这大概要扯到之前在"伦理学"条目看到的某些理论，在"什么是"和"应当是"两者之间有着很大的鸿沟。所有事实都在峡谷的这边，但是隔着河的另一边，则是你的伦理观看法。这两者之间并没有逻辑三段论法可以搭桥。

唯一很肯定的则是，我们应该回到从前很多美洲原住民采用的作战方式：打仗时，第一个用棒子打到敌人者获胜。想当年那时代，作战还比较像某种精心设计的持球触身运动，只要触及敌方，就可视为最了不起的成功。不剥人头皮、不杀人，就只是触碰对方。这我倒很乐意见到。于是，美国的法兰克斯将军进军到巴格达，戳戳萨达姆的肋骨，然后以胜者之姿大笑跑开去。

反语
irony

法国号是源自于德国的乐器。大丹狗跟丹麦一点关系都没有。冷血动物的血液温度往往比温血动物还高。软材①的质地有不少都比硬材还要硬。肠线（catgut）是用绵羊肠子制成的，而非猫肠。凯撒大帝并非靠帝王切开术②诞生的。普通感冒（cold）并非因为着凉引起的（早在富兰克林就已指出这点）。加州的死谷充满生命（有两百多种鸟类、几种鱼类）。亨氏食品公司的产品有几百种，而不是广告上说的五十七种。海星（starfish）不是鱼。电鳗不是鳗类。原子物理学常常提到异常塞曼效应③，竟然比正常塞曼效应还常见。

以上都是我记录在电脑中"讽刺事件"档案里的资料。"反语"一词原

---

① 软材是产自针叶树的木材，主要是松杉类。
② 帝王切开术（cesarean section）的来源不是很清楚，一般传说指凯撒大帝出生时乃经剖腹生产，故以为名，但有些历史学家不认同。也可能得名于古罗马朱力家族名为凯撒的分支。Caesar 来自拉丁文 caedere，意即"切开"。
③ 塞曼效应是说，磁场中光源所发射的光谱线，会分裂成频率稍有不同的两条或多条谱线。这一效应由荷兰物理学家塞曼（1865—1943）于一八九六年首先提出。

是个名字,是"希腊喜剧人物 Eiron,他是个聪明人却老是失败、凭机智一再战胜自负的人物 Alazon"。但是我上面讲的却是不一样的反话,那些反话都是因为运用语言不精确所产生的可笑结果。我深感需要有个人出来插手管管、厘清这一切,英语世界里需要一位朱利安尼①,扫荡一切懒惰、吊儿郎当、其他年代剩余下来的字眼。但这永远不会发生,我从"华氏温度"的教训已经知道积习难改:坏观念形成的惯性力量是很强大的。

---

① 朱利安尼为前纽约市长,任内大力打击犯罪,整顿市容极有成效,加上九一一事件时应变有方,以之著称。

J

杰克逊
Jackson, Reggie

他原名雷金纳德·马丁内斯·杰克逊,宾夕法尼亚州温科特人,是我的偶像。我在青春期之前曾经是纽约洋基迷,爱死了瑞吉·杰克逊,拥有他的海报,有关他的统计资料我知道得一清二楚,也吃瑞吉糖果条,虽然味道就跟四流的士力架巧克力一样,看起来更像一堆秘鲁鸬鹚鸟粪(这是一种优质肥料)。

很高兴见到大英百科讲到他,尤其是我心爱的另一个洋基队员巴基·登特连提都没提到。能在这些辉煌灿烂的大开本书里读到瑞吉的事迹,实在是一大乐事:知道他当初怎么为亚利桑那州效力,后来加入奥克兰队,成为出类拔萃的跑垒员,又在关键重大的一九七七年和纽约洋基队签下五年合约,还于世界大赛创下三支全垒打纪录。

我还记得那场世界大赛,因为我就在现场,大英百科提到的历史事件中,这是我唯一亲身参与并目睹的一宗。滑铁卢战役我不在现场,也错过了十字军东征,但一九七七年我却身在洋基球场,亲眼看到瑞吉·杰克逊打了世界大赛那史诗般的第六场球赛。嗯,几乎全部看到。

以下就是经过情形。当时我九岁,老爹设法弄到门票。我父母都不是运动迷,但却想要我拥有纯美式的童年,所以偶尔会迁就一番带我去球场。因此我就在那里了,左手套着棒球手套,膝上摆着洋基年鉴,神气得头晕目眩。

我的偶像瑞吉在第四局踏上打席，然后"碰"，打出一支右外野全垒打。真叫人叹为观止。接下来那局，喀啦！又一支全垒打。简直难以置信。我快乐极了。两支全垒打耶！然后就在这时——爸爸认为该走了，要抢在散场交通拥挤之前回家，我们可不想跟其他人一起挤往地铁，对不对？

"可是，爸，万一瑞吉又打出另一支全垒打呢？"

"喔，不会了。"老爸向我保证说，一面拉着我挤出看台人群外。

我们站在地铁月台上时，又听到球场观众震天的欢呼声，是我从来没听过的那种欢呼法，瑞吉打出了第三支全垒打，创下历史纪录，从此大家都会谈论这支全垒打，而我则有几天不跟老爸讲话，虽然那天地铁车厢里的确只有我们两个，确实很不错！

那场历史盛会我只出席了三分之二，感觉很失望，好比还没在硫磺岛①插上国旗就离开了。但也让我感到自己对大英百科有那么一点点影响力，试想：要是我没在看台上尽忠地为瑞吉加油，他可能不会打出那两支全垒打；至于第三支，我就没份邀功了，你我都知道。

说来也巧，瑞吉的时代刚好也差不多是我着迷体育竞赛的最后时期。我想，如今我对于时下职业运动员的认识，要比任何一个身体功能健全的美国人都要少，连一般的阿米许人②酪农都包括在内；顺便一提，阿米许人遗传X型腿（膝盖外翻）的风险很高，这种毛病是"发育异常"的一种。

我也不是百分之百确知为什么十四岁时对体育比赛失掉兴趣，但不认为跟那场世界大赛有太大关系。我的理论是这样的：因为我开始体会到：自己对体育比赛的热衷程度和从事它们的能力之间差距太大，所以就不再花心思在这方面了。

哪知过了二十一年后，情况很尴尬。我在《君子》杂志开会时，人家都在谈周末的体育比赛，而我却尽量避免接触他人的视线，以免有人问我意见。我会假装在研究某块很有意思的地板瓷砖，我朋友安迪明知我对体育

---

① 硫磺岛是位于西太平洋的日本火山群岛，一九四五年美日双方在此激战，美方战胜后在该岛折钵山上竖起国旗，那张照片在世界各地广为印行，并成为绘画、雕塑和邮票的主题。

② 阿米许人是北美洲的基督教保守派别，如今生活形态仍保留十九世纪传统，精于农业耕作。

比赛的兴趣早在一九八二年就结束了,这时却会说:"嗨,贾各布斯,这个周末你有没有看到尼特①的二垒安打呀?"然后每个人都会捧腹大笑。我感觉自己就像螃蟹遇到藤壶一样欲振乏力、束手无策(藤壶会寄生在蟹壳内,抑制螃蟹生殖系统的发育)。

任何高中美式足球校队教练都会告诉你:最佳的防守法就是先下手为强。因此我就开始用上这招。在谈论今年的统计资料或球队之间交换运动员方面,我无法跟其他人别苗头,但是感谢大英百科,我可以在谈到运动史的时候把他们打得落花流水。只要一讲到体育比赛的话题,我就先开始埋怨,当今的运动员是多么不道德、令人发指,简直就是"开特力"运动饮料的电视广告加长版。我还是比较喜欢从前的体育界。

如果讲棒球,那就谈谈最早期的棒球比赛都有第二位捕手,位于常规捕手后面,专门负责截住界外球。还有,在纽约洋基队之前,我最爱的球队是纽约高地人队②和纽约同好队③。

要是谈美式足球,我就说:一九〇五年的大学校季赛因为太过暴力,至少有十八名球员因为在球场上受伤致死,罗斯福召集了一个总统委员会展开调查,从而定出向前传球的规则。

假若话题是网球:早在美国的威廉姆斯姐妹之前,英国的多尔蒂兄弟就称霸网球界了,从一八九七年到一九〇六年连年夺冠,而且其中一个兄弟在四年里只输过两场比赛。

听者的反应各有不同,从小有兴味到大感困惑都有,但总比拿我当笑柄好得多。要是拿棒球来比喻,我会说,这就好比内野安打,而从前则是三振出局。

贾氏一族
Jacobs

我并不比大多数美国人更自恋。嗯,或许比他们多一点点啦。我在谷

---

① 尼特是一九七〇年代洋基的三垒手,也是历史上最伟大的三垒手之一。
② 一九〇一年美国联盟成立时的巴尔的摩金莺队,一九〇三年迁至纽约改名高地人队,再于一九一三年改名洋基队。
③ 一八七六年国家联盟刚成立时的八支球队之一,隔年就解散了。

歌输入姓氏,看会出来什么搜寻结果,那种乐趣之大,说出来挺难为情的。眼前出现了六页贾氏资料,保证让我读得很过瘾。首先出现的是咱们贾氏族群之父,即圣经上的雅各。我已经忘了原来他这么奸诈(冒充他哥哥以扫,欺骗失明老父,窃取了以扫的长子福分),说来这有点玷污了我的姓氏。不过我继续稳稳读下去。

贾各布斯氏出了个都市学专家,以及民俗学者约瑟,但更叫人开眼界的是,历史上起码有过三次与贾氏有关的运动:雅各宾俱乐部(法国大革命的极端分子),詹姆斯党(拥护流亡英王詹姆斯二世的支持者),詹姆斯时期(指英王詹姆斯一世统治时期的艺术与建筑风尚)。我很高兴获悉,莎士比亚后期所写的悲剧,使大家认为他属于詹姆斯时期的剧作家,这在我心目中,多少把莎士比亚和我扯上了关系;有两个作家和詹姆斯沾上边,有我,以及莎士比亚那位民族诗人。

在我的答辩里,我要指出我并非只对和我同姓者感兴趣,我也追踪其他同名的巧合。在"钓鱼"这项条目里,我得知有个住在美国密歇根州卡拉马祖的人,在一八九六年发明了革命性的缠线盘,他的名字是……威廉·莎士比亚。是的,就跟那位剧作家一样。这人的父母一定很有幽默感,必然是这样想:"我们可以帮儿子取个什么名字,以保证他(一)过了青春期很久之后还会继续被人取笑,而且(二)让他永远感到自己很失败,因为怎么都比不上另一位老兄。"嗯,他们还真命中要害了。

还有呢,凯西·贝兹在电影里用铁锤敲詹姆士·肯恩的脚踝,是拿过奥斯卡金像奖的女演员,但显然另一个凯西·贝兹也写下《美丽的亚美利加》这首歌的歌词。还有另一份《国家询问报》[①]!你不用再觉得羞于看这份报纸了,话说一八〇〇年代,早在南北战争之前就已经有一份《国家询问报》,那是宣扬废奴主义的知名报纸,没有刊登太多关于美国女星詹妮佛·洛佩兹的爱情生活报道。所以你在超市结账柜台大可跟别人说你被搞糊涂了,还以为自己买的是一份提倡反奴役的刊物。

我也说不上来为什么对这些同名巧合如此着迷,其实我并不认为这有什么深奥玄机,或许只显示出名称可以很不符实,可以重复使用又任人随

---

① 美国小报,专门报道八卦消息。

意取名。但不管基于什么理由,总之这兴趣遗传自老爸。

几年前,我在《娱乐周刊》跟一位朋友亚伯·金共事,而我父亲的律师事务所也有个合伙人叫做亚伯·金。于是老爸就安排了一次午餐餐叙,让两个亚伯·金和两个阿诺德·贾各布斯聚一聚。理论上似乎是个好主意。我们到了餐厅,两个亚伯·金互相寒暄一番,大家都笑得很开怀。接着他们又互问起对方的中间名字是什么……然后情况就相当明显了,这两人除了头尾姓名是一样的之外,就没有其他共通之处,而我们都还没开始点开胃菜呢! 当然,这聚会也没有演变成每年一度的活动。

杰西·詹姆斯

James, Jesse

这个蛮荒西部的第一大盗死于一八八二年,是在"调整挂画"时被一名匪徒从背后枪杀的。这似乎太不对劲了;被人从背后开枪打死已经够差劲了,居然还是在挂一幅画、调整位置的当儿? 恶名昭彰的土匪实在不应该在他从事室内设计时结束生命。嗯,还好他不是在勾织装饰用的小枕头。

杰斐逊总统

Jefferson, Thomas

又有更多扯不清的账。杰斐逊让我看到了匈奴王阿提拉的反面对照。要说阿提拉也有他好的一面,则同样道理,即使最令人赞叹、多才多艺、具独创性、有正义感的人也会有他的黑暗面。我以前就知道,杰斐逊对奴隶的看法表现出他的矫饰与伪善①,可说罄竹难书,但大英百科还说,杰斐逊收买报纸记者去毁谤政敌约翰·亚当斯,这点我以前却不知道,这可骇人! 难道人一定要使出下三烂的手段才会成功吗? 希望不是如此,但要是连杰斐逊都这样做,就让我想不通了。

其他新闻还有:杰斐逊的脚倒是很干净,每天黎明即起就用冷水洗脚。

---

① 杰斐逊虽然坚决反对奴隶制度,但有种族偏见,认为黑人天生就不如白人,黑人和白人无法和平和谐生活在一起。

玩笑
joke

今天是愚人节,顺便一提,愚人节似乎也跟春分有关系,这是大自然以突如其来的天气变化"愚弄"人类的时候。在这天遭人恶作剧戏弄的人,在法国称为"鱼",苏格兰则称为"杜鹃"。

至于在办公室里,大家对上述资料似乎不怎么感兴趣,反而都在问,究竟是谁在每个编辑的椅子上放了一堆塑胶狗屎。

本·琼森
Jonson, Ben

我知道很多事可以救你一命,例如头盔、一位好律师、治胆固醇的药物等,但以下这点对我却是新鲜事:懂得阅读拉丁文。要是你弄得清楚拉丁文的"口众"(*E. Pluribus*)和"为一"(*Unum*)的意思,就可以活得久一点,起码万一在十六世纪的英格兰被控有罪的话,如本·琼森的例子。

我依稀记得琼森,他是伊丽莎白时代仅次于莎士比亚的成功剧作家,好比百事可乐,莎翁则是可口可乐。我却不知道原来他是个恶棍,这人火气很大又固执,发作起来会杀人。一五九八年,也就是他第一部大卖座剧本《人人扫兴》公演的那年,他在决斗中杀死了一个男演员同事。

不过最奇怪的部分却是他如何逃过死刑。这位遭到指控的剧作家钻了一个叫做"教会人员特权"的法律漏洞,这个教会人员拥有特权的理念来自于十二世纪的英格兰,教会迫使国王赋予教士和教会执事也有免于受世俗法院审判的特权。然而到了十四世纪,"教士"的定义却恣意延伸,任何人只要能用拉丁文阅读圣经《诗篇》的第五十一篇,就可算是"教士"。

从一方面来看,这条法律简直不像话,可说是高捧精英分子、不公正、太过专横。但另一方面也有挺不错的地方,让人看到以前曾经这么高度重视阅读能力和学问,而且这两种能力还有实质的好处,可以阻止斧头把你的脑袋从两肩上面搬了家。这点很美妙,交代得一清二楚:会阅读拉丁文,你就可以活下去;不会阅读,就很快要去好好体验"rigor mortis"是什么状况了。(不过因为你不会读拉丁文,也就不知道"死后僵直"的定义啦,你这不识字的驴蛋。）

手技杂耍
juggling

你应该知道，手技杂耍曾经历过不同的历史阶段。如今，最棒的手技杂耍艺人通常会抛耍三四颗球，但不会置身在不寻常或令人惊讶的地方玩杂耍，譬如马背或脚踏车上。这跟十九世纪的手技杂耍相反，那时抛耍的球数是称王关键，球愈多愈好。十九世纪初，拉斯泰利就是以抛耍十颗球而成名，大英百科称此为"神乎其技的成就"。

我很钦佩拉斯泰利，他跟我属于同类的人，抛耍十颗球也是我这种人眼中的成就。看惯了大英百科的正常资料后，拉斯泰利的故事实在是很好的调剂；之前一页接着一页，读到的都是发明疫苗或打通贸易路线者的事迹，让我感到愈来愈气馁，因为自知永远做不到那样的事，我根本就不是那种料。不过倒是可以想见自己步上拉斯泰利的后尘、拥有一点微不足道的成就，这种成就既无法挽救生命又不能改变世界，不过还是可以博得别人讶叹"哇！真了不得！"要不就是"老天，真浪费时间。"

整部大英百科不时可见到少数几个像这类型的例子，譬如贝尔斯，这个十六世纪的英国佬以微型书法出名，抄了一部只有胡桃大小的圣经；还有十九世纪的走钢索艺人布隆丹，曾经蹑脚走过横越尼加拉瓜瀑布的绳索，还在半途停下来吃一客煎蛋卷。老实说，我可就不会做这种事了，尤其那个煎蛋卷不是只用蛋白煎成的话。但我还是很欣赏布隆丹的热情和投入。

言归正传，现在是我生平头一遭感到有同样的热情并矢志投入，找到自己想要追求的目标，可以引起少数人惊叹，但更常招来人家说："这他妈的算什么呀？"我知道阅读大英百科这番成就不会让我名列大英百科，但总算是个开始，说不定下回我会做个什么更令人印象深刻的壮举，譬如阅读胡桃大小的微型版大英百科之类的。

红枣／果汁橡皮糖
jujube

茱莉要举办一个奥斯卡派对。不是随性凑数的奥斯卡派对，而是很郑重其事的那种,是纽约上西城安排得最好的奥斯卡派对,包括墙壁上突然出现很多电影海报、电视机周围摆满假的奥斯卡小金人等,还有奖品、集资打赌、奥斯卡有奖问答等。家里桌子上都摆满了"小子薄荷糖"、"吞滋乐"糖果、爆米花、果汁橡皮糖(jujubes 这个名称,据我所知,是来自于跟梅子一般大小的中国水果。这种糖果的辞源又是另一个我教育上的鸿沟,连我都不知道原来有这鸿沟存在)。

要是你来参加茱莉的奥斯卡派对,得要有备而来才行。二十位宾客受到怂恿要化装来参加,每个人的装扮必须代表该年上映的某部电影。茱莉选了一套红色魔鬼行头,外加一把干草叉,她代表《远离天堂》这部电影。我的装扮比较没那么花心思,只穿了牛仔裤和 T 恤默默坐在角落里,我是《沉静的美国人》。客人开始上门的前一小时,茱莉在家里三部电视机前频频按钮选频道,她要让我们家每部电视机都开着,万一有哪个客人走进别的房间,都能够继续看到电视上的转播,不希望有人错过了为自己庆幸的一刻。这让我起了个小念头。

"我们应该设个'事后下赌注'骗局。"我一面在大盅里排列吞滋乐一面说。

"什么?"

"事后下赌注,这是我在'骗局'条目里读到的一种手法。我到书房里看电视直播的奥斯卡颁奖典礼,你和其他客人在客厅里看数码录影机的播出,不过中间搞点鬼:你把数码录影机的播出时间延迟几分钟,比直播晚一点,这样我就会比你们先知道是谁得奖,然后我就赶过来在得奖人身上下注,我们可以赢他个几百块钱呢!你也知道,就跟电影《刺激》的情节一样。"

"《刺激》就是讲这种手法吗?我看那部电影时还很小,一直没看懂。"

"正是,差不多就是这种,不过他们从头到尾整个都是骗局,整个布局全部作假。但是点子差不多就是这样。"

"而且他们那时还没有数码录影机。"

"对,《刺激》里面没有数码录影机。"

"事后下赌注——很有意思。"哈!她喜欢这点子,再没有比这更好的,我最爱把她拉到我这边来。或许应该把我所知的资料整理出一个范围,专门用来帮助了解电影情节。

后来派对开得多彩多姿，不过茱莉封杀了我提的骗局点子，因为不想让我毁了她的惊喜感。这个决定很合理啦，不过却少赢了很多钱。

茱莉
Julie

在于利希(Julich，神圣罗马帝国时代的一个公国)和尤利安阿尔卑斯山脉(Julijske Alpe，延伸至斯洛文尼亚附近的阿尔卑斯山脉)条目之间夹了一张小纸条，用蓝色原子笔写了："茱莉在哪里？"

我看到时哈哈大笑起来，茱莉偷偷翻阅大英百科 J 册而且搞了点小破坏。我走进客厅里告诉她，大英百科可能把她列在娘家姓氏"荀伯格"条目里，而且还没空去更新。

跳绳
jump rope

差不多是午夜时分，茱莉已经睡了，我在多出的那间卧室啃着每天固定要啃的知识量，屁股牢牢陷在白色沙发里，两脚搭在矮几上，正读到跟跳绳有关最流行的儿歌(譬如"苹果、桃子、梨和梅/告诉我你生日到了没")。

头一抬，正好就看见它悄悄爬过浅蓝色的地毯，是只蟑螂，更正确地说，是只德国蟑螂，有时也被误称为"龙虱"。这是现存最原始的有翅昆虫之一，三亿二千万年来几乎不曾改变。

准备送死吧。我拿起那本 J 册大英百科；其实更应该去抓详编的第十六册，因为那一本的书背标示着该册内容是"芝加哥——死亡"，想来较符合现场所需，不过当时已经没空去顾这些有趣的细节。我把大英百科举到与肩齐高，然后朝它扔下去，就像从 B-17 轰炸机丢下炸弹似的(那种飞机很大，因此又称"空中堡垒")。巨册落地，发出令人满意的轰然巨响。

我拾起那本书，却很懊恼地发现，那只很有毅力的害虫竟然逃过了这次袭击，像部微型坦克车般还继续爬行，朝着暖气架的安全地带前进。这回我使劲把大英百科往下一摔，再加一脚踩下去，把它压个稀烂。胜利！我得说，大英百科的假皮封面很容易擦干净，一点也没留下蟑螂虫液污迹。所以起码可以说，就算大英百科代表的整个知识不算什么，但是用来扑灭害虫倒挺顺手。

关于这方面我听过很多，一直有人跟我说他们运用大英百科的不同方式。我表哥打壁球扭伤了手腕，医生开的处方包括利用大英百科当物理治疗的工具。另一个朋友说，他年轻时老是用一本大英百科来权充打击乐器里的一组鼓，令他父母为此抓狂。

最近读到一篇文章，讲的是探险家沙克尔顿曾辛辛苦苦带了整套第十一版大英百科去南极探险。（所以我只辛辛苦苦带一本去搭九号地铁前往下城，实在没什么好叫苦连天的。）总而言之，后来沙克尔顿困在冰天雪地时，最终是用大英百科的书页生火取暖。

从此我领悟到：大英百科的确有些很了不起的实质优点；它并非只是一些脱离现实的资料，也不只是一堆〇与一排列在印度绿豆般大小的晶片上。它是古色古香的大书，庞然巨物，可以砸烂害虫、用来生火、制造出巨响。我知道这种讲法听起来就像一个坐在门廊上遥想当年的古怪老头、怀念从前的大好时光，不过我更相信这些你可以真正动手翻转的书页。

卡夫卡

Kafka

大概没什么比多管闲事的朋友更恼人的了。我说的是那种自以为很为你好、根本不理你意愿的朋友。就拿亚伯来说吧,几年前我们都在《娱乐周刊》上班,我跟他讲心事,说对广告行销部那位芳名茱莉·荀伯格的小姐大为倾倒,但我说,这是机密,绝对不可以告诉任何人,尤其不可以告诉茱莉。结果他诠释为:"拜托,请不要客气,尽量去告诉大家,尤其要告诉茱莉。"

我才诉完心事不到两小时,茱莉和亚伯已经关上门躲在里面剖析我的倾倒,而且大笑一场。

唯一比这还要恼人的事情就是:到头来竟证明你朋友做得对。要是亚伯对我的意愿尊而重之,恐怕我永远都不会对倾倒对象展开追求,到现在大概依然是个寂寞单身汉,根本不知道壁式烛台长什么样,更别说家里有好几个这种烛台了。

所有这些想法,就在我阅读卡夫卡这篇时浮现脑际。从读到的少许资料中理解到,卡夫卡有些自尊方面的心结,主要源于他有个专制蛮横的父亲。卡夫卡由于无法从事自己喜爱的文学事业,于是念了个法律博士学位之后,在一家保险公司找到白天上班的工作。念法律的时候,他结识了不是很有名的小说家布罗德,两人成为终生挚友。

　　卡夫卡生前曾经勉强同意发表他写的一些古怪故事，包括《蜕变》在内，刊登在一些前卫文学刊物上。但到了四十一岁，因为肺结核即将去世，卡夫卡对自己的作品很不放心、存有疑虑，于是留了一张写得一清二楚的字条给布罗德，请他毁掉所有未曾发表的手稿。但是布罗德将之诠释为："出版所有未曾发表的手稿。"甚至还进一步诠释为："成为卡夫卡身后的出版人、传记作家、诠释者及档案保管人。"要不是因为布罗德，我们永远不会知道譬如《审判》、《城堡》、《美国》等作品。

　　看完卡夫卡这条目之后，我决定打电话给老友亚伯，告诉他说，等我死了之后烧掉我未完成的稿子。他会知道该怎么做。

伽摩
Kama

　　这是个印度神仙，用花箭射人让人产生爱意。他的弓是用甘蔗做成的，弓弦是一排蜜蜂。我得说，伽摩跟他这副美妙的弓箭，可把咱们的丘比特给比下去了！丘比特看来就像个二流爱神，包着尿布到处飞翔，用常见的老式爱情之箭去射人。不过说起来奇怪，两种文化居然都有这些爱情射手，这是不是说人类的心灵有些很深奥的东西？或许是跟暴力与爱情有关？这可恶的大英百科老在我的脑子里勾起这些疑问，可却从来没给答案。

河童
Kappa

　　这是阅读到现在所见过最奇怪的一种日本妖怪，"宛如吸血水蛭般"，最爱吃黄瓜，模样很像长有鳞甲的绿色猴子，头盖骨顶上有凹孔，内有神水，因此河童从不肯低头以免溅出神水。我不知道是谁想出这样的玩意，但几乎敢保证，绝对不是因为吃了日本锥茸的缘故①。

树螽
katydid

　　这种螽斯科昆虫所以有此名称，是来自于交尾时发出的独特鸣叫声，

———————
① 某些蕈类含有毒性，食后令人产生幻觉，故作者有此戏语。

听起来很像精神错乱的目击证人证词:"是凯蒂干的,不是凯蒂干的,是凯蒂干的,不是凯蒂干的。"

爱德华·肯尼迪
Kennedy, Edward M.

要说杰克逊轰动全场的全垒打是我唯一目睹的历史事件,那么大英百科提到的人物之中,我唯一真的会过面的人就是此君了。我不曾有幸跟亚里斯多德或巴尔扎克聊过天,但是却结结实实与爱德华·肯尼迪握过手,还共度了一些颇愉快的时光。总之,起码是结结实实握过手。

我是在朋友道格拉斯·肯尼迪的单身汉派对上遇到他的。道格拉斯是已故罗伯·肯尼迪众多儿女的一个,我的大学室友,几年前在波士顿一家牛排餐厅举行告别单身生涯的派对,我从纽约飞去参加,到餐厅时早了一个半小时。走进餐厅里,发现一个客人也来早了:肯尼迪议员。整整九十分钟我都跟爱德华·肯尼迪在一起,而且是单独相处。

换了别人,大概会视此为与一位尚在人间的传奇人物谈谈的大好良机,探讨他心目中对政治和历史、胜利和悲剧的看法,但我却视此为含糊咕哝、紧张兮兮笑着的良机,而且还提了五六个鸡同鸭讲的问题。跟权势人物相处我不是很在行,要是早知道他在餐厅里,我可能就会在机场的 TGI 星期五餐厅里消磨掉九十分钟。结果反而在这里跟道格拉斯的叔叔、派对的主人家一起喝伏特加调酒。

他问我在哪里高就? 我告诉他在《娱乐周刊》杂志上班;可以从他脸上探询的表情看出他并非长期订户。事实上,他根本就不是流行文化迷,没有花很多时间在热门连续剧《恋爱世代》的聊天室里。不过他尽了力,讲起西格拉姆环球唱片公司①,以及他们如何进行合并后的相关事宜。

另一方面,我倒是知道《恋爱世代》的男主角和他的三角恋爱。至于哪一家集团公司的资产负债表等倒霉情况,我什么都不知道。结果话题就接不下去了。

他谈起游艇,这又是个我连"桁端"和"绞盘"都搞不清楚的话题,所以三

---

① 西格拉姆是加拿大的控股公司,集团下包括派拉蒙影业、环球电影、环球唱片等。

分钟之后又逐渐变得没话讲。老实说，我真的不清楚自己怎么混过接下来的那八十分钟时间，只知道我们耗了不少时间在欣赏餐馆的空调响声以及银器的碰撞声，但其他部分就记不清楚了。等到终于见到道格拉斯走进来，我可以想见杰西卡·林奇①看到美国特种部队闯入伊拉克医院时的感受。

这位议员和那些很懂社交技巧的人周旋时，简直判若两人，成了个友善亲切、落落大方的人。他一直没能记住我的名字，但我倒是因为守时而赢了两分；事实上，这还成了我的身份：守时家伙。那个周末后来的时间里，议员一见到我就会喊说："这是那个守时家伙！"拍照的时候，他叫守时家伙站到他那边去。排练婚礼晚宴时，也很有诚意地向这个守时家伙打招呼。

要是现在遇到这位议员，我想我的表现会好得多，因为已经懂了一点关于全民医疗改革以及公平住宅制度等议题。不过大概还是不能跟他谈起，为什么大英百科说他"私生活有点放荡"，使他当选总统的机会日渐渺茫。

肯塔基
Kentucky

茱莉的亲人又来作客了；他们家人可真爱上门作客，侄儿亚当更要留下来过夜。我分派到的差事是把充气床垫充好气以便给他用。这可不是件容易的差事。

我花了整整十五分钟往上拉又往下压，操作那连接床垫的脚踏车小打气筒，可是进展很小，真是气人。床垫看起来皱得像颗超大葡萄干，也像个从南卡或北卡罗莱纳州来的议员。问题似乎出在输气管跟床垫上的输气小孔不吻合，所以空气老是嘶嘶外泄。我岳父舒服地坐在一旁的椅子上看我的进展，这时决定插嘴，告诉我说："小子，你只会看书学习，但是缺乏生活上的应变能力。"（他是纽约布隆克斯人，但不知道什么原因造成他讲话带有阿拉巴马州土腔。）

我谢谢他的洞见，然后又继续打气，前额湿答答的，心想体重一定减了一公斤，但是空气仍然继续从床垫嘶嘶外泄。"小子，你应该多花点时间阅

---

① 杰西卡·林奇是在美伊战争遭到俘虏的美国女兵，后来被美国特种部队救出。

读操作手册,少花点时间在那百科上!"

类似这样的评语我已经听惯了,过去几星期以来,我已经感到下半辈子听到的这些屁话会是很大一堆(分量大概介于亚当斯那著名粪堆及赫丘力士得帮奥吉亚斯国王的牛棚清理的牛粪之间)。任何时候只要我在操作方面有点小麻烦,例如运用微波炉、开锁、上班时下载一个档案等,就会有人说:"怎么啦? 你那很棒的百科没教你怎么做吗?"无论何时,我若不知道去杨克斯①怎么走,或者距离最近的加油站在哪里,下一班公车几点开出,就会有人说:"想来你毕竟不是什么都知道,对吧? 你这个难题大王。"任何时候我要是不知道艾森豪威尔手下的国务卿是哪位,或者肯塔基州的首府是哪里,就会有人说:"嘿,我还以为你什么都知道!"(顺便一提,国务卿是杜勒斯,肯塔基州首府是法兰克福。)

没错,最后我终于把床垫充好气了,嗯,总之充了一半。但我告诉亚当,这样睡起来会更舒服,而且他也相信。

赫努姆

Khnum

我仍然继续努力设法让茱莉怀孕。本周请来的丰饶之神是这位埃及的神仙,人身、公羊头。昨晚吃晚饭之前,茱莉和我对他点了一下头,但不知道他的名字该怎么发音。(不幸的是,大英百科没有附音标。)同时,还有一位非埃及神仙协助者,就是茱莉的妇产科医生啦,他建议我去做个精子检验,于是此刻我就置身在一家生育诊所,待在等候室,刻意避免与其他人的视线接触,因为大部分都是妇女。我去接待员那里办理登记手续。

"对,你来这里采精。"她吱吱喳喳说。

我喜欢这个婉转说法——采精。原来当年我还是中学生时,花那么多时间去做的就是:采精。那时我对这种采集工作比收集钱币或搅拌棒都要投入多了。

护士领我进入专门采精的房间里,交给我一个塑胶抽样小杯。

---

① 杨克斯是美国纽约州东南部城市,位于纽约市以北的丘陵地带。曾是曼哈顿印第安人的主要村落。

"要是需要任何协助,不用客气,自己来。"她边说边指着一篮子色情杂志。不是《花花公子》或《阁楼》那类的,而是淫秽到极点的杂志,大汗淋漓的男女正在从事的活动,大英百科可能会归类为"性交:真正淫秽的那种"。说到这部百科,我敢说,我大概是唯一一把大英百科带进这个房间里的男人,我把它放在电脑包里,而且还想等一下要取出它。

虽说大英百科或许没有那篮杂志的"助力"大,但里面却真的有关于裸体的资料,而且数量相当惊人。我得跟你声明,还不仅是用文字讲裸体而已,更有露三点以及其他部分的照片,准保阿什克罗夫特看了会抓狂到口吐白沫。而且不是古希腊罗马那种古典裸像喔,是裸体女人的黑白照片。譬如之前 B 字首条目提到的艺术摄影家布兰特就有一张作品照片,尽管模糊不清又黑漆漆的,可是仔细检视,事实上看得出有个乳头。再如接下来那个条目,讲芝加哥出生的摄影师布洛克,所附的那张照片可以看到有个裸女躺在森林里,也是露出一个乳头。不到两百页里就出现了两个乳头,这像很有文化的《皮条客》杂志。早知如此,当年我还是个跟爸妈住在一起的青少年时,大可以省省很多功夫,不用去翻看毛衣产品目录找比较暴露的照片。但现在既是成年人,我决定控制自己,不先把 K 册翻一遍。

我赶快搞定采精。做个比较聪明的人,不见得对此项差事有所帮助,但倒是可以说一句:以我从圣经上读到的标准而言,我相信,就技术上来说,我所做的并不算犯了"俄南之罪"[1],这种罪是指"让你的种子落在地上"。由于我的是落在抽样杯里,所以想来应该无罪。

我留意到门上贴了一张小小的黄色贴纸笑脸,附了标语"谢谢光临"。某个火气很大的采精者用笔在旁边草草加上一句:"真俗气!"我倒认为,这张笑脸贴纸是个蛮不错的心意。但另一方面,这家生育诊所的格局倒是可以再下点工夫;我拿着抽样杯及游泳其中的 3×10^8 精子要交到护士室,这中间得走很长的路,而且非得穿过坐满女人的等待室不可,她们不是在看杂志,就是拿着手机在聊天。

真不敢相信要生个孩子得下这么多工夫;或者说得更确切一点,是我

---

[1] 基督教伦理谴责手淫者犯有俄南之罪。旧约圣经记载,俄南因违背犹太教关于为兄弟留嗣的律法,故意泄精于女子体外而受到上帝诅咒。

和茱莉得下这么多工夫。想来就很不服气,我们所有的朋友都是享受一点愉快的性生活之后就有喜了,而我呢? 却得像个重罪犯似的,在这里偷偷摸摸把精液拿去交出。

齐克果

KierKegaard, Søren

好家伙,这位世界宠儿、十九世纪的丹麦哲学家还真有些毛病:憎厌自我、有忧郁症、罪恶感、满怀怒气、恨他父亲。齐克果对于他爸爸以前当佃农时做过的一件事始终无法释怀,原来他爸爸曾站在山上很严肃地诅咒过上帝,齐克果一直认为他们全家都因此受到报应。但这还不是齐克果的最大问题,在我看来,最大问题在于他没有能力说"不"。

茱莉一直告诉我说我也有这问题,我之所以老是到头来落得吃力不讨好,就是因为不想得罪别人。"在二月到育空河①的激流去做裸体划筏之旅? 好啊,听起来挺好玩的。"当我还是单身的时候,这话可以翻译成"我没有能力跟女人分手"。我会跟一个完全不合适的对象交往长达八个月,时间拖得这么久,就只因为想不出该怎么跟人家分手。事情搞得很糟糕,于是我去请教精神科医师,她是个弗洛伊德派的女人,长得颇像珍内特·雷诺②,请她指点我如何能像个成年人般面对状况。大概会谈了十几次之后,我就不去了,我在凌晨两点钟打电话到她的答录机留言取消约见,然后又写封信给她:"谢谢您在'正视事实'这件事情给予的辅导,我想我已经有了很大进步。"连我自己都感到这其中的讽刺味道。

在阅读可怜的齐克果时,我就想到过去这些事。齐克果将近三十岁时爱上了一位名叫丽金的年轻小姐,两人还订了婚。之后没多久,他就有了别的想法,察觉到两人之间的年龄鸿沟,更别说两人心智上的差距。他曾在日记里写道:"我太老了,简直比她大一千岁……但是,如果我向她解释,就必须告诉她一些可怕的事情,我与我父亲的关系、他的愁思、笼罩着我的漫漫长夜、我的绝望、七情六欲和过分行为,这在上帝看来也许算不上十恶

---

① 育空河为北美洲主要河流之一,流经加拿大的育空地区中部和阿拉斯加中部,地处寒冷的高纬度。

② 珍内特·雷诺是美国前司法部长。

不赦。"

所以很明显,他们两个并非天作之合。齐克果决定解除婚约:问题是,丽金根本不愿意听,而且还更紧缠着这个瘦得皮包骨的哲学家不放。于是齐克果略施巧计得以分手,过程比得上情境喜剧:他甩掉她,但演了一场大英百科称之为"鲁男子的把戏"以便维护她的名声,让人家以为是她甩掉齐克果。用意是好,不过实在也好过了头。

国王病

king's evil

这是一种结核病引发的肿胀现象,以前认为只要有王室人员摸过就会痊愈。在英格兰,据说查理二世就触摸过九千多名患者。这又是一个理由,让我谢天谢地幸亏自己不是十八世纪的国王,因为我有细菌恐惧症,最不喜欢跟人握手,就算是身体健康、没有肉瘤可见肿瘤的人也一样。我跟朋友打招呼时,都是像抛飞吻似的抛个握手的手势而已。隔空握手,这是我正努力带头开始的潮流。所以总结君主得失,好处:无限的权力和难以算清的财富;坏处:要去摸那些结核疮。

吻

kissing

茱莉正在厨房里切碎胡萝卜,准备做素辣酱。我悄悄走到她身边,鼻子紧凑到她脸颊上用力吸气。

"你在干嘛?"

"在学北欧拉普人的吻人方式亲你。"

我又把鼻子紧凑到她脸颊上,拼命用鼻孔吸着。她停下切胡萝卜的动作,看着我,神情就像是看着一条老在她腿边磨蹭的狗。

"呃,印度南部的人也是这样接吻,不是只有拉普人。"

"我现在正忙着哪!亲爱的。"

诺克斯

Knox, John

诺克斯是十六世纪的苏格兰教士,写了部作品,书名很令人难忘:《对抗大群可怕女人之第一声号角》。算他倒霉，作品一出版，刚好遇上伊丽莎白一世掌权，结果诺克斯搞到自己惊人惨败。

《第一声号角》的书名很够看，但还不是目前为止我在大英百科里见到的最爱；最爱的书名来自一本由费茨罗伊写的书，他是"小猎犬号"的舰长，达尔文就是乘坐此舰前往加拉巴哥群岛。这本书叫做《一八二六到一八三六年间英王陛下之"冒险号"和"小猎犬号"考察航行记，描述对南美洲南岸的考察与"小猎犬号"的环球航行》①。

我还没有读过《一八二六到一八三六年间英王陛下之"冒险号"和"小猎犬号"考察航行记，描述对南美洲南岸的考察与"小猎犬号"的环球航行》，但听说这书很不错。不知道我那位大舅子的太太雅丽珊德拉的读书会是否会读《一八二六到……》，好啦，我不再用电脑剪贴费茨罗伊先生的书名了。我花了整整一分钟左右，在键盘上敲出这书名输入电脑，所以想尽量利用一下。不过可想而知，它真的很长，几乎长得跟《摩诃婆罗多》的内文一样（这是印度重要经典，有十万多个对句）。

不过我得说自己喜欢这个书名。不矫揉造作、含糊其词、讥讽，也没有不实广告，费茨罗伊并不靠耍文字花样来唬得你眼花缭乱，他就只是如实道来，你也知道阅读到的是分量十足的内容。我已经留意到，从前很多书名都做到这点，都叫做《什么什么记述》以及《什么什么真实故事》，书名就跟整段文章一样长，提纲挈领道出了整本书的内容。等我以后写另外一本书时，会取个书名叫做《偶思数事录》，这是英裔爱尔兰化学家波以耳用过的书名，那是一本道德论文集，我也很喜欢这个书名，可说是出版史上大小通用的最佳书名了。

吉德
Kyd, Thomas

有位我认识的自由撰稿作家，今天极力向我毛遂自荐一篇文章，他想写一位副导重新制作《法柜奇兵》，但却由儿童演出所有主角的事，也就是

---

① 此为一书，但实为两卷，第一卷是《一八二六到一八三六年间英王陛下之"冒险号"和"小猎犬号"考察航行记》，第二卷是《描述他们对南美洲南岸的考察与"小猎犬号"的环球航行》。

有个儿童印第安那·琼斯、八岁大的纳粹，诸如此类。我把它归档到"前尘之诡异回响"档案夹，编为第三四一号。这完全是十七世纪儿童剧团的点子嘛，也就是由儿童组成的剧团演出莎士比亚、本·琼森、吉德等人的剧作。后来成人演员剧团很讨厌他们，因为观众显然更爱看那些可爱的小大人朗诵抑扬五步格，而没那么爱看成年演员演对手戏。

话说回来，这篇文章并不适合《君子》杂志。我回了他一封电邮，很简短地通知他退稿，并决定放他一马，不提莎士比亚时代的事。这可怜家伙的写作点子已经粉碎了，大概不会愿意听人讲历史吧。一般来说，我竭力慎选要跟人分享什么样的知识，因为已经明白：如果你举的例子是十七世纪就已经有的精彩前例，不是每个人都懂得欣赏的。

拉罗什富科
La Rochefoucauld, François de

大概是法国史上最了不起的《箴言录》作家,箴言包括:"罪行犯的次数多了,反而使人变得清白又有德性。"①"德行消失在利欲之中,正如河流消失在海洋之中。"你一定会喜欢《箴言录》,它可说是十七世纪的"汽车保险杆上的警语贴纸"。

拉科斯特
Lacoste, René

这世上有不少事情变得比以前好,但有一件却绝对不如从前:体坛绰号。我最早注意到这点,是见到《君子》杂志那位编辑同事安迪"击锤小矮人"沃德在我们杂志里提到的,但是大英百科把这点讲得更透彻明白。譬如像"酷爸贝尔"(二十世纪二十年代的一位棒球选手)之类的外号都到哪儿去啦?还有"跳跃的巴斯克人"(一位职业网球名将)以及"飞毛腿"(瑞德·格兰奇②)呢?我们已经想不出像"斗鸡(一位十九世纪的职业拳击手)这样的外号了吗?如今只有"球棍"(A-Rod)③,和"大鲨鱼"(Shaq)④全

---

① 类似"谎话说上一千遍就成为真理"或"窃国者王"。
② 美式足球跑卫名将。
③ 纽约洋基队的明星三垒手罗德里格兹(Alex Rodriguez)的绰号,"A-Rod"刚好是他名字的简称。
④ 美国篮球名将奥尼尔的绰号,常以谐音称做"侠客"欧尼尔。

都生龙活虎、充满斗志,然而吸引力则与"农夫肺"差不多(这是一种吸入尘埃引起的肺部疾患,养鸽人和洗乳酪工人的肺病多属这种),令人退避三舍。

拉科斯特就是体育名将外号发展到黄金时期的人物,他是二十世纪二十年代的巴黎网球名将,以很有条理、赛前仔细研究对策的作风而闻名,他协助法国队连续六年赢得台维斯杯冠军,人称"鳄鱼"(crocodile)。美国媒体给他这个爬虫类外号,部分是因他顽强的个性,还有部分是因他在一次打赌时赢到一组很精美的鳄鱼皮行李箱。我以前并不知道这个网球名将拉科斯特,不过倒知道以他为名的"鳄鱼牌"(Lacoste)衬衫,大英百科在这条目结尾也谈到这个,说拉科斯特创立了"印有他'鳄鱼'标志(虽然不知怎地,服装公司把这个字眼改成'短吻鳄'〔alligator〕①)的运动衫及其他服饰系列"。

我心想,这可怪了,怎么回事?怎么鳄鱼突然换成短吻鳄?难道鳄鱼牌公司的行销部发现这中间有很大不同?还是公众感到短吻鳄比较聪明、性感,而鳄鱼则懒惰又靠不住?

我实在应该继续读大英百科,拉科斯特这个短吻鳄又不是什么深奥的认识论难题,例如"究竟上帝是否存在?"或者"邪恶的定义是什么?"又或"为什么有人让戴夫·佩泽出书?②"之类的,但我很想查出真相。在我成长过程中,老妈曾买了十几件鳄鱼牌衬衫来装扮我(经常会配上醒目大胆的彩色格子长裤,准保康乃狄克的牙医看了会觉得难为情),所以有我个人角度在其中;更何况我已经连续阅读了四小时,两眼要开始充血了。

我去翻茉莉的抽屉,找出她那件颜色如长春花的鳄鱼牌衬衫,研究上面的商标。我由那本老可靠大英百科获悉短吻鳄和鳄鱼的不同处:鳄鱼闭嘴时,下颚两边的第四齿会外露。究竟有没有突出来呢?我也说不上来,因为衣服上那只混账爬虫是张着嘴的。这可好。接下来,我上鳄鱼牌网站去查,网站的确称这商标为"短吻鳄",但却不提它的鳄鱼往事,这很可疑。

---

① 鳄目动物分为三大类,分别是短吻鳄(alligator)、长吻鳄(gavial)和真鳄(crocodile),全世界共有二十三种。

② 戴夫·佩泽小时候饱受精神不稳定的酗酒母亲残酷虐待,后来出书忠实记录当时的"地狱"生活,在美国非常畅销。

唔，是我撞上了障眼法吗？

我决定做点老式的采访报道，找个鳄鱼牌公司的人谈谈。于是我打电话到他们的纽约总部，跟琪琪讲上话了，她是个带有南方口音的和蔼女士，负责媒体公关，我还没讲完要问的问题，她就打断我了："是鳄鱼。"可是网站上说……

"嗯，那么网站需要做修正，"她说，"肯定是鳄鱼，向来都是鳄鱼。那是只鳄！"

这简直让一个努力要做万事通的人很窘。各种矛盾的说法多得简直淹到我鼻子了。要是不能确知鳄鱼牌那个蠢商标究竟是什么，又怎么称得上拥有全面性知识？我试图做出结论：鳄鱼牌的商标是只鳄鱼，但美国人以为那是短吻鳄。我只能这样自圆其说。但愿骆驼牌香烟那只卡通骆驼不是骆马就好。

兰利
Langley, Samuel

住在康涅狄格州的发明家，率先完成比空气还重的飞行器，比莱特兄弟早了九天。当他利用弹射装置起飞后，要不是飞机被绊住、坠毁于波多马克河，否则很多人都认为他会是史上第一个驾驶飞行器的人。你想他对于飞机被绊住这件事会耿耿于怀多少天？可能下半辈子的每个小时都耿耿于怀吧。

兰利属于另一个在历史留名的伤心人物，就跟乔治·达尔文及他那班失败的亲戚一样，属于差点中奖却擦身而过的一群人。这一绊造成的差距很大：一边是永垂不朽的名声，一边则是几乎默默无闻。兰利可说和格雷同病相怜，格雷在一八七六年二月十四日前往专利局，为他发明的电话登记申请专利——刚好就在贝尔申请登记后两小时。格雷真该事先重新安排工作表：先去登记专利，再去杂货店。

语言
language

这个星期日要到外公、外婆家吃中饭。我和爸妈每个月都会去一次，开车到外祖父母家位于郊区里弗代尔的住宅，在那里度过一个下午，围着我所见过最大的一张桌子吃鸡肉和烤马铃薯。那张桌子奇大无比,外公告诉我,桌子原本属于拿破仑家族某个默默无闻人士。但他大可以告诉我说,那桌子以前在科帕卡巴纳①是用来当舞池里的表演台,我也会相信。

这次吃中饭有两位特别嘉宾,是我阿姨珍和十一岁的儿子道格拉斯。珍姨博学多才,是我妈妈家族里的学者,她哈佛毕业、富尔布莱特奖学金得主、会说欧洲大陆绝大多数语言(更别提沃提克语了,这是芬兰—乌戈尔诸语言的一种,如今会说此语的人不到一百人)。道格拉斯也同样才华横溢,我从来没见过哪个人的课外活动比他更多,包括德文班、西洋棋班、西洋剑术班,还有一个班叫做"乐高机器人",我到现在也没完全搞懂这乐高机器人是什么东东,猜想大概是用乐高积木拼出机器人吧。不过知道一下也不错,起码当不成记者的时候,还可以考虑去做乐高机器人的指导员。

我们到了之后,围着外公、外婆那张奇大无比的胡桃木古董桌子坐下,远远的桌子尽头坐着道格拉斯,他已经拿出笔记本电脑,正在玩跟文字有关的游戏。"大家都来了,真好!"外婆说,"瞧瞧我这两个外孙! 两个聪明的外孙!"道格拉斯点点头,继续玩他的文字游戏。

其他家人聊着家常闲话,谈谈工作和假期。幸亏这里的传声效果够好,我可以听得清楚家人在讲什么,尽管我们隔着一块广阔的深色木桌面。外婆开始把一大碗一大碗的菜肴传递给每个人。"这马铃薯的分量比平时少。"她语带歉意地说。

原本在电脑上不停敲敲敲的道格拉斯突然停下来,抬起头来。"等一下!"他说,"这讲法不正确!"道格拉斯取出纸笔,做了一番核对之后,倾身向桌子,把那张纸朝外婆滑了过去。

我拿起那张纸,是个叫什么"文法引证"的单子,上面列出各种违反文法规则的例子。道格拉斯在上面一项的小方格打了勾,那项写着"乱用较少数量/较少分量"。显然外婆应该说"马铃薯的数量比平时少"才对,而不该说"马铃薯的分量比平时少"。

---

① 科帕卡巴纳是巴西里约热内卢一区,以长达四公里曲折壮观的海滩著称,旅馆、夜总会、饭店、剧场和酒吧林立。

"道格拉斯现在对文法产生兴趣，正在专攻文法，"珍姨说，"而且还有个叫什么'文法警察'的官衔呢！"

"文字警察。"道格拉斯纠正她说。

"这可真了不起。"外婆笑呵呵地说。

"上星期他也开了一张引证票给他老师。"珍姨说。

"老师犯了什么错啦？"外婆问。

"她说'between you and I'（你我私下说说）①。"道格拉斯回答说，一面摇头，无疑是对老师乱用人称代名词感到难过和可惜。

"跟大家讲讲你从书本上学到的其他东西。"珍姨催他。

道格拉斯按了一下鼠标，暂停文字游戏，以便分点可贵的学问给我们。

"哪，大家都听过反义词和同义词，不过还有大写异义词，这是指同一个拼法的字，如果开首字母是大写的，意思会改变。"我没搞懂。

"譬如'贺伯'（Herb）和'药草'（herb），"道格拉斯说："或者波兰人（Polish）和'打磨擦亮'（polish）。"

"我从来都不知道这个。"我爸说。

"道格拉斯，真有你的。"外婆说。真的，实在是他妈的很棒的资料。我决定要跟这十一岁的表弟别苗头，于是就在脑海里的档案搜寻有关英文的难题。

"你们知不知道在古英文里，'光'（light）的'gh'不是哑音？苏格兰有些地区到现在还是会发成'立刻特'（licht）的音。"结果似乎没有人对我这"刻特"小聪明刮目相看。

"还有一种叫做折中词，"道格拉斯不动如山接着说："这是介于两个相反词中间的那个字。"

在座的成年人全都搞糊涂了。

"譬如说，你有两个反义词，'凸'和'凹'，它们的折中词就是'平'。"道格拉斯耐着性子说。

此时我心头真是五味杂陈。一方面感到很骄傲，眼前有个真材实料的

---

① 正确用法应为"between you and me"。

天才儿童，是个心智健将，而且跟我有同样的血统；他很可能的确有天才智商，我不免幻想自己在他这年纪时的智商也一样。另一方面我又很吃味，感到受威胁。每次我试图纠正人家或者抛出一点鸡毛蒜皮的知识，觉得自己受欢迎的程度宛若星期天烤肉时出现的猎桩（顺便告诉你，猎桩这种昆虫可以把唾液喷出三四公尺之远）。可是道格拉斯纠正人家或者抛出冷僻知识时，得到的却是人家拍拍他的头表示赞许，还有笑容。为什么原本是小可爱万事通，一旦变声、冒出体毛之后，就成了让人讨厌的家伙？

"或者'热'和'冷'，折中词是'室温'。"道格拉斯接下去说。

"嗯，就我个人来看，这真是太厉害了。"我说，决定转换策略，不在资料方面跟道格拉斯竞争；就用他最爱的英文来修理他。这才是成熟的人，我知道。

道格拉斯又掏出文法引证，核对一番并勾了两个方格，然后把一张纸滑过来给我。

"我得到这引证票是为了……？"我说。

道格拉斯又掏出另一张，勾了"句子悬荡"又滑过来给我。

"可是我没说错什么呀！"

道格拉斯看着我，他已经逮着我的念头了。"你就是想要得到这些引证票，不是吗？"

"才不呢！"

"你知道英文里最长的单字是哪个字？"道格拉斯挑战我说。

"微笑（smiles），"我说。"因为头尾两个字母之间有一英里（mile）。"

走投无路之余，搬出了我在他这年龄听到的笑话来反击。道格拉斯摇摇头。

"那'矽肺病'（pneumonoultramicroscopicsilicovolcanoconiosis）这个字够不够长？"

我得向他投降，他对英文真的很内行。

"这是吸入火山爆发时的含矽灰尘而染上的疾病。我也知道这个字怎么拼喔，"他开始快速吐出连串字母，"p-n-e-u-m-o-n……"游戏到此结束，没得玩了。

拉斯维加斯

Las Vegas

摩门教徒是最早来这里定居的人。我不知道斯密①是否赞同今天这里的上空艳舞女郎及烈酒。不过他应该会喜欢"海市蜃楼"大饭店的人造火山，每个人都喜欢。

拉斯科洞穴

Lascaux Grotto

这个驰名的法国岩洞里有若干旧石器时代绘画，包括一个阴茎勃起的鸟人。我是读到一半时才晓得其实我去过这个洞穴，不过，当然，我已经忘了它的名称。（谢了，艾宾浩斯。）

两年前，我和茱莉到法国南部做了趟自行车之旅，曾经路过并参观拉斯科洞穴。那是要你花掉三分之一年薪的自行车之旅，跟一群戴安全帽的美国人一起气喘吁吁骑车上山，这一团大多数是皮肤科医师，夹杂了少数几个牙周病专家。这种团我们参加过两次，而且总是让我很丢脸。每次事前我都不曾有足够锻炼，结果总是搞到扭伤膝盖或脚踝，这意谓着我得改乘旅行团的护送车从这一站坐到下一站，中间多出的空闲时间则吃三明治及野餐来打发。这已经够差劲的了，更有甚者，永远会有个八十二岁的皮肤科退休医师大汗不流就骑完了六十公里路，还会问："小伙子，你的膝盖好些了吗？"其实他的意思是说："小子，你究竟搞什么鬼，有什么不对劲？我的痔疮都比你老多了，可是我照旧可以踩着自行车上山去，你这不中用的家伙。"起码我是这样诠释的。

总之，记得骑着我们那具有（一点都不夸张）四十二段变速的名贵自行车，上到拉斯科洞穴。（顺便一提，第一辆脚踏车是在一八六〇年代研发成功的，只有一种速度，骑这种车很颠簸，因此人称"震骨车"。）来到洞穴入口处，有个瘦巴巴的法国人类学家迎接我们，是我们的导游，先讲解了五分钟的人类演化经过，他似乎最有兴趣说明人类的颅容量随着时间演化，由八

---

① 斯密(1805—1844)，摩门教创始人，他将圣经重新阐释写成《摩门经》，成为摩门教的思想基础。摩门教徒需信守教条与戒律。

百立方公分增大为一千三百五十立方公分。然后就带领我们经过那个洞穴,通往史前艺术馆。

"看看这公牛的轮廓线条。"这位法国人类学家说。那些皮肤科医师全都点头低声私语。

"这只公牛的两支牛角线条很清楚。"他说。

"在哪里? 我看不到。"我说。

"那里,"他边说边指着,"那些线条。"

"对不起——哪里? 究竟在哪里?"

"不用理他,"茱莉说,"他的颅容量只有八百立方公分。"

我们那位导游发出法国式笑声。"很好,"他说,"很好。"

我一直没能看出那只公牛的两支牛角究竟是哪些线条,但是所有这番关于人类演化的谈话,却让我想起从小就一直萦绕在我微小脑子里的某件事:如果人类有办法再继续生存个几千年,颅容量就会继续变得愈来愈大,也就是说,不管我有多聪明、不管我知道多少、阅读了多少、吸收了多少、思考过多少,我仍然是属于不能在脑袋里演算微分学的物种。"喔,瞧瞧智人怎么证明出费马最后定理! 而且才花了三百年工夫,真是够聪明伶俐!"

这不免使我质疑起自己目前这番大业来;就算到头来变得比较聪明,而且还把这次阅读经验写成一本很精彩的书,我的所作所为仍然等于是二十一世纪洞穴壁画的阴茎勃起鸟人而已。

遗言
last words

又发现我永远上不了大英百科的另一项理由。除了不是个南极探险家或瑞典植物学家之外,也因为我没法像大英百科里面的家伙那样讲话。我没有坚定的信念、没有热情,每逢阅读到那些伟人的遗言时,这点就再清楚不过了。就拿丹东来说,他原是法国大革命的大将,结果因为反对极端主义党派而被砍头。在断头台上要砍头之前,他告诉刽子手说:"把我的脑袋拿给老百姓看。砍脑袋是值得的。"换了是我,我会跟刽子手说:"他妈的! 去死啦!"或者你想看原声法文版:"Holy merde!"

丹东还有不少伴儿,像十六世纪末的意大利哲学家兼天文学家布鲁诺,他不只支持哥白尼的太阳中心学说,还认为太空里有无数个像地球的星球。因此之故,天主教会塞住他的嘴,把他绑在桩上烧死。当那些法官宣读布鲁诺的判刑结果时,布鲁诺告诉他们:"说不定你们对我做出审判时,心里的害怕程度比我接受审判的恐惧还更大。"面对这样的压力,怎么还能如此冷静呀?人家才刚刚告诉他说他就快要送去火烧了,居然还能用这么高尚、条理清晰、精彩的话来回应。我再度相信换了是我,反应会是:"听我说,我那套多个行星的理论全是开玩笑的,只是耍耍人。只有一个地球啦。我收回之前说的话。"

学习

learning

在"学习"这条目里有一小部分讲到智商,说高智商"与三十五码冲刺和单脚平衡有很大关联"。这真是大英百科里面最奇怪、特别声明的一段资料之一。为什么是三十五码冲刺?我连听都没听说过。为什么不是五十码?为什么要单脚平衡?绳球游戏①不可以吗?绳球游戏跟高智商有没有很大关联?因为绳球游戏还比较说得过去。再说,这也显得跟直觉完全相反;要不然,那些天才都是体弱多病的刻板印象又该怎么解释?但最主要还是,这看起来很不公平;老天把人造得又聪明又快速而且还很能平衡,这似乎不对。老天难道不能把这些好处平均分配给它孕育的所有人类吗?既然我没有高智商(这点已经透过门萨入会测验证实了),起码应该让我可以练成鹤脚功吧?

诵经员

lector

今天早上得暂停阅读大英百科,因为《君子》杂志要我们几个编辑在这(在我们看来)很没天理的时间,早上九点钟,回公司向广告部门同事做简报,提报未来打算要替《君子》杂志做哪些主题。听起来好像挺简单的,问题是,我这人向来不太能言善道,想到要做简报就压力颇大。

---

① 绳球游戏是将一小球系于柱顶悬下,两人用手反向击球,看谁先将绳完全绕在柱上。

本来多少期望大英百科能在口才方面帮我一把，事实上，这些大册里也多得是关于古时演说家的材料。我最爱的一招叫做"话语中断"，就是故意不把一句话说完，譬如"怎么，你……"或者"好吧，我应该……"（这可以成为生意点子：把这些格言印在 T 恤上"话语中断使我想要……"然后卖给那些修辞学者大赚一笔。）可惜除了二十世纪五十年代情境喜剧里那些气急败坏讲不出话的父亲大人以及典型的情人吵架之外，"话语中断"这招在现代社会似乎不怎么用得上。

我也是个倒装手法迷，就是把句中的词句及词组的正常次序颠倒过来，例如柯尔律治诗作《忽必烈汗》①的第一行："在上都忽必烈汗修建起/富丽的逍遥宫。"这句诗很棒，让人有点迷惑，但很豪气万千。可是等我用倒装手法处理今天要做的简报时，出来的却是以下这种怪怪的句子："在篇章里，我们杂志将会出现衣服很少的女人。"听起来就像《星际大战》那个邪恶黑武士尤达的调调。

最后，我选定了三种修辞手法：一是连珠法，或称"前词反复"；二是连接词省略法（譬如凯撒大帝的名句"我来了，我看过，我征服了"）；还有对仗，把两个相反的想法摆在一起（譬如"人生短暂，艺术长存"）。

我穿上西装，是结婚时穿的那套古琦西装，我唯一的西装，然后前往开会的地方。老板格兰杰讲完话就轮到我发言，这一点永远让我难上加难，因为他很会讲话，简直可以去当浸信会的传道人。

我放下笔记，开口了："今年，我们杂志的重点文章会更棒。我们杂志的重点文章会更有趣。我们杂志的重点文章在各方面都会比以前更好。"我停顿一下，让连珠法和连接词省略法发挥作用。我在讲的时候很做作，就像在背诵詹姆斯时期那些夸张做作的剧本似的。但我继续把对仗式的夸耀句子讲下去："GQ 杂志的头版很不错，但是君子杂志的最棒；GQ 是挺有趣的杂志，但君子是不可或缺的杂志。"广告部同仁全神贯注听着，有些居然还在做笔记！

就修辞学方面来说，我的本事就只有这么多了。其他部分的讲话都只

---

① 柯尔律治是十九世纪初期最有影响力的英国诗人和思想家之一，他的《忽必烈汗》和《古舟子咏》列名英国文学最伟大的诗作。

是自由发挥口才，以及用上典型的工具，也就是一份漫无条理、直截了当的清单，列出打算要刊登的文章。

我会给自己的修辞成绩打个中等，但认为这次已经比平时只有一堆"唔"和"呃"的表现好多了。或许我得学着对大英百科再多一点信任。最起码，我的简报比起迪斯累利①在英国下议院发表的处女演说好得多，那次演讲很不受欢迎，最后他只好说："我现在会坐下来，但总有一天你们大家都要听我的。"所以我这样的成绩算很不错了。

比萨的莱奥纳尔多，又称斐波那契
Leonardo Pisano, aka Fibonacci

斐波那契是十三世纪意大利数学家，发明了"斐波那契数列"，排序如下：1，1，2，3，5，8，13，21，以此类推，每个数字是前面两个数字的总和。我再看看这序列，明明觉得在哪里见过，花了两秒钟才灵光一现想起来了：Boggle 拼字盘！这是我最爱的拼字游戏 Boggle 的计分法。

在进一步讲下去之前，先让我为这可怜的 Boggle 讲讲话。我知道招认自己爱玩这游戏，就跟招认自己搜集喜姆牌瓷偶一样酷，但说真的，这的确是所有文字游戏发明之中最好的一个。Scrabble 拼字板很靠运气，像我每次分到的都是一大堆子音字母而陷入困境，简直就像要我拼个斯拉夫城镇的名字，而不是任何英语的字眼。而从另一方面来说，Boggle 就像西洋棋，完全靠技巧。每个人都埋头在同样的小方块字母上，努力从中解出同样隐藏在这些字母中的单字。我玩 Boggle 还挺有一套的，这是少数可以打败我大舅子艾力克的事情之一，主要因为我在每个单字后面都加个"er"。我的计谋是坚称像"pillower"这样的字是正确的，态度之强烈，以致艾力克发出怀疑又有点不屑的声音，但又懒得去查。

话说这很棒的 Boggle 游戏，记分方法是以拼出单字的字母数目来计算，得分是 1，1，2，3 或 5 分。就这样！这就是"费波纳奇数列"了，或起码也可以说是这数列的开头。

不知怎地，知道这点让我很开心。也说不上来是为什么，想来必然是

因为能够看出这世上的排列模式、知道有一种晦涩难明的数学序列竟然跟我喜爱的一种消遣有关、破解了一种密码，就算那只不过是派克兄弟公司出品的笨游戏而已。

感谢大英百科，现在我不但知道 Boggle 计分法的正式名称，还知道这个序列最初是怎么提出的。斐波那契以一对发情兔子为题出了一道谜题，内容如下：有个人在圈起的围墙里面放了一对兔子，假设每个月都有一对兔子生出另一对兔子，如果这对兔子从放进这里的第二个月开始生小兔子，则一年后总共会繁殖出多少只兔子？不用说，我对这些畜生无限的繁殖力妒忌得很，更别提会因这中间牵涉到多少次乱伦而感到困扰了。但最让我印象深刻的是其中的运作方式，即愈多对兔子就生出更多对兔子，渐增方式完全就是斐波那契这套数列算法：1，1，2，3，5，8，13，21，34，以此类推。到了年底，总数是：三七六只。

这下子又有一个意想不到的连结：淫乱的兔子和 Boggle 游戏的关联。更妙的是，还知道 Boggle 游戏跟球果以及贝壳螺线之间有很奇妙的宇宙关系，因为球果和贝壳螺线的排序完全符合斐波那契序列的排法，这是大英百科说的。这实在可以组成美妙的四重奏：Boggle、兔子、球果、贝壳，也可以说五重奏，要是你把《达芬奇密码》也算进去的话。（有个朋友告诉我，这部畅销小说也讲到斐波那契数列。显然她是为消遣而阅读，不知道那种感觉会是怎样。）

撒谎者悖论
liar paradox

这古老的悖论是这样说的：假如"这个句子不是真的"这说法是真的，那么这个句子就不是真的；如果这说法不是真的，那这个句子就是真的。我非常庆幸自己没嗑过药，要是嗑得昏头昏脑才来看这段话，脑子准保会爆炸。

寿命
life span

这里有各种统计数据，譬如寿命只有一年的啮齿目动物、可以活上四千九百年的松树等。有个数字塞在其中，我看到时大感震惊：它说十八世纪的人类平均寿命是三十岁。三十岁！我现在三十五岁了，不需要靠代数

L

来推算就知道,如果我是生在十八世纪的鞋匠,过去五年已经躺在棺材里长眠了。三十岁真的不算什么,连螯虾都可以活三十年。这段实在是好资料,有用的资料,令人乐观的资料。

百合
lily

今天办了两件事,遇到两种相当不同的经验。第一件是去花店;茱莉已经自称"百科寡妇",所以我想大概该跟她表个态,提醒她我爱她,而且很愿意花四十五块美元证明这点。

我到中城一家店里,那里离办公室两个街区。首先我留意到,花店老板留了长及腰部的雷鬼式长辫子。很难想象他们这族群(留雷鬼式长发辫的花店老板)人口会很多,这就好比很少见到留了莫霍克印第安人那种发型的保险公司经理一样。我跟他说想要订花束,他问我是否要把花放在花瓶里,我回答说要。

"那叫插花,不叫花束。"他说,语气竟然充满敌意,外加点厌烦。我真该马上走出店门。

我告诉他,希望这束花里有风信子。"你知道,风信子是以阿波罗的男性爱人为名。阿波罗教他掷铁饼时,不小心把他打死了。"那个长发辫花店老板听了,鄙夷地哼了一声。

"我还想要搭配一些山茱萸。"我说。

"山茱萸跟风信子不搭。"他说。

我跟他讲阅读到的山茱萸资料,按照维多利亚时代的花语,女士退回一朵山茱萸的话,就表示毫不在乎对方。我只是想借此查查太太是否还爱我。

"山茱萸很高,风信子很矮。"他说。

我不打算描述这场花卉大败仗。在这场败仗中,我提起日本的插花流派,搬出"霍迦斯曲线"①,以及圣母百合,这花在中世纪是贞洁的象征,但

---

① 霍迦斯(1697—1764),英国油画家、版画家和艺术理论家。他认为S型的双弯曲线是最美的线条。

206

他全都拒绝讨论，倒问我想在卡片上写什么。

"这些花都是双性恋，但我是直男，而且我爱你。"我说。

他拿着笔不动，不但没有开始写，反而瞪眼朝上，隔着老奶奶金丝眼镜瞧着我。对，我漏了提，他是个戴了老奶奶金丝眼镜、留了雷鬼细发辫的花店老板。

"因为大多数花都是雌雄同花，"我说，"被子植物是雌雄同花。"

他早先已经认定我是个笨蛋，这会儿我又成了对同性恋者退避三舍的人。

第二件事是去"超级剪发廊"理发。理发师名叫史提夫，这人为他的耳朵收集的耳环可不是闹着玩的，排列起来很可观，但他既不留长辫子，也没戴老奶奶金丝眼镜。我从袋里取出 L 册大英百科，他帮我剪头发的时候，我正读到灯塔和避雷针条目，碎发掉落在书页夹缝中。史提夫好奇我在阅读什么，于是我就告诉他。

"真是很棒的主意！"他说，"我们都该照做。"

被他这么一嘉奖，我又告诉他，古罗马人家里往往备有一名理发师，就跟备有管家一样，有人来作客就招待对方理个头，跟今天招待客人喝杯葡萄酒一样。

"哇，"他说，"我喜欢这习俗！"也许他只是客气而已，但我认为他是真心感兴趣。

我跟他说，考古学家发现一具五千多年前的冻结古尸，可以看得出最早的理发痕迹。接着话题一转，带到了好莱坞，点出女星葛丽泰·嘉宝当初的第一份工作就是在理发店打工。

"我知道歌手玛丽亚·凯莉以前在发廊做事。"他说。

史提夫态度很好，很能包容我，又很支持我的想法，我真想拥抱他，但没这样做，而是给了他十美元小费，我想他会更喜欢这个。

五行打油诗

limerick

又是另一个让人开心的理由——看看以下这首诗：

A tutor who taught on the flute	有个师父教人吹笛子
Tried to teach two tooters to toot.	费劲儿教两个徒弟吹响笛子。
Said the two to the tutor,	两个徒弟跟师父说,
"Is it harder to toot,	"究竟是吹响笛子难,
Or to tutor two tooters to toot?"	还是教两个徒弟吹笛子难?"

实在又好又利落,很有绕口令的趣味。

安德鲁·洛伊·韦伯爵士
Lloyd Webber, Sir Andrew

实在不需要大英百科提醒我关于这个人的事。他是音乐剧界的雷·克洛克①,也是宛如麦当劳般风行的音乐剧《万世巨星》、《歌剧魅影》的创作者。我还在《娱乐周刊》上班的时候,音乐剧《猫》的制作人宣布在百老汇演出七千四百八十五场之后,就要把"搞怪猫"这个角色送进天上的猫砂箱里寿终正寝。我还得为此编个假哀悼特辑。真的,我想可能还用了"天上的猫砂箱"那个句子。

但我最记得韦伯的还不是因为《猫》剧,而是比《猫》更古怪可笑的《星光列车》。在此对错过这音乐剧的人稍微解释一下:这是讲火车的音乐剧,里面角色的名字都是一些像"鲁斯提"(Rusty,生锈的谐音)、"黛娜"(Dinah,餐车的谐音)这类,演员踩着滑轮鞋,在舞台上曲曲折折、窜来窜去扮演火车。如果以谈论运输业的滑轮鞋表演剧来说,《星光列车》名列前五名。

我在十五岁左右去看了《星光列车》。我妈和我相偕飞往伦敦,进行一趟特别的亲子之旅。经过白天一整天都在伦敦塔里参观那些酷刑工具,然后又因为点了加冰饮料被嘲弄一番之后(那个侍者把我们要的冰块放在一个标有"美国佬桶"的冰桶里送来给我们),我们就去看戏了。《星光列车》听起来像是无害的娱乐消遣。我们看着台上的"油脂球"踩着滑轮鞋溜来溜去,唱出关于火车维修厂以及火车站的歌,然后很客套地拍拍手。

---

① 雷·克洛克是麦当劳创办人。

"你看完了有什么感想?"散场走到外面时,老妈问我。

"嗯,我觉得有点拙劣。"

"怎么讲呢?"

于是我就解释一番:在我看来,《星光列车》根本是有延伸含意的政治寓言。蒸气老火车头代表的是奴役;柴油机车是放任式的资本主义;还有那邪恶的电气火车,戏服上面有闪电的角色则是法西斯主义。我想不起来为这论调所提的理由是什么了,但记得那些理由相当具有说服力。演讲结束后,我妈点点头。"很有意思,"她说,"我倒从来没想到这方面。"

那实在是我"万事通"生涯的重大时刻。哪,或许我过度分析韦伯,也可能老妈只是客气而已。但我想不是。我认为我妈是个非常聪明的女人,有硕士学位,又是《纽约客》杂志①的终生订户,她是真的对我的分析刮目相看。这种感觉太棒了。我很希望重新得到那种感觉。希望这个世界背后隐藏的意义就像四川林跳鼠般跳出来扑向我,希望有宏观的整体感,希望凭一针见血的分析让人家感到震撼。但另一方面,我从此再也不想看到任何有关火车题材的音乐剧了。

洛杉矶
Los Angeles

大英百科引述了以下这个笑话:柏班克②的自杀率之所以很低,是因为住在那里使得自杀都显得多此一举。嗯,这笑话比那个讲猴子和月亮的日本噱头好得多。

路易十四
Louis XIV

路易十四不是特别讨人喜欢。这人的自负程度就跟川普③一样,还把国家财富全都拿去建造一座宫殿,让法国农民拿泥块当晚餐。但是路易十四也有一件事情值得嘉许:他曾尽力禁止生化武器。

---

① 《纽约客》杂志可说是纽约精英份子观点的代表性杂志。
② 柏班克为洛杉矶市郊的小城市。
③ 川普是炒作房地产起家的美国巨富,行事风格非常独特。

　　根据大英百科所言,有个意大利化学家曾经带着最早的生化武器计划去见路易十四,结果他拒绝了,一直不曾发展这武器,也从来没有用这种武器对付其他欧洲国家。但更叫人刮目相看的是:他付年薪给这人,条件是要他严守这个秘密,不得向世人透漏生化武器的存在。

　　路易,真有你的,做得好! 日内瓦公约出现之前的二百五十年,他就已经遵守这公约的规定了。

　　这是个很好的想法,但是当然啦,就算路易十四是天降大任的太阳王①,也没办法永远保住生化武器这个秘密。消息总是有途径泄漏出去;要是牵涉到的是燕麦葡萄干饼干食谱的话,当然很好,但涉及用化学药剂使人窒息来杀人的话,那就很坏了。如今我生活的世界,可能很快就会有某种恐怖的生化武器影响我们的地铁系统,国土安全部每隔两小时就提出警告,要我们用胶带把鼻孔封住。一想到生化武器难以避免,我的心情就很沮丧。阅读路易十四的条目,引发我绵绵不绝的郁卒想法。我得要设法斩断才行,学学路易十四,像他压下最早的生化武器一般压下这种想法。茉莉说得对:拥抱乐观想法。要记住,在路易十四那时代,人的平均寿命不过三十岁而已,所以现在我还一息尚存已经很幸运了。

麦角酸二乙醯胺
LSD

　　麦角酸二乙醯胺是一种强力迷幻药,从引发谷物感染麦角病的真菌萃取出来,尤其是感染裸麦的真菌。LSD 可以经由任何一处黏膜吸收到人体内,甚至从耳朵都可以。

　　看到这里我又紧张起来。我知道这很杞人忧天,因为我连一个孩子都没有,而且说不定永远都不会有,但万一有孩子,而他沾染上 LSD 呢? 万一他开始用迷幻药塞耳朵怎么办?

　　情况是,现在我已经重新掌握了孩子将来可能会问我的某些问题;我知道太阳有多热(表面温度有摄氏五千五百度,核心有一千五百万度);知

---

① 法王路易十四建立以他为中心的君主独裁政体,以君权神授论治国,因此得到"太阳王"的称号。

道飞机为什么能飞起来（根据柏努利定理）；甚至还知道那个老掉牙的问题："天空为什么是蓝色的?"答案是：阳光会受到大气中尘埃的散射，而蓝色光线的散射程度最低。

但我晓得，这些都是容易应付的题目。至于性行为和裸麦真菌还有摇滚乐要怎么办呢？以前我常取笑前美国副总统戈尔的夫人蒂波①那类人，以及他们对于搞怪歌词或兴奋剂的惊恐与歇斯底里，但现在有点明白他们的看法了。我那尚未受孕的孩子，将来我会准他看哪些节目呢？像 MTV 台《真实世界》里那些"三人行"玩意是否没问题呢？我在家里是不是得收敛些，不要随处讲脏话？还有，他去参观未来要念的大专院校时，我该怎么阻止他服用快乐丸呢？因为我知道那结果会怎样。

最近有个朋友告诉我说，如今父母去参加犹太男孩十三岁的成人礼时，不得不另行雇用保全人员盯着那些孩子，理由是：口交。现在风气猖獗，除非紧紧盯着这些十三岁的家伙，否则他们就会溜到某个角落去脱下裤子。照这样发展下去，我的孩子大概才刚断母奶就会失去童贞了。

要是茱莉有朝一日真的怀孕了，我就要去买条用来系住小孩的牵绳，而且等到我孩子拿到硕士学位才帮他解开。

"幸运儿"卢西亚诺

Luciano, Lucky

在阅读大英百科之前，我已经知道一点黑手党历史。举例来说，我知道路卡·布拉齐跟鱼睡在一起②，而东尼·索波诺应该多花点工夫经营婚姻，少去忙"不费吹灰之力"脱衣舞夜总会。

好吧，利用一下大英百科提供的协助也不错。

真高兴，大英百科充斥着多彩多姿的真实生活坏蛋，其中最棒的故事比起马里奥·普佐③写的毫不逊色，也就是关于"幸运儿"卢西亚诺。他是

---

① 蒂波·戈尔于一九八四年发起"咨询父母"贴纸，力主应事先检查与毒品和性有关的摇滚歌曲歌词，对此音乐界强力反弹，认为有违美国言论自由的精神。

② 路卡·布拉齐为电影《教父》中的角色，为老教父的保镖，后来遭杀害，尸体扔进河里，传达黑道式的信息"跟鱼睡在一起"。东尼·索波诺则为连续剧《黑道家族》中黑道老人角色。

③ 马里奥·普佐，《教父》系列小说的作者。

西西里岛人，小时候在一九〇六年移民到美国纽约，是个早熟的小坏蛋，才十岁就已经会行凶抢劫、勒索敲诈。到十几二十几岁时本事更大，做起贩运私酒、包娼、贩毒等，都是很典型的黑手党生意。所以赢得"幸运儿"绰号，一方面是因为很能逃脱追捕，一方面也因为掷双骰子赌博时经常赢；更不用说，他还是唯一能活过那出了名不好受的"单程旅行"①的黑手党徒，运气之好不在话下；那旅行是这样的，一九二九年十月，他遭"四个乘汽车的人劫持、毒打，用冰钻戳了很多下，喉咙割开的口子长达两耳之间，然后把他扔在史坦顿岛等死。"

等他逃过这一劫之后，卢西亚诺在科尼岛的一家餐厅，宰了他那黑帮老大马塞里亚，到了二十世纪三十年代初期，大家捧他为"无冕盟主"。但到一九三六年就没得玩了，他因为开设妓院以及坐拥应召女郎帝国而被捕起诉，判了五十年徒刑。不过他照样在牢里发号施令、指挥一切。

至此为止，我们听到的是个活生生的黑帮匪徒的故事，或许太标准了一点，但接下来这部分就很有意思了。一九四二年，豪华客轮"诺曼底"在纽约港口里被炸掉；这艘船正要改装成军事用途，用于二次世界大战，当局怀疑有人蓄意破坏。盟军很需要纽约港口保持安全，因为主要的粮食补给都是经由这里海运出去，于是海军情报局走访卢西亚诺的牢房，请求他协助，因为卢西亚诺仍然控制了码头及码头工会，于是他下了命令，从此码头就不再出现蓄意破坏的情况。为了酬谢他在战争期间的效力，当局减轻他刑期，将他递解出境送到意大利去，他就留在那里忙着运毒及送偷渡客到美国的生意。一九六二年，他死于心脏病发作。我爱死了这个故事，讲的是海军和黑帮匪类之间的温馨友情。想来有时为了大局着想，就得把道德摆到一边去，摸摸鼻子巴结奉承，向黑暗面寻求协助。

腰椎穿刺

Iumbar puncture

腰椎穿刺就是一般所说"脊椎穿刺"（spinal tap）的正式名称。想要讲话时听起来很炫，这倒不失为好办法，尤其是提到那位广受喜爱的导演劳

---

① 即有去无回之意。

伯·雷纳拍的"讽仿纪录片"①的话。我已经搜集了很多听起来很炫的讲话方法,其中有些还真的从我日常讲话中漏了出来,譬如某天上班时,我就语气平和地用了"无裔而终"这句话,如果是六个月之前,我根本就没听过这种讲法(意思是说绝子绝孙)。若你也想讲些听起来很炫的话,以下就是五个很方便的策略:

一、如果有人问你时间,你可以引用法国象征派诗人梵乐希这句话:"任何人都可以告诉你现在是什么时间,可是谁能告诉你时间是什么?"

二、不要讲"白干酪",改用听起来比较专业的"荷兰乳酪"。

三、经过长途飞行之后抱怨你有"日变节律压力",也就是你那些乡巴佬朋友所称的"时差"。

四、提起越战时称之为"印度支那战争"。

五、讲到成长小说时,切勿直接使用"成长小说",没错,这个词是很炫,但还不够炫。试试以下这些说法:艺术家成长小说(Kunstlerroman),讲一个艺术家启蒙时期的小说;教育成长小说(Erziehungsroman),讲有关养育、培养的小说;性格成长小说(Entwicklungsroman),特别讲主角性格发展的小说。"我认为《哈利波特》是一部很精彩的性格成长小说!"

卢米埃兄弟
Lumière, Auguste and Louis

这对法国兄弟拥有一家生产底片的工厂。一八九五年,他们拍摄了一部电影《工人们离开卢米埃工厂》,这是名副其实的纪录片,影片中可以看到工人拖着脚步走出工厂大门,目前认为这是最早的电影。这又给了我第四个拍电影的点子:重拍《工人们离开卢米埃工厂》,邀集好莱坞一线明星,找汤姆·汉克斯、罗素·克洛、汤姆·克鲁斯来扮演工人,戴上黑帽,鱼贯走出大门——准保成为卖座巨片!

---

① 讽仿纪录片是以讽刺手法伪造出看似纪录片的电影。导演劳伯·雷纳便曾与三位演员合作,假造摇滚乐团"脊椎穿刺"(Spinal Tap)崛起、发片、巡回演出的经过,拍成"纪录片",为讽仿纪录片的经典之作。

麦当娜
Madonna

大英百科这一年的版本加了麦当娜进去，看得出来编辑在写这条目时，就像穿了伊波拉病毒①爆发时会穿的那种从头到脚裹住的防护装。这项条目插在"圣母像"（Madonna）和"马多克斯"（Thomas Madox）②之间，包括如下句子："麦当娜的成功显见其财经手腕在业界凌驾于其他女性之上，但在形象方面她扮演了比较矛盾的角色。"以大英百科的叙述方式，这句话大概可以翻译为："麦当娜是个娼妓，非常卑鄙的娼妓。"

这项条目的确也让我知道一些关于麦当娜的数据，包括她的中间名字（路易丝），以及她曾是法国赫南德兹迪斯科歌舞剧演员，在巴黎待过。我倒不知道那是什么东东，不过下次我看到麦当娜的录影带时，一定会向人家提起这点。

无论何时阅读关于麦当娜的事，都会勾起我对流行文化的怀念。流行文化，总有一天我会回到你身边的，我保证。只不过这大英百科实在见鬼得长，难道非得提到每个诺贝尔奖得主以及非洲每道峡谷和南美洲每个首

---

① 伊波拉病毒可引发一种极为严重的出血热病，死亡率介于百分之五十至九十之间。
② 马多克斯（1666—1726），英格兰历史学家。

都吗？能不能跳过几个不提？有谁会留意到呢？

马勒

Mahler, Gustav[①]

他的恋母情结不自觉地表现在轻微的跛脚上，因为不知不觉模仿他跛脚母亲的动作。这个人是截至目前为止大英百科里最需要心理治疗的人。

大写字母

majuscule

人人都在问我，什么时候才去参加《大冒险！》电视益智节目。我得说，我开始觉得自己挺有胜出的机会。我一直注意观察老友垂贝克主持节目时给的提示，目前功力大增，能在参赛者讲出正确问句之前就先喊出来（尤其是运用数码录影机的暂停功能时）。

事实上我可能还聪明过了头。有天晚上，我看着垂贝克提出以下可得一百美金的线索："大写字体（Uppercasecharacter）的另一个说法。大写字体就是用于句子开首的那些字母。"

我知道这个，很容易。"Majuscule！"我自信满满地大喊："Majuscule是什么！"这是大写字母的正式名称，"minuscuIe"则是小写字母的正式名称。

有个参赛者大拇指一掀，把铃按响。"Capital letter。"他说。

"答对了！"垂贝克说。

喔，对，没错，capital letter，我应该知道的。想到在门萨例会见到的那个女人一直说"间隙"（interstice），而要猜的字眼却是"沟"（gap）。我觉得自己像个高人一等、爱掉书袋的家伙。

要是最终有机会去《大冒险！》试试的话，我想最好先去向专家请教一番。于是追踪到一位赢过很多次大笔奖金的参赛者，曾经五度蝉联冠军的戴夫·散普尼亚洛；我是上网查到的，他的账号名称用的是"大冒险男孩"（jeopardyboy）。他同意跟我见面喝杯咖啡。戴夫很和蔼可亲，留了山羊

---

① 马勒（1860—1911），二十世纪初奥地利作曲家，对于二十世纪作曲技法影响深远。

胡,戴金边眼镜,精力充沛,有点神经质。会面过程中,他一直抖腿,两手不停扭着吸管纸套。"我还没有把大英百科全部读一遍,"我们坐定之后他告诉我,"不过五岁的时候就读了《资讯年鉴》。"

如今戴夫不上班的时候(他在 IBM 工作),就把时间花在搜集东西,搜集古老的汽车牌照、汽水饮料温度计、总统签名等,但搜集得最多的则是各种资料。这个人简直就像个资料机器,我们的会谈称得上是资料擂台赛。

戴夫跟我说,美国格兰特总统的夫人是斗鸡眼,让画家画她的肖像时,总是摆出能够掩饰斗鸡眼的角度;我则以经典的笛卡儿及其对斗鸡眼的迷恋回击他。他回敬我布坎南总统有一只眼是近视,一只眼有远视,所以每次看着来人时都把脑袋歪向一边;我扯出布坎南的一个亲戚,说他发明了一种潜水艇,可藉此在密西西比河的河底走路,结果发现了铅和铁而发了一笔大财。我讲完之后,他连连出击,讲了林肯是唯一持有专利权的总统,他发明了一种器具,可以把船举起来越过一条堤岸。

这场交谈速度很快,涉猎范围很广,而且有点让人筋疲力尽,但是却很令人振奋。不用眼睛转来转去、尴尴尬尬没话讲,戴夫就跟我一样爱资料,甚至比我更爱,满肚子资料滔滔不绝喷射出来,吸取资料就像喝水一样。

戴夫警告我,去参加《大冒险!》可不是闹着玩的。"我待在那个绿色小房间的时候紧张死啦!全身都在发抖,想拿起一杯水喝,结果洒得到处都是。"这还是说如果你可以入围去参加的话。戴夫光是为了入围,先后在为期八年的时光里试了起码七次。一开始要做个十道测验题,过了这关还有更难的,五十道题目的测验,然后才能去见节目制作人,看看是否上镜头——就算这些全部都过关了,也还不一定会接到通知上电视比赛。

戴夫说,要成功其实没有多少秘诀,就凭自己的第一直觉去回答那些线索就好,并且对于知识要有热情,绝对不可以认为学习是一种繁琐工夫,要把所有的资料都当成朋友才行。

讲到资料,他更有得讲了:"你知道吗?从前白宫里一度只有一间厕所,所以万一有人在里面上厕所的话,总统都得在外面排队等候。"

回到办公室之后,我思量起戴夫前后花了八年去面试的事。老天。我想最好现在就着手进行吧!于是打电话去《大冒险!》公关部,询问下次面试大概会是在什么时候,哪知却被泼了一头冷水;对方说我已经没有资格入围了,因为已经跟主持人垂贝克见过面。什么?垂贝克和我又不是每个星期六下午都有机会一起玩骰子游戏,我还怀疑他能不能从一排苍白瘦削的记者中认出我来呢!而我呢,还曾错认他为墨西哥园丁。没关系,《大冒险!》是益智有奖电视节目中的《纽约时报》,当然不能有任何看来不当之举;在他们看来,我采访了垂贝克两小时之后,已经算是他亲密小圈子里的人了,仅次于他太太和母亲以及制作人。答案是:很大的挫折感。问题:《大冒险!》太过严格的规定是什么?

或许我应该考虑《百万富翁》节目,可以赢更多钱,也不会有人看到我的手写字迹有多丑。

哺乳类

mammals

大象交配的时间只有二十秒。这资料应该会让很多男人看了心里好过得多。

麦恩

Mann, Horace

这位教育改革家在最后一次演讲时告诉学生:"只有为人类做出贡献,才能死而无愧。"真知灼见,甚至可说睿智,我要记住这句话。

粪肥

mannre

大英百科并非由法雷利兄弟导演的喜剧电影[1],可是的确有不少讲屎讲尿的部分。不过说到这点倒要谢天谢地,因为我迫切需要扩充关于排泄废物的知识。话说我娶了茉莉之后,就成了她两个哥哥儿女们的姑丈,那是四个十岁以下很可爱、叽叽喳喳的小孩。由于我没有什么应付儿童节目观众的经验,因此刚开始与他们接触时有些不顺。但后来抓到诀窍,靠的就是四个字,一句"猴子便便"就巩固了我和这群侄儿、侄女的关系。整整五年里,每次我跟他们交谈就用上这句话。

---

[1] 法雷利兄弟导演过许多卖座喜剧片,包括《哈啦玛丽》、《一个头两个大》、《阿呆与阿瓜》等。

"你想要什么生日礼物?"我问七岁的安德莉亚。

"玩弹珠游戏的掌上游戏机。"她说。

"嗯,我还在想说送你二十五公斤重的猴子便便呢,你觉得可以吗?"

"不——可以!"她尖叫说着跑开了,"我才不要猴子便便呢!"

我的"猴子便便"笑话已经成了最热门项目,在我的表演项目中,等同于连续剧《天才老爹》里的招牌牙医笑话。我想这些侄儿、侄女应该是很高兴地发现,原来还有个成年人比他们更不成熟。可是这样过了五年之后,就算精彩如猴子便便也会开始失去新鲜感,我需要另找某个新材料,大英百科正好就帮上了忙。一个星期天,这群孩子全跟着父母进城里来了,拿我们家当总部。

"今天中午吃什么?"我问九岁的娜姐莉亚。

"不知道耶!"她说。

"你猜茱莉姑姑会不会做鲸鱼便便当午餐?"

"鲸鱼便便?"她反问。

"对,鲸鱼便便很好吃的。"

"嗯——哼。"

"真的不骗你喔,很多人都吃鲸鱼便便。"

"喔,好吧。"

"那你相信我了?"我拿出 A 册大英百科,翻到"龙涎香"(ambergris)这条目,把定义指给娜坦莉亚看:鲸鱼肠道内气味难闻的固体物质,干燥之后就发出宜人香气,可用来做调味香料和香精。她看了大开眼界,跑进厨房里。

"我要吃法国面包,请在上面撒一点鲸鱼便便!"

谁说大英百科的知识不实用? 这个就是迷死人的资料。接下来,我又用恐龙化石便便(这个叫做"粪化石")的故事让侄儿、侄女大开眼界,循此又进一步讲了堆肥方法(将粪便堆叠起来,可以避免氮流失掉),但这个似乎不怎么受欢迎。不过后来又靠"负粪甲虫"①赢回了人心,这种甲虫受惊

---

① 正式名称为金花虫。幼虫时期背上挂满黑黑的东西,乍看就像一团粪便,故名"负粪甲虫"。

时会缩回虫足,伪装成如同虫粪的形状。

"大家听好,假装自己是毛虫便便!"我喊口令,我们全都倒在地板上缩手缩脚。

"嘿,请问你刚好就是一团毛虫便便吗?"我问娜妲莉亚。

"不是,是我啦!娜妲莉亚!骗到你了。"

茱莉的嫂嫂丽莎走进房里来,看见我们五个都躺在地板上缩成小球状。

"这是怎么回事?"她问。

"嘘——"她那五岁的女儿艾莉森说,"我们在假装成毛虫便便。"

丽莎看看我,她并不觉得好玩。"我以为已经讨论过这个了,讲好以后都不再提猴子便便的笑话。"

"可是这是毛虫便便,"我说,"完全不一样呀!"

受虐狂

masochism

受虐狂这个词的原文来自札赫尔—马佐赫(Leopold von Sacher-Masoch)的姓氏,此君是奥地利小说家,写了各式各样的作品讲述自己如何享受遭人打骂和凌辱。可怜的马佐赫,他不是萨德[①],每个人都还在谈论萨德、阅读他的作品、拍摄以他为题材的电影,本本传记使他的回忆发扬光大。可是马佐赫就什么都没有,只玷污了家族姓氏。从另一方面来看,要是有人喜欢受到忽视,那大概也就是马佐赫了:大家别理我!对,别把我的作品当一回事!只要糟蹋我的姓氏就好!

要说大英百科教会我什么,那就是做人要谨慎,我可不想让我的名字将来哪天变成很不得体的名词或动词,或者是形容词。我不想要像"杯葛"(Charles Boycott)这个爱尔兰地主,他拒绝在大饥荒时减轻地租,结果导致史上第一次出现"杯葛"(boycott)行动;我也不想要像林齐(Charles

① 萨德(1940—1814),法国色情文学作家,施虐狂(Sadism)一词即由其名而来。他因私德问题入狱三十年,狱中所写的大量著作极尽邪恶,但论述哲理深刻,鼓吹人们通过满足各种欲念而获致心灵的彻底解放。较知名的作品如《索多玛一百二十天》、《卧房的哲学》等,近年有传记电影《鹅毛笔》。

Lynch)一样,他在美国革命时主导一个不合常规的法庭,吊死亲英份子,后世便有了"私刑"(lynch law)。我不可以让"贾各布斯"变成一个动词,用来指称整天待在家里或者洗手次数太过频繁的意思。

力学

mechanics

两天前,我在《君子》杂志美编办公室里拿着高尔夫球,一边轻敲一边到处走动,一面想着:为什么高尔夫球的球面有很多凹点?答案就出现在"力学"的条目里:球飞过空气中时,凹点可以在球面周围制造出湍流、减轻阻力。(有些科学家也认为,泳衣表面粗糙有助泳者速度更快,但这点仍有争议。)有时大英百科还真凑巧,来得正是时候。

流体力学

mechanics, fluid

真知灼见!大有可能扭转人生的洞见!要买汽油就要选在最寒冷的日子去买,因为温度愈低,汽油的体积也愈小,因此就比较便宜。所以等你得穿上大衣和手套时再去加油站加油;要是不可能的话,起码也趁早上比较凉爽的时候去加油。这点大家都知道吗?

我看到一大堆关于液体及其膨胀性质的反应式和图表时,突然有了这样的顿悟。我知道气体会膨胀,但却忘了液体也会。想到生活中各种不同的液体,柳橙汁、水、汽油,心智突然大跃进。我能够掌握科学,而且狠狠地运用了它。

我在想,大英百科不知道还潜藏着多少提示、秘诀、洞见等着我去解开,想到这里就不免紧张起来,怕自己思考得还不够多。

记忆

memory

很久以前读过福尔摩斯探案,有一个故事讲到华生发现他这位侦探朋友竟然不知道太阳系的行星,甚至不知道地球绕着太阳转,觉得非常震惊。福尔摩斯可以凭烟灰分辨出一百四十种烟草,但却不知道行星。福尔摩斯向大惑不解的华生解释:脑子就像阁楼,空间有限,只能放那么多杂物,所以他就存放一些对他有用、可以协助他抓坏人的杂物,例如各种不同烟草有不同颜色的烟灰。而行星对他根本毫无用处。事实上,华生告诉他行星还让他颇懊恼,因为他得尽力忘掉这些行星的事。

多年来,我一直记得这个故事。当然啦,篇名已经忘了,但是这则轶闻一直留在脑中。

最近又常想到福尔摩斯,因为我正努力把一大堆杂物堆进脑中阁楼里。记忆的容量究竟有多少?真的像个阁楼吗?还是像一条有弹性的运动长裤一样可以伸展?但最重要的一点可能是:要怎么样才能确保塞进去的东西都留在里面?

为了取得协助,于是我就看看大英百科有关记忆的条目怎么说;虽然我的确学过"似曾经历的错觉"(déjà vu)的相反词是"从未见过的错觉"(jamais vu,譬如走进自己公寓里却觉得从未来过),但仍然希望能在增长记忆力的技巧方面再多得到一些指导。但是到哪儿去找这种指导呢?你或许还记得,我头一遭重温成人教育的经验并不是很愉快,那是寒狱(古代北欧传说中的地狱,这地狱里是永恒的寒冷,这种温度在我看来比地狱还地狱)速读班,所以我一点都不急欲回去;也就是说,我的确去拿了一份课程表来看,上面刊登一项叫做"一晚就学会照相式记忆法"的课程,由世界知名专家戴福·法罗主讲,文案上说他上了吉尼斯世界纪录,可以记得住五十二副混在一起的扑克牌随便排出来的次序。五十二副牌喔,不是五十二张牌,那就是二千七百零四张牌。这没得好争论了;这实在是了不得的成绩。我需要见见这个人,于是就再给了成人教育另一次机会。

两个星期之后,我来到社区大学自助餐厅里,法罗一身蓝色西装外加蓝色领带打扮,在那班学生前面踱步,并对陆续进来的学生点点头。

一个大胡子男人打开了门,他头戴红色贝雷帽,穿了彩格呢长裤。"这是记忆班吗?"他问。

"你记性很好!"法罗欣然说。

"吓,"那男人说,"课程表上照片中的你好看多了。"

我很替法罗难过。有个陌生人来侮辱你的外表可不是容易忘掉的事情,即使是我这个非记忆专家也难忘。我想要告诉法罗他相貌很好,有点像电视上的演员詹姆斯·梵德毕克——再说,也不应该听一个戴红贝雷帽、穿彩格长裤的家伙来批评他的外表。

也许是因为我同情法罗，因此决定一开始就喜欢他。首先，他是加拿大人，加拿大人是很难叫人憎恨的（虽然在南北战争之后，美国曾有过要合并他们国家的说法）。法罗的大部分句子都以惊叹号做结尾，并一再提醒我们，以后上课会有很多乐趣。为了鼓励我们，还把他与三个学习障碍（注意力障碍、阅读困难，还有另一种我从来没听过的）奋斗的艰辛故事讲给我们听。现在瞧瞧他多厉害！

"要是懂得如何利用你们的大脑灰质，就可以记住一大堆像电话簿那么厚的资料！"他的技巧可以为我们带来不曾梦想过的空前记忆力！我们可以做得到！阿门！

喔，顺便一提，我们真该买那套家庭自修作业，法罗刚好就在这里提供大减价，才卖一百二十九块美金。没错，成人教育又出击了——另一个乔装成课程班的商业广告片，家庭自修作业每隔两分钟就冒出来一次，活像患了妥瑞氏症。法罗可以谈任何话题，像是饮食、书籍、爱尔兰等，然后突然又冒出家庭自修作业，再回去接着话题讲下去。我数着这情况发生的次数当成游戏玩。

另一个游戏（而且不只我一个人在玩）是抓包，专挑这个号称记得住二千七百零四张扑克牌次序的人的每一个记忆小漏洞。这实在是没什么啦，再说像法罗这么好的加拿大人，实在也不该向我们这些小心眼又吹毛求疵的家伙低头，但这样做真的很痛快。法罗讲到某个节骨眼，说到他搭电梯上来时跟一个学生一路谈到——

"楼梯！"后排有个男人大喊说。

法罗停下来。"对不起，你说什么？"那家伙往椅背上一靠，两手合握在脑后。

"楼梯。"他说。

"喔，对，没错，我们走的是楼梯，电梯坏了。"全班暗笑。

法罗这个班事实上跟那个要命的速读班有些内容是相同的，不过由于我比较喜欢法罗，因此他猛力吹嘘"形象化"时我很用心听。他说，要记住一件事，你就在脑中创出一幅小画面。举例来说，要记住我的姓名贾各布斯，班上同学就联想到阿贾牌洗洁精，然后想象我用阿贾清洁剂在洗东西。

想到全班同学想象我正在洗碗或洗刷浴缸，不免有点尴尬，希望他们想象的我是穿着长裤在做这些事。

不管怎样，总之法罗这套系统似乎还蛮管用的，我们记了班上同学的姓名，还记了一连串随便讲出来的字眼，还有各种不同胶水的特性，每次记住之后都为我们自己鼓鼓掌。

下课休息时间里，我告诉法罗关于阅读大英百科的大计："我正在从头到尾读大英百科，努力学习这世上每样事情。你认为我能记得住所有读过的东西吗？"

"绝对可以，利用那套家庭自修作业教你的技巧，肯定做得到！"

"可是大英百科有六万五千项条目——。"

"你做得到的！我曾经在两天内记住了二千七百张纸牌。事实上，等你做到之后，你还可以帮我做个推荐！"我一方面觉得很受鼓励而感振奋，一方面（这方面比较大些）觉得有点懊恼。其实我是希望法罗说："哇！连我这个世界知名的记忆专家都不见得敢尝试这番大业呢！你才是记忆大王！我的记忆阁楼里可没那么大的空间哩！"但结果却又是家庭自修作业老套。我把信用卡给了法罗，这样做时心里有点紧张，因为知道他可以不费吹灰之力就记得住所有号码。

回到家之后，我在客厅里听法罗的神妙记忆法，播的是第二张 CD，他正在说明如何记住各种定义。"我们先就这一项来点好玩的。"他说的好玩是从记住"反微中子"（anti-neutrino）的特性开始。这个字眼听起来有点像"蚂蚁"（ant）和"蝾螈"（newt）两个词，因此法罗就怂恿我们想象蚂蚁背着蝾螈的画面。好。现在我们知道反微中子的定义是一种次原子粒子（sub-atomic particle），于是画面改为蚂蚁和蝾螈驾驶一艘原子潜水艇（atomic submarine）。反微中子没有质量（mass，想象的画面是一个神父站在潜水艇上挥舞双臂做出"今天没有领圣餐仪式"的手势，[①]而且在 β（beta）衰变时会和电子一起射出（想象这个神父刚好手上也拿了一卷需要修理的 Beta 系统录影带）。哪！就这么简单！

确实是挺好玩的想象小画面，可是也让我想打个盹。看来"如何加强

---

① mass 亦有天主教弥撒之意。

记忆"这件事会比想象中难得多。不过我认为应该再继续尝试这个作业，何况已经花了一百二十九美元买了它。我往回翻过两页，这题倒很不错：混战球戏(melee)，这是现代足球的前身，古时候用充气的动物膀胱制成球，要不就是像英国人用入侵的丹麦敌人的脑袋来当球。到了十一世纪时，很多种混战球戏都是在忏悔星期二(Shrove Tuesday)①那天举行。

好，以下就开始：melee发音听起来有点像"甜瓜"(melon)，我要想象出形状像足球的甜瓜，而且这个甜瓜憋不住了要去洗手间(膀胱作怪)；接下来想象瓜头正塞入一个覆盆子果酱丹麦酥糕点(丹麦人脑袋)，然后这个甜瓜扛了有两个日期的铲子(铲子[shovel]与忏悔[shrove]音近)。

法罗这套记忆法无疑是很不错的，但是想到六万五千条目都要分别创造出小画面，感觉脑袋就好像被十一世纪的英国佬当球狠踢似的。我大概还是会采用目前的记忆法——包括眯起双眼狠命盯着那页看，希望能够让那一大串资料都牢牢黏在我的大脑皮质里。

我无意对法罗不敬，但心想最好还是再去请教另一位记忆专家，或许是去学院里找，而不是那种在街角张贴课程表广告的机构。我含羞忍辱吞下自尊心去问大舅子艾力克，目前他是哥伦比亚大学心理学研究生，之前他已经主修过、厌倦了、而且拿到学位的科目有外交、电脑程式设计、投资银行。他准我跟他一起去他班上，不过却要我坐在后排，还要求保持静默。上完课后，我去跟他那位教认知学的教授克朗兹谈了几分钟，这人穿了件大花衬衫，戴了风格很正经的眼镜。

我的主要问题是：一个人究竟可以记住多少东西？关于这一点，克朗兹也没有斩钉截铁的答案。他不会说"人类可以储存二百三十万笔资料"，或者"你可以记住从A到Q的资料，但是再多一笔就挤不进去了"。显然，而且也让人够烦的了，人类的记忆不能这样量化。

不过克朗兹反倒告诉我："记忆就像是富者愈富那种情况。"此话怎讲？"你对一个主题知道得愈多，就愈能够记住它。"

---

① 忏悔星期二的确实日期视复活节而定，在二月二日到三月九日之间。忏悔星期二在圣灰星期三的前一日，由于圣灰星期三为大斋首日，因此忏悔星期二又演变为大斋前的狂欢节。

换句话说,我得先丰富自己在历史、流行文化、文学等方面的知识——但是我在量子物理、化学方面的知识都很贫乏,这样的开头到最后大概也爬不到中下程度。其实读了几千页大英百科之后,多少有点领悟出这点,只是从专家嘴里得到证实,还是有点难过罢了。我可以填补教育上的某些不足与坑洞,但也只限于比较浅的坑洞。至于深的那些,也只能在坑洞上方撒点泥土而已。

公制

metric system

我是个转而支持公制度量衡的人。写下这句话时,自己都觉得不像美国人,感觉好像承认自己比较喜欢欧式林兹果酱派多过于美国苹果派,又或者我忙得没空去谢亚棒球场①,因为要看电视转播英国曼彻斯特联队的足球赛似的。可是我真的是一公斤一公斤地逐渐醒悟到:公制确实是比较好用的度量衡系统。我对公制知道得很少,只知道很讨厌它慢慢潜进我的生活——挟着百事可乐的公升容量以及十公里路跑赛入侵而来。其实我不跑十公里路跑啦,也不曾买过以公克计的古柯碱,但是的确偶尔会喝百事可乐,可是不喜欢它采用外国的容量单位。现在我却会说,拿公制来吧,我已经准备好要用了。

但火大的是:居然有那么多种不同的重量单位,太让人吃不消了。每次阅读了几页就又碰上另外一种——察尔准、测链、令、葡萄酒加仑、啤酒加仑、谷物加仑、安妮女王加仑、及耳、腕尺、常衡盎司、金衡盎司、科德、老伦敦哩、爱尔兰哩、苏格兰哩、磅,以及其他各种没完没了的度量衡单位。更不用说那些人是怎么想出这些度量衡单位的——八成是灌了好几及耳的威士忌之后。就拿竿来说:"古时的竿,是以十六个男人从教堂走出来时,左脚的脚跟和脚趾彼此前后衔接的总长度为一竿。"什么?教堂跟这有什么关系?难道听完一场很好的布道走出教堂时,这些男人的脚丫尺寸会变了吗?还有英寸也是;早期英寸的定义很多,其中一个是"男人拇指指甲底边的宽度"。然而科学家进一步取三种男人的指甲宽度,一个矮小男人、一个中等

---

① 纽约大都会棒球队的主场地,位于皇后区。

身材、一个大块头，取宽度总和的平均值。后来又变成"三粒大麦头尾相接的长度"。但你可能喜欢更强的：十二粒罂粟籽并排的长度。真累人。

生态系统和股票投资组合多样化是好事，但是在度量衡方面，"统一"会是美事一桩。我已经见到星巴克咖啡采用公制；对，星巴克也无孔不入了，可是却有其道理：星巴克的星冰乐真的非常好喝，所以就不用抗拒了。

还有很多理由也让这个备受美国人鄙视的公制值得人喜欢。它是法国大革命期间诞生的，这就自动让它变得更酷了。我知道公制是有理性根据的——但以前不知道理性到什么程度，原来是法国科学家界定北极到赤道长度的千万分之一是一公尺。由公尺衍生出一千立方公分的水重为一公斤。此外还有这些字眼的词头，我熟知"kilo"（10^3，千）、"cento"（10^{-2}，厘）以乃"nano"（10^{-9}，奈）这些字眼，但还是很高兴又学了其他字眼如"peta"（10^{15}，秭）、"exa"（10^{18}，穰）、"tera"（10^{12}，垓）。我开始在跟人谈话中抛出这些字眼，探头到上司办公室时说："我只要占你一沙秒（pico，10^{-12}）时间，说不定只要一尘秒（femto，10^{-15}）就够了。"

当然，公制就像所有可爱的东西一样，总也有缺点。后来发现正立方体的水重太难测量，于是已经不用这个来界定一公斤的重量了。没错，如今一公斤是用一大块国际公斤原器的重量为准，这块公斤原器现藏在巴黎近郊的国际计量局里。我大吃一惊，竟然还有个实质的公斤存在，称为"公斤原器"，是一块铂铱合金圆柱体，收藏在法国的塞夫尔镇。我已经读过，古埃及人藏有一个黑色花岗岩制成的腕尺原器，所有的腕尺量尺都要对照这个标准来制作。显然我们还没有超越这阶段。

我因此又有了第五个拍电影的点子：《公制大劫夺》，一群职业匪徒（或许可找唐纳·苏德兰来演收山前捞最后一票的老贼）把公斤原器偷走了，搞到天下所有重量失控，连带度量衡系统大乱。说不定可以安排这样的情节：他们以手上的公斤原器要求赎金，而且绝对要安排一场好戏由黄荣亮①饰演亚裔大盗，用这个公斤原器当做柔术棍棒上阵演出。

言归正传，这个公斤原器也为我们上了很有深度的一课：到头来，这个世界始终摆脱不了实质的东西。你尽可大谈理论，辩上几天几夜很抽象的

———————
① 黄荣亮为美国华裔男星。

辩论,但最终还是得卷起衣袖,为自己雕刻出一块金属。

迈克生—莫立实验
Michelson-Morley experiment

茱莉要去自然史博物馆看爱因斯坦展览,我同意一起去,但其实是一肚子不高兴、勉强跟去的。或许是出于对老爸的反叛心理吧,他对爱因斯坦的一切推崇得不得了,但我对爱因斯坦却一直有一点怀疑。对,他是很聪明,但真有那么聪明吗?真的比狄拉克①和波尔以及其他那些没人理、脸孔永远上不了 T 恤或儿童录影带的人领先一千光年吗?他是不是已经聪明到名字就等于是"才智"的同义词了?记得几年前有本书面世,让我大感懊恼,那是个带着爱因斯坦脑子驾车横越美国的人写的,爱因斯坦那传奇性的脑子。真是够了。"我要写一本讲我带着达尔文的胰脏驾车横越全国的书,"那时我跟茱莉说,"写完这本之后,我还要带着牛顿的降结肠去搭巴士。"

"你把该做的做好。"她回答说。每次她认为我疯言疯语时,就用这一百零一句来回答。

自从误上贼船展开要变聪明的大业之后,我对爱因斯坦以及他得到的无尽名声更加妒忌。会不会有人说我跟爱因斯坦一样聪明呢?大概不会。会不会有人说我跟爱因斯坦的堂弟一样聪明呢?他堂弟是个知名音乐史学家,也在大英百科占有一席之地。恐怕连这个也不会有人说。所以我满腹妒恨走进了博物馆的展览厅里。

第一个展厅里展出的都是这个人本身的住家物品:两支爱因斯坦最常用来吞云吐雾的烟斗、一个他常把弄的罗盘,还有小时候玩的小拼图。我看到有个玻璃柜里展出一封他写给太太的信,意图挽救即将完蛋的婚姻,上面写说:"你要确实做到每天送三顿饭到我房里。不要指望有亲密感,也别想用任何方式责骂我。"哈!这可不大聪明啰!根本一点都不聪明。我的脑袋可能不够格得到诺贝尔奖,但却知道绝对不能写这样一封最后通牒给女人,而且还指望会生效。这就像是以为"天候占卜"会管用一样(这是

---

① 狄拉克(1902—1984),英国理论物理学家,一九三三年诺贝尔物理奖得主。

观测天候气象来预测未来的算命法)。

我又逛到另一块说明前,上面说爱因斯坦拒绝庆生,解释是:"我出生已经成为已知事实,这就够了。"这可好,我把茱莉拉来看,因为知道她会不赞成。茱莉很爱过生日,还设法把生日安排成一连串的庆祝活动,称为"庆生周",而且更威胁说要扩展为"庆生月"。

"爱因斯坦讨厌过生日,"我说,"有够笨吧? 哦?"

"我就不会这样做了,"她说,"不过话说回来,我又不忙着解决宇宙奥秘而没有时间。"

没有我原先期望可以挑拨出来的不满情绪。

接下来的展室里展出的是爱因斯坦所致力的物理学。我打定主意:这是一次搞定它们的时候了。这些理论究竟有多难? 这些年来,我断断续续,零零碎碎也弄懂一些。十岁的时候,爸爸跟我解释说,根据狭义相对论,住在公寓大厦高层的人会比低层的人活得久,这是因为地球自转使得高层比低层移动的速度快,就跟摩天轮的外缘比轮轴转得快的道理一样。相对论说,你速度愈快,时间也就愈慢下来。虽然这理论看起来很奇怪,不过住在屋顶阁楼的确会老得比较慢,大概少老了兆分之一秒,不过总是少了一些。这点使我老是很羡慕住在屋顶阁楼的朋友,那些好命鬼。记得我小时候,有很多个下午老待在住公寓大厦二十九楼的强纳森家,还不只是因为我们喜欢从阳台上把香瓜扔下去、看着香瓜摔个稀烂,不仅如此而已,其实我是在延长寿命。

总之,我认识相对论是这样开始的。多年来从高中上的物理课及偶尔看过的科普书,我的知识变多了,虽然不尽如你所想的那么多。而由于还没读到 R 字首部分(相对论 Reality 是 R 开头的),因此大英百科在相对论方面对我的帮助还不太大。(E 字首的"爱因斯坦"条目主要都在讲他的生平,说他地理科成绩很差、喜欢驾帆船等,却没有提他的学术理论。)

茱莉和我厚着脸皮,跟着一群中学生团体偷听讲解,那个团的导游是个很不错的亚裔男人,常常从塑胶杯里啜一口水,而且很努力加油添醋地讲爱因斯坦,以便让这群青少年听众感到精彩。譬如他会说:"爱因斯坦的名气就等于贾斯汀、詹妮佛·洛佩兹、艾希顿·库奇的名气加起来那么大。"这些小鬼听了好像很刮目相看,如果没怀疑的话。

咱们这位导游解释了"迈克生—莫立实验",也就是说,从移动物体发出的一束光,并不会比固定不动物体所发出的光更快速。光是很怪异的东西,他说,与直觉完全相反,跟飞盘的表现不一样,也跟从移动中小货车扔下的垒球会有的表现不一样。光的表现跟任何东西都不一样。

"爱因斯坦说,光速相对于任何参考系都相同,"咱们那导游说,"这是相对论的特殊例子。要是光速都一样的话,那有什么改变了?是时间。"

我每次一感到自己懂了某样深奥的东西,后颈就会微微一阵气血上涌冲到前额,我喜欢这种气血上涌的感觉,想当年在我聪明过人的黄金时代就常常有这种现象。眼前此刻又有了一次非常强烈的感觉。狭义相对论点通了我,我懂了。瞧见没?那个爱因斯坦跟我算是一国的。要是有过同样的实验提供给我参考,说不定我也会想出同样的理论。对不对?

另一方面,接下来谈到的广义相对论就比较复杂了,导游讲到宇宙像个果冻,混合很多倒胃口的什锦水果碎片,香蕉啦,凤梨啦,草莓啦什么都有。"这就是广义相对论。"他说。那群中学生客套地点点头。"太空就像果冻,很美丽;我们是那团乱七八糟的杂碎水果,搞乱了太空、弯曲了太空,我们是那堆杂碎东西。"果冻比喻没能点通我,结果这次没气血上涌。或许是真的——我不是爱因斯坦。

我们参观的这间展室墙上有很多他的手稿,上面潦草的方程式和批注就像光年从我头顶上飞过。嗯,起码我知道熊皮武士是裸体打仗的,你想爱因斯坦知道这个吗?我想大概不会。他可知道霍桑执迷于数字六十四,或者卡拉瓦乔打网球时杀了一个人?我怀疑。随着广义相对论以飞快的速度愈窜愈远、我抓都抓不住,上述想法只能稍微安抚一下我的自尊。

"你看够了没有?"我问茱莉。她看够了,于是我们快步走回家,以此增加我们的寿命长度。

迁移,迁徙

migration

茱莉这个星期三要去西雅图看她大学朋友佩琪,挺好的五天短程旅行。她几个月前就订好行程,那时我们还很自信,以为到这时她应该已经进入大腹便便的怀孕中期。结果没有,子宫依然毫无动静。简直令人非常挫折。茱莉和我都认为，她不该被这个永无止境的求孕惨事给困住，更何况她百分之九十肯定已经在星期二排卵了，在西雅图时绝对一个配子都不会释出，于是就坐上计程车前往甘乃迪机场。

就在那时我开始担心了：万一她搞错了怎么办？万一还有百分之十的机会，事实上，是在星期三或星期四、五才排卵怎么办？我们该赌这个吗？就因为我要留在纽约，茱莉要去跟她老友划爱斯基摩小艇，结果我们就得承担永远生不出孩子的风险？

到了星期四下午三点多，我已经在跟机票代办员讲电话，并做出严重危害我信用卡的事，以便换取周末到西雅图的来回机票订位。我正要迁徙，这是我的想法：千里迢迢迁徙去下种，跟北美鳗没什么两样，北美鳗在溪流里悠游浮沉了十五年之后，突然间眼睛长大了，身子由黄色转为银色，往下游几百公里，游到海洋里，一直游到马尾藻海（在加勒比海东边）的温暖海域，然后在那里忙着繁殖大业。星期五晚上的我就跟北美鳗一样，两眼睁得大大，坐在美国航空喷射机舱尾部，移往另一个时区（顺便一提，林白曾为美国航空的前身公司首先试航）。

午夜时分抵达了西雅图，但是这场迁移还没告一段落，我还得搭计程车去渡轮码头搭船，让渡轮载我到那个默默无闻的嬉皮岛上佩琪住的地方。结果渡轮在午夜之后班次并不频繁，于是整整一个半小时我就困在那个码头，作伴的有一对欲火焚身的少年少女，一个怒容满面的彪形大汉，这人挺像六十年代飞车党电影里的临时演员，以及一个装备出奇齐全的中年妇女。由于光线太暗了，我没法阅读那老可靠的大英百科，于是只好睁眼看着一起等待要搭渡轮的人。

两个青少年愈发上下其手地调情，怒汉继续怒火中烧，中年女人在补唇膏，为了她好，我暗中希望那唇膏没有辰砂成分，十九世纪加州的印第安人打仗时在脸上画的红彩就是用这个。这是一种汞化合物，印第安人的红色迷彩其实会让他们汞中毒，但他们不知道。我暗想，说不定这也是个阻止战争的好办法，利用迷彩来让大家都病倒。

我这番关于辰砂的沉思算不上很有深度的思想，但却愉快地晓得自己不会感到无聊。坐在这里无事可做，没有书和电视可看，没有朋友为伴，没有纸牌可玩，换了平时我一定要疯了，但现在却很好，有迷彩可以想，感谢大英百科,我脑筋就像个游戏间,里面有很多小玩具让我花心思。或者换个比喻,思绪宛如火车,现在车窗外有了颇有意思的风景可看。

等我终于拥抱到茱莉说"哈啰"时,已经凌晨三点钟,可是迁移还没结束,我得像鳗鱼产卵一样下种。从出门到进门,整整经过十四小时,实在没有兴趣播种什么的,可是想到要是那些鳗鱼在游了几百公里之后都做得到,我搭了渡轮之后也应该尽力一试。应该会管用。

弥尔顿
Milton, John

这位英国诗人后来失明,因为在求学阶段晚上看书看到太晚。这可给了我一个教训:学问是很危险的。有很多人眼睛瞎了(有时是两眼失明,有时是一眼失明),有些人因此脊柱弯曲,有的人则因为阅读太多而筋疲力尽。让我觉得这番追求学问(尽管基本上都是躺在沙发上的时候居多)其实蛮惊险的,很有一种身为男子汉的兴奋感。

默剧
mime

可怜的默剧,每个人都喜欢嘲弄默剧。坦白说,默剧实在不是我最爱的娱乐形式。不过大家要是知道一点关于默剧的辉煌过去,也许会产生一点点敬意,嗯,其实也不算是很辉煌的过去啦,倒该说是淫荡邪恶的过去。

默剧始于希腊罗马时代,而且——呃,我还是让大英百科来解释吧:"尽管只有零星片段留存,我们仍可明显看出,当默剧毫无顾忌沉溺于影射过去事件的手法时,其剧情通常环绕着通奸与其他罪行的发展。现存的证据显示,罗马帝国时期的通奸行为常在默剧舞台上真实地演出,而以罪犯来代替演员演出处死刑罚的情景亦有记载。"

所以你看,又来了,活生生的性表演与处决——我得说,这种表演的确要比只看到一个家伙涂白了脸跟无形的雨伞搏斗要精彩得多。

极简主义
minimalism

我要为自己说句话:我现在的意志力非常惊人。茱莉和我在西雅图市郊的一个小镇吃中饭,她朋友佩琪也在。看着云朵逐渐转为乌云,她就说:"瞧瞧这个闹情绪的天空。"

我"没有"讲出口,虽然心里正在想着:"你刚刚犯了感情误置的毛病。"(这是指你把感情投射在无生命的物件上。)这可是很不容易做到的,大家应该晓得这点。

杂录

miscellany

最近有本新书面世,是本搜集了杂七杂八资料的书,叫做《萧特杂录》。是本很雅致漂亮的书,内容除了有伊丽莎白·泰勒历任老公名单之外,还有女服务员的行话词汇,以及摇滚歌星死法大全。出版社要《君子》杂志报道一番,于是邀请我和其他几个记者去跟作者吃饭,作者是个名叫萧特的英国佬。我心想,何不赴会呢?萧特和我可以交流一下疑难杂症资料,说不定还可以来场脑力过招。

饭局设在一家高分贝的意大利餐厅"司凡诺",位于格林威治村。不幸的是,我坐的这张圆桌正好离萧特最远,唯一能跟他互动的方法是打他的手机,要不就学学黑尾草原犬鼠打招呼的方式,包括两只前爪用力伸向空中,连带鼻子跟着向上伸,然后突然发出一声"耶"。

由于萧特可望不可即,我只好跟旁边的饭友讲话,是个自称为纽约一家小报社做事的女人。以记者来说,她算是出乎寻常的吸引人了,一头黑长发,那张脸孔摆在名设计师服饰目录上也很合宜。我还认定她的神智完全失常,若不是的话,就是喝醉了,而且比我大学同窗约翰当年喝下十四瓶"老英国八百"啤酒的大醉程度还要厉害。

"我母亲很爱萧特。"她向我吐露秘密。

"哦,你母亲怎么认识萧特的?"我问,心想这是个很中肯的问题,因为这本书还没有在美国面世,而萧特则是全部时间都住在伦敦。但她却不肯直接回答问题,反而说这样的话:"我母亲爱他爱得要命,还买了一栋房子以便可以跟他联络。"

她对我露出笑容,然后咬着下唇。随着这顿饭磨下去,我渐渐摸清楚了,这是她的招牌作风:先做个让人摸不着头脑的声明,然后微笑、咬着下唇。她也很喜欢重新整理头发,把头发整个披到脸上遮住脸孔,再理回去,大概这样可以有一点点私人时间,再想出一个令人费解的新声明。

言归正传,再回头讲她的母亲,因为真的把我搞得大惑不解。"抱歉,我没听懂你的话。"

"她买了一栋房子,以便可以跟他联络。"她重复说,我还是摇头表示不懂。

"在哥斯达黎加。"语气显示她认为这一讲马上我就一清二楚了,或许我也不该再问这些笨问题。

我不管自己有多少知识,总之她这项资料我一点都没办法消化。所以这顿饭吃下来看似挺浪费时间的。不过两个钟头(以及吃了好几盘碳水化合物)之后,我终于设法钻过去坐到萧特旁边,所以最终我想还是不需要用手臂打信号来跟他联络。结果原来这老兄很可爱,我就会这样称他:老兄。很斯文,跟大英百科挺像的。打扮整洁,穿着非常考究,态度谦逊,似乎跟我相见甚欢。

我们交流了彼此最爱的"布拉格扔出窗外"①的资料,他尤其喜欢第二次的扔出窗外事件,这次引爆了三十年战争。我暗想,不妨就用我从大英百科零星学到的英国式字眼让他对我刮目相看吧;要是你还记得,之前我已经在二〇〇三年的"芫荽/香菜"事件中赢得别人刮目相看,所以自认胜券在握。

"所以你认为,今年我们会有个'老婆子夏天'(old wives' summer)吗?"我问萧特。

他看我的表情,就跟我听饭友讲完哥斯达黎加那栋房子之后一样。

"你知道的,老婆子夏天,英国人不就是这样称'印第安夏天'②吗?"

---

① 十五世纪,波西米亚天主教士胡斯主张改革教义,受到中产阶级支持,但遭天主教会视为异端而处死,抗议群众冲进布拉格市政府,将多位官员扔出窗外,此为第一次布拉格扔出窗外事件。但后来神圣罗马帝国军队大举镇压,此后一直对波西米亚采取高压统治。到了十七世纪,奢靡的波西米亚天主教会下令封闭公民所建的新教教堂,人民忍无可忍,于是在布拉格把帝国派来宣示主权的使者扔出窗外,此为第二次扔出窗外事件,随后引发天主教徒与新教徒之间的三十年战争,中欧地区伤亡惨重。

② 印第安夏天指深秋初冬时阳光灿烂风和日丽的日子,即中文所称的"小阳春"。

"不是,事实上我们称呼'印第安夏天'。"他说。喔,这不太妙,大英百科明明说在英国称为'老婆子夏天'啊,但眼前这个人确实讲了一口当前标准的英语,要跟他辩论恐怕很难。

"嗯,希望今年的梯牧草不会让你们过敏。"

又是一脸困惑表情。

"梯牧草,在英国会引起过敏,对不对? 在美国我们有猪草会引起过敏。你们是梯牧草吧?"

我可以感觉到他正想别过头去,跟另一个道道地地的记者谈话,而且是有兴趣讨论他的书的记者。于是我赶快抛出最后一个问题:"我刚才想到,不知道英国人称拉斯维加斯那种机器叫什么?"

"噢,那个,独臂盗。"

"不是吧,水果机器。"我很泄气地说。

"喔对,我们的确也叫水果机器,因为滚轮转出来有水果图案。"

他妈的,我当然知道人家为什么称它们为"水果机器",我会那样说,是想要向萧特澄清我并不是个大笨蛋,可惜为时已晚——他已经分神去跟别人讲话了。

我没能用上其他的英/美语翻译让他刮目相看,所以就列在下面给你看。

美国人称 ladybug,英国人叫 ladybird(瓢虫)。

美国人用 old furniture,英国人叫做 lumber(旧家具)。

撞球的"侧旋球"①,美国人叫 English,英国人叫 side。

外科医生在英国称为 Mr.,内科医生才称 Dr.。

美国称铝为 aluminum,英国称为 aluminium。

跟你说过,美国人和英国人讲的英语很不一样。

我和萧特讲完话之后,看到他也跟那位令人费解的长发女郎聊了一下,我听不见他们在讲什么,但从他脸上表情看得出来,她又在用那令人一头雾水的老招了,大概还是同样牵涉到用来联络的中美洲房子等。不知道

---

① 用球杆撞击母球的左侧(左塞)或右侧(右塞),使球产生旋转。

萧特会认为谁比较令人摸不着头脑，是我，还是长发女郎？可惜我也说不上来。

缺失的环节
missing links

今晚茱莉和我请些朋友过来小聚，也不算是什么特殊场合，虽然这天刚好是巴拉圭独立纪念日（五月十四日），所以也足够当个理由。

"亲爱的，能不能帮我拿出那把切乳酪的刀？"茱莉叫我。当然能，只要我知道放在哪里就行。开了五个抽屉之后才见到那把刀。我拿起刀看看，然后又再看看。

因为那时忽然想到，切乳酪的刀子一定也有很多故事可讲。没错，一定有个发明乳酪刀的人，但这人是谁？是个什么样的人？还有乳酪刀工业的生产大王是哪些人？他们又是怎样的人？乳酪刀有哪些传说和谣传？而且一定有个古怪但很可爱的乳酪刀设计家改革了刀型，对不对？再说还有乳酪刀科学——最适宜切割乳酪的刀锋形状、关于哪种金属最适合打造刀锋的争论、用什么木材来做刀柄最好。

可是我居然都没在大英百科中读到这些。我瞪眼看着乳酪刀整整二十秒，想着这些问题，张嘴发呆，就像在胡士托摇滚联欢会上嗑了劣质的迷幻药似的。

"好极了，"茱莉回到厨房时说，"把刀给我。"

"喔，"我一下子回过神来，跟她说，"呃，这是你要的乳酪刀。"

乳酪刀引起我一阵小恐慌。世上样样事情都有一大堆相关资料，光是环顾我们这公寓，碗柜的小把手、烤面包机、茱莉的唇膏，这嘴唇此刻正在叫我去拿冰夹。冰夹——当然也有冰夹自己的历史。

我对这些知道多少呢？什么都不知道。我已经阅读到 M 字首条目了，可是居然对这些一无所知。

蒙田
Montaigne

我有点喜欢这位十六世纪的法国作家，喜欢他创造出"随笔"这个用语,并演绎为"尝试"之意,或小小的"反复试误的计划"。我就是想让《君子》杂志的文章像这样,一种小小的尝试,就算尝试包含神奇胸罩笑话的部分刚好多过于蒙田的尝试也好。你称它们为"尝试"时,心理压力可以减轻很多。

不过还有比"随笔"的原意更棒的部分,我喜欢那个德古尔奈女士的故事,她是法国当时的知识分子,首次读到蒙田作品时,竟然兴奋得晕了过去。因为阅读而晕过去,这可真是了不得的景象。我看书确实有看得入迷的时候,也会感到沉闷、看得兴起、觉得讨厌、惊奇等,但就是从来没有接近晕倒的时候。想来也伤心,我很希望这世上有些理念想法依然可以让人兴奋得晕倒,希望人们,包括我在内,对于阅读会有更发自内心的反应。我阅读大英百科时,最接近晕过去的一次,是在读了"马蝇"之后一阵恶心想吐,因为书上说,马蝇在马的鼻孔里产卵,害我冰淇淋三明治吃到一半只得停下来。

傻瓜

moron

我想自己快要失去幽默感了。之前跟茱莉在看重播的《六人行》连续剧,有一场戏里出现这个剧里公认的傻瓜(顺便一提,Morón 也是古巴的一个城市),也就是乔伊。在这场戏里,乔伊看着他的搭档演员开锁,大感神奇,然后说:"钥匙能开锁可真神奇啊!"换来一阵哄堂大笑。这场戏的用意是要显示他的智商有多低。

可是我想到的却是:是啊,他说得对,钥匙能开门真的很神奇。回想起读到"锁"条目时看到的图解,讲解钥匙插入锁孔部分、锁的制栓、弹簧等,然后我感到很自豪,因为终于弄懂钥匙是怎么开锁的。虽然我对锁懂得不如布拉玛①多(这个著名的制锁大师曾经制作了一个锁,并悬赏两百英镑给能打开这个锁的人,结果五十年内都没有人能打开),但不管怎么说,还是懂得锁是怎么回事。乔伊和我,我们两人都知道锁确实很神奇。

---

① 布拉玛(1748—1814),英国工程师和发明家,他的制锁厂是英国机床工业的发源地。后来那个锁经过六十七年后,终于有一位机械工花了五十一小时才将锁打开。

莫斯科尼

Mosconi, Willie

"他父亲不准他打撞球，而希望他去杂耍业发展时，年轻的莫斯科尼就用马铃薯和扫把来练撞球。"我喜欢这个画面：做爸爸的希望儿子从事派饼砸脸的搞笑行业。但我也对于这位世界撞球冠军用丑丑的蔬菜来追求梦想十分敬佩。这又是一则很有启发性、克服万难的故事。

运动

motion

茱莉和我开车南下，前往新泽西州郊区去过个周末（而且按照我的建议，趁着早上去买低温度汽油）。我们要去看茱莉的哥哥艾力克和嫂嫂雅丽珊德拉，也像往常一样，先在他们的网球俱乐部来一场混合双打赛，展开这一天。

艾力克的网球功夫是气死人的棒，让我想到在大英百科读过关于智商的部分——智商愈高的人，三十五码冲刺的表现就愈棒。也许同样道理也适用于网球。看起来大自然实在没有听过那句"不要把鸡蛋都放在同一个篮子里"的老话。更气人的是，艾力克是那种衣柜里摆满齐全装备的人，像今天他来到球场时，穿了白领衬衫、白短裤，还有白腕带，全部都有雅致的蓝边。他取出最新型的网球拍，球拍用的材料以前是只给美国航太总署的火星探测太空船用的。

我们先做腿部伸展热身运动。"你读到 L 部分没？"艾力克问，"用来拼'输家'（loser）的 L 字母？"他呵呵笑，"你一定已经在 A 部分读过'爱司球'（ace）[①]了，你会见到很多爱司球的。"

"你少来惹我老公。"茱莉说。

"我没事，甜心。"我说，一面对艾力克说，"等我收拾你之后，你会需要找纳博科夫[②]上上课。"

"什么？"艾力克说。

---

① 网球选手所发的球让对方完全碰不到，直接入界得分。
② 纳博科夫（1899—1977），俄裔美国小说家，著名的作品包括《洛莉塔》等。

"纳博科夫成为作家之前,曾经当过网球教练。他还在一些德国电影里亮过相,那时他是演员。"

"吓,你肯定还没读到 T 部分的'废话'(trash-talking)。"艾力克说。

"我认为你讲得很不错喔,贾各布斯。"茱莉说。

茱莉其实并不认为我用纳博科夫这项冷门资料来还击很妥当,不过她知道受艾力克折磨是什么滋味,她小时候尝得可多了,包括为了汉堡王和麦当劳哪一个优点比较多而吵得特别凶的一次。

但不管这些,总之我感到比平时有信心得多,因为已经想出新对策。我阅读大英百科时重温了物理学,弄清楚球体飞行运作的原理,所以已经有点认定,光凭这点打起球来会比平时好;我会从角度、力道和方向审视球场,成为精通网球规律的人,并把知识化为力量,尤其化为力道很强的正手拍。

在做热身运动时,我提醒自己要提防马格纳斯效应①,这效应会造成上旋的网球往下坠,其实这属于柏努利定理的特例,飞机所以能上升飞行,就是归功于柏努利定理,而网球下坠就是与球体上方受到的气流压力比下方要大有关。每次球朝我飞来时,我看着那个黄色毛茸茸的抛射体,心里了解其运作原理是怎么回事,然后便阻挠它、让它飞回去。我做到了!现在是网球定律大师当道!我打得跟我那位网球装备无懈可击的舅子一样好——就算没有比他好也行。

"贾各布斯!这一球打得真漂亮!"某次我运用马格纳斯效应,用正手打出边线直线球之后,雅丽珊德拉喝彩说。

比赛开始没多久,茱莉和我很快就出乎意料取得领先,打出二比零的成绩,艾力克为此又跳脚又唠叨的。我继续专注于心爱的马格纳斯效应,也没忘了挑高球的抛物线原理,这是伽利略发现的。甚至没忘了地心引力由赤道往北越来越强,所以网球在球场北边的反弹应该比较容易;好吧,算了,这条还是尽量忘掉吧,因为这可能帮助不太大。我也尽量跟上科氏力②效应,

---

① 球体相对于流体运动时,会在旋转球体产生一个侧向力。该效应以首先研究的德国物理学家马格纳斯命名。

② 科氏力是一种假想力,当惯性运动放到转动坐标系中就会出现,例如在北半球,若炮弹直线射出,由于地球由西往东转,因此炮弹的路径看似会转弯,仿佛受到横向作用力,此即科氏力。

这效应是说,往北抛掷的物体会因为地球自转之故而被带往东边,这对我站在地面挥拍打球好像没有太大影响。不过总之,精通网球自然规律的大师照样用正手拍和反手拍把球打回去,把抛掷体所散发的牛顿理论光辉看得一清二楚。我们一直赢呢! 我又打出化知识为正手拍的一球,艾力克凌空截击,结果球挂网。

"艾力克!"艾力克大喊道。

这就是我一直等着想听到的,这是最清楚不过的信号,表明我这位在哈佛受教育、戴腕带、没有蛀牙的舅子正在对自己大发牢骚哪! 大概除了听到"验孕结果是肯定的"这话之外,再没有比艾力克喊出的这声让我更想听到的了。这场球因此就很值得了。说到球赛,很遗憾,这也是茱莉和我的抛物线最高点,因为最后还是艾力克和雅丽珊德拉打赢了,尽管我一直尽量记住马格纳斯效应,结果到头来仍不免败于我那手差劲到家的反手拍效应。罢了,反正我们总算也在这些黄色球体之中有过辉煌时刻。

电影

motion picture

第一部真正的有声电影并不是《爵士歌手》,大英百科将之列为"基本上属于无声电影,不过附有用唱片伴音的装置,顺着情节配有断续的同步歌唱和讲话。"第一部真正百分之百的有声电影是《纽约之光》,一九二八年制作的。又粉碎了更多神话,多亏了大英百科。

美国电影艺术科学学院

Motion Picture Arts and Sciences, Academy of

这是颁发奥斯卡金像奖的组织,我对这个知道得很清楚,因为在《娱乐周刊》上班的时候,每年有几个星期都得写那些预测谁会赢得小金人的文章,写得我快断气了。事实上,我还真有第一手的奥斯卡知识呢!

那事发生在一九九七年,刚好就在电影《钢琴师》上映时,就是那部讲精神分裂症钢琴家的电影。电影很受好评,饰演片中钢琴师年轻时候的演员叫做诺亚·泰勒,一副二愣子长相的澳洲人,发梢内卷的发型,戴了基辛格式的黑粗框眼镜。我很遗憾报告这点:我也是发梢内卷的发型、戴了基辛格式的黑框眼镜,更别提跟他有一样的长脸和高鼻子。我看起来就像诺亚的复制人，要不起码也像他哥哥。当我发现诺亚不会出席奥斯卡颁奖典礼，便决定代替他去，然后写篇报道，这有点像是去卧底，调查当电影明星的滋味究竟是怎样。调查的结论是：真他妈的不错！

起初我还担心这小诡计行不通，但穿着租来的礼服一出了礼宾轿车、踏上红地毯时，相机就开始喀嚓喀嚓响个不停，围观群众大叫："诺亚！诺亚！"狗仔队你推我挤的，影迷跟我要签名。看到那么多支持者因为我没获提名而大感愤慨，让我很感动。"明年还有奥斯卡。"我用假装出来的澳洲腔说，听起来还真像"幸运魔法"小精灵①的调调。

我还接受了几个急欲采访的记者访问（我说下次想要拍部大灾难片）。谐星克利斯·法利跟我说他是我的影迷。我一神气起来，还走上前去找杰弗瑞·罗许，他是《钢琴师》的男主角，其实他才知道真正的诺亚长什么样。我大刺刺跟他说："哈啰，杰弗瑞！是我！"我还真没看过多少人露出这么惊愕的表情。显然他根本不知道我是谁，或者我在假扮谁。然后他慢慢后退走开了。

总而言之，我写过他们，又出席过一次颁奖典礼，你八成以为我对奥斯卡略知一二，然而我却晓得，我甚至连"奥斯卡"一词到底指什么都不知道。我不断为自己对各种最明显的事情一无所知而感惊讶，这些事情就在我眼前，为什么不花点工夫去查查"奥斯卡"呢？怎么想都没想过要去查呢？根据大英百科光碟版（今天我在办公室里稍加探究了一番），原来有好几种不同理论互相竞争，讲的都是奥斯卡其名来由。有的说是这个学院的图书馆员想出来的，因为这尊小雕像很像她的奥斯卡叔叔。但是女星贝蒂·戴维斯却抢着邀这个功，说这小雕像的"背面"像她老公哈蒙·奥斯卡·尼尔森。"背面"是大英百科称呼"屁股"的文雅讲法。

莫札特

Mozart

他十三岁时去听了西斯汀礼拜堂唱诗班的演唱，演唱的诗歌是不外传的，但他听完之后却凭记忆全部抄写出来。我很需要这样的记忆力。搞不好他就是用了法罗的记忆技巧。

---

① 这里指名为"Lucky Charms"的玉米谷片包装人物，是一种爱尔兰小精灵。

骡

mule

茱莉没怀孕,西雅图之旅结果是失败的,大老远飞了五千公里,还花了很多钱,全都落了空。等这个孩子来到世上(要是他真的来了),他最好懂得珍惜我们为他付出的一切。我在这个条目看到"骡"(公驴和母马的后代)和"驮骡"(母驴和公马的后代)"没有生殖能力"一语时,真是悲从中来。

墨索里尼

Mussolini, Benito

我对这位意大利元首并非一无所知。几年前,我为一个电视节目工作时,曾经粗略地搜集过有关这个法西斯独裁者的资料。那时候我和朋友瑞克在帮 MTV 一个比较不落俗套的节目《名人拼死大对决》担任外包编剧。节目会用名人的泥塑雕像互相打对方,并用搞笑的方式挖出对方内脏。第一场对决是希拉里和莱温斯基①。但等到我加入时,这节目已快用尽名人和挖出内脏的新方法了(他们跟我说,挖出肾脏的次数太多了,要我试试改为挖脾脏或胰脏)。瑞克和我奉命写两个意大利猛男的对决:踢正步的暴君墨索里尼和奥斯卡得奖演员罗贝多·贝尼尼,于是我就很尽责地读了墨索里尼的资料。还记得我很惊愕地获悉,他是从做记者开始展开职业生涯的。我这行业已经名列最不受尊重的行业名单,而且排在"电话行销"与"国际军火贩子"之间,实在不需要再加个二次大战的杀人领袖到我们队伍里来。总之,那是我当时的想法。(顺便一提,万一你想知道的话,这个拼死对决后来有个挺惊人的结局:贝尼尼把墨索里尼像块比萨般抛到空中而赢了。我告诉过你的,很不落俗套。)

大英百科则带给我对墨索里尼的全新看法。说白了,我对他终其一生不断出现的一个怪主题很着迷,而且有深入的看法,那就是:情妇。

墨索里尼出身贫穷,一家人挤在一栋破败小楼房二楼的两个房间里生活,住在普瑞达皮欧镇上。父亲是个铁匠,大英百科说他"把大部分钱用在情妇身上,他的儿女往往食不果腹",因此墨索里尼一定跟他爸爸有某些很

---

① 美国前总统克林顿性丑闻案的女主角。

严重的心结，也一定曾认为情妇就是穿高跟鞋的恶魔化身。那婊子喝昂贵的奇安提美酒、戴金耳环，而墨索里尼能吃到几根面条当晚餐就不错了。因此，愤怒青年墨索里尼的青春期总是惹麻烦，还在学校里用削铅笔刀刺伤同学。

然后，一九〇九年他二十七岁时，爱上一个叫做拉雪儿·圭迪的十六岁少女。他在哪里认识拉雪儿的？是盲目约会吗？还是玩意大利式保龄球认识的？都不是，他所以会认识拉雪儿，因为她是他爸爸情妇的女儿。老天爷！这真是清官难断的家务事；娶你爸爸那邪恶情妇的后代当老婆？（拉雪儿是那个情妇和她死去老公生的女儿。）我可不想在那种婚礼帮他们两家人安排座位。如果在那世纪之交有个意大利版的"杰瑞·斯普林格①"节目的话，墨索里尼大可去当嘉宾。

你大概会猜想，墨索里尼利用闲暇搅得世界大乱、压迫千百万人之余，可能会从童年经验学到教训，知道情妇是有害而且错误的。没，他走到生命尽头，尸体被倒挂在米兰一个加油站时，倒挂在他旁边的是谁？就是他的情妇佩塔奇。

我想再多知道一些关于佩塔奇的资料，也想知道这中间是不是还有些奇奇怪怪的关联，譬如说她是墨索里尼爸爸情妇家的清洁工之类，于是就忍不住去求助谷歌。这个大英百科的对手虽然比较靠不住，但说真的，有时的确可以靠谷歌找到一两笔大英百科找不到的资料。结果谷歌没有找出多少佩塔奇的资料，却让我找到了一些很奇怪的资料：墨索里尼在二十世纪三十年代还有另一个情妇，这个女人姓萨法提，跑去美国要设法帮墨索里尼做些正面的公关宣传；她后来在赫斯特报系找到一份工作，写一个亲法西斯的专栏。以下才是真正最令人吃惊的部分：她是个犹太人。

我的重点是：墨索里尼有些人际关系上的严重问题，这一点大概要怪他父亲。不管怎么尽力，总之你就是很难逃脱成长方式所造成的影响；法西斯那些独裁者始终是有其父必有其子。我很庆幸自己老爸从来不曾有情妇要呵护，他的情妇就是阅读与知识，还有厚厚的大部头书。所以我继

---

① 杰瑞·斯普林格是美国电视脱口秀节目主持人，往往会邀请来宾透露自己的情人或伴侣所不知道的隐私或婚外情，进而引发来宾与另一半的火爆场面。

承了这个弱点,不过起码我不会犯了十诫中的任何一条,也不会禁止选举,或者发表讲话断断续续的演说。

互利共生
mutualism

这是两个不同种生物之间的互利关系。感谢上帝,我实在需要一剂善事来补补心灵。阅读有关大自然世界的资料实在不是易事。我知道外面是个残酷的丛林,但不知道这个丛林如此暴力、冷酷、危机重重、尔虞我诈又凶残。之前读过的那几千页里,我见到动物想出很多种精明又有创意的互相残杀方法,例如鮟鱇鱼用它背上长出来的肉质小鱼竿来诱捕猎物,但不要把这种鱼和射水鱼搞混了,射水鱼是由口中喷出水柱,击昏垂悬在水面上方树枝的昆虫猎物。又或者像瘤椿象,有一对钳子可以抓住蝴蝶,然后吸干蝴蝶的体液。上面讲的这些,还都是在 A 字首条目里的小例子。

阅读到杜鹃时最让我心神不安。我从电视广告中知道,杜鹃可能有性格违常的问题,但从来想象不到它们这么邪恶堕落。杜鹃可以说是极具侵略性的模仿鸟,母杜鹃鬼鬼祟祟在别种鸟类的窝里产卵,别种鸟类的鸟妈妈不疑有他,因为杜鹃的卵跟她产的卵很相似,所以她会受骗,于是照样孵出杜鹃幼雏。这幼雏接着还懂得谋杀养姐养兄,把它们的卵推出巢外。这个卑鄙家伙。

所以你也就知道,这有多让人感到难过了。而这也是为什么读到互利共生时让我感到心情大好,终于,可以听到大自然一些快乐故事。例如肠寄生鞭毛虫和白蚁的互利共生,这种原虫寄生在白蚁肚子里,两种生物少了对方都不能活下去,一定要共生,也就是白蚁吃了木质之后,原虫帮忙消化木质纤维,两种生物快乐地一起活下去。故事结束。再看隆头鱼,这是一种类似清洁工的鱼类,它们会表演一点舞蹈,告诉那些大型鱼说,又到了做点牙医工作的时候了,然后大鱼就放轻松、张开嘴巴,让隆头鱼吃掉牙缝间的残羹剩菜。

我需要多看看生活的这一面,茱莉老是提醒我要克服悲观的倾向。通常,我不是只看到杯子空了一半而已,而是看到杯子不但空了一半,剩下的那半杯水里还有很多微生物、杯缘有污渍,而且液体又正在迅速蒸发。茱莉总是告诉我,活在这世上要往好处看,她说得很对。大英百科就是最好的测试,因为这三十二大本书呈现了人生的一切面向,从令人难解的恐怖面,到激励人心的美好面,而我只需找出美好面并为此庆幸就好。对,我明白世上确实有一种快乐的伙伴关系,但却有千种虫子朝猎物喷出有毒的口水,可是还是情愿这样哄自己开心,而不愿感到泄气沮丧。

没药

myrrh

原来没药是这玩意。我知道乳香,也很熟悉黄金①,但却一真不解没药是什么东东。原来是从小树提取出来的物质,可以当做薰香,也有舒缓牙龈痛楚的功能。就是这么回事。我已经读完了 M 部分,二十六个字母的条目已经啃完了十三个——应该算是知道了所有知识的百分之五十。

事实上不止百分之五十,大英百科前半部装得特别多,因此 A、B、C 比该有的篇幅长得多——所以也就别提后半部的字母包括 Q、X、Y 和 Z 了,每一个篇幅几乎都还没短篇小说长。

我也产生了大量怀疑,对自己的科学知识尤其担心。百科里所有讲到十九世纪之前的机械论世界观我都看得懂,但是一扯到轻子、波子等就毫无头绪,这些文字一眼进一眼出,与我看马其顿文印成的数码录影机说明没两样。这点更证明我真的生错了时代,如果投胎在歌德那个时代,想必大有作为。

更糟的是,我也忧虑起一般的阅读价值。在"精神哲学"这部分,读到洛克②以盲人做比喻的寓言故事。有个盲人想要知道猩红色是什么样子,于是问了十几个人,请教猩红色是怎样的,然后自己又思考了很久,最后终于以胜利者之姿宣布,他知道猩红色是怎样的了:"就像小喇叭的声音!"有时我不免也想:我算不算是那个盲人呢?要是我光只阅读生活、文学、科学和自然,却没有实际体验它们,很可能听到的是不实的小喇叭声。或许我该把时间花在这个世界,实际去体会比较好。

---

① 圣经上记载,耶稣出生时,东方三贤前来朝圣,送的礼物便是黄金、乳香、没药。
② 洛克(1632—1704),英国政治哲学家和教育哲学家。

N

专名

names

茱莉和我已经在谈帮尚待孕育的孩子取名字的事了。茱莉是个坚定不移的乐观者,也是个做事很有计划的人,她认为我们应该现在就开始取名字,更在 Palm Pilot 里储存了一份备用名单——马克思、杰思珀、卡亚、玛雅。感谢大英百科,我因此有了很多新点子。一天吃晚饭时,我决定试试这些点子。

"我想到一个好名字可以给这个孩子。"我告诉茱莉。

"哦,是吗?"

"叫'跛子贾各布斯'怎么样?"

"讲这种话真恐怖。"她说。

"一点也不,有很多文化都习惯取个坏名字,用来吓走恶魔。跛子贾各布斯或丑八怪贾各布斯,反正这类的就是。"

"喔,千万不要。"

"他们称这种名字为'驱邪名字'。"没有回应。

"那叫做'唔唰唰·贾各布斯。'怎么样? 这是索托人国父的名字,他把名字改为'唔唰唰',想必是用刀刮胡子的响声。"我还比划了一下刮胡子动作,"唔唰唰。"

"不大好。"

245

"那叫奥德怎么样？O-d-d（古怪），像奥德·哈塞尔，他是得诺贝尔奖的挪威化学家。"

"喔，这个我倒真的很喜欢，"茱莉说，"这个名字听起来就很棒。"

拿破仑
Napoleon

终于，读到这个矮小大人物的条目了。说也奇怪，我觉得对拿破仑已经知道了很多，因为前面读过的一万八千页里，零零星星冒出这位法国皇帝的十几项资料，为我勾画出一幅尚未完成的肖像。我知道的资料包括：

● 心怀不满的伯尔①曾经企图毛遂自荐，想要协助拿破仑征服佛罗里达州。

● 拿破仑拥护犹太复国主义，或至少也是"想要在以色列的古老国土兴建一个犹太国家"。

● 拿破仑喜欢溜冰。

● 几场拿破仑发动的战争耗资甚巨，英国就是为此开始征收所得税，以支付这几场战争的开支。

● 法国士兵尼古拉·沙文对拿破仑一古脑儿地感恩戴德，后人就用"沙文主义"②来纪念他。

● 拿破仑利用气球侦察军情，委任一个名叫孔泰的人担任气球队队长，这人也发明了现代铅笔。

● 拿破仑早就知道总有一天要甩掉约瑟芬，所以娶她的时候，这个很有心机的皇帝就确保婚礼上没有半个教区神父在场，这个小技巧使他日后省了一场纠缠不清的离婚官司。

● 拿破仑委托雕刻家卡诺瓦帮他雕刻一尊比真人大的古典式裸体巨像。（这点尤其让我吃惊；你能想象布什让人雕刻他的裸体像吗？克林顿也许会。不过当今大部分领袖都喜欢把乳头遮起来。）

● 拿破仑的妹妹和奥地利政治家梅特涅上床。

---

① 伯尔(1756—1836)，美国第三任副总统。
② 沙文主义原指过分不合理的爱国主义，后来泛指一切极端的民族主义、阶级主义与性别歧视。

● 拿破仑把美国西部一半土地以每亩不到三分钱的价格卖给杰弗逊。

这份拿破仑秘闻集锦也真够怪诞的，无可否认勾勒出这个人的古怪癖好。但我对于勾勒出来的形象相当满意，喜欢那种不经意流露的感觉。或许这样的勾画方式也透露出我自己，显示我很容易受到历史偶然性的吸引。也或许因为我想证明花了一天又一天的工夫阅读大英百科是很正当的。但是以真正的拿破仑作风而言，其实我比较想见到自己从这个拿破仑摸彩袋里摸出比较壮观的东西。我宁可认为，这些点滴证明了历史究竟如何彼此交织在一起。拿破仑不止影响了十九世纪的欧洲联盟，也影响了所得税及热气球，还有我父母在二十世纪八十年代习惯彼此开的玩笑，我爸老被指为"沙猪"，因此每年生日都收到跟猪有关的礼物，包括猪形的盐罐和胡椒罐。

至于"拿破仑"条目本身则不过不失，没什么写得特别精彩。他是个出色的将军，和教皇不是哥俩好，喜欢伏尔泰的作品。总之，最后我还是觉得，那堆关于拿破仑的片段集锦更能揭露他的面貌。

纳辛夫人
Nation, Carry

这个令人退避三舍的女人差不多有一百八○公分高，以她的"注册商标"短柄小斧捣毁酒吧，拥护禁酒令。根据大英百科说："她这种破坏性行动也指向同业公会、烟草制品、异国食物、妇女紧身胸衣、长度不当的裙子，以及当时某些酒吧略带色情意味的美术品。"烟草和短裙我可以理解，但外国食物？外国食物有什么邪恶的？我压根没想到这也会有争议。真庆幸已经没了纳辛夫人，而我则是活在可以吃素炒木须、之后还能活在平安无恙的世界里。

国家公园
national Park

茱莉和我去我父母那栋位于东汉普顿的房子度周末，那是栋很不错的房子，有雅致的木地板，很典雅的门廊——还有很多、很多的水牛小玩意，整栋房子的主要装饰图案就是：二十一世纪野牛。水牛标志、水牛马克杯、水牛照片、水牛布偶。

这个水牛大侵略，是老爸另一个恶作剧招致的结果，我听过很多遍了，所以想来应该可以复述无误。话说他们的朋友欧戴尔一家在东汉普顿买下一栋房子时，我爸妈想出一个鬼点子，寄了一封状似官方发出的通知给欧戴尔家，信头有假造的官方字样，通知他们说，国家公园部门要求征收他们刚买下的那块地皮，用来作为联邦政府提供给濒临绝种的水牛啃草的地方。我爸还卖弄了一些充满法律口吻的措词，如"征用权"等，然后签上一个听起来很官僚的姓名。

我父母还以为欧戴尔家会猜出恶作剧的人是谁，结果他们没猜出来，于是我爸妈又进一步采取行动，找了我姑姑来（她以前当过演员）登门拜访，当面通知欧戴尔家。姑姑穿了一身猎装，还戴了顶印度遮阳帽，手持写字夹板，出面要求欧戴尔家尽快疏散，让出地方给水牛。结果对方气呼呼摔上门，打电话找警察，我姑姑赶快撤退。我爸妈就是这样消磨时光的。

后来欧戴尔家猜出来是谁搞鬼后，回敬了我爸妈好几磅牛肉干，然后双方愈演愈烈，变成一场水牛商品战争。终于有一天，欧戴尔家火大啦！结果爸妈回到家，发现客厅里有副血淋淋的水牛屠体。

总而言之，星期六我们到的时候正好赶上吃中饭，当然免不了用水牛盘子吃饭，用水牛玻璃杯喝饮料。理所当然，我也打开了话匣，讲起一项关于水牛的资料。怎么能忍住不讲呢？我指出，纽约州的水牛城（Buffalo）可能不是因为这种动物命名的，因为水牛城根本没有水牛。流传最广的说法是：这是以讹传讹的拼法，原本是法文的"beau fleuve"，美丽河流之意，指的是那条水牛溪。

我的水牛知识卖弄完了，话题不知怎地就转到前童星身上，我想是因为前童星刘易斯有个新节目而讲起的，然后老爸就插嘴了："以前演《妙家庭》的一个童星，后来变成了色情片明星。"

呀，我心想，不敢肯定这是不是真的。然而茱莉却知道这不是真的，你别指望在《妙家庭》相关的知识方面唬她。"没这回事，"她说，"我可以告诉你那些童星后来怎么样了；他们没有人变成色情片明星。"她数给我们听：辛蒂成了运动鞋设计家，波比成了影视摄影师，玛西雅两年前演出情境喜剧。

我听她一个个数下去时暗中喝彩：好耶！茱莉做得好。老爸在很多领域懂的知识也许比我和茱莉多，但是知名制作人史瓦兹制作的情境喜剧却不在其中。

牛趾油

neat's-foot oil

这是从牛蹄熬出来的淡黄色油脂。主啊！我这会儿正在吃杏桃蛋糕卷哪！

神经系统

nervous system

又来一些关于脑部受损的资料，这回是跟数量有关的细节。人在二十岁之后，每天会有五万个脑细胞死亡；你读这个句子时，可能已经死了二十几个脑细胞了。哇噻！又死一堆了。幸亏还有足够的神经元让我在 Palm Pilot 上面赶快计算一下：自从二十岁生日以来，我那些宝贵的灰色小东西大概已经有三千万个翘辫子了。三千万个！当然，还剩有几十亿个，可是还是很叫人心惊。

幸亏当年我执迷于一氧化碳会对脑部造成损害的年代并不知道这些，但这一来就更激励我继续阅读下去——以便补偿那些正在蒸发之中的大脑皮质。

新年

New Year

在印度过年的时候有煮饭仪式；泰国则是玩闹着互相泼水。难得有这么一次我知道的比大英百科更多一点，这要归功姐夫威利，他是秘鲁库斯科人：在秘鲁过年的时候，女人都穿上黄色内衣裤。

牛顿

Newton, Isaac

在这番重新教育自己之前，我知道关于牛顿爵士的几个重点是：英国科学家、信仰自然神论者、发现重力、人家说他是被树上掉下的苹果砸到的受害者。大英百科倒没有全然为这个苹果理论背书，而是称为"未经证实的传说"。但我却很高兴知道，原来牛顿重力理论的验证灵感，就跟树上掉下的水果一样有趣——可能还有过之。

牛顿的惊人新发现是在他远离英国社会、退隐乡间的六年期间产生的，那是一六七八年的事，那年他第一次精神崩溃，因此把自己锁在家里不见人。对，牛顿完全就是个狂人，是历史上最愤怒又最卑鄙的科学家，大英百科索性就用这句"明显有精神错乱倾向"形容他。

他跟很多人长期有仇，其中一个是哲学家洛克，他还多次寄给洛克很奇怪、很偏执的信，指控洛克试图"用女人缠住他"。牛顿也憎恨德国哲学家莱布尼兹，两人为了争辩谁先发明微积分而掀起一场风波，牛顿到了晚年还费了很大的劲对莱布尼兹穷追猛打，甚至在对方死后仍不放松，大英百科这样描述："在这些年中，他针对每个问题写的每篇论文几乎都要插入一段文字，猛烈攻击这位德国哲学家……直到去世，这种怒气才终得平息。"

言归正传，讲回重力。话说牛顿请了几年假，他那时多少已是个标准的十七世纪机械论科学家，把这个世界当成一堆撞球台上互相碰撞的球。但当时还没有"超距作用"这回事。不过在闭门隐居的日子里，牛顿迷上了炼金术和其他神秘学作品，这些作品很多都包括了所谓秘密传统，他甚至还手抄了一本又一本。这些玄学书籍谈到，物质彼此之间有种神秘的"引力"和"斥力"，这种力量甚至不须触及某物，就能对该物产生影响了。

这种不墨守成规的想法，促使牛顿在知性方面大跃进，这才是那个苹果，是这种神秘力量启发了他，使他能够想象远距离作用的引力和斥力，而这个突破终于导致他提出宇宙间的重力理论。

这点对我来说非常有意思。牛顿终于让我们看到宇宙是个很理性又有秩序的地方，他之所以能做到这点，要归功于那些古灵精怪的神秘学书籍。这是否隐含一些教训在其中？我想是的。我要学着让自己有开通的头脑，尽力容忍更多不正统的想法，因为就算最怪诞疯狂的想法也会启发出很深奥的理论。或许我不该这么排斥犹太神秘哲学喀巴拉、塔罗牌等，也不该排斥我那位拥护新时代运动、伯克莱大学毕业的阿姨，她发誓说每天早上瞪眼看太阳两分钟有益健康。不，最后这项还是算了，因为实在太疯狂。

非小说散文
nonfictional prose

现在是星期日早上，老爸邀茱莉和我去海滩，他很爱海滩，说得更明确点，他很爱坐在海滩上，气温多少度则无所谓；他没兴趣在海滩上玩板拍球或飞盘,就只喜欢坐在沙滩椅上工作,不是继续写第二十五本法律书,就是埋首读精装书——又大又重要的非小说硬皮精装书。

他就像他那代许多人一样,深受真正的资讯所吸引,是那种真材实料、很有营养的资料,而不是像我这种胡乱充数的资料。老爹啃起书来不亚于以西结①,在海滩上阅读时简直浑然忘我,因此老妈有一次帮他画了一件T恤,上面的图案是:老爹的海滩帽漂流在汪洋大海里。引申的意思是:因为他太全神贯注于阅读和写作,所以就算被大浪吞噬了也不会察觉。我想即使启示录所说的世界末日来到,他也会一直读下去,最多就把落在书页上的天降青蛙用手扫开,抬头看看天空,然后在脑里记一下说,大海已经变成血了,接着又继续做他的事②。

他的弱点跟我一样,我们两个都太爱资料了,反而会有忽略实际体验的趋向。举例来说,去欧洲旅行的时候,他会带着佛多出版公司的旅游指南,我们来到雅典神庙,然后老爹会大声读出旅游指南的神庙历史段落——雅典娜扮演的角色,以及人头马,还有多利斯柱,然后放低那本书,对着那座倾颓的庞然大理石建筑瞄上一眼,不多不少三秒钟,接着又低头念下面那一章,呃,旅游名胜。因此我很乐得有样学样,我就是这样告诉老爹的:我没法抽空去海滩,不过大英百科里有段讲水波的部分很棒,说到浪深等于浪高的一点三倍时,波浪就会破碎成浪花。

规范

Norms

茱莉和我在肯尼迪机场的意大利航空公司柜台前排队,要去意大利一个星期,出席朋友瑞克和伊玲在阵亡将士纪念日③那天举行的婚礼。

我有点担心过不了安全检查那一关。X光机无法透视那三大本厚厚的大英百科时,会不会亮起红灯呢?这可不是平常见到的那种适合带去度假阅读的雷纳德④平装本小说。不过看来意大利航空公司挺尊重学问的,

---

① 以西结是希伯来先知,旧约圣经《以西结书》之作者。
② 典出《出埃及记》,埃及法老王不听从上帝的命令,于是上帝降下十大灾难,包括水变成血、蛙灾、虱子、苍蝇、瘟疫、脓疮、冰雹、蝗虫、黑暗、杀长子。
③ 阵亡将士纪念日原为五月三十日,现在多改为五月最后一个星期一。
④ 雷纳德是美国著名的畅销书作家,小说风格以另类黑色喜剧著称。

所以我们轻松过了关。

我们搭的是夜航班机，等到阅读完打油诗（nonsense verse）以及北欧式滑雪（Nortic skiing）后，我把大英百科往座位前方的椅背袋里一塞，人往后一靠，准备小睡一番。才刚睡了九十秒左右，就听到一阵鼾声大作，就在后面两排的第十七排 D 号座位上，有位鼾声很响的乘客，那可不是寻常的打鼾法，而是像卡通《摩登原始人》主角的打鼾法，分贝之高，就跟喷射机机翼那两千磅重的引擎发出来的声音差不多，我简直可以想象，遮阳窗板随着鼾声韵律跟着忽上忽下的情景。

"老天爷!"我惊叹说。

"哇!"茱莉边把眼罩拉到额头上、边发出惊呼。

我转过头去，看到那名乘客正张大了嘴，那个猪头长得肉乎乎的，一张红脸饱满得就像个托斯卡尼番茄，身体硬塞进一件紧身黄色短背心里。不是只有我一个人看着他，我留意到有十几个乘客都像我一样在座位上转过头去，对这个音响奇观惊讶万分。他前后七排座位之内的乘客没有一个在睡觉。

有位空中小姐正好经过，我忙不迭拦下她。"你能不能叫醒他?"我问。

"对不起，这不符合我们公司的规定。"她说，带着意大利腔。

"可是他搞得飞机上的人都不能睡。"

"除非有安全上的理由，否则我们不会去叫醒乘客。"

"喔，事实上，睡眠中若是呼吸暂停会很危险的，只要半分钟，脑部就会缺氧了。"

她好像一点也没听懂我的话。"你想叫醒他的话，可以自己去。"

她走开了，他妈的。我本想去戳戳那个打鼾矮冬瓜的胳臂，然后跑开，但后来还是决定，离得远远地恨他是为上策。每隔两分钟，鼾声会停下来，而我不免产生错误的指望，可是接着鼾声又大作。我心烦极了，全世界的知识都没法解决这个困境;意思是说，我的学问确实在某方面有所帮助:此时我倒可以借由一个清楚的历史和哲学框架，看清楚这个鼾声大作的情境。

"这是一个典型的伦理道德困境，"我跟茱莉说，"标准典型的。"

茱莉打量着我，不确定接下来听到的会不会比那鼾声顺耳。

　　"我读过'伦理学'这部分，"我接下去说，"眼前就有个一清二楚的例子：功利主义对义务论。"

　　"这是指什么？"我解释说，信奉功利主义者是以最大多数人的最大福祉为原则，所以会去叫醒他。要是哲学家边沁在意大利航空公司班机上推甜点车，你可以用屁股打赌，那个鼾声大作的奇人必然会清醒无比地坐在位子上，而且还会有人用浓缩咖啡灌他喝下去。

　　但是义务论者就会让他继续睡，因为他们信奉个人权益。不幸的是，咱们这班机的空中小姐是个义务论者。义务论者说：万一你们全在一艘救生艇上挨饿，也还是没有权利把最衰弱的人杀了吃掉。

　　茱莉似乎还颇感兴趣的，总之，算是比一般程度感兴趣一点。

　　"那么你是属于哪一种呢？"

　　"思，我认为我们该去叫醒那个打鼾浑蛋，所以想来我是个功利主义者。"

　　"噢！"茱莉说。

　　"除非我自己是那个打鼾的人，那我就会是个义务论者。"

　　茱莉哈哈大笑起来。但说来难过，我并不是在说笑。为其他人着想时，我是功利主义者，但为自己着想时，我是义务论者。显然我在道德领域还可以再加强一点，不过起码已经懂得如何用那些理论贴标签，这就让我心里好过多了。

意大利北部
North Italy

　　我原本指望大英百科可以成为意英字典的有用替代品，暗中祈求"意大利"这部分可以教我如何点到不加鳀鱼比萨，而且懂得问最近的计程车招呼站有多远。结果没这好运。倒不是说大英百科缺乏现成的翻译例句，只不过都不是意大利文。我把从中学到的用语列出来，让你知道是怎么回事：

　　我们每个人都从西面过这条溪吧！
　　北美霍卡语：Yabanaumawildjigummaha'nigi.

那个女孩吃了玉米粥外加三块饼干，可是还嫌不够饱。

传统古勒黑奴语：Uma-chil' nyamnyam fufu an t'ree roll-roun, but' e ain't been satify.

你们继续躺着。

海地克利奥尔语：T-ale reste kushe.

我有好朋友。

世界语：Mi havas bonajn amikojn.

　　我搞不懂，这么一本充满智慧的大英百科，怎么会选这些句子来翻译？不过万一有机会到霍卡保护区那边的星巴克咖啡店，而且走路要经过一条溪流的话，我准能英勇神武地鼓励同行的霍卡伙伴过溪。此外，我也可以在海地谋划一次绑架行动。可是我没有意大利肉排可吃。

　　这可麻烦了。意大利很美，饮食尤其美味，但我却觉得很无助，比从事这项阅读计划以来更感无助。光是在威尼斯问路找我们的旅馆，就得用尽各种口头技巧、手势、地图。

　　朋友彼得和雪伦夫妇目前住在伦敦，这次也带了刚出生不久的儿子飞来威尼斯跟我们聚两天，等我们会合之后，我的不安全感更加深了。彼得是位高大俊秀的税务律师，人很聪明，每次我们玩比手画脚猜谜游戏，他总是要人猜些默默无闻的历史人物，而不采用大家都知道的资料，如在MTV播放音乐录影带的前任节目主持人，或者二十世纪八十年代的流行音乐歌手等。他出的题是丹增·诺盖，结果引起一阵哗然；丹增是尼泊尔雪巴人，陪同希拉里成为率先登上埃佛勒斯峰的两个人。不用说，彼得当然也讲得一口流利意大利语。每次吃饭时，茱莉和我结结巴巴点完菜之后，彼得就会跟侍者聊几分钟，连珠炮般口吐充满母音的意大利语，然后那个侍者就会哈哈大笑，开怀地拍拍彼得的背，接着彼得又回过头来跟我们讲话，就像什么事都没发生过似的，也不翻译。他究竟说了些什么鬼话？我担心那恐怕是"你有没有留意到，跟我一起的这人是个长毛小犹太人？你仔细瞧瞧，是真的"之类。

入乡随俗,我们来到意大利当然也花很多时间在吃东西,在餐厅里坐上几小时,吃各种比萨。他们的儿子山姆才六个星期大,一会儿紧贴雪伦的胸脯,一会儿用他的北美霍卡语大声发言。

"嗨!山姆,"雪伦说,"瞧瞧这!看看妈咪!"山姆转动眼珠朝向雪伦,但跟着又把头扭过去开始研究起天花板来。

"如果想要他看着你,穿件红一点的衣服会比较好,"我说,"研究显示,婴儿很受红色吸引。"

我瞧瞧周围,想找样道具,刚好餐巾就是红色的。于是拿起我的餐巾在山姆眼前扬着,直到他眼珠溜过来看着餐巾。

"看到没?"

我一直很用心阅读有关抚养孩子的资料,因为茉莉和我都希望不久之后就能自己生个爱吃母乳、头扭来扭去的婴儿。雪伦说会考虑我教她的诀窍。

"他吸收了足够的维他命 K,有吧?"我问,"因为婴儿的大肠还没有可以制造维他命 K 的细菌。"

"恩,他是吃母奶的。"

"那无关,你还是可能需要为他补充。"

"喔。"

"只是个想法,对不对?山姆小帅哥。"我轻轻搔抚他的脚底。

"山姆,你被搔痒痒啦?"雪伦问,"贾各布斯叔叔在搔你痒痒吗?"

"其实我不是在搔他痒,我是在测试他的巴宾斯基氏反射。"你轻轻用手指划过婴儿脚底时,他的大脚趾应该会翘起,其他小脚趾则呈扇形张开来。我轻搔那小脚丫时,山姆的脚趾有点算是张开了,虽然只有小趾头在活动而已。"看到这个没?这就是巴宾斯基氏反射,满四个月之后就会慢慢消失。看来山姆发育得很好,不用担心。"万一茉莉和我生不出小孩,起码我也可以向那些超会生孩子的朋友献献宝,让他们知道我对婴儿懂得比他们多。

吃过午饭,我们去参观佩姬·古根汉的美术馆,那是座很美、很洁净、白色的现代美术馆,位于大运河畔,里面有个庭院,葬了很多条佩姬的爱犬,那些狗都各有一座精美坟墓,比得上埃及法老拉美西斯二世的陵墓。在馆内到处参观时,彼得站在那些画前面,每次都一手支着下巴看上几分钟。他在欣赏艺术,对艺术欣赏得要死。

我很妒忌。多亏有大英百科,我对艺术史还算颇有心得,但仍未到那种可以很有耐性对任何一幅画多看上几秒钟的程度。彼得究竟看到了什么? 有什么让他这么着迷? 他知不知道那些画是不会移动的? 它们在八十年里都没移动过,现在也不会开始要动。可是他从中看出了什么?

这座美术馆就设在佩姬生前的住家里面,客厅摆了那尊著名雕像"空间之鸟",是布朗库西于二十世纪二十年代的创作。这个抽象作品看来不像只鸟,倒像根高雅的铜制胡萝卜。我刚好知道有关这"空间之鸟"的一宗内幕,于是决定与这位正在欣赏艺术的彼得分享。"你知道吗? 布朗库西当初试图把这作品带到美国去,但惹上了麻烦,美国政府指控他意图偷运工业零件入境。"

"真的吗?"

"一点没错,差点就逮捕他了。"

"这可真有意思。"

彼得是真心感兴趣,而且似乎还挺高兴我教了他一些事。显然他远比我有修养得多。

数字游戏
number games

阅读大英百科这件事会变得像是走上一条凄清小路。对,我知道,是我自愿的,这一来也就更难博得亲友同情。话说回来,这事始终是件孤身从事的任务。我在旅馆床上,茱莉已经入睡一小时,我却还在默默阅读,没有音乐,没有电视,只有大英百科伴着我,而我正在跋涉的是这类句子:"在成岩作用过程中,大部分含镁的方解石转化成颇纯正的方解石稳定整体,通常带有零碎粒状白云石。"你还摸得着头脑吗? 很好。

我很想跳过不读这部分,以前也的确跳过几次,但每次事后都觉得良心不安,于是又翻回去好好浏览一遍"裙环裙"(或其他某个我跳过不读的倒霉鬼资料),正正经经读一次。总而言之,人总得设法找到自娱的方法,这方面我已经很拿手,发展出十几种小游戏,以下就是其中三种:

一、数地毯游戏。每隔几页,大英百科就会出现另一系列、让人眼花缭乱的地毯图案,你会看到伊朗巴赫蒂亚里地毯、巴基斯坦俾路支人地毯、土耳其贝尔加马地毯、伊朗比贾尔地毯、中亚布哈拉地毯及其他等等。感觉就像是非常井然有序的中东传统市集。

二、找出古今长相类似的名人。这是以大英百科的黑白小照片为主发展出来的好玩视觉游戏。十八世纪的法国学者阿鲍齐特?看起来就像影星凯文·史贝西!卡尔·阿贝耳是十八世纪著名的中提琴家,长得简直就跟金·凯瑞一模一样。

三、最烂统治者竞赛。历史上充斥着大批听都没听过的邪恶领导者。早先有个博卡萨,是中非共和国的元首,效仿心目中的英雄拿破仑,也为自己办了个奢华的自立为王加冕典礼,大手笔花了二千万美元,搞得国家破产。不过他毕竟筹到足够的钱,也杀了一百名学童。(另一方面,他的食人罪名竟然无罪开释。)挺糟糕的。不过话说回来,看到 C 字首部分时,博卡萨却棋逢对手,这里出现了个纣王,公元前十二世纪的中国国君,为了取悦嫔妃建了酒池,迫使裸体男女围着酒池互相追逐。他还用人肉挂在枝头建了肉林。纣王可真是把他的邪恶做了极具创意的发挥,但还不算是少见的。大英百科每个字母的资料都至少可以见到一个真正的黑心坏蛋,居然能当上国家元首。

每隔几页,大英百科也会解救我一下,冒出一个它自己提供的游戏,让我惊奇一番。在 C 字首,你会看到《纽约时报》一份不曾解开的纵横填字游戏,只需拿起铅笔,或者墨水笔也可以,如果你是个真正的填字游戏高手的话,直接就在这一页的字谜格里填字。还有"拼猜哑谜",这原本是一种谜语的名称,而不是我们现在玩的比手画脚猜谜游戏。在这一项下方,我见到这些费解的线索:

"我第一个部分是个鞑靼人/第二部分是个字母/整个字是个国名/没有比这更好的圣诞大餐。"

你猜到了没有? Turk-E(火—鸡),Turkey(土耳其)! 这就是答案。哈!

此刻读到长达十三页专讲数字游戏的部分,内容包括以下这种提供

"愉快消遣"的奇怪模式：

$$3 \times 37 = 111$$
$$6 \times 37 = 222$$
$$9 \times 37 = 333$$

诸如此类。相信我，读了卡鲁系[①]的二叠纪至三叠纪岩层之后，眼前这些数字还真是很有趣的玩意。可惜读完数字游戏之后，接下来的就是数字理论，我不敢指望这部分会很好玩了。

钱币收藏

numismatics

从前钱币用金银等金属铸造的时期，偷鸡摸狗之辈会把钱币边缘磨掉一点，再将这些值钱的金银碎屑熔化，以此方法偷取。为了防止这种行径，铸币厂开始在钱币加上锯齿边缘，原来硬币边缘很酷的一道道铸沟，背后真正的故事是这样的。很高兴知道保安措施也可以有美学效果。

儿歌

nursery rhyme

我喜欢的《鹅妈妈童谣》真相大白："杰克和吉儿"（jack and jill）[②]其实是由税务衍生出来的寓言童谣。杰克和吉儿（及耳）是英格兰早期两种容积单位，查理一世为增加货物税，而将杰克（原本等于二盎司）的容积按比例减少，这样一来，容积原本等于二杰克的及耳也就自动跟着缩减，所以童谣才会说"跟着也滚下来"。小孩喜欢税务故事。我真迫不及待想听到关于布什取消房地产税的童谣。

尼克斯

Nyx

她是司夜女神。现在是下午五点钟，尼克斯脚步渐近，我却窝在威尼斯一家不起眼的旅馆房间里，而威尼斯可说是世上最美的城市，到处有滑

---

① 卡鲁系指非洲的一个古老地质系统，形成年代自晚石炭纪至晚三叠纪，约二至三亿年前。

② 著名的英文童谣。

行水面的船只、穿条纹衬衫的船夫，每个街角都可见到古色古香的一面。我没能和茱莉、雪伦以及彼得一起去做个晚餐前的散步、欣赏周遭景致，反而选择待在旅馆里读完 N 字部分。当初展开阅读大英百科行动时，茱莉就担心会有这么一天出现，结果现在证明她的顾虑是有道理的，我现在确实有了一个全新又令人信服的理由留在室内。我对这件事上了瘾。然而就像大多数瘾君子一样，既受这事所吸引，却又深感被人排斥。

宣誓
oath

我们在威尼斯的逗留结束了,跟雪伦和彼得道别之后,就雇了水上计程车前往火车站。这是很短的路程,最多五分钟,费用应该等于十块美金。

哪知到了火车站,那水上计程车司机要我们付他的金额几乎是天价,接近玻利维亚的国民生产毛额(那是八十二亿美元)。其实我不该给他的,可是时间已经迟了,何况他又是个意大利大汉,按照心理学家谢尔登的体格分类法属于内胚层体型(头圆、大腹便便),而我则是外胚层体型(胸腹窄瘦、高额、长臂),所以就付了他要求的"赎金",茱莉和我才得以上了岸。

我等他驶离码头,直到跟他之间隔开一片威尼斯脏水、距离上确保安全时,我才大声喊他:"嘿!"他抬头看我们。如果有时要做丑陋的美国人,那就是眼前这一刻了:对付一个刚刚拿走你大部分积蓄的丑陋意大利人。现在到了该侮辱他的时候。问题是:看了大半套的大英百科之后,我侮辱人的水准会不会比较高些?我已经为这种场合备有一套很有水准的辱骂辞,叫做"钟、书与烛",早期罗马天主教会要对一个犯了不可宽恕罪过的教徒施以责罚时,就会用这样的宣告仪式。

内容如下:"我们将他逐出教门,并诅咒他,判他与魔鬼、他的天使及所有堕落的人同遭永恒之火惩戒,直到他脱离魔鬼迷惑,切实幡然悔悟后重生。循仪式处置!"

哪,就是这种侮辱。可惜我被狠敲竹杠之后正在气头上,反而想不起整个"钟、书和烛"的诅咒。我知道有个字眼是"堕落的人",也许还有魔鬼,但却记不得其他部分。更惨的是,连比较次等的备用句子也想不出来,例如"你得隐睾症!"(睪丸没有落到阴囊里)或甚至"你得黑热病"。

不行,战斗到这种白热化的时刻,没有时间去想那些挖空心思的辱骂句子,所以我就依赖那个随时可以派上用场的方法,或许也是最能超越所有语言障碍、容易翻译的方法:我对他竖起了中指。

淫秽

obscenity

茱莉和我来到菲诺港,瑞克和伊玲举行婚礼的地点。入住旅馆之后,这天都在泳池旁边留连,吃着用手抓的油腻意大利食物。我们与另一个旅馆客人共坐在一把遮阳伞下,这人金发,美国明尼苏达州人,名叫川特,是《新闻周刊》的撰稿人,才刚在伊拉克随军驻扎了八个星期。

川特有很多关于战争的故事,譬如吃美军伙食以外的食物是很危险的;如果你决定在烹饪领域冒险一番,例如尝点山羊肉,就得为这勇敢精神付出好几天的代价。此外更别提身为记者的另一种风险:写出任何被认为是反美的内容。川特写了一篇稿子,说他待的师都是些爱扣扳机的小男生,为此不仅人身遭到威胁,那些士兵还合力写出一封"反川特"的复印传单,内容包括"吃—屎—川—特"这类鬼扯淡。但最让人惊讶的却是川特讲到美军的一些习俗,他说这些部队有时还真是挺粗鄙的。

"譬如说呢?"

他说我们不会想听的,这可就恕我们不能同意了。"嗯,譬如.'蘑菇打印'。"

"从来没听过。"

川特解释,这是趁咱们某个阿兵哥熟睡时做的,他的同胞想要用一种很有创意的手法弄醒他,于是就拉开自己的长裤拉链,掏出鸡鸡,蘸上番茄酱,然后拿鸡鸡往那个熟睡家伙的额头上一拍,留下蘑菇状的印记,因此叫做"蘑菇打印"。乖乖!茱莉和我花了点时间消化此军队调查结果。

"哪,这可是你在大英百科不会读到的东西喔。"茱莉说。

"说不定会出现在二〇〇三年印行的版本。"我说。

但她说的没错,大英百科确实没有讲"蘑菇打印",我很妒忌川特。嗯,并非妒忌他吃过山羊肉,或者淋浴次数比我去看歌剧的次数还少,而是因为他真的亲身到沙地战壕里,取得第一手知识,而不是从娘娘腔书本读来的二手资料。他撷取的知识很怪异且粗鄙,而且在我这童心未泯的心中还挺迷人的。

不过我倒可以自我安慰一番:起码大英百科也有大量既怪异又粗鄙的资料。关于人们喜欢用来折磨自己私处的荒谬行径,我几乎都知道。那些人实施仿若仪式的流血以模仿月经来潮;阉割的人数之多令人震惊;部分阉割的人数之多,也同样令人震惊——有百分之五十的人所受的阉割术,正式名称叫做"单睪丸术"。有人在阴茎里放入小石子,有的用针头戳它,有割一道口的(割在阴茎底部),还有古老的割包皮手术。有人戳破阴茎溅血出来祭神。巴西科标部落的男人带着巨型假阳具到处跳舞,一边做出暴力的性交动作,伴以大声呻吟,以这种象征手法把生育力散播到家中每个角落,并在妇女群中跳来跳去,而妇女则尖叫大笑,一起敲打这些假阳具。

所以说,起码我还知道一点社会实情,呼应这个"蘑菇打印"的习俗。看吧,我不只是对"蘑菇打印"窃笑一番就算了,还可以进一步思考,看要把它摆在全世界各种阴茎仪式的哪个位子,然后再加以窃笑。

"法兰克斯将军也有让蘑菇打过印吗?"我问川特。

"我想大概没有。"

职业病

occupational disease

从前的制帽工人所以会生病,是因为用汞盐来鞣制兔子毛皮,结果汞中毒导致神智失常,成为所谓的"兴奋过度",因此才有下面这句话:"疯狂得跟个制帽匠似的。"知道这点很好,如果哪天有了孩子,我会在他们的《爱丽丝漫游奇境》书页边缘加个小小的注释。[1]

---

[1] 《爱丽丝漫游奇境》中有位说话没头没脑的疯狂制帽匠。

橄榄油
olive oil

婚礼非常多彩多姿,很不错的传统犹太婚礼,嗯,算是很传统的,只除了举行地点是在一座十二世纪的意大利男修道院。我近来相当熟知中世纪基督教,因此有百分之九十敢断言,修院里的修士并没有戴上圆顶无边的犹太小帽,尤其那里没有交织字母图案。不过我猜他们喜欢跳霍拉舞[①],谁不喜欢呢?

婚礼宣誓仪式完成之后,我排队去恭喜这对快乐新人,握住瑞克的手,顺便给他一点从大英百科读来的婚姻忠告:匈奴王阿提拉死在新婚之夜,说不定是因为体力透支过度的缘故。"所以今晚放轻松点,"我说,"不必在第一晚就非得证明什么。"

"很棒的小忠告,"他说,"谢了。"

我告诉伊玲她看起来容光焕发,然后加上一句:"顺便让你知道,万一需要脱身,最简单的离婚方法是印第安人村的方法,只要把瑞克的鹿皮软靴放在门口台阶上,就这么简单。"伊玲说她会记住。

喜酒菜肴美味极了,非常意大利式,有很多面食、很多面包、很多橄榄油(关于这个顺便一提,古埃及人用橄榄油当做润滑油来推动沉重的建筑材料,所以没有橄榄油就不会有金字塔)。婚礼上唯一不完全成功的(起码对我而言)是饭后跳舞。茱莉这天打扮得非常高雅动人,戴了宽边帽和黑手套。

"夫人,您肯赏脸跳支舞吗?"我问。

"先生,我当然乐意。"她说。

到此为止一切都很好。可是等到走进舞池时,我决定测试一下某种全新舞蹈动作,于是狂野地凌空一跃,四肢像癫痫发作般抽搐乱舞。"你这是干嘛?"茱莉质问说。

"我在跳圣维图舞!"我说,"来,跟我一起跳!"

我往上一跃,疯狂挥舞双臂。茱莉连问个解释都没有,这真是太糟了,因为我已经把解释准备好了:圣维图舞是一种跳得心醉神迷、浑然忘我的

---

① 融合罗马尼亚民间舞的犹太舞蹈。原是罗马尼亚人在婚礼上跳的舞蹈,现被视为犹太复国运动的象征。

舞蹈,中世纪期间风行全欧洲。大英百科说这是一种集体歇斯底里,影响了很多人,变成一种公害,受此折磨者会大喊大叫、口吐白沫。当时我心里想的是:既然来到十二世纪的男修道院里,不妨入境随俗,做点十二世纪基督徒会做的事。

茱莉转过身去背对我,开始跟瑞克的朋友泰德跳起舞来,很明显他并没有受到中世纪毛病发作的影响。原本我打算要把圣维图舞散播到在场所有宾客身上。或许当初应该考虑跳塔朗泰拉舞,以前据说被毒蜘蛛咬到后,跳这种中世纪舞跳到浑身大汗就可以排毒了。

奥林匹斯火山
Olympus Mons

回到菲诺港的旅馆后,我总算又挽回一点面子。话说我们住的那家旅馆既昂贵又不实在,有个专门打理泳池的服务生、房间里有木衣架,还有一台蹩脚到极点的冷气机,呼哧呼哧响得就跟做过心脏绕道手术之后正在复原的病人一样。房间热得无法入睡,热到和利比亚的阿济济耶一样(摄氏五十八度),也跟奥林匹斯火山内部差不多(这是太阳系最大的火山,位于火星)。要是房间里有集蜂(一种深受汗水吸引的昆虫),这时一定早就朝我们扑过来了。我向旅馆要了台电风扇,没有用;向柜台抱怨,他们派了个搬行李的服务生到房间来检查冷气,喔,冷气开着啊,他向我们保证,然后就丢下我们,走了。

"你总得想个办法。"茱莉说。

"我还能怎么办? 修理冷气吗?"

"反正想个办法就是。"

"真对不起,我忘了把电钻带来。"

可是她说得对,总得想个办法。我忽然联想到一个题外话:茱莉和我出发来意大利之前租了一部黑白片《火球》,是一位朋友推荐我们看的,因为是讲百科全书的浪漫喜剧片(你在百视达还找不到这种影片类别呢)。这部片的编剧之一是比利·怀尔德[1],内容是讲八位教授住在一栋褐砂石

---

[1] 比利·怀尔德(1906—2002),二十世纪四五十年代著名的美国导演,重要作品包括《龙凤配》、《战地军魂》等。

盖的高级大宅里，日夜编写一套百科全书。可以想见，这些教授都是那种戴金边眼镜、打蝴蝶领结、老是笨手笨脚做错事的书呆子。唯一还算酷的是位年轻教授，由加里·库柏饰演，专长是语言学，负责编写"俚语"条目，但他晓得自己长年累月深居大宅之中，对当今的俚语根本一无所知，于是冒险跑到外面的世界里，结果邂逅了一位顶呱呱的搞笑模仿歌星，由芭芭拉·斯坦威克饰演；尽管她的文法糟透，又不幸跟一群犯罪集团有瓜葛，他们两人却恋爱了。

这部电影是很古怪的混合体，一方面深深反智、反教育，反智的部分像是打你一巴掌似的非常明显——那些教授用资料填满脑袋，却忽略了自己的心，所以对于生活与人生一无所知。另一方面，有几场戏讲到学习战胜一切，尤其是剧情高潮那段（注意：我正在透露一个关键的情节转折点），在这场戏里，一群罪犯持枪劫持这些教授。

这些教授在情急之下，回想起古希腊科学家阿基米德曾经训练人在船上操作巨型放大镜，焚毁了整支古罗马舰队。于是这群呆头呆脑的人就利用显微镜的镜片，把悬挂一幅画的线绳烧断，画掉下来，砸到看守他们的那个坏人头上，把他砸昏了，这些教授因而得以逃脱。

我发现这场戏有两件事很有意思。首先，我由大英百科获悉那个阿基米德的故事纯属传说，事实上他并没有焚毁过罗马舰队，所以我觉得很安慰。（同样的，电影旁白形容那些教授"连尼禄焚烧罗马城时拉奏什么曲子都知道"，我告诉茱莉，其实罗马焚城的时候，尼禄并没有在拉提琴。）不过更重要的是我感到妒忌，我也想要像他们那样运用我的知识，想用知识来抓坏人或拯救女主角。在我不断力求运用知识的过程中，就只有几次还算胜利，香菜蟹肉汤那次已是最叫人刮目相看的事件了。

想到这里，又回过神来面对冷气这个复杂难题。该怎么办？我回想冷气的历史，只能想起洛杉矶的格劳曼大都会剧院是最早安装空调设备的地方之一。我还想到，电力出现之前，印度人把湿草席挂在敞开的窗口前。要是生活有音响效果的话，此时就是出现很大一声"叮！"的时刻。

我到浴室取了两条大毛巾，放到淋浴龙头下淋湿，然后挂在敞开的窗口。我不确定这两条毛巾是否降低了室温，但认为有。总而言之，感觉舒服一点了。我采取了行动，实际运用我的知识，成了英雄，一如比利·怀尔德等人的剧本里利用显微镜的教授一样。

洋葱
onion

我们已经回到美国,然而茱莉还一心想着意大利、渴望再吃到那种比萨,于是决定自己动手做,我当她的二厨。

我切着茄子和西葫芦,两人都没出声,专注做着自己分内的活儿。接下来要切洋葱。我剥掉洋葱皮,拿到水槽里,放在水龙头下,一边用水冲洗、一边切洋葱。

"你在做什么?"

"我把洋葱放在水下面来切。"

"为什么?"

"大英百科说,这样做就不会被刺激得掉眼泪。"

这是大英百科的锦囊妙计(罕见的实用小秘诀之一),而我很兴奋地想现学现用一番。

"不行,太危险了。"

"可是大英百科是这样说的。"

"不行就是不行,再说我是大厨,你是二厨。"

我现在碰上了很不幸的处境:大英百科对上我老婆。两者都是权威,我该选哪一个? 嗯,大英百科确实蛮靠得住的,然而就我所知,它不会怀我的小孩或几天不理睬我,也不会把它不喜欢的 T 恤扔出去。所以我决定,茱莉赢了这一回合。我只好不用水冲洋葱,一把鼻涕一把眼泪切洋葱了。

软泥
ooze

我获悉,这种深海沉积物含有的微小浮游生物残骸至少占百分之三十。还真得佩服这么具体的说明:百分之三十。如果是百分之二十九,就没你的分了;你也许算是一种沉积物,但不能算是软泥。

鸦片战争
Opium Wars

星期五晚上,茱莉和我租了一部电影。我们两个都是死忠电影迷,光是今年所花的钱，就足够让好莱坞某个幸运的执行长再买三套古琦套装，以及上瑜伽大师班的一套课程。今晚租的电影是《皇家威龙》，是那种哥俩好的喜剧，由欧文·威尔森和成龙主演，时代背景是一八八七年的英国和中国。

在第一场戏里，坏蛋带着一群义和拳的人闯进紫禁城里。

我告诉茱莉："这些义和拳的人认为练这种拳就可以刀枪不入。"

"亲爱的，拜托现在别讲这些。"

我耸耸肩，继续吃外卖送来的印度鹰嘴豆料理。

看了几分钟之后，电影里出现了柯南·道尔爵士这个角色，他在苏格兰场①当侦探，而成龙则被关进这里的大牢。柯南·道尔在苏格兰场当差？我可不认为喔！

"事实上，柯南·道尔爵士在成为作家之前是个医学院学生。"

"贾各布斯，拜托你。"

接下来半小时我很乖。可是，随着坏人透露打算要趁中国鸦片战争捞到好处时，我实在太难抗拒这个诱惑了，几天前才刚读过鸦片战争，很难忘的故事。其中一个导火线是有一位力图禁毒的中国官员②没收了鸦片，弃入海里以打击贩毒。他还很体贴地写了一篇《祭海神》向海神致歉，因为污染了海神的家。我认为此举很好，写首诗向大自然忏悔这种污染行为，埃克森美孚石油公司应该也开始这样做。总而言之，这番销毁鸦片的行动（就跟发生在这事件之前的美国波士顿茶党事件③一样）真的把英国佬给惹火了，因为英国佬靠鸦片生意赚很多钱。于是英国就跟中国打起来。

这发生在十九世纪三十年代，确切日期我不记得，但肯定是一八三〇年代，早在一八八七年之前④。

"嘿，茱莉，鸦片战争——"

---

① 一九六七年以前，伦敦警察厅位于一条叫做"苏格兰场"的街上，因而有此别名。
② 此乃林则徐。
③ 美国独立前，英国政府加重茶税，又让英属东印度公司垄断茶叶市场，殖民地居民不从，到波士顿港把船上茶叶倒入海中。这个事件后来引发美国独立战争。
④ 林则徐是在广州禁烟，不是北京，时为一八三八至三九年，引发一八四〇至四二年的第一次鸦片战争。至于义和团抗八国联军则是一九〇〇年的事了，都不是一八八七年会碰到的事。

茱莉暂停播放，"好吧，新规矩。"

"什么？"

"你每次给我一项不相干的资料，就要罚一块美金。"

"别这样。"

"一块钱罚款。"

"这些资料是相关的啊！"我说。

茱莉想了一秒钟。"好吧，那就每讲一项不相干的资料就罚一块钱，相干却打断看电影的资料罚一块钱。"

"这太过分了吧！"

"我总得采取措施啊！"

负鼠

opossums

负鼠有十三个乳头，知道这点很好。还有，一般观念以为负鼠是从鼻子生出幼鼠，很可能是因为母鼠在生产前会把脸伸进自己的育儿袋里、把袋子清干净之故。我倒是从来没听过这种观念，因此既受到启发，同时又有幻想破灭之感。

对立

opposites

我死定了。这是我编辑同事安迪平常表达焦虑时最爱用的句子，每星期都用上几次，写在那些气急败坏的电子邮件开头，如今这句子倒似乎很合我用。我死定了。讲得更确切一点，我还得花很多鬼时间去消化所有的资料、摸清楚其中的意思。我见树不见林，要说这资料是树林的话，那它差不多等于西伯利亚的寒带森林，那种森林差不多占了全球森林面积的五分之一，所以有很多该死的树。

我在寻求答案——而且也确实有很多答案。这不是问题，问题在于答案太多，有几千个答案，而且似乎彼此矛盾。我会想出一个论点，觉得自己很敏锐而挺得意的，然后过两个小时之后，又认定论点很荒谬，更认为刚好相反的那个论点才是正确的。接着我又摇摇摆摆回到第一个论点去。

我可以给你一个例子。我会认定大英百科提供了证据支持"耐心是美德"那句老话;举例来说,蜱①会栖伏在树枝上几星期、几个月甚至几年,等着哺乳动物经过树下,于是落到动物毛皮上,很快乐地吸掉它的血。所以就像蜱一样,好东西总会落到耐心等待者的手里。

可是接着又读到某些资料正好支持相反观点:想到就做,当机立断,要遵从"动手做就是了"那句老话。譬如说拿破仑吧,他会在滑铁卢吃败仗就是因为迟迟不出击,因为前一晚下过雨,他要等到下午太阳晒干烂泥再说,可是到了那时,英国佬已经得到援兵、加强了军力。因此历史学家都同意这点:他当时应该马上就出击的。

所以真见鬼了,该怎么做才好?应该有耐性?还是想到就做?我需要有人指点,告诉我哪个是对的、哪个是错的。有一天我看了一点那个有话直说的电视主持人菲尔博士的节目,或许我需要有个菲尔博士来指点我如何看大英百科。

性高潮

orgasm

婴儿也会体验到性高潮。什么?我还是小宝宝的时候是否有过性高潮?事后我有没有抽根小小支的香烟呀?

牡蛎

oyster

牡蛎可以根据水温而改变性别。我早就知道洗温水浴好像有点怪怪的,会让人丧失男子气概。

奥兹玛计划

Ozma, Project

奥兹玛计划是一些美国天文学家意图在宇宙中找到"智慧生物"的计划。这是二十世纪六十年代的事,"奥兹玛"一名取自《绿野仙踪》故事里一位公主的名字。结果计划成了一场引人注目的大失败。过去两个星期来,我也一直在地球上寻找智慧生物,因为既然我公开宣称要成为世界上最聪

---

① 蜱常常附着于动物表皮,吸吮血液维生。

明的人,想来应该找出竞争对手才是,这也是我打电话给一个叫做荣恩·霍夫林的男人的原因。

荣恩是四个高智商协会的发起人;要是你想要个听起来很酷的名称,就叫它"顶尖"会好了。参加这些顶尖会的人都是智商超高,一般的门萨会员跟他们一比,简直是小巫见大巫。门萨会员在智力测验必须拿到顶尖百分之二的高分①。这不算什么,小意思。荣恩创办的"顶尖百分之一会",要求的会员资格,当然不用说,是顶尖百分之一。他的"千分之一会"要求的是顶尖百分之零点一,"普罗米修斯会"则要求顶尖百分之零点零零三,而最强劲的"兆会"则要求顶尖百分之零点零零零一。荣恩的智商则要视他所接受的是哪一种测验而定,但状况好的日子里,他的智商是一百九十。

我会找到荣恩,是因为几年前《君子》杂志报道过他。但事后荣恩写了一封信给编辑,列出文章里的各种离奇错误:他所用的修正液是 Wite-Out 牌,不是 Liquid Paper 牌;他父亲是标准舞教师,不是标准舞舞者,诸如此类。我要去见他之前已经感到很紧张,暗地里发誓,到时一定一丝不苟做笔记。

荣恩住在名为"地狱厨房"的公寓里,亲自开门招呼我。即使以纽约的标准而言,这公寓都算非常小的了,租金比他的智商还低:月租才一百五十美金。荣恩跟两只猫"大男生"和"野家伙"共住,还有匡啷大响的暖气管,比你平常在重金属摇滚演唱会上听到的贝司手弹奏声还响。墙上有一系列未来主义绘画,画了有明显二头肌的女人,穿着丁字裤手挥长剑。

"这是从一份想象画月历上剪下来的。本来墙上挂满了我那些很自恋的文凭证书,我都看腻了。"

荣恩五十九岁,一脸大胡子,头发灰白,眼镜脏兮兮的。他算是已经失明了,但贴近看仍可以看到东西,因此不得不靠放大镜来阅读。他生长在圣路易市郊,小时候就能记住圆周率到小数点后的两百位(到现在他还是能记得前面五十个数字),最后拿到新学院大学社会研究所的哲学博士。目前以汇编顶尖会的会员通讯维生,过着俭朴的生活。他会告诉你他是个

---

① 门萨的前百分之二人会资格等于智商一三三,"顶尖百分之一"是一三八,"千分之一会"是一五〇,"普罗米修斯会"是一六四,"兆会"则是一七七。

很怕羞、口舌笨拙的人，不擅长交际应酬，非但不是只社交蝴蝶，连毛虫都称不上；他让我想起《雨人》电影里的达斯汀·霍夫曼，那个白痴学者型的人物，但他却完全没有白痴那部分。我立刻就喜欢上他。

他似乎对我阅读百科的大业颇感兴趣，原来他也是个执迷的读者，每天风雨无阻前往第八大道和五十六街交界的"温蒂快餐店"，点一杯冰红茶、一份凯撒沙拉和鸡肉三明治，在那里阅读哲学作品。为什么去"温蒂快餐店"呢？"因为那里灯光好，而且比较有社交气氛。就算我不跟人家讲话，但周围也一直有人，我喜欢这样。"他就在那里读完了整套《哲学大百科》，花了四百二十天时间，大概每天读十页。"有些讲逻辑的文章，"他告诉我说，"实在太技术性了，我就是无法读完。"

仁慈的耶稣作证！这真是太棒了，连这样一个已经确认的超级天才都会遇到一些很难读完的条目，下次我要是困在像是"向量丛"和"莫比斯带"这类内容时，可以想想荣恩这番招认来安慰自己。

荣恩在写一本叫做《拆解不可解：哲学结构理论》的书，这书一度写到将近四百页，不过后来删减到剩下五分之一，现在大约七百四十八页。他给我看了一点。书的概念，就我所能推想的而言，而且可能还推想错了，是讲所有的哲学系统都可以用一个数字来分门别类。因此他的第二章讲"两部分的系统"，例如阴阳，以及量子物理学的波粒二象性。第三章讲基督教的三位一体论，以及弗洛伊德的人格三部曲系统（本我、自我、超我），等等之类，听起来很特别。他讲话很快，草草画着外圆内方的图解，口若悬河地谈着切线，冒出句子如"预期的目标物"、"基本隐喻"、"超弦理论"，而我则说"对、对、对"，因为不想表现得像个傻瓜，但事实上一点都不懂他在讲什么，所以也无从判断那理论好不好。荣恩告诉我说，写了十年之后，不久前终于把书写完了，准备列印出来，但他的打印机坏了，又买不起新的。我听了很难过，很想拥抱他一下，但我想他可能会讨厌这样。

他问我从大英百科学到了什么？我心想应该给他一个哲学事实。"你知道笛卡儿特别迷恋斗鸡眼女人吗？"我说。

"嗯，我母亲去世那天正好跟笛卡儿一样，他也是二月十一日去世。"

我点点头。我们听着店里放的肖邦曲子，几秒钟过去了。"说说你怎么定义智力呢？"我问他。

"这是个很难回答的问题。"荣恩说。要是非得详述一番的话,他告诉我说,智力或许是跟试误有关,从错误中学习,像个恒温器般不断调整想法和行动,也像个画家抹上色彩之后,觉得不好,就重新抹在另一个新地方。

"你认为我可不可能藉由阅读大英百科而变得更聪明?"

"这就要看你所说的更聪明是什么意思了。你也可以说,输入更多资料到电脑里去,电脑就变得更聪明了。但是讲到硬件,人类就没什么太大的指望,你只能用已经有的脑子来塞资料。"

这不完全是我原本希望听到的,但也不算很可怕的答案。我一向偏爱软件多过硬件,起码可以改进我脑子里的程式。问起他对于天才的看法,那种"天才都有心理问题"的刻板印象,是否真有道理?

"嗯,是的。"他说,边在电脑上按鼠标,让我看他的问题有哪些。屏幕上出现他的人格测验结果,有份长条图显示他性格的各个方面。"看到没?我的敏感度最高,我这人太过于敏感了。"

荣恩这人开诚布公得令人震惊。我已经当了快十五年的记者,这还是头一次遇到有人把自己的人格测验结果拿出来给我看,让我见到他所有缺点在哪里。要是我在《娱乐周刊》专访过的名人愿意这样做,我会很乐得要求脱口秀主持人标马,请他把测验给我看,以便知道他为什么是这样一个超级大驴蛋。我再度想拥抱荣恩,但没有这样做,反而尽量向他表示靠拢说:"我也很不善于交际应酬。"

"起码你已经结婚了,我还没有呢!"

"有的是时间。"我说。荣恩已经好一段时期没有女朋友了,不过他曾和专业天才兼《大观》杂志专栏作家玛莉莲·莎凡①约会。我记下这点,想叫茱莉帮他介绍一个智商接近两百的迷人女子。

这时候差不多是下午四点钟,到了荣恩前往温蒂快餐店从事每日哲学阅读的时候了,目前他正涉猎女性主义领域,不过却不觉得怎样。走在前往快餐店的路上时,他告诉我,他曾听说如果在做智力测验之前先去洗个三温暖,做出来的成绩会多六分。说不定这就是秘诀,我应该放弃大英百科,干脆去洗个三温暖算了,不是更有效吗! 荣恩淡淡地笑笑,我跟他握手

---

① 她于十岁测出智商高达二二八,是吉尼斯世界纪录里全世界智商最高的人。

道别。

　　我成了荣恩的大粉丝，他看起来比我在史坦顿岛例会上见过的那些门萨会员可爱又谦虚多了。但他也让我感到很心痛。搭地铁回家时，我翻阅荣恩所编写的一份"兆会"入会智力测验卷（三张复印纸，通篇都是古怪的类比推理以及与空间有关的难题），我在 Palm Pilot 记下：预购一本荣恩的书，以便他有钱可以买部新的打印机。然后我得出了很巧妙的结论：做个世上最聪明的人或许不是件好事，这是我当年自以为是全世界最聪明的男生时就已经知道的。说不定人还是笨一点但快乐一些比较好。

P

厚头龙

pachycephalosaurus

　　每隔一段时间我就会检查一下阅读进度,这时就会把大英百科堆叠在书房地板上。瞧瞧现在这堆有多高了,我暗爽,自豪地摇摇头。真是就这样慢慢长高了,只不过像昨天的事,那可爱的小小一叠才到我脚踝而已,可是瞧瞧现在有多高! 随着我埋首于 P 字首部分,它们的高度也到我的腰部了,仿佛用生长激素擦过它们的封面似的。所以进度来到这里了。虽然我不是荣恩·霍夫林,不过也不是厚头龙(这种恐龙有很坚固的厚骨包住极小的脑子,也称为"骨头脑袋恐龙")。

佩奇

Paige, Satchel

　　这是棒球界最能苦干实干的人,在加入大联盟之前(那时他已经出人意料年纪颇大了,四十几将近五十岁),佩奇在美国到处巡回比赛,一年旅行五万公里路之多,不管是哪支棒球队,只要有人肯付他要的价钱,他就为那支棒球队效力。他在黑人联盟、中美洲、加勒比海、南美洲都曾为不同的棒球队出赛,还"戴上红色假胡子,为'大卫之家'大胡子棒球队出赛"。这可是让人摸不着头脑的句子,也是我难得想要做点额外侦探工作的时候。大胡子"大卫之家"棒球队? 上网查了资料之后,发现原来这支球队是以密歇根州为根据地,由末世教派信仰成员组成,队员全都留着大胡子,或可说是脸毛

274

特多的棒球迷。我的记者脑袋惯于找出潮流、分门别类把资料存档,但几经考虑之后,只能老实说:大胡子末世教派棒球队无法归类;它本身就自成一格。

潘恩
Paine, Thomas

潘恩去世的时候,大部分美国报纸都转载了《纽约公民报》刊登的讣闻:"他活了很久,做过一些好事,也干了许多坏事。"今天他成了受人敬爱的美国独立战争英雄,但是在当年,大部分人却认为他是个无赖。他的人生起伏比乌拉山山脉还要崎岖,失业次数令人印象深刻,一度他还努力研发无烟蜡烛,听起来倒是个蛮不错的点子,结果没成功。婚姻的下场也很糟糕。

另一方面,这人也很会写小册子,他那本《常识》惊人畅销,第一刷就卖了五十万本。后来华盛顿的军队在福吉谷濒临溃败时,就向部队宣读这小册子里的句子:"人的灵魂常常会遇到考验。"潘恩拒收版税利润,以便作品能廉价印行出售。

独立战争之后,潘恩的际遇更是每况愈下,因为写了为法国大革命辩护的文章。其实他的理念很好,就是救济贫苦、实行老人津贴、国家为失业者提供公共工程的工作、所得税为累进制度等,但当时他住在英格兰,因此英国当局控告他叛国罪。等到他写出另一本反对宗教组织的小册子之后,情况更糟了,尽管小册子里清楚声明自己是个自然神论者、信仰上帝,但还是落得无神论者的罪名。

他就在这样的景况中去世——破产、酗酒,还被人视为离经叛道。喔,后来他的遗骸在运往英格兰途中还遗失了。过了几十年之后,后人对他的评价才逐渐提高。重点是:你真的没有办法预测自己在历史上的声誉。想来只管写你的小册子就好,并希望将来有一天人家总会了解的。

排比①
parallelism

卡洛阿姨从康涅狄格来访。若要从我的亲人之中选出最聪明的人,她

① 散文和诗歌中常见的修辞法,把同类概念以相近的字数或表达方法并排在一起,例如培根在《谈读书》中的句子:"读书使人充实,讨论使人机智,笔记使人正确。"

有很多竞争对手，但非得做出选择的话，那我会选卡洛，况且她不只是聪明而已，而是真真正正才智出众。她喜欢伍迪·艾伦在电影里穿着套头高领毛衣大谈里尔克①的角色，只不过她自己不穿套头高领毛衣，也一点都不装模作样。卡洛曾在保罗·德曼②门下受业，目前在耶鲁担任德国文学教授。她曾经出过几本书，谈大思想家如班雅明、李维史陀。她写的书我一本都没读过（卡洛，对不起），但真的很爱让它们摆在我书架上，因为，就像大英百科一样，都能增添我书房的庄严气氛。

卡洛这趟来又给了我另一本严肃的书，是萨特的《呕吐》，她说此书很合乎我目前的生活状况。她会想到我，让我感到受宠若惊。回到家之后，我打开书，翻到卡洛阿姨贴了粉红便利贴的那页，开始读了起来，萨特书中的叙述者正置身在巴黎的图书馆里，正在观察一个叫做"自学者"的人物，这人花很多时间啃成堆书籍：

> "自学者"刚刚又从同一书架取下另一本书，虽然我倒着看书名，也还是看得出那是拉维聂小姐写的《寇得贝之箭：诺曼编年史》，这个"自学者"的阅读选择老是让我感到很挫败。
>
> 突然间，我想到他之前读过那些书籍的作者姓氏：朗博、朗格洛、拉巴乐垂耶、拉斯特克斯、拉维聂。我恍然大悟，明白了"自学者"的手法：他是按照字母排序来自我教育。

我也恍然大悟，原来还有别的同道冒险家也顺着字母排序奋战，这可真是个太棒的消息！萨特继续描述："他已经咬着牙根，从鞘翅目念到了量子理论，从有关帖木儿的作品念到天主教用来反对达尔文的小册子。他从来不曾有过片刻挫败，因为在他之前之后都有个广阔的天地。"

这用来形容我真是再贴切不过了。

我继续翻阅、略读下去，这个自学者看来像是个很不错的家伙。他支

---

① 里尔克(1875—1926)，重要的奥地利裔德国作家，与乔伊斯、普鲁斯特、艾略特及卡夫卡等人同为现代文学的奠基者。

② 保罗·德曼(1919—1983)，美国著名解构文学理论家。

持博爱、欣赏青春，是个人文主义者。我喜欢他，但愿能钻进书中跟他来场对话，谈谈咖啡馆卖的某种生奶酪。

我跳到书的结尾部分，啊，这里再度出现了自学者，回到他所属的图书馆里，跟心爱书籍在一起，这时似乎正和两个少年在图书馆里谈话。吓！这是怎么回事？这个自学者此时正把毛茸茸的手放在棕发少年光滑的手掌上。喔哦。现在，萨特写到这个自学者"怯怯地开始轻轻搔着"少年的手。

我的天老爷呀！这个自学者竟然是个非礼小孩的人，真叫人不敢相信。下面还有呢！

自学者的"手指缓缓、节制地搔过不动的肌肤……他闭上双眼，露出了微笑，另一只手消失在桌子底下。那些少年不再笑了，都害怕起来。"

他妈的！之前我先是读到《布法与白居谢》，这两个呆瓜炸掉了自己的房子，现在又来了这个自学者，把下午耗在心虚地偷偷在桌下搔小男生的手。真无法相信我这番大业，或者类似的冒险，竟然会招致大思想家的敌意。各位，我只不过试图阅读这套百科全书而已，只不过努力想让自己变得聪明一点而已，难道因此就成了"北美变童癖协会"的会员了吗？接下来又会是什么？有人要指控我的冰箱里藏有部分人体，还是我卖铈给叙利亚？

我上网去查，发现原来萨特用自学者来代表理性人文主义，他认为这种哲学已经破产了。真是个心地恶毒的驴蛋，只因为不同意一种观点，就把这观点跟变童癖连结在一起。还有，我刚好偏爱理性人文主义，多过他那套受马克思影响、古怪离谱的存在主义。

我打电话给阿姨，问她是不是在暗示我的性取向？她说没有这回事，她看《呕吐》已经是几十年前的事，早已忘了书中有关自学者爱抚男童的行为。听了之后我觉得心里好过一点。

"事实上，亨利还和我讲起你追求知识的事。"卡洛。亨利在耶鲁教书，也是聪明得惊人，写过很多重量级的书籍，大谈黑格尔的时间理论以及卡夫卡的状态理论。"亨利说这是很美国式的追求；很美国式又很民主式，这理念就是你可以改进自己。是个很高尚的理念。"

现在我心里好过多了。这可是第一次有人说我高尚。所以萨特大可直接到存在主义地狱去吧！

巴黎

Paris

　　法国大革命时，暴民猛攻巴士底监狱，却意外落得一场空。当他们破门而入时，这监狱大部分已经很多年没使用了，而且正计划拆除。"攻入那天，监狱内只关了四名骗子、两名疯人，还有一个触怒了父亲的贵族青年。"才七个人？这简直不能算是一场暴风雨，倒更像是毛毛细雨。他们难道不能去猛攻些什么比较惹人注目的目标吗？

旅鸽

passenger pigeons

　　由图片上看来，这种鸟比经常出现在我窗台上那些又粗又壮、灰脑袋一伸一缩、咕咕噜噜的鸽子好看多了，但正式来说这种鸟已经绝种，因为最后一只已于一九一四年九月一日死在美国辛辛那提动物园里。人类的猎杀造成旅鸽绝种。但是在十九世纪初，旅鸽却有几十亿只，我所以会知道，是因为之前阅读 B 字首部分时曾看到"动物行为"这项资料，大英百科印了一段由奥特朋①所写的出色文章，让我很难忘。内容如下：

　　　　空中堪称布满了鸽子；中午的光线像是遇到日蚀一般暗下来；鸽粪飘落下来就像融化的雪花……大家都拿起武器……在一个多星期里，当地人只吃鸽肉而不吃其他肉类。这段期间，大气里尤其充满了鸽子散发出来的特殊气味……且让我们假想有个宽度一英里的圆柱（这已经比平均状况小很多了），并想象圆柱连续不断从我们头顶上飞过，整整飞三个小时，而且速度是照上述情况以每分钟一英里前进，整体而言就是一百八十乘一英里，面积共有一百八十平方英里。如果每平方码②有两只鸽子的话，则一群鸽子就有十一亿一千五百一十三万六千只。

---

① 奥特朋(1785—1851)，美国鸟类学家、画家和博物学家。
② 一英里等于一七六〇码。

看完这篇文章之后，我没什么特别的头绪，只想到：人类真可怕，真不敢相信我们杀了那么多鸽子……感谢上帝，那么大群鸽子飞在人类头顶上的年代我不在那里——鸽粪如雪花，听起来既肮脏又恶心……在那些鸽子之中，是否会有一只暗想自己"真的很特别、不像其他那些失败者"呢？

嗯，后来我想多少有点理出头绪了，因为最后那项数据尤其让我无法释怀。阅读到关于某个物种的庞大数量时，都会对我产生这样的效果。我很自豪自己是个"人"，是个独特的人，但我怀疑，当一个火星人科学家看到这遍布纽约市中心区、每天坐在电脑前讲电话的五百万个曼哈顿人时，能否分辨得出我来？说起来，我也不过就是一个庞大且不会飞的族群里的一名而已。大英百科指出旅鸽群是史上第二大族群，第一大族群是沙漠蝗虫。那第三大呢？是现代的中国。蝗虫、旅鸽，还有中国；听起来有点侮辱中国人，他们竟然同列在蝗虫和旅鸽之级。不过话说回来，我想只有在你拒绝接受人类也是一种动物这个事实时，才会感到这是种侮辱。

饰颜片盒
patch box

这是种长方盒子，十八世纪时用来作为放置饰颜片的容器。大英百科说，法王路易十五时期，时髦的女士（以及男士）为了凸显肤色的美丽白皙，很流行使用这种用胶粘贴的黑色塔夫绸制饰颜片。盒子设计得很精巧，可以摆放各种不同的饰颜片以供选择，比较朴素的人可以采用简单的美人痣状饰颜片，爱好流行打扮的人则有很多不同形状的饰颜片可选，譬如星状、半月形、精巧的动物状、昆虫状、人物造形等。贴饰部位也很讲究，且各有含意，例如贴在眼角代表热情，贴在额头正中代表尊严。女人走到哪里都带着自己的饰颜片盒，以防万一她们参加王室舞会的中途想要换个花样贴贴。

知道这点倒很好，因为我就有自己的饰颜片，只怪我晚生了二百五十年，害我老认为它是个很丑的胎记，而没想过它是让我皮肤增加白皙感的时髦配件。说来伤心，我的饰颜片形状可不像是长颈鹿或者蜘蛛，就只是个平常的痣而已，但长在脸上，就在鼻子右侧，因此又不免寻思，要是在十八世纪的法国，我这饰颜片在宫廷人士眼中有什么含意？可能用法文说就是"我是个驴蛋"吧?

我最爱知道人类为了求偶会怎样无所不用其极,法国人尤其精通此道。除了随身携带饰颜片盒之外,路易十四宫廷里注重时髦打扮的妞儿们还得在头上戴花边高头饰(塔饰),用铁丝做成错综复杂的框架,通常做成扇状,束住头发,沿着边缘饰满假鬈发、下垂饰带、缎带、笔挺的亚麻纱、花边。试想,这么庞大的高头饰,再加上脸上的饰颜片——乖乖隆嘀咚!

当然,要是我在阅读这资料时自觉高他们一等,就有必要想想当年上中学时费尽心思精心打扮的情形。那些打扮方式一点都不美,用了一种更黏稠滑腻的发胶,这不算糟,还有更糟的:夹式耳环,这是种小银饰,夹在耳朵中央,是给像我这等没勇气打耳洞的胆小鬼用的。耳环倒是跟十八世纪黏胶塔夫绸饰颜片挺相似,都可以让人在前往奶奶家过感恩节之前取下。

爱国主义

patriotism

我们到我父母位于东汉普顿的房子去过美国国庆假日。我下楼吃早餐,并且公布了有关七月四日的大资料:亚当斯和杰弗逊这两个总统是同一天去世的,都是一八二六年七月四日,在这个国家建立了五十年之后。杰弗逊是在中午死的,他最后遗言是:"今天是四号吗?"亚当斯是稍后在下午死的,他的最后遗言是:"杰弗逊还活着。"他错了。

自从读了 J 字首之后,我就一直记挂着这项资料,现在终于倾吐出来,觉得很舒畅。

时间知觉

perception, of time

我三十五岁了,不算年轻,但也还没够格在餐厅吃饭时拿敬老优惠,然而,却也年纪大到开始留意某些恼人现象,也就是祖父母常讲的:时间速度加快了。一年比一年消失得更快,日历翻过去的速度比隼的全速俯冲还快(时速二百四十公里)。

大英百科对此也有解释:年纪大的人之所以会觉得时间变短了,是因为比较不那么常留意久已习惯的变化。我不是百分之百懂这句话的意思;究竟是指哪一种久已习惯的变化? 是比较没那么留意每天的日落了吗? 还是季节的更迭？身体的各种律动？白金汉宫的卫兵？无论如何，我倒也抓到了重点；老年人适应了刺激，说得不客气点，就是老年人的知觉比较迟钝了。

我不知道自己能否抵抗这种变化。我能继续做个观察敏锐的人，得以阻止时间加速前进吗？我能否放开心胸接受变化，并让这颗心依然对这世界感到神奇、讶叹，而非不再摆在心上？能做到的话才真是一种成就。我矢言尽力一试，虽然明知这就像是要阻止日落一样。

佩里

Perry, Matthew

自从被禁止参加《大冒险！》节目之后，我就每天上《百万富翁》网站查询面试时间，但一直都没看到，只有一则制作人的道歉启事，还有一张满脸痛苦的男人照片，显然他刚输掉了大笔奖金——我想这本该很好笑的，但却徒增我的挫折感。

《百万富翁》以前由菲尔宾①主持的时候放在黄金时段播出，但老早已经没有了，我只好努力取得现在联播时段的参赛资格。节目是在每天下午播出，大概跟奥普拉的节目差不多时间，而且主持的是个叫维耶拉的女人，她不像菲尔宾那么会大声叫喊。

终于，过了几星期之后，那个满脸痛苦的男人照片消失了。面试消息！就在纽约！我上去登记了星期二晚上的面试，不知道情况会是怎样。说巧不巧，《君子》杂志有个实习生在星期一晚上去面试过了，所以星期二早上他拖着脚步一走进办公室，我马上追问他细节。结果不怎么有启发性，因为他落选了，就跟那一百名满怀希望而来的大多数人一样，他警告我，面试的考题会"重击你的脑袋和自尊心"。所以等我到达位于上西城的美国广播公司时，已经很紧张不安。

那里的情况并没让我的心情轻松下来，因为我们这些未来的百万富翁全都在电视台大楼外面的雨中整整等了四十五分钟。"这可好玩了，呃？"我跟旁边一个淋湿的女人说。

"就是嘛！"她说，"真叫人失望。这就是最后答案。"

---

① 美国著名节目主持人。

我们两个都呵呵笑起来。她穿了宽松黑色服装,头发中分,这若是出现在文艺复兴时期的市集,倒不会显得不合时宜。她的脸孔让我想起卡通片里骑扫把的女巫,而且还颇迷人。

"你没报名面试有奖益智问答节目时,在哪儿高就?"我问。

"我现在待业中,所以才会来这里。"

老天。我怎么没从门萨聚会经验学乖呀? 要记得:但凡涉及高智商人士聚会的场合,绝对不要问起对方职业。话虽如此,我倒也没为此而良心不安,因为心里暗想,应该把我出镜的机会让给这个头发中分的女人;我在这里不过是为了安抚自我意识,她才真的需要奖金,有水电、电话等账单待付,说不定还有些头发也中分的小孩要养。她比我更需要这出镜机会;这不过运用了最基本的边际效用经济理论而已。所以万一我落选的话,大可告诉亲友:"喔,我是故意落选的,以便帮一个有急需的朋友。"

接着她取出了黑莓机①,他妈的,我的藉口就此烟消云散。一个会用黑莓机的人,绝对不会是露宿在中央公园里的人,或者是在救济所排队等着喝碗汤裹腹的人,除非那碗汤是二十三块美金一碗,还点缀了一两根欧芹的马赛鱼汤。这下可好,我没理由随便放弃这场面试,压力又回来了。

这位黑莓机用户朋友还告诉我,这是她第二天面试,昨天她也来了,结果发现《百万富翁》给错了面试时间,然而他们的态度却宛若对待用过的纸巾似的。我摇摇头。我们推测,他们之所以态度这样恶劣,是因为我们很有才智,让他们感觉受到威胁。这感觉很好——觉得自己受到压迫,但却是很有头脑的少数族群的一份子。

等候期间,出于某种理由,我开始在脑中温习美国副总统的姓名,以免这些副总统会在益智问答里占了大部分(休伯特·汉弗莱、乔治·达拉斯、查尔斯·华伦·费尔班克斯)——等了四十五分钟之后,有人带我们走进大厅里,里面有很多真正百万富翁的海报,像是美国广播公司的明星级人物,如喜剧明星金·凯利等。

《百万富翁》的节目助理将考题及节目专用的二号铅笔发给在场一百多位满怀希望的面试者,我们有十一分钟时间回答这三十道多项选择题。

---

① 黑莓机是一种手机,可通过无线方式接收电子邮件。

现在开始！

题目属于中等难度，既不像节目里那些令人疑惑、答对就有一百美元的简单题，如"橙色是什么颜色？"也不像百万美元的题目，如"枢机主教黎塞留①的凤头鹦鹉宠物叫什么名字？"我埋首作答。

下列何者不依循直线路径？

（a）赤道

（b）北回归线

（c）国际换日线

（d）子午线

这我知道！我所以知道要归功于大英百科，它附了国际换日线的地图，这条线有个往西突出的急转弯，以便避开阿留申群岛。我心情舒畅极了，神气活现。

下列哪个星球无法用肉眼看见？

（a）水星

（b）土星

（c）木星

（d）海王星

大英百科又救了我一命，我认识那些星球，记得那个倒霉的天文望远镜操作者查理士，他之所以留名后世，就是因为没能发现海王星。海王星是上述星球之中最难见到的。于是我就选了海王星。

我势如破竹答完了其他题目，但最古怪的就是：把我难倒的却是我一向最有把握的流行文化题。拉丁流行歌手夏奇拉是哪国人？我一点头绪都没有。要是我一直追着看《时人》杂志而没有埋首大英百科的话，应该就会知道了。这真是大事一桩，我的知识鸿沟已经正式转换。随着我不断弥补自己在历史、科学和文学方面的不足，却在流行文化领域出现了新的坑洞。我猜选夏奇拉的祖籍（结果是哥伦比亚），并在监考员告诉我们"时间到，放下笔！"之前四分钟就答完了。

---

① 黎塞留（1624—1642），法王路易十三的大臣，也是黎塞留地方的枢机主教。

"你答得怎么样?"我问那位失业的黑莓机用户。

"蛮不错的,"她说,"可是我不知道其中一题关于佩里船长的答案。"

"是佩里海军准将。"我纠正她。

"对,佩里海军准将,我不知道他打通了哪一国的贸易通商门户。"

"是日本。"我说,极力忍着拍拍她头的冲动,"你不会以为是寇特妮·考克斯①共和国吧?"我呵呵笑说。她没反应。

"因为电视剧《六人行》里有个演员也叫佩里,"我说,"而他在剧里跟寇特妮·考克斯演的角色约会。"老天,我还真能成为一个自以为了不得而看不起人的小人呢! 就在这时,我们这桌的另一头吵得很大声,爆发了一场激辩,他们在吵这问题:"哪个广告人物出了名的爱撒谎?"正确答案是二十世纪八十年代讲话速度很快的汽车推销员五十铃老周②,但有个男人争辩说,帮棕榄产品做广告的美琪③也是个可耻的说谎者,在广告中,美琪拒绝承认她那双柔嫩玉手是使用棕榄产品的结果,而那是一句谎话。

但这场争辩得先搁在一边,因为《百万富翁》节目制作人员已经用快速电脑算出测验分数。我们每个人都有个编号,我是二号,于是主考官开始宣布入围者的号码。

"三号!"大家勉勉强强为三号拍拍手,三号站起身来鞠了个大躬。

"八十六号!"掌声更加不爽了。

随着他一个接一个叫出号码,我也开始怀疑自己,搞不好就是夏奇拉害我完蛋的。"十四号!"或许经过几个月拼命往脑袋塞东西之后,我还是照样很无知,没法入围参加维耶拉的面试。"二号!"

谢天谢地!"耶!"我大喊,跳了起来,做了个洛基的拳击手势,开心得就像林白④当年在巴黎降落一样(他拿到二万五千美元的奖金)。

入围的总共有十五人,我那黑莓机用户朋友也是其中之一。接着电视台的人就指示我们转移到里面另一个房间。试炼还没有完哪! 还有个难

---

① 美国女星,以电视连续剧《六人行》的莫妮卡一角出名。

② 五十铃汽车公司创造了一个让人过目不忘的广告人物"五十铃老周",宣传词摆明就是谎话而且引人注目,但汽车销量并未因此增加,此手法最终停用,广告公司也因此遭解约。

③ 棕榄美琪是美国女演员珍·麦纳为棕榄公司广告饰演的角色。

④ 林白独自驾驶飞机横越大西洋,创下世界纪录。他从纽约起飞,于巴黎着陆。

关得要过：面试。我们是够聪明了，但是否够有趣且很上镜头呢？是否够有个性、注重基本卫生？是否只有一点点吸引力？

对于试镜，我的紧张程度不亚于之前的益智题笔试，还因此想起生涯中特别丢人现眼的一段经历。这事发生在十年前，那时我二十五、六岁，正努力想卖出处女作——分析耶稣和猫王有着怪异相似处的书。有家出版社说很喜欢这本书，不过却提出一个要求：能否把我的照片让他们看看？

"为什么要我的照片？"我问经纪人，"这是很平常的事吗？"

"他们只是要确定你的模样能够见得了人，可以去上谈话性节目。只是要确知你没长了三个脑袋。"

于是我去找了旧金山（当时住在那里）一家百货公司里的摄影师拍照，他把我安顿在风扇前方，让风扇吹乱头发，揪出他想要的效果，再打了某种很讨好、由下往上照射的灯光，拍了十几张照片。我把照片寄去给出版社。一星期后，经纪人打电话给我："很抱歉，那家出版社决定不出你的书。"

你可以想见，这对我的自尊心绝对不是大好消息。显然我长得不够帅，因此没资格当作家。作家耶！我又不是要求当电视连续剧演员或者古琦模特儿，我只不过想独自坐在房间里写书而已，但显然还不够迷人到有资格做这件事。从前霍桑是否让女人见了就心头小鹿乱撞呢？梅尔维尔是否仪表动人呢？或许是吧。总而言之，希望《百万富翁》的制作人员开通一点。面试是一对一的，面试我的是位叫做温蒂的棕发女士。

"你的朋友会怎么形容你？"她问。

我很讨厌这问题。该怎么讲呢？难道要说他们认为我好玩得不得了又聪明得惊人吗？"我猜他们会形容我是瘦竹竿。"

她似乎有点听糊涂了。"就只有这样的形容吗？"

"或许也会说我是棕发瘦竹竿吧。"

她双眉一皱，喔哦，这不大妙。于是我学乖了，回答后面其他问题时都尽量一本正经。然而我的讲话仪态却不理想，面试后半部口齿不清，两眼溜来溜去，不像个要来参加欢腾竞赛节目的参赛者，倒像个在商店里顺手牵羊、偷了夫妻情趣商品而被捕的人。

温蒂取出了拍立得。"好，说'起士'！"

我本来想搞笑说"'艾曼塔起士'，这是瑞士人对'瑞士起士'的称呼，这种起士在七十五度发酵时会产生二氧化碳而形成洞眼。"但结果没有这样说,只是老实说"起士",这样可能比较保险。

彼特拉克
Petrarch

我对此君一无所知,不过听起来倒像是个我应该有所认识的人。以下就是我从百科上获悉的:他是十四世纪的意大利诗人,因为对一个名叫劳拉的女子怀着纯洁高尚的爱情而著名。他是在一三二七年四月六日于法国亚维农的圣嘉勒教堂首次见到劳拉,那时他二十二岁。大英百科说,从此他几乎到死都爱着劳拉,即使根本接触不到她也如此。因着这爱情,产生出很多让他留名后世的诗。

乖乖,又是一个,大英百科已经先后冒出十几个这类家伙,譬如但丁,他所写的诗大部分都是献给一位名叫贝雅特里齐的女人,从他九岁见到对方之后就一直爱着她、崇拜她,虽然连在她脸颊上轻轻亲一下的机会都没有。还有拜伦,迷恋他亲戚几十年,而这女人在他年轻时就把他一脚踢开了。像这种男人,在今天我们会用哪个词称呼他们? 喔,对了,"阴魂不散死缠烂打者"。要是他们还在世,贝雅特里齐和劳拉一定会各自申请限制令去对付这两个迷恋她们的男人,或许会这样规定:"禁止彼特拉克先生进入劳拉周围一百码范围之内。此外,也禁止他写十四行诗、八行诗、史诗、两行诗、五行打油诗或俳句时,以任何一种方式提及或暗示劳拉之名,尤其不得写那些把她比喻为夏日的句子。"

至于那些老公又如何呢? 没错,这些令人倾心的女人大多已婚,可是你却永远听不到那些傻蛋老公的说法。贝雅特里齐是佛罗伦斯贵族的千金小姐,嫁给一个名叫西蒙内的男人。要是西蒙内没采取过行动的话,他实在有必要找但丁谈谈:

"我忍不住留意到你老是写情诗给我老婆。嗯,你也知道,我娶了她,所以她已经成了我太太。你知道其实你可以试试怎么做吗? 去写写关于日落的诗吧! 毕竟日落可没他妈的结了婚。"

我知道自己实在不该有此想法,也知道这种想法让我像个庸俗之人。我知道这是透过肤浅的二十一世纪镜片去看这段漫长又神奇的浪漫爱情历史，我本该从中学到一些东西而变得更聪明的，不是应该对他们情感的深度感到讶叹吗？不是应该从阅读他们的情诗而获得启发吗？

哪知我反而只想叫他们闭上大嘴巴、死了那条心算了；想叫他们去上菲尔博士的电视节目，尽情倾诉讲个够；想告诉他们我曾经跟朋友约翰讲过的话，约翰对他大学时代的梦中情人念念不忘，后来这个女人在亚当·桑德勒主演的一部电影当女主角。"约翰，你追不到她的。事情已经过去了。你去红娘网站登记，替自己重新找个对象，好不好？"当然，彼特拉克和但丁可能还没有红娘网站可利用，得将就利用一些比较原始的方式，例如录影带约会服务等。不过让你有个概念就是了。

哲学
philosophy

我曾经念过四年哲学，但我愿以一切所学来交换下面这段话，原作者是美国学者奥德列：

> 但我们源于直立的大猿，并非堕入凡尘的天使，而且还是拥有杀戮能力的大猿。所以会对什么事感到惊奇呢？是对我们的谋杀、屠杀和飞弹，还有那些势不两立的军团吗？还是会对国与国之间所订的协约感到惊奇，不管那些协约究竟有多少价值；会惊叹于我们谱出的交响乐，无论演奏的次数多么少；会对平静的土地感到不可思议，不管它们屡次转变成战场；还是对我们的梦想感到奇特，无论这些梦想有多难实现？人的神奇处不在于他沉沦得有多深，而在于他向上提升到何种程度。我们是靠着写出的诗而成为明星，并非靠着制造出来的尸体。

阿门。这段话太棒了。如果我会像那个阅读《蒙田随笔》而晕过去的女人一样，那么眼前此刻就会晕倒，因为这段话实在太有力了。在我阅读大英百科和过我的人生时，最主要且不断进行的战役，就是要努力找出光明面，这点一直是我本性不大会做的事。上述的话把这个论点讲得再好不过。当然，我其实不喜欢诗，可是很乐得把这句子代换成为：我们是靠着电影、书籍、一个很精彩的笑话、一双舒适鞋子、一栋美丽的高楼大厦而成为明星,而不是靠我们制造出来的尸体。

芙莱妮
Phryne

现在的我对于各种奇奇怪怪的诉讼已经知道得不少了,例如知道九世纪期间教皇福慕的受审经过,他在反复盘问过程中表现不佳,因为他已经死了。他的继任者是教皇德范六世,德范六世对福慕的政策恨之入骨,因此下令掘墓,挖出福慕的遗骸,使之撑坐在宝座上,然后展开一场审判。令人震惊的是,福慕败诉,刑罚是斩去手指,尸体扔到台伯河里。

我也知道缅甸人采用的"神明裁判"法;在这种审判中,两方各领一支同样大小的蜡烛,同时点燃,燃烧得最久的那一方就胜诉。我还知道中世纪实行的"诉诸死尸"裁判法,让死尸来指出凶手。

所以说,我算知道得不少,可是芙莱妮的审判还是让我出乎意料。芙莱妮是古希腊名妓,她名字的意思是"蟾蜍"——因为肤色偏黄,所以挑了这个绰号。芙莱妮在她那行业很走红,赚了很多钱之后,还提议捐钱修复底比斯城墙。不过她就像很多妓女一样也会引起争议。

芙莱妮犯了渎神罪,这在当时是要杀头的大罪,情况看来有点不妙,于是芙莱妮使出很有意思的绝招来为自己辩护。照大英百科的说法,芙莱妮撕破衣服"露出胸脯,使陪审团大受感动,因而宣告她无罪"。这是大英百科说的。她露了乳房就获释了。我相信这招叫做"希腊妓女抓狂辩护法"。

唉,话说我并不需要大英百科来告诉我,一般异性恋男人都爱看女人乳房。过去我帮几份杂志打过工,那些杂志就是靠这一点来维持经营模式的。以前我还收过当时老板的电子邮件,他对于采用数码技术抹掉照片中茱蒂·佛斯特的乳头十分生气。所以我是真的知道。

然而,芙莱妮的案子仍是个惊人的历史证据,显示男人真的会因为看了一位女士的上半部而什么事都做得出来,一对乳房就足以成为迷昏他们头脑的有力武器。不用说,芙莱妮那对乳房特别令人印象深刻——充满青春活力,这就已经够瞧的。较早前,我在大英百科里读到古希腊陪审团的任期是一年,所以那些家伙可能迫切需要有点变化与调剂。

但我怀疑现代的律师使出以下这一招是否会管用,搞不好还会让律师界掀起革命："没错，我的当事人的确毒死了她丈夫，还把他剁成面包丁般的小块去喂她的洛威拿犬。我们承认这点。不过，各位陪审团先生：你们有没有看到她那对乳房呢？"

鸽

pigeon

我知道之前才刚讲过旅鸽，不过现在读到了不是旅鸽的鸽子，也就是平常所见的那种。眼前此刻，它们一如以往，在我书房窗沿上趾高气扬地走来走去。

读完关于它们的这段介绍后，我把大本的百科放在玻璃桌上，花了整整五分钟观察眼前的实体。

它们一如往常伸缩着脑袋，在窗外凸沿上从这端走到那端。鸽喙和前额之间露出皮肤，还有橘黄色小眼睛。我还从书上知道，它们把嘴喙伸入羽毛整理，其实是把皮肤油脂遍擦到羽毛上。

它们实在了不起。也许像是会飞的老鼠，就像我妈说的，但却是了不起的会飞老鼠。此外，它们终生都是一夫一妻制，也就是一只死了之后，活着的那只配偶要过很久才会慢慢接受另一只新配偶，这使得我对它们更加有共鸣。就在我痴望着那三只脑袋一伸一缩在窗沿上走动的鸽子时，我有一种"哇"的感觉，仿佛当头棒喝，就像《动物屋》电影里那个大一新生说的："你是说，整个太阳系可以是某个巨人指尖上的一个微粒原子？"三小时吃重的阅读可以对我产生这样的效果，把脑子送到截然不同的境地去。我发现自己的心绪跟着这些鸽子飞走了。

较早我还很在意，担心这番阅读大业会对我与世界的关系造成不良后果，怀疑自己是否跟那个盲眼洛克很像，洛克学到所有关于猩红色的概念，但对于颜色的本质依旧毫无所知。不过我现在认定阅读也有相反效果，反而加强我与世界的关系，让我对这个世界感到惊奇，也能用全新眼光看待它。

而这眼光也不断转变。我读到水圈时，把世界看成水的载体，这水有雨水、蒸气、河流、云雾。接着又读到能量转换，于是把世界视为能量的各种转换形式之总体。有无数方式可以把宇宙切成一片片来看，而我也不断看到一片又一片宇宙。不久前，我还试着从历史去追溯南瓜扮演的角色

（最突出有趣的是"南瓜文件"，这些文件来自于据称是间谍的希斯①，文件藏在南瓜里）。南瓜切起来可能太薄了，或许用葫芦会比较好。

皮兰德娄
Pirandello, Luigi

这位意大利剧作家是《六个寻找作者的剧中人》的作者。皮兰德娄在一九二〇年曾说过："我认为生活是一场十分悲哀的闹剧；因为我们总是不自觉地在内心里需要创造一个现实（人人各有一个，但大家皆不同）来欺骗自己，不时又发现这个现实徒劳无功又虚幻……我的艺术充满对这些自欺者的辛酸同情；但是随之又不得不对于逼人蒙骗自己的命运加以辛辣讥嘲。"老天爷，这真是很阴郁的一段话，正好就是我最常沉浸的想法，认为人生不过是场悲哀的闹剧。然而这是很不健康的想法，我得对抗它，要用奥德列那种"人类奇迹"的想法来洗掉脑里的不健康想法。奥德列的观点会不会也是可悲的自欺想法呢？希望不是。

星球特色
planetary features

茱莉走进了我的阅读室。

"亲爱的，"她说，"看看我这里，你想这是怎么回事？"她掀起衬衫，露出肚皮上颇大一片红疹。

"看来很像木星表面的大红斑。"

"什么？"

"大红斑。那是木星上面很奇怪的大片红云，大概有一万五千公里长，科学家还不知道成因，不过他们认为那是反气旋，也可能是……"

茱莉拉下衬衫走了出去，没再说一个字，就这样走出房间，用力关上了门。喔哦，这下不妙了。茱莉生气时会跟你吵、会对你凶，让你知道究竟是什么事惹毛了她。但是她火大时，就会静下来不讲话，索性走出房间。她火大的时候会变成沉默得令人害怕，躲到另一个地方，等到情绪恢复平静

---

① 希斯是前美国国务院官员，与共产党间谍网成员钱伯斯有来往。一九五〇年，钱伯斯指称希斯是其同党，使希斯因共谍罪且提供伪证而遭定罪。

为止。现在她火大了。我早该知道这不是拿资料来开玩笑的好时机,今天早上我已经把茱莉逼到快要忍无可忍的地步,因为她提议说,天气这么好,或许可以到中央公园去野餐。我告诉她说不用,从我阅读室的窗户就可眺望到公园。所以之前已经不大妥,现在又加上这一桩。

我尽力回到阅读,开始读高原地区印第安人(Plateau Indian)和平台网球(platform tennis),但却办不到,我一直分心。

茱莉根本不用跟我吵架。我自己就在跟自己吵架,而且我输了:她现在不需要我这样对待她,尤其我们想生孩子不果,情绪已经够恶劣了。她不需要听到有关天文现象的话,她需要听到的是:"喔,糟糕,看到你长了红疹我真担心。痒不痒? 我能帮上忙吗? 你是不是吃了什么不对劲的东西?"当我脑中的资料把同情的能力排挤掉时,大概我也得重新评估整个情况。我太忙着到处秀知识,而不去问我太太的健康状况时,这不是件好事。

两天前,我还在恭贺自己懂得欣赏鸽子,但现在却想做点赎罪的事,觉得自己真该学十四世纪的基督徒鞭打自己(后来教皇克勉六世禁止了这种做法)。不过我没这样做,反倒走进浴室取了一管止痒软膏。我把卧室门打开一点,茱莉就躲在里面,她的愤怒情绪已经化为伤心。我伸出那管黄色软膏,作为求和的表示。

"对不起。"

"我是真的需要你在这种时候对我好一点。"

"我知道。"

普拉斯[①]
Plath, Sylvia

这些作家和自杀行为到底是怎么回事? 阅读到 P 字首资料之前,我已经知道普拉斯自杀的事,而早在阅读 H 字首资料之前也知道海明威自杀的事。不过老兄,这些自杀作家还真是多到可以组成军团了。作家受到自杀吸引的程度,简直就跟天蛾受马达加斯加兰花吸引一样(这种昆虫有很

[①] 普拉斯(1932—1963),美国女诗人、小说家,自杀身亡前默默无闻,但死后声誉大振,公认为美国重要诗人。

瞩目的长喙,可达二十三公分,可以深入兰花的长花托里吸食花蜜)。每次读到一个自杀作家,我就开始计算总共死了多少个,但由于累积的数字愈来愈高,需要用到科学记数法了。

有个我从来没听说过的法国作家利用灯柱吊死自己,有个秘鲁作家则是在没有人的教室里这样做,一位日本诗人跟他情妇在山中隐庐里结束自己的生命。有些作家投身楼梯井,有些从桥上跳下去,有个匈牙利作家在衣服里加了石头增加重量,然后跳进湖里,预示了伍尔芙的结局;再读几千页之后,我就会看到她也做出同样的事。还不消说那些自杀未遂的作家,包括康拉德①、高尔基②、莫泊桑③、尤金·奥尼尔④,这份名单很令人印象深刻。要是我打算继续执行这本书的写作计划,想来最好先叫茱莉把我的刮胡刀片藏起来,也把运动鞋的鞋带拿掉。

我发现这整个现象有点令人摸不着头脑。照说作家这份工作其实挺理想的,可以自己决定上下班时间,穿衣打扮的规矩又是最松的。你不大会有腰酸背痛的问题,打电话也不会因为出于培训目的而遭录音,更不用在打高尔夫球的时候故意输给客户。何况女士们都会喜欢你。

作家们实在需要赶快打起精神,别再想不开,把套索从他们那该死的脖子上拿开。我就没读到很多关于矿工自杀的资料(好吧,我承认并没有很多矿工登上大英百科,不过你知道我的意思啦)。

柏拉图
Plato

又是哲学。我阅读柏拉图时,正坐在静静飞驰驶往费城的阿斯拉快车上,这天是星期五,我和茱莉(谢天谢地,她的红疹消失了)要去她哥哥阿道家度周末。

我读到柏拉图那段洞穴寓言⑤时,列车正好从一条隧道驶出。真诡

---

① 康拉德(1857—1924),英国小说家,最著名的作品是中篇小说《黑暗之心》。
② 高尔基(1868—1936),俄国短篇小说作家及剧作家。
③ 莫泊桑(1850—1893),法国作家。
④ 尤金·奥尼尔(1888—1953),美国剧作家,一九三六年诺贝尔文学奖得主。
⑤ 柏拉图的洞穴寓言是说,一群人从小监禁在洞穴里,不能回头也不能环顾,只能看见洞外活动投射到洞内墙壁上的影子,无法见到真实的东西,于是对于洞外世界有着自己的诠释与想望。

异,我暗想,才读到寓言里从洞穴出来的那一段,这会儿就像刚从洞穴里出来一样。嗯,或许也不能说诡异,这种巧合随时都有,我读到"疲劳"条目时,刚好就是在阶梯式健身器上踩得上气不接下气的时候。阅读凯撒大帝制定的儒略历时,正好就在观赏讲述凯撒大帝的迷你连续剧。我读的东西多得要命,这种巧合当然也就很多。要是没有出现这个隧道的话,准保也会有其他巧合,譬如隔壁那排旅客会有个家伙在吃希腊沙拉,或者是比较不可能发生的,像是他正在喝一杯毒芹汁①。

总而言之,我正在阅读柏拉图,而且得说:实在不觉得怎么样。他那些关于形式的理论看起来很荒谬,甚至惹人生气。柏拉图写到关于另一个世界的存在,存在于我们这个实体世界之外,那个世界充满理想形式。在某处,有那样一个理想形式的男人、石头、形状、色彩、美丽、公义。在某处,有柏拉图式的理想瓶子、理想椅子。

听起来倒像是一堆我们常说的"废话"。问题在于:阅读大英百科这件事,本身就是很不柏拉图式的经验。在读过的二万一千页里,我已经看到每样事情的变化和演化,包括人、石头、美丽等一切事物。怎么可能会有理想形式的椅子呢? 在十几种不同风格的椅子中,你会选哪一种来作为理想形式的代表? 十八世纪的褥榻? 还是十九世纪的读书椅②? 还有美丽又该怎么说? 特洛伊的海伦是当时的大美人,大英百科刊了一幅海伦石像,任何人要谈永恒的话,最好先看看那张图片;海伦看起来就像男扮女装的男同性恋者,鼻子需要做整形手术。换了今天,特洛伊的海伦恐怕去参加地方上的"绿花椰菜小姐选美"都选不上,更别说去选环球小姐。到了今天,连一艘小船都不会为她出征③。

没错,这几千种变化也有少数是不变的,譬如普朗克常数,是说原子所放出的辐射能会保持稳定。我则比较希望"不得杀人"是不变的道德教诲,不过你在另一个遥不可及的理想世界却不会发现这些。

---

① 传说苏格拉底就是被判饮用此汁而死。
② 读书椅的椅背横木连接一块阅读板,而椅座的前部较宽,朝向椅背呈曲线状变窄,于是读者坐时骑坐在椅座上,面对椅背的阅读板。
③ 古希腊传说中,希腊皇后海伦被特洛伊王子夺走,希腊人为夺回海伦大举出征,与特洛伊人打了十年战争。

同样的，我也厌恶柏拉图的知识论，他太过强调"内在知识"。柏拉图就像他的老师苏格拉底一样，说人类已经具有这世上的一切知识，只要反求诸己、发挥出来就好。这点在我看来根本是所谓的"哗众取宠的噱头"。对于知识的辩论，我站在经验主义者这边，即认为知识全来自于各种感官，而不信内在知识这一套。当然，这结论也有点是靠着推理而来，我已经花了八个月时间，借由感官刺激取得知识，如果说最重要的知识都是内在的话，那我岂不是个大傻瓜吗？

无论究竟是对还是错，都要嘉奖自己一下：比起之前阅读亚里斯多德时，我现在的内心对话可是进步多了。还记得那时候吗？当时的感想类似这样："嘿，他喜欢年轻妞儿。""耶，这真够酷的。"

室内给水排水设施
plumbing

请容我介绍约翰·哈林顿爵士，大英百科里又一位未受表扬的英雄，只在前面的 H 字首占了两段文字而已。我很惊讶自己居然没听过哈林顿，这人发明的东西对我生活造成的影响，并不亚于爱迪生发明的电灯，或者莱特兄弟发明的飞机，是每个美国人一天都要用上几次的设备，这还没算上我大一那年那个喝醉的兄弟会会员老在我羽绒被上尿尿的次数。而我居然从来没见过哈林顿的大名。

另一方面，我倒是听说过克拉柏发明了抽水马桶，不过后来人家告诉我这是传说，结果也证明只是传说。我始终不知道马桶的幕后英雄是谁。终于，他现身了，而且还是个多么讨人喜欢的痞子呀！

首先让我另眼相看的是，哈林顿绝非等闲之辈；他不但是英国伊丽莎白一世的教子，也是她宫廷里的成员。但是身为马桶之父，他却不是个最守本分的朝臣。二十几岁时，他在宫廷贵妇间散播一段"淫乱传说"，取自十六世纪意大利诗人阿里奥斯托的作品，女王对此并不感到有趣好笑，于是把这个教子逐出宫廷，并对他施加惩罚。这惩罚不算残酷，但的确很不寻常；她勒令哈林顿把阿里奥斯托另一部出了名的长篇史诗《疯狂的罗兰》全部翻译出来。我猜这比把他关进监牢要好。

等到他做完功课回到宫廷之后，哈林顿就发明了抽水马桶，还为女王在皇宫里安装了一个。你以为他会大大受到褒奖,结果不是那么回事。他胆大包天,又写了一本游戏之作《厕所的变化》(*The Metamorphosis of Ajax*,这个"ajax"是个谐音双关语,伊丽莎白时代俚语便以此指称抽水马桶),大谈他的发明。照大英百科的说法,哈林顿这本书形容他的马桶"明确来说,更近乎用上拉伯雷①式的粗野幽默,而非机械式",结果又被赶出宫廷。气坏之余(起码换了我就会),哈林顿从军,远征爱尔兰,终于因此功而受封爵士。对于哈林顿爵士来说,这总算是个欢喜结局。我认为哈林顿在大英百科中的履历可以归为我的最爱,甚至比歌德的还好;他是水管工和翻译家,风趣幽默,既是军官又是王室教子,更是个痞子。我不知道历史怎么会忽略掉他。一个人究竟得做些什么事才能赢得尊敬呢? 已为人所遗忘的爱尔兰远征让他受封爵士,然而产生革命般作用的浴室设备却没能让他享有功劳? 别以为我们现在把卫浴设备称做"约翰"②就抬举了哈林顿,事实上这个称呼的由来完全是另一回事。我们还真该改称呼抽水马桶为"哈林顿"的。

爱伦·坡
Poe, Edgar Allan

他娶了十三岁的表妹为妻。有点像是我们这时代的路易斯③,不过多了点哥德式的色彩。

流行文化益智问答 (pop quiz)

我们从费城回来之后,收到老妈寄给我和茱莉的一封电子邮件。老妈曾有很多年拒绝使用电子邮件,认为这玩意浪费时间,但现在却乐此不疲,惊人投入,成了热心的转寄人,转寄律师笑话、犹太笑话、古怪俳句还有其他等等,末了更加上个表情符号。这封收集了很多疑难益智问答题的信,叫做"你以为你是万事通吗? 最好再想想。"无可否认,目的太明显了。自从大红斑弄巧成拙之后,我最近都很乖,跟茱莉谈话时很克制,不乱加插资

---

① 拉伯雷是法国文艺复兴时期作家,作品常取材于传奇文学、笑剧、骑士故事等,包含粗俗和讽刺的喜剧成分。
② 美国俚语以 john 指称厕所,特别是男性公共厕所。
③ 路易斯是美国摇滚及乡村歌手,曾娶了十三岁的远房表妹为妻。

料,不过这回却名正言顺可以这样做,因为茱莉要考考我。我躺在长沙发上,大英百科压在胸前,她从麦金塔电脑荧幕上读出问题。

"好,一毛钱美金硬币边缘有多少条锯齿纹?"

"两百四十四条。"我说。

"不对,一百十八条。"

"卡彭的名片印的职衔是什么?"

"颅相学家。"

"不对,是二手家具商。"

"谁发明了'暗杀'(assassination)和'宰掉'(bump)两词?"

"嗯,暗杀份子(assassin)来自伊斯兰阿萨辛教派,这教派之所以有此名称,是因为他们出任务之前会先吸食大麻而进入狂暴状态。"①

"不对,是莎士比亚发明的。英文里最长的单音节字是哪个字?"

"马咖拉咖马凯(Makalakamakai)。"我说——要是马咖拉咖马凯算是个单音节字的话。

"不对,是 screeched 这个字。哪一年的冬天冷到尼加拉瓜瀑布都冻结了?"

"一九三二年。"我很有把握地说。

"答对了。"茱莉边说边看着我,看来真的很佩服,甚至有点惊讶。"你怎么知道的?"

老实说,我乱猜的,完全就是凭空乱抓,但打死我也不会告诉茱莉是乱猜的。我要拿全部功劳。

"我就是知道很多事情,"我说,"知道的事多得不得了,甚至不知道究竟多到什么地步。"

波瓦坦
Powhatan

波瓦坦是美洲印第安部落的酋长,也是宝嘉康蒂②的父亲。我曾经参

---

① 有种说法认为 assassin 一字便源自于"大麻"(hashish)。

② 宝嘉康蒂是一位印第安女子,与英国军官发展出一段恋爱故事,即动画电影《风中奇缘》的由来。

加过三次位于缅因州的波瓦坦夏令营,直到最近都还继续收到《波瓦通讯》,通知我以下这种重大消息:十四号营舍旁边要盖一间新的户外厕所之类。然而我居然对波瓦坦本人一无所知,说来真有点难为情。或许我应该对学校历史课本多用点心,要不起码也该去看看迪士尼的《风中奇缘》,可能都会有帮助。

大英百科说,波瓦坦是个"精明能干又精力充沛的酋长,但也以残暴出名"。这倒很搭调,因为我们这些去夏令营的学生也同样精力充沛又残暴,但残暴的程度尤有甚之。我们是一群真正不知天高地厚的小鬼,尤其对待洛柏·布隆金的手法更是如此。他是纽约上州人,一头鬈发的十二岁男孩,有抽搐的毛病,最明显的一种是整张脸全都皱起来,这一来马上成了我们的代罪羔羊(当然,代罪羔羊的本意是指替别人背负罪愆,被人从耶路撒冷的悬崖上扔下去)。

我们想出了几种精神折磨手法,其中一种是走上前去,快速地对他说:"嗨,洛柏,你好吗? 拜拜,洛柏。"然后走开。这一招会让他气急败坏、充满挫折,因为他还在努力回应说"我很好"。另一招、也是最细腻又邪恶的一招是大家怀着威胁态度一起唱"绕着桑树转呀转"[①],这招从来都不会失效,必定引得洛柏掉泪。没有人知道为什么会这样,我猜大概是一种条件反射作用;我们会大声开始吼唱,等到唱没几句之后,洛柏已经泪流满面。

我对这种行为并不感到很得意,那几个夏天是我德行最差的时期。(上学的日子里,我反而是在学校里被人欺负、被人取笑我青春痘而掉眼泪的时候多。顺便一提,青春痘种类有五十种。)对此我没有借口可开脱。或许因为我太专注于做个世上最聪明的男生吧。回顾过去,想来也许应该努力做个世上最有品德的男生才是,也许我应该说的是:"嘿,别去搞得洛柏哭哭啼啼,不如弄个烘焙义卖,把筹到的钱捐给发展中国家的农夫吧。"

但有一点可以确定:要是茱莉和我哪天生了儿子,我一定不送他去参加全部都是男生的夏令营。清一色男性的环境总是要出麻烦的。大英百科就曾讲过孤立的小群男人,例如南北极探险队以及囚犯等,提到他们产生侵略行为而增加出事几率。这点毫无疑问。两极探险队、囚犯,还有缅

---

① 边唱边玩游戏的英文儿歌。

因州和佛蒙特州犹太人占多数的夏令营。不过我已经离题了，还是回到大英百科吧。

判例

precedent

我一直没遇到过另一个从头到尾读过大英百科的人，倒是知道有两个同样也在"参考资料"领域里做类似事情的人。譬如我岳母芭芭拉，她几乎读遍了曼哈顿的电话簿，而且还很喜欢，认为应该把这电话簿列在奥普拉的读书会名单上。她告诉我，她是小时候去祖父母家时开始阅读电话簿的，那时他们刚从祖国来到美国，不会说英语，日子都在吃鸡油和哭泣中度过。"所以说，大人都在哭的时候，小孩子们能做什么呢？"芭芭拉说，"当然就只好去读电话簿啦！"她特别强调这点，仿佛完全是合乎逻辑的推论。我算老几，有什么资格去质问这点呢？因此，芭芭拉从小就养成习惯，一有空就去啃掉电话簿里几排姓氏。有一次我问她究竟从中学到什么，她说："我知道了某些很有意思的事；我认识一个帮导演史派克·李做事的熟人，就住在你家隔壁那栋大楼里。"诸如此类。

大约两星期前，我遇到一个招认自己也算涉猎过大英百科的人。这人的母亲在成长过程中曾利用上厕所时间慢慢读了一册册大英百科，因此不免希望儿女在清空身体某些部分的同时也能填满脑袋。但问题在于，这人会坐在马桶上读几小时福克纳的作品及火鹤和鲽鱼等资料，而他的兄弟姐妹则因憋尿，急得在外面猛拍厕所的门。

但以上这些人不过都是玩票的，我还没遇到真正完成大英百科字母马拉松壮举的人。（顺便一提，现代马拉松所定的距离是二十六英里又三百八十五码，这是因为一九〇八年英国奥委会规定的马拉松要从温莎堡起跑，到伦敦体育场王室包厢前为终点，所以多了三百八十五码。）

我还没有碰到哪个人打算从头到尾读过每个字。我知道一定有这样的人，要不起码过去一定有。萧伯纳曾在大英博物馆读完整套第十九版大英百科，物理学家费曼啃完了一整套，《霍恩布洛尔船长》系列的作者佛瑞斯特[1]也

---

[1] 佛瑞斯特（1899—1966），英国小说家。《霍恩布洛尔船长》是写海上战争的，以拿破仑时代英国皇家海军为背景。

读大英百科,还读了两遍,想来此举也使他比我聪明一倍。至于《美丽新世界》的作者赫胥黎,就很难说究竟有没有读完整套大英百科,不过他旅行的时候总是带着只有原来开本一半大小的大英百科,声称这是最佳旅途读物。

这些人都不是泛泛之辈,这点让我很感安慰。等到琢磨完Z字首部分之后,说不定我会想出极具革命性的天文物理学理论,要不起码也能写出受人敬重的航海小说。然而这些人名还是有所不足,我想要的是某个还活着的人,某个可以交换苦读大英百科经历的人。我打电话到大英百科总公司,跟公关人员汤姆·潘内拉斯谈过,你大概也料得到,汤姆是我打过交道的公关之中最聪明的一个;以往多年我交谈过的公关,大抵都是帮保罗·莱瑟①或布鲁斯·威利工作的那一流人物,从来没听到有哪个公关用了"波赫士式"②这种形容词,汤姆却用了。他也知道赫胥黎使用大英百科的特有习惯,并补充说,赫胥黎在一九六三年十一月二十二日去世,刚好跟路易斯③和肯尼迪总统死于同一天。

汤姆告诉我,过去这些年里一直都有其他"忠实读者",但他不知道这些人之中有谁仍在世。(他向我保证,这两者之间并没有因果关系。我的脑袋不会炸掉。)他答应会再进一步查查。

两天之后,汤姆打电话来提供了最新消息:目前唯一在读全套大英科的人住在中国某个小镇,没多久前那人还寄过两封忠实读者来函,但那些信却不见了,因此大英百科的人没有办法跟他联络。另一方面,有个美国人几十年前在他小时候就把大英百科从头到尾读了一遍,他的姓名是麦克·狄贝基,现在还活着。任何一个对外科手术重大突破着迷的人都知道:自从一九六三年,他率先把人工心脏装置成功植入人体胸腔之后,就成为举世闻名的心脏医生,并在大英百科占有四段文字。

我打电话给狄贝基医生,竟然是由这位估计已有九十五岁的医生亲自来听电话,实在出乎我意外。狄贝基讲话带有很顺耳的路易斯安那

① 保罗·莱瑟,美国影剧界才子,能编、能导、能演、能作曲,著名作品为电视连续剧《为你疯狂》。
② 波赫士(1899—1986),阿根廷诗人和小说家,对二十世纪西方文学影响甚大。
③ 路易斯(1898—1963),英国小说家及文学评论家,以《狮子、女巫、魔衣橱》等纳尼亚王国童话系列最为人所知。

州人的拖长腔调，也让人感到他这人很有人情味，我想要是由他来为我改变主动脉路线的话，我一定会感到很安心，虽然他已度过了几十个生日。

"我小时候，"狄贝基说，"爸妈准我每星期去图书馆借一本书，有一天我回家说，图书馆有一本很棒的书，但他们不肯借给我。爸妈就问我'是什么书？'我说'大英百科'，于是他们就买了一套。那时我大概十岁或十二岁，所以一定是一九一九年左右的事。等到我上大学，已经读完了整套大英百科。我有四个兄弟姐妹，每个人都会赶着把功课做完，以便去读大英百科。"

我问他，以一个从头到尾读完的过来人身份，他是否有什么忠告可以给我？"你要上班又有家庭，"狄贝基医生说，"时间很有限，你的方法该是略过你不感兴趣的主题，不用读它们。"

我不想失礼，于是草草记下他的忠告并谢谢他。但我实际上的反应却是：什么？我才不能这样做呢！我正努力在这方面取得成就，生平第一次费尽工夫要完成某项大业，就算它同时荒唐可笑也一样。

我不能跑了十四英里马拉松之后，搭计程车跑完那些欠缺吸引力的地带。我必须做到，诚如垂贝克所说的，对于引不起我兴趣的事情也保有好奇心才行。

因循耽搁

procrastination

我很气自己。刚才花了四十五分钟，用谷歌搜寻以前那些女友和迷恋对象，其实那些根本不是我需要知道的资料。我不需要知道诺爱·道金斯担任一部独立制片电影《窒息性爱》的顾问，也不用知道瑞秋·札巴尔在我们道通中学创下的一千六百公尺赛跑纪录仍然没有人打破，更不需要知道凯丝琳·莫萨（搞不好这不是我所认识的那个凯丝琳·莫萨）为加州一家修整屋顶服务公司写了一封推荐信。谷歌这玩意实在是很不健康的瘾头，浪费我的时间和脑子空间。那四十五分钟大可花在很多方面，如用来读读大英百科会很不错，要不就跟我太太厮磨一番，又或者按大小和颜色把我们家的橡皮筋分类整理过。诚如狄贝基医生所指出的：我的时间很有限。

所以该这样做：我告诉自己，别再去碰那劳什子谷歌了。可是心里有数，这誓言最多也只能守上三天而已。

作为二十一世纪美国人，防堵泛滥的资讯已经成了持续不断的战役，我正努力保持脑袋免受大英百科以外资讯的侵入，因为按照福尔摩斯的理论，人脑阁楼里的空间就那么大而已。在这方面，我已经有点进步了，我减少阅读《纽约邮报》，不再去追女星克丝汀·邓丝特调情行为的最新报道，也减少看《纽约时报》的内容，只看有关世界大事的重要文章，更不再看有关上流社会流行夏威夷式宴会那类稀奇古怪的报道了。

普鲁斯特
Proust, Marcel

在真实生活中，普鲁斯特并不是因为吃到玛德莲奶油小蛋糕而勾起回忆的，而是吃到一块甜脆饼干，其实就是双面烤饼。他写《追忆似水年华》时，把饼干改成了小蛋糕。饼干有什么不好？我只是猜想而已，不过似乎嗅到这中间和玛德莲小蛋糕业有些勾结的气息。

公学
Public school

我命够好，能进一家昂贵的私立学校就读，但是我老爸就完全是个念公立学校的小孩，每天从曼哈顿的上西城搭地铁到布隆克斯科学高中上学，那是一家公立学校，给那些很有天赋的孩子念的，当时的学生大部分都是中产阶级犹太家庭的孩子。

对于老爸高中之后的教育情形我知道得很多，尤其是关于他取得很多、很多的证书与文凭。他告诉过我，工程学校那些有关蒸气压力的细微图表看得他眼力大为受损；念法律学校时，他操作过某些很早期的电脑，就是那种有打洞卡片、真空管、整个设备大到可以占满几座棒球场的电脑。他甚至还写过一篇论文，谈电脑可以如何影响司法领域，并且中肯地提议电脑可以充当法官、陪审团，而且由于电脑本来就已经属于电器类，所以还可以包办执行死刑。因此我对他的大学生涯知道得颇清楚。

但是高中时期，那就知之不详了。既然不断努力要查出我这种追求知识的狂热究竟来自何处，想来能够探得老爸成长时期的几项细节也不错。

接下来一次我见到他，是在祖父主办的义卖会上，我堵到老爸。不用说，老爸很不愿意正经回答，但是我逼他："这是为了我阅读大英百科的大业而问的。"我语焉不详地这样告诉他。嗯，他说，其实没有什么可以讲的，他最喜欢的科目是数学和科学，那时候留的是鸭尾发型。

他是个怎样的学生呢？成绩位于最顶尖的百分之五？还是百分之十？他摇摇头。"喔，没有，我是成绩列于百分之七十八的学生。"

什么？不是开玩笑吧？"没开玩笑。我真的列于百分之七十八的程度。"

"怎么会这样？"

"我自己定了规矩，只在上下学搭地铁时做功课，要是在电车上没有做完，就不管了。"

这可真是惊人内幕，老爸居然会是个偷懒的人。发现自己老爸的毛病，感觉怪怪的，就算这些是小毛病而且已是四十五年前的事也一样。不过这一来倒让他那二十四巨册著作看来比较没有那么吓人了；毕竟连我爸这样小时并不了了的人，到后来也会大器晚成哩！

普契尼

Puccini

茱莉说服我上剧院。我试着每个尤格拉周期（全球景气每八年会有一个金融盛衰周期的循环）才去一次。剧院对我的吸引力始终不大，我是看电影和电视长大的，所以每次去百老汇看戏，就忍不住一直等着要看导演切入新场景。蒙太奇手法在哪里？演员那双庞大且不眨动的双眼大特写镜头呢？结果是难熬的整整一小时里，看着一成不变、像锯掉一半的房子布景。

但茱莉告诉我说，要是我打算变得更聪明，就应该从事一些风雅的文化活动。她说得有道理，于是我就发现自己跑来看百老汇制作的《波西米亚人》，坐在红色假丝绒椅上，等着歌剧开场。

"你原本期望的是不是这样？"茱莉说。

"什么？"

"我是说百老汇一家剧院里面的样式。"

"我以前也来过百老汇看过两场戏。"

"诺,记住了,不会有预告片,一开场就进入主戏了。"

"好啦,好啦,很好。"

"还有,不要对着银幕大喊大叫,"她说,"台上都是活生生的演员,他们会听到你的叫声。"

可怜啊,灯光终于暗下去,戏开场了。其实这戏还不赖,情节也过得去——爱情故事再加一点肺痨病。不过时隔两星期之后,眼下我正读到《波西米亚人》作曲家普契尼的资料,却又觉得《波西米亚人》很逊色;问题在于,普契尼生平的曲折离奇、峰回路转、高潮迭起,比起他的歌剧作品还精彩,他何不干脆就从日记取材来写些歌剧剧本呢? 以下就是可以拿来谱成音乐的部分:

大英百科说,十九世纪八十年代,普契尼从他意大利家乡卢卡跟一个有夫之妇艾薇拉私奔,闹出了丑闻。他和艾薇拉的私情是很精彩的八卦,普契尼后来终于娶了她,不过这还只是第一幕而已。到了一九〇八年,"艾薇拉出人意料对家中年轻女仆多莉雅·曼福来迪吃起醋来,多莉雅来自乡下,受雇普契尼家已有多年。艾薇拉把多莉雅赶出家门,威胁要杀她,终而引致女仆服毒自杀。女仆父母找来一位医生验尸,医生断言死者仍是处女。曼氏于是打官司控告艾薇拉迫害及恶言中伤,成了当时最著名的丑闻之一。"大英百科说,艾薇拉被判罪名成立,但普契尼付钱给多莉雅的父母,好让艾薇拉免于坐牢。从此之后,普契尼的婚姻就"徒具名分而已"。谋杀威胁、服毒、通奸、打官司、年轻女仆——你还想要什么? 这是大英百科每天都阐明的一课:真相比小说还要精彩。

标点符号
punctuation

希腊文里的问号,到了英文却变成分号。真是怪了,可不是吗?

毕达哥拉斯
Pythagoras

这回我遇到了大英百科里最怪异的人物之一。他似乎没有什么害处,不但发明了以他为名的几何定理,而且定理既完美又合乎理性。且不提他在那些三角形方面的可敬功绩，说起来毕达哥拉斯其实是个彻头彻尾的怪胎。他在古希腊时期创立了一个具有宗教性质的学派，这所谓宗教性质的学派，我指的是旁门左道的那种。根据大英百科所说，学派成员被教导要"隐忍不谈神圣之事，要穿白衣服，遵守性方面的纯洁，不得碰豆子，诸如此类。"

大英百科就是这样说的：不得碰豆子，但没有为这戒律提供解释，就这样列出来，好像只不过是一般性的戒律，是"不得弑父杀母"之类的又一条。它没有提起这是指所有的豆子，还是只有某些类的豆子如菜豆或花豆，光只是给你这几个字。有时我会一时兴起，再查查大英百科以外的资料来源，把某件事弄清楚，但是这桩不准碰豆子的事，我决定暂且接受，继续看下去算了。

除了豆子之外，对于数学的纯粹特质及每个数字各自具有的神圣特性，毕达哥拉斯也有一套很复杂的信仰。学派成员对数学迷得很深，狂热到极点，据说曾经淹死他们一个成员，只因为这人指出无理数的存在，而无理数并不符合毕达哥拉斯的世界观。

这些都很有意思，但却不是我从毕达哥拉斯这部分资料（大英百科有一篇他的特写，但是哲学条目里也提到他）撷取到最值得注意的一课。我是读到毕达哥拉斯很喜爱"磬折形"这玩意儿时，才学到最值得注意的一课。这是利用点或小石子排出的正方形，这个正方形代表某些特定数字；例如"十六"这个数字，排出来如下：

```
. . . .
. . . .
. . . .
. . . .
```

一个完美的正方形。毕达哥拉斯利用磬折形想出了平方根，十六的平方根就是这个正方形最底下的四个点。换句话说，平方根（square root）就是个"正方形的根基"（square root），"平方"这个字眼并不是巧合而已。

这对我来说真是惊人发现。大家是不是都已经知道这点呢？或者这实在太过明显，我应该为了竟然从没想过这中间的关联而感惭愧吗？或许是吧。不过我很高兴，起码现在我懂了。

　　我已经知道好几十个字词与最初的辞源分离开来,不过大英百科正协助我——把它们摆回一起。

　　橱柜(Cupboard)原来是存放茶杯(cup)的地方;节日(holiday)原本是举行宗教仪式的圣日(holyday);玻璃纤维(fiberglass)是一种用玻璃制成的纤维;棉花软糖(marshmallow)最初是用蜀葵根(marshmallow root)制成的。我把这些资料都存在电脑里,把档案名称很机智地取为"废话"。

　　毕达哥拉斯是个疯子,也是个厌恶豆子的人,但我很高兴知道他的事,以及他那完全合情合理的平方根。

Q

夸

qa

这个字是古巴比伦的液量单位,大概是我这辈子所见过最适合玩拼字游戏的字,所以 Q 字首部分已经显现出对我很有助益的倾向了。我很期待读 Q 这章,只有超棒的短短三十九页,简直就像在吃 P 和 R 两道浓郁油腻的菜之间来点葡萄柚冰沙。看了几页谈阿拉伯领袖的资料之后,就是"鹑"(quail)和"流沙"(quicksand),然后"砰",大功告成,不费吹灰之力。

我会把 Q 部分的每个字都好好读过。之所以做出这个保证是因为,嗯,之前我不大乖,在 M、N、O 和 P 等字首有过一些重刑罪程度的略读,虽然篇幅不是很多,但也足以感到罪过,尤其是大英百科详编里"最优化"、"板块构造学"、"植物"和"葡萄牙文学"这几项条目更是该打。阅读更前面的字首时,我也曾对某些段落轻轻放过,读得太快而没有充分了解——但现在已经进展到另一种更令人不安的略读,凭着这种略读法,目光很不专心,老是试着一次看一整页,还自圆其说由于"看到"这页面的每个字了,就算没能"消化"每个字,但仍然(套用某些定义)等于读了每个字。我知道,这是很克林顿式的自圆其说,感觉好像自己上了电视,向美国民众做道歉演说似的。

所以来到 Q 部分时,我要改造自己。

贵格会

Quaker

"贵格"一词本来带有侮辱的意思,用来取笑基督教公谊会教友,说他们面对"上帝"一词就会颤抖(quake)。①据该会在英格兰的创始人福克斯于一六五○年写道:"德贝郡的贝内特法官最先称我们为颤抖者,因为我们诵念上帝的话时,他们吓得颤抖。"尽管早期这个词有嘲弄意味,公谊会教友却自己套用了这个名称,而今这个名称当然已经不再有负面含意。

我很喜欢这类故事,处于劣势的团体把一个侮辱之词吸收成为他们的称号,很有兔宝宝那种绝妙恶作剧的感觉。当年同性恋运动把"queer"②一词偷龙转凤变成"同志",从而把对同性恋那种激烈恐惧之威力化解掉,这是我最爱的故事之一。大英百科里这类例子多得是:有个记者想出"印象派"一词,原为奚落之意,但莫奈及其同侪却巧妙地把这个词变成他们的称号。十八世纪期间,有群牛津学生被人戏称为"循道宗"③,因为循规蹈矩地学习,对宗教信仰很热心。"扒粪"一词源于班扬写的《天路历程》,④带有侮辱之意,书中的扒粪者"只会往下方看",永远在牛粪中寻找世俗收获,从来不愿抬头寻求天国。早期誓言揪出危害公众份子的新闻记者套用了这个称号,用来称他们自己。至于我,还在努力思索该怎样化解我八年级时的外号"douchebag"⑤。

检疫

quarantine

欧洲中世纪期间,入港船只要先隔离三十天;后来这期限延长到四十天,以便跟耶稣在荒野受试炼的日子吻合。这个决定不大有逻辑思维。我不知道这样一来究竟平白浪费了多少日子,只因为他们认定船只和耶稣之

---

① 公谊会许多信徒同其他派别的热心信徒一样,礼拜时会全身颤抖,表露出对宗教的激情。
② Queer 原为异常、古怪之意,用来贬抑同志,现在则为指称同志的正面用语,中译为酷儿。
③ 循道宗亦称卫理公会。
④ 班扬(1628—1688),英国清教徒牧师,他的清教主义名著《天路历程》对于基督教世界的影响仅次于圣经。
⑤ 这个字原指阴道灌洗袋,用于美国俚语则是骂人的难听话,类似讨厌鬼、怪胎。

间有个很相称的类比关系。

羽管笔

quill pen

今天是星期日,我决定到纽约历史学会的博物馆去参观,不仅因为离我家只有十四步远而已,也因为馆内长期展有古董家具、美国独立战争期间的服装,还有描绘以前纽约人签订历史文件的绘画(顺便一提,最好的羽管笔是用乌鸦左翼外侧第二或第三根羽毛做成的)。

负责导览的是位名叫南西的女士,端庄拘谨,一头麦秆色头发,带了小皮包,枯草热正发作得很严重。你一看就会觉得她以前是个老师,讲话语气和蔼可亲,夹杂了把人看扁的味道,再加上一点"我会把你送去教导主任那里"的严厉。跟我一起参加这个参观团的有十几个人,大多快六十岁了。

我们最先驻足参观的是奥都邦所画的一系列北美鸟类图画,南西解释说,历史学会收藏的奥都邦画作在美国是数量最多的,都是他一过世就马上从他庄园里抢收来的。我明知应该闭嘴点头听着,可就是憋不住,因为已经知道一些关于奥都邦的资料,想把这些资料释放出来。

"你知道吗?"我说,"奥都邦可说是个野种。"南西似乎吓了一大跳。"我的意思是,奥都邦是个不折不扣的私生子,他是非婚生子。"

"喔,没错,"她松了口气说,"对,他是非婚生子。"南西表现得好像很知道奥都邦的出身血统,但却没能让我口服心服。我接着说:"还有惹内①和大仲马也都是私生子,历史上有很多名人都是私生子。"我呵呵笑,看看四周,想寻找认同我的人,结果没找到,其他团友都用警惕的目光看着我,好像我可能会决定脱下裤子或去舔舐展柜玻璃似的。我失算了,还没赢得他们的信任就先讲起不得体的话。

南西带我们来到一幅画前,画中英国殖民时期的生意人戴着假发和三角帽。

"有没有人知道纽约的第一次证券交易是什么时候?"她问。

---

① 惹内(1910—1986),法国作家,原本是罪犯,在狱中奋力写作,出色的作品使得萨特等人为他求情,免除终身监禁。

我不知道,但想到可以提供一项相关资料。"首次证券交易是在一棵树下进行的。"我说。

"对,这倒是真的。"南西说。我的胜利感、身为班上第一名学生的感觉才冒出来一半,就听到一个低沉的声音,是个团友发出来的,这人穿了灰毛衣,比我还高还瘦。

"是在一棵北美梧桐树下。"他说。

这鬼家伙是何方神圣呀?我一点都不喜欢他。首先,他讲话时竖起右食指,好像在召唤计程车似的,什么样的人会这样做呢?其次,刻意点出树木的种类来压倒我,这么做未免显得粗俗;第三,老天爷,这北美梧桐树又是什么东东?

"没错,是北美梧桐树,"她说,"但后来改为在咖啡馆里进行,相当于那时期的星巴克。"顺便一提,那是一七九二年间的事。

南西趁着打喷嚏的空当,带大家来到一幅画前,画中有斯特伊弗桑特这位装有假腿的荷兰人,他是早期的纽约总督。"有谁知道苏里南位于哪里?"

苏里南,该死,我应该知道的。不过由于还没读到S字首部分,所以多少情有可原。喔,那个灰毛衣长人又竖起了食指。"在南美洲,靠近巴西。"

他答对了,这是位于南美洲北岸的小国,亦即从前的荷属圭亚那。

"很好。"南西说,接下来告诉我们一件大事。一六六七年,荷兰人做了一桩堪称史上最差劲的买卖:拿曼哈顿跟英国人交换了苏里南。在当时看来似乎是很不错的主意,因为苏里南有很多甘蔗田。不过他们很倒霉,苏里南并未成为西半球的商业中心,《苏里南时报》也没成为自由世界的最佳报纸。

我感到大受威胁,需要扳回颜面。我们来到描绘米纽伊特的画前,这人以那驰名的二十四块钱金额买下了曼哈顿。我这下子看到机会了,赶忙竖起了手指,这是讽刺那厢北美梧桐树先生的一招,并开口说:"事实上,印第安人拿到的款项比这二十四块钱还要多,差不多有一百二十块美金。"

这是真的,大英百科说,米纽伊特用六十盾①买下曼哈顿,相当于一磅

---

① 当时在荷兰与德奥等国流通的货币叫做盾。

半的白银。出于某种原因，我决定用谷歌搜寻一下，看看一磅半白银在今天可以卖多少钱。总数：一百二十块美金。所以印第安人受到剥削的程度比大多数人想象的少一些。至于我，则成功地浪费掉我生命中的五分钟时光。

南西不动如山。"对，有些人说不止一百美金。"起码我听到人群中有个人说"这不是挺有意思吗？"我自鸣得意地朝竞争对手一笑。

再看了几幅画、两尊雕像、一把古董椅子之后，南西停下来发问："有谁知道美国史上第一个以精神错乱为由而求免刑责的案子？"

"史丹福·怀特审判案！"我的分贝高得令人侧目，大概更适合用来发布警报，通知殖民同胞说英国兵来了，但我只不过是因为知道答案太高兴而已。怀特这个生活多彩多姿又爱女人的纽约建筑师，后来被一个吃醋的老公宰掉。

南西笑着摇摇头。"很多人都以为是史丹福·怀特审判案，其实是南北战争的一个将军斯克林。"

我真是呆瓜，一头栽进了南西的陷阱里，说不定这是为了惩罚我强出风头。怀特虽然是错误答案，却正好配合她接下来要讲到的：麦迪逊广场花园①由怀特设计，花园最高处有尊希腊女神狄安娜的雕像。行刺怀特的人名叫哈利·梭，他认为这尊雕像是以他老婆为模特儿，于是就让怀特吃子弹。

"还有其中的讽刺意味，"南西说，"狄安娜是主掌什么的女神？"狄安娜，狄安娜……

"主掌贞洁的女神。"我的对手答道。

后来的参观行程我都不吭声地躲在人群后面生闷气。我被打败了。参观到最后，这秃头佬还发表起短短的演讲来，谈纽约的灯柱，说在上东城和六十二街依然可以看到老式灯柱。

"你对纽约知道得可真多。"南西钦佩地说，她爱死他了，看来还真想把他带回家，让他什么也不穿，就只给他戴上一顶高帽子，并让他对她轻声细

① 麦迪逊广场花园现为纽约市室内运动场，原来的公园在一八七四年改建为火车站，一八九〇年改为拳击场。现在的运动场则是一九六八年在宾夕法尼亚车站原址建成的。

310

语讲述坦曼尼协会①的历史。

真是个野种,而且我讲的意思不是指奥都邦的那种。我很妒忌,也很泄气,但我更烦的是这个:这家伙让我感到很讨厌,但我是不是也像他一样,让周围其他人也觉得我很讨厌呢?

益智猜谜节目
quiz show

《百万富翁》节目那边依然音讯全无,想来我是不够好看到可以上白天播出的电视节目。

杂曲
quodilibet

茱莉和我正在朋友约翰和珍的家里参加周六的夏日烤肉派对,还有杂谈(也就是天南地北闲聊;法王路易九世就准他的朝臣在饭后杂谈)。然而这不是寻常的星期六,因为生育诊所的护士约好一点钟会打茱莉的手机,告诉我们茱莉是否怀孕。现在已经一点四十五分,电话却还没打来,我简直快疯了。

我尽量不对茱莉手机异乎寻常的寂静妄下推论,但却做不到。茱莉和我坐立难安,无法跟约翰与珍应酬,于是就漫步到他们院子里的吊床那里,他们一定认为我们两个是反社交的蠢蛋,管他去。就在他们烤着串烧时,我们双双躺在吊床上,前后摇着,瞪眼看着她的诺基亚手机。

我抖出了一些有定心作用的资料,一些值得感恩的事情,不管我们有没有孩子都一样。譬如古罗马人的平均寿命只有二十九岁,因此我们现在依然一息尚存,就已经很好运了。

“这是看待事情的好方法。”她说。也许因为此刻我们很脆弱,或者因为我讲的话没扯到星球风暴系统之故,总之这项资料奏效了,我没被罚一块美金,总算还帮忙一点忙,起码帮忙打发了时间。

快跑的未必能赢,我告诉茱莉,力战的未必得胜,智慧的未必得粮食,而那些真正可以成为好父母、每晚念苏斯博士故事给儿女听的人也不一定

---

① 坦曼尼协会是美国民主党执行委员会的俗称,于十九世纪末、二十世纪初操纵纽约市政时,常贿赂敌对的政治领导人,使“坦曼尼协会”成为腐败城市政治的同义语。

就能生宝宝，所临到众人的是在乎当时的机会。

还有……电话铃声响了。"哈啰。"茱莉说。

那个护士道歉说这么迟才打电话来，验血机故障了三十五分钟。没关系，或者我们可以改天再听关于这个验血机的轶闻，不过现在比较适合告诉我们的是：茱莉到底怀孕了没有？

茱莉竖起大拇指。万岁！我播的种有收获了，有丝分裂已经开始。如果茱莉是仓鼠的话，现在已经在分娩了。这真是个大日子，我们紧紧相拥，比过去那些年月日里有过的快乐时光还要快乐，几分钟里两人都说不出话来，我终归沉默无语。

R

兔

rabbit

仍然难以相信茱莉有喜了,说不定是那只兔子布偶(繁殖力的象征)终于发挥了魔力。我欣喜若狂,当然,新的忧虑也铺天盖地而来:小产、克兰费尔特氏症候群(XY 染色体变成了 XXY)、猫啼症(先天性心脏病,导致哭声像猫叫声般高音),实在太可怕了。

不行,我得多往好的方面想:茱莉怀孕了。

浣熊

raccoon

它会在进食之前用水洗食物。我的新欢动物。

覆盆子

raspberry

朋友保罗和丽莎这个周末来我们家小住,目前他们住在华盛顿。保罗在吃晚饭时告诉我们,他跟叔叔之前为了水果的定义起争执。我忍不住告诉保罗:他叔叔是对的。就植物学而言,内含种子就是果实①,所以,番茄是水果。就聪明才智而言,保罗可不是呆瓜,他是耶鲁法学院毕业的,却从

---

① 英文的 fruit 在通俗用法中指水果,也是植物学定义中的果实。

未听说那广为流传、关于番茄是水果的标准说法。不过这还是小儿科，我知道的某些事情才真会吓他一大跳！

"那你对这点有什么看法,"我问保罗,"草莓是一种莓子吗?"①

"是的……"他大着胆子猜说。

"才不是,草莓不是一种莓子,黑莓或覆盆子也都不是莓子。"

"那它们是什么?"

"是聚合果。"我重复说一遍,仿佛我是教授,而保罗在做益智问答笔记似的。"那究竟什么才是莓子?"我以博士后研究员的口吻接着说:"告诉你,香蕉就是一种莓子,柳橙也是,还有南瓜。"

保罗虽然有点被弄糊涂了,但事实上倒像大开眼界的样子。那么,莓子的定义究竟是什么?

"就植物学而言,莓子或叫浆果,有单一子房,常含多数种子。"我说。

说到这里,我希望他们就此打住不再提问,因为已经到了我的莓子知识极限。

"怎么能分得出是单一子房呢?"茉莉问。

"要很仔细去分辨。"我说,这是个老笑话,老得跟南非的无花果燧石化石一样老(三十一亿年,最老的纪录),但我不知道除此之外还能讲什么。

"这真是荒唐到家了,"保罗说,"干脆就把'莓子'的定义改过来不就得了? 我的意思是说,这种定义法太不切实际了;南瓜是莓子? 那十八车轮的大卡车算不算莓子呢?"

"我认为不算。"

"桌椅又怎么样? 算不算莓子?"

"不算,我相信那些属于豆科植物。"我说。真相会是很有争议的。

拉斯普廷
Rasputin

拉斯普廷是个目不识丁的农民,崛起成为很有权势的神棍,也是俄国

① 作者问的是:"Is a strawberry a berry?"英文所称的 berry 是指单一果实,如香蕉、番茄等,另外也用来俗称形状小且肉质的果实,即莓子或浆果之类。覆盆子(raspberry)、黑莓(blackberry)及草莓(strawberry)的英文名虽均有 berry,但它们不是单一浆果,而是聚合多个果实而成。

沙皇和皇后的亲信。不过最令我印象深刻的却是他的死法。沙皇身边圈子里的贵族都恨透了拉斯普廷，尤其恨他摆布皇后（她相信拉斯普廷懂得医治她儿子的血友病）。一九一六年，一群共谋者决定杀他，然而这场谋杀可精彩了，这个人并没有安然下台一鞠躬辞世。首先，有人在葡萄酒和茶点里下毒，结果毒不死他，于是有个共谋者在情急之下开枪打他，拉斯普廷还是死不了，虽然中枪倒地，却爬起来跑进院子里。另一个共谋者又对他开了一枪，他还是没死。最后那群共谋者把拉斯普廷捆了起来，从结冰河川的冰洞扔进河里，终于把他淹死了（他们的希望终于如愿了）。

他属于较不寻常的翘辫子人士，但也不过是我过去读到的千百个例子中的一个而已。我读过蓝调歌手约翰逊的死法，他在一家廉价舞厅的小酒馆里喝了掺有番木鳖碱的威士忌后死掉。还有气球飞行先锋布朗夏尔，因为烟火表演烧到她的热气球而丧生。探险家李文斯顿死于痔疮（！）；美国诗人朗费罗之妻因裙子着火而死；希腊哲学家佩雷格里诺斯则在奥林匹克运动会的圣火中自焚；法国革命家马拉是在洗澡时被一名女刺客杀死的。约翰生曾说过："要节制热情，就得经常深思死亡。"嗯，这点倒可以放心：我的热情还蛮节制的。知道每分钟都有可能为一大堆理由而离开这栋大楼，知道自己大有可能像性感女星珍·哈露一样，因为尿毒症而突然倒下，一命呜呼。还有一些机会比较少但仍有可能的死法：被一群太监扔到窗外让一群狗吃掉，就像圣经里耶洗别①的死法。使人想到死亡的例子一个接一个。

这些例子中，最重大的莫过于家族里有人去世。两天前我们接到茉莉妈妈打来的电话，说她姑姑玛西亚去世了。今天是出殡的日子。

我跟玛西亚不熟，大概只见过她三次，但从追思会上的连番致词得知她这一生很不平凡，童年时期为了逃避纳粹迫害，是在鸡栏地板底下度过的。所有致词都提到一个相同主题：玛西亚是位热心付出的人。当玛西亚躺在医院病床上、癌症逐渐销蚀她的身体时，有个遇到某些困扰的朋友去看她，玛西亚还问对方有没有帮得上忙的地方，或者更正确地说，她是悄声问，因为她已经痛到无法正常讲话。这让我想起教育改革家麦恩的名言：

---

① 耶洗别是旧约全书中以色列国王亚哈的妻子，她阻挠希伯来人对神的崇拜，蔑视先知，挑动希伯来人互相残杀，后人把她视作女巫的原型。

"只有为人类做出贡献才能死而无愧。"玛西亚似乎已经为人类做出了贡献，不是史诗般的大贡献，而是每天在生活中的小贡献。

追思会结束后，我们开车去长岛墓园，路上时而尾随灵车，时而跟丢了。到了墓园，大家都默默轮流铲了两堆肉桂色的泥土，抛到坑里的松木棺材上。再没有比泥土落到棺木上轻轻的"砰"一声更能让你深思死亡了。那声轻轻的"砰"仿佛盖棺论定，比千百项谈论死亡的条目更发人深省。

之后，我们驱车回到曼哈顿守丧。坐在车里，我脑中的灵光如常不停闪现，例如巴伐利亚遗体蛋糕是一种放在遗体上的食物，用来吸取死者的善心美德等等，但这些灵光在此时显得黯淡又空洞，因此我大多没理会。到了茱莉叔叔位于上西城的公寓后，我忙着煮两大壶咖啡。舀起咖啡粉倒入滤纸内，那轻微的"砰"声，让我联想起墓园的另一轻微"砰"声。不过动手煮咖啡缓和了我的心情，我需要保持忙碌，我已经忙碌成瘾，不管是忙着阅读大英百科还是煮咖啡都好，起码煮咖啡还能为其他人提供神智清醒、含有咖啡因的好处。

两小时之后我们告辞了，因为还得赶着出席另一重要场合。我姐姐前一晚在康奈尔医学中心生了个三千二百公克重的女儿伊莎贝拉，这对我爸妈而言是双喜临门：茱莉有喜，贝丽弄瓦。

我们到医院时，姐夫威利正怀抱着伊莎贝拉，贝丽躺在床上吃优格，虽然疲累但晕陶陶的很开心。生产过程并不顺利，贝丽最后得剖腹生产，不过伊莎贝拉还是很健康。

"她看起来像个中国老头。"贝丽说。这话倒也有几分真，伊莎贝拉的确像是跟鸦片烟馆或毛主席的小红书更相配——不过依然是个很可爱、让人疼惜的中国老头。

这真是吊诡的一天——同时见证死与生。这天将尽时，我回到家中，却再也无法打起精神，连一页大英百科都看不下去了。

列德
Reed, Walter

我是因为那家以他为名的著名医院而知道列德①，却不知道他是解开

---

① 指美国华府的列德军事医学中心。

黄热病之谜的人。在美西战争期间①,数以百计的士兵因为黄热病而命在旦夕,列德于是南下到古巴,设法找出这种疾病的传播途径。之前的怀疑对象集中在病患的被褥和制服,但有些科学家(包括列德在内)这时却认为昆虫才是祸首。列德后来终究证实了黄热病确实是经由蚊子传播,因此拯救了数以百计、千计、不知多少条性命。实在太了不起了,值得大大表扬他。

但我认为,起码也该有两家比较小规模的医院以卡罗尔和拉齐尔命名才对,这两个早已为世人所遗忘的人,是跟列德一起工作的科学家,而且自愿让受到感染的蚊子叮咬。卡罗尔严重发病过几次之后挺了过来,但拉齐尔死了。推想出一项科学理论是一回事,但是让自己接受致命疾病的感染以协助求证,可就完全是另一回事。我甚至无法想象卡罗尔和拉齐尔当时的心路历程,当他们伸出手臂、让那些小恶魔饱餐鲜血时,闪过脑际的念头是什么?一方面,无疑他们想要证实这个蚊子媒介的假设;但另一方面,要是假设证实是真的,致命疾病就会流遍他们的血管。这些人真是很了不起,很勇敢。

宗教
religion

我并不是在很大的宗教压力下成长的。正式来说,我是犹太人,但我的犹太程度就跟冒牌意大利餐厅一样;也就是说,根本不很犹太化。我从来不曾上过希伯来学校,不知道里面的情形,也没有接受过成年受诫礼;要是犹太鱼丸②里的鱼咬了我的手指,我也分不清那是什么鱼。最近几年,我们家一直只过圣诞节,而不过犹太教的再献圣殿节,但为公平起见,有时的确会在圣诞树顶放上大卫之星③。

我们家完全融入了美国民族大镕炉。你想要谈同化吗?我们家是东汉普顿一个叫做"美斯顿会"的会员,参加这个会的人都喜欢打网球和高尔夫球、讲话时下巴不动、喜欢辩论他们之中谁的祖先最先踏上"普里茅斯岩"④。

---

① 一八九八年美国与西班牙间的战争,西班牙因此结束了在美洲的殖民统治,美国则获得西太平洋及拉丁美洲的领土。
② 犹太鱼丸是用剁碎的鲤鱼或白肉鱼类做成的鱼丸、鱼饼等。
③ 大卫之星是两个等边三角形重叠而成的六角星形,为犹太人标志。
④ 普里茅斯是美国马萨诸塞州东南部城镇,首批清教徒于一六二○年在此登陆,是新英格兰地区第一个欧洲人永久定居点。美国独立革命前,普里茅斯岩被拖至自由竿广场而破裂,遂成为自由的象征。

这个会可说是美国"最英国白人新教徒后裔"的组织。我朋友约翰老是怂恿我，叫我戴圆顶无边的犹太小帽去美斯顿会的餐厅进餐，最好找一顶粉红和绿色格子的小帽，或者帽沿还绣有很多条鲸鱼，可惜我从来没这样做过。

说来我最接近犹太教真谛的时刻，是透过前女友瑞秋·札巴尔。倒不是因为瑞秋特别虔诚，她才不呢！而是因为瑞秋属于犹太名门，她父亲是札巴尔熟食店的老板，这是全世界最有名的犹太美食店，白肉鱼类的白热化中心。每个人都说："我敢打赌，你一定可以吃到很多免费熏鲑鱼①。对吧？对吧？"他们还用手肘撞撞我肋骨，以为讲的是很露骨的性暗示。没错，我是可以吃到免费熏鲑鱼，但我也得出席札巴尔的犹太教逾越节家宴，在这家宴上有札巴尔兄弟（瑞秋的父亲和叔叔）从他们各自经营的连锁店带回来的无酵面饼，而你得选择效忠父亲还是叔叔来决定要吃哪一种。

总而言之，就是这个，外加伍迪·艾伦的电影，差不多就是我受过的犹太教育了。至于我的信仰系统，则要归功于可说没有神干涉的教养过程。我是个不可知论者。顺便一提，"不可知论者"一词出自于一八九五年去世、伟大又可敬的演化思想家赫胥黎，他是在辩论不可知论的途中创出这个名词。不可知论者喜欢指出：没有实际经验的证据可以肯定或否定神的存在；事实上，甚至体验到一种证据也很难说服一个真正的不可知论者。大英百科要求读者想象一下，成千上万的人都在观看夜空，而天上万星突然自动排列成"神"这个字。这能构成证据吗？大英百科说不能。但我告诉你，要是真有这样的事，说时迟那时快，我一定已经跑进神殿里，在自己身上绑上犹太经文护符匣。

不过写到这里时，星星还没有拼出"神"字，甚至拼出类似"不得杀人"或"没打折就别买"的话。所以我只好在没有绝对证据的情况下自行思考这些事。或许我只不过是让自己的想法合理化，但大英百科似乎支持不可知论，你从中读到几十、几百种宗教的资料，全都自称是真正的宗教。你也读到科学为圣经里的神迹所做的解释，例如摩西当年的血河，可能是滂沱大雨夹杂红土和北非红藻造成的。

---

① 札巴尔的熏鲑鱼赫赫有名，是该店最著名的美食之一。

起码大英百科让我感到对自己天生所属的宗教比较没有无知得那么离谱了。这是很棒的替代品,代替了我没上过的希伯来学校。我终于知道掣签节①是什么、知道以斯帖是谁,也知道"哈弗他拉"(haftarah)不是"半套托拉律法"(half a Torah)②,我以前还真的这样以为。

读了这些有关犹太人的文献之后,我是否认为自己比较像个犹太人了?也是,也不是。我比之前所期望的有更多理由对犹太教义刮目相看,但也发现更多让我真的不喜欢这个宗教的理由。怀着犹太教律法宝典《塔木德经》的问答精神,我认为应该找个实体的犹太教长老拉比请教一番。

有位朋友的拉比同意见我,约我在知名的"犹太研究中心"见面,也就是位于格林威治村的"Au Bon Pain"餐厅。我到了那里,见到他的长相打扮,真是再开心不过。他下巴留了灰色长胡子,大约有自助餐厅的托盘大小,非常像个拉比,让我想到在大英百科看到的十九世纪人物照片里的胡须;或许是赫茨尔③吧?这位拉比穿了粗呢夹克、戴了大大的金丝眼镜,还打了黄色领带。

我点了一个芝麻培果,认为比较适合这场合。拉比却只要了咖啡。我们先随意聊些小事,谈我们都认识的朋友,但他很快就打住了。"嗯,我可以跟你闲扯一整天,不过我知道你没有那么多时间,"这位拉比说,"何不干脆谈你要问的问题。"直接切入正题,我喜欢这样的态度。

我心想应该婉转展开辩论:先告诉他我喜欢犹太教的两个地方,然后才展开我对自己这个千年承传血统的攻击。于是跟他说,我很钦佩犹太教对学问的热爱,还引述大英百科的资料说犹太教的学问是一种"伦理道德的善"。拉比点点头,大胡子就在桌面上方一上一下跳动。

"不仅是伦理道德上的善而已,"他说,"也是一种求生工具。着重于讲故事,这是很犹太教地表达你自己的一个方式。"

我从来没听过犹太教可以转为副词来用,不过我喜欢这用法。接下来

---

① 掣签节亦称普珥节,是犹太教的喜庆节日,纪念公元前五世纪犹太人在波斯统治下死里逃生的事迹。情节可能是虚构,见于圣经《以斯帖记》。
② "哈弗他拉"是犹太教经文,自旧约圣经摘选,于安息日或节日做礼拜时诵读。Torah 则是犹太的《律法》,是上帝启示给人类的生活和行为准则。
③ 赫茨尔是犹太复国主义创始人。

我又称赞《传道书》。

"你喜欢它的哪方面呢?"他问。

我紧张起来了,仿佛过不了他这关测验似的。我尽量很犹太教地叨唠了一大堆,说我认为《传道书》充满智慧和真实:你没法确保任何事物,所以应该尽情享受神所赐的好事。

他同意《传道书》确实充满智慧——我通过了这测验!"我们不应该着眼于完成任务,当你从 A 进行到 Z 时,要是能一直做到 Z,那很好;要是做不到,也不代表你就是个失败者。"

"说得很恰当。"我说。

他充满智慧地笑了。"有些很正统的犹太教徒每天都读一页《塔木德经》,读了七年,完成了学习,然后在麦迪逊广场大肆庆祝一番。你知道第二天他们做什么吗? 又回头从第一页读起。"

老天! 希望我读完大英百科之后,不会回头又从"雅乐"读起。

"我还喜欢犹太教的一点在于,它含有一点点禁欲苦行主义。"我说。这是我在 A 字首部分读到的资料,印象很深刻。我一提起禁欲苦行主义,拉比就展开离题的长篇大论,滔滔不绝讲起该隐和亚伯,以及参与社群的重要。这跟我想讲的重点有点脱离了,我只不过想说,我认为犹太教准许你有性事是很酷的事。不过现在再讲这个就似乎有点太烂,不好继续扯下去。于是决定改变话题。

"好,现在说我不喜欢犹太教的地方。"我说。

"行,请说。"拉比说。

"嗯,那个开脱礼。"我说。

"开脱礼?"

"对,你知道的,开脱礼。根据圣经规定,如果一个女人死了丈夫,就得改嫁给丈夫的兄弟。如果寡妇不想结这个婚,就得行开脱礼,要脱下大伯或小叔的一只鞋,吐口水到他脸上。"

"我知道开脱礼是怎么回事。你想讲的问题是什么?"

"我的问题是,嗯,你不觉得这很没道理吗? 我是说,先要求一个女人嫁给死去老公的兄弟,这已经够疯狂了,然后又来那套脱鞋子和吐口水?"

"我还是没弄懂你的重点在哪里。"拉比说。

他的语气并没有受到冒犯的意味,只有搞糊涂了。我晓得这个问题在犹太教辩论传统中并不是提得很好,于是又解释一遍:开脱礼是很荒唐又令人不快的仪式,是我永远不会支持的仪式,可是偏偏直接出于圣经。而既然犹太教的其他仪式如割礼、逾越节等也都与此同源,我又何必对它们青睐有加呢?拉比点点头,整整十五秒没有答腔。如果不是我引起他的思考(这是好事),就是我真的把他惹毛了。

"首先,现在已经不再实行开脱礼了。"

"那很好。"我说。

"我们不再实行开脱礼,是因为它对人有损。你得分辨哪些仪式对人有损,哪些有积极作用。"

很好的观点,也是看来很合情理的区别法。不过,犹太教徒就跟一切宗教的信徒一样,似乎仍然在遵行很多对生命没有积极作用的规矩。举例来说,在正统的犹太会堂中,男女依然不准坐在一起,这在我看来并不像是对生命有积极作用的规矩。

"你听说过沙马伊和希勒尔两位拉比吗?"这位拉比问。我摇摇头。

"这两位是很有名的拉比,可是他们对每件事都意见相左,例如一个说经文楣铭①展卷时应该平摊着展开,另一个却认为应该垂直展开,这就是直到今天都采用对角线斜着展开的原因。言归正传,有个人去见沙马伊,跟他说'用单脚站着告诉我犹太教的内容',沙马伊说'你给我出去',于是那人就去见希勒尔,提出同样要求。希勒尔用一脚站着告诉他说'你们愿意人怎样待你们,你们也要怎样待人'。这就是犹太教的本质,其他部分都是说明这点而已。"

我喜欢这个故事,很犹太教地讲得很好,成了我这场《塔木德经》辩论的最佳结论。

和拉比一谈就是两个钟头——无可否认地,这绝对不能和上几年希伯来学校相提并论,但比起我以前一对一花在一个宗教人物上的时间都要长得多。到最后,我依然是个不可知论者。不过话说回来,犹太教有其智慧,

① "经文楣铭"写在羊皮卷上,一面写有圣经文字,一面写有神的名字,固定在右门柱上,以示这户人家的犹太教信仰。

所以我会选择喜欢的部分取撷之，并希望将来不会下到犹太教的地狱去（正式名称是"火焚谷"）。我会选择遵守黄金律①，选择《传道书》，选择举行逾越节家宴，但主要是为了要把家人聚在一起，而不只是因为这仪式有意义。我会选择和茱莉继续做夫妻，她对所有犹太仪式了若指掌，会在教养我们孩子的种族身份方面拿捏得恰到好处。

我们离开 Au Bon Pain 餐厅，步行前往地铁站时，我抛出了最后一项犹太资料——我是一位著名犹太学者的后裔，他是十八世纪的天才人物，名叫以利亚·本·所罗门，人称"维尔纽斯智者"②。

拉比听了似乎另眼相看，反应近乎惊讶："这可真是了不得的'一丘氏'。"等到他解释"一丘氏"的意思是"家系"后，我感到很荣幸，觉得像个很小的小明星，仿佛该在一项犹太圆顶小帽上签个名才对。"他是很独到的万事通，"拉比说，"希望他会认为你正在步他后尘。"唷，这压力可大了，还没人称我是"纽约智者"呢！

与拉比见面之前，我先温习过"维尔纽斯智者"的资料；据大英百科说，他扩大了学习知识的范围，革新了犹太教的学习方式，主张若要全盘了解犹太律法和文学，就必须以通识教育为基础，学习数学、天文、地理、植物学、动物学、哲学。他强烈反对遵奉神秘主义的哈西德运动，认为很没学问。我向拉比问起这一点。"对，直到今天，这点还是争论得很激烈。有人很渴望精神上所谓'敏锐易感'的一面，维尔纽斯智者却不喜欢这一面。他并不喜欢那些人藉由纵情歌舞来跟神交流。"

不管是好是坏，我继承了维尔纽斯智者的世界观，继承了他的还有我老爸的。我没有选择余地，我天生注定要做个执迷于学问的人，这是遗传使然，我理应成为谨防情绪化、崇尚才智爱读书的这个我。

雷诺瓦③
Renoir, Jean

这是个周末，可是我又感到身体不舒服了，出现了感冒般的症状，身上

---

① 黄金律是新约圣经《马太福音》第七章十二节所提出的箴言。即前面所述之"所以无论何事，你们愿意人怎样待你们，你们也要怎样待人"。
② 维尔纽斯是立陶宛首都。
③ 雷诺瓦是法国著名导演，经典作品《大幻影》等。

穿着北极熊睡衣，在家里没精打采地到处晃来晃去，喝着橙汁，拿着极昂贵的伤风感冒药对着鼻子喷。茱莉认为我是睡眠不足才生病了，不过话说回来，只要是身体出了问题，她都认为是睡眠不足引起的；要是我扭伤了脚，或者被流氓匪类用枪柄打了头脸，她也会怪说是我没有睡足八个半小时的缘故。

不管病因是什么，反正我很不舒服又这里痛那里痛的，再加上常常心神不定。但我尽量不让自己继续沮丧下去，如今对于经常生病这点，我更努力往好处去想，设法从痛苦中找出一线希望。永远都会有一线希望，这是大英百科教会我的。一八八三年，印尼喀拉喀托火山爆发，造成空前未有的浩劫与破坏，但也喷出大量火山灰到大气层里，导致第二年全球都可见到最美丽的夕阳红晖。

嗯，这个例子可能不是很切题，不过切题的例子多得是，有几十个，甚至有生病让人因祸得福的例子。一九三八年之前，南美洲大作家波赫士算是很不错的作家，但并非很了不起的那种。那年他撞了头，严重受伤，血液中毒，差点没命，还丧失说话能力，深恐自己会精神失常。结果这遭遇反而成为他前所未有的幸运事。大英百科说，这次遭遇似乎"释放了他内心深处的创作动力"，在那之后，波赫士写出了他最好的作品。墨西哥画家弗里达·卡罗搭乘公车遇到车祸，伤势严重，在漫长的痊愈期间开始自学绘画。野兽派画家马蒂斯害了一场严重的盲肠炎，于复元期间开始动起画笔。雷诺瓦则是在第一次世界大战时腿部受伤，养伤时期常在电影院消磨时光，结果因此爱上了这种媒体。

关键在于善于利用身体出问题时所带来的自由时光，把它当成探索某条未知创作小巷的机会。这个周末，到目前为止，我所探索过的小巷平平无奇。我在活页笔记本上乱涂乱写，竭力设法想出一些伟大点子却不果，后来把五个小圆圈谷片堆叠起来而没有弄倒。或许这不是一场可以带来突破的病，于是我又回去读我的大英百科了。

生殖

reproduction

公袋狸的阴茎有两条尖端，母的阴道有两个狭长孔道，所以不必另发邀约就可以自行搞点性派对。

启示

revelation

我和老爸又有另一个共通处:坏胆固醇过多。不服用降胆固醇药的话,我们两人的胆固醇指数就会高到像亚佛加厥数那么高(6.0221367×10^{23})。如今我每晚还吃阿司匹林,不记得是从什么时候开始,我认定这样会对心脏有益——是看了《新闻周刊》的文章吗?还是跟我深受胆固醇过高之苦的岳父谈过之后?总之,看起来这是该做的事就对了。(顺便一提,阿司匹林最初是由柳树皮萃取出来的。)我在电话中告诉老爸关于服用阿司匹林的习惯时,他没有反对,却建议我应该去请教医生。

"我会考虑考虑。"我说。但我才不这样做呢!不这样做的原因,是因为大英百科已经很有系统、持续不断地逐渐毁掉我对医生权威的信心。这就是读了一页又一页血淋淋的荒谬医学史之后会出现的情形。我知道了关于水蛭①的事,但这只不过是开头而已。我想到头骨钻孔术就坐立难安,这是很原始的手法,在脑壳上钻个五公分的洞,驱出脑中作祟的恶灵。我敢说,在此术盛行的年代,拉斯科洞穴医院里的钻洞术住院总医师一定很不可一世,以傲慢的语气叫病人放心。我们这里都是专业人士,他说着,一边拿石头砸破人的脑壳。

好吧,这样说太儿戏。不过后科学时代的医学史也不怎么令人鼓舞,以下这句名言就让我大吃一惊:"我坚决认为,戴上外科手套造成病人死亡的案例,要比因此挽救他们免于受到感染的案例要多。"这是二十世纪初一位首屈一指的医学专家在外科手套争议方面所提出的论点。我用原子笔在这段话旁边加注:"医生懂个屁。"当然,这是反应过度,医生确实还是懂一点屁的。我的确相信科学和双盲实验,但要我说这些墙上挂了文凭证书、自我膨胀的家伙绝无差错,我也不大有信心;更何况我自觉有点神气,我已经读过关于医学的资料了,所以也懂这些东西,对不对?

就是这个词:神气。过去几星期以来,也不知从何时开始,或许是读到O字首部分时,我开始感到自我膨胀,自觉有安全感。我是在做个小小的

---

① 以水蛭"放血"的医疗方法已有数千年历史,古人以为把"坏血"排掉就可治病。

思维实验时明白这一点，那是一种思想上的实验，假想自己参加一个晚饭饭局，在座的人都很有成就、头脑很好，如拉什迪①和霍金，而我在他们面前也不会感到局促退缩。（好就好在我永远不会实际上置身这样的饭局，所以无从证明我的论点有误。）

重点是，我不像以前那样感到自己在才智上漂泊无依，而是觉得已经掌握了学海地图；就算错过了一些细节，至少还有那些大陆和岛屿的大概轮廓。现在去《君子》杂志开会时，我总是怀着坚实的自信，没开始阅读大英百科之前我并没有这种信心。当然，他们或许会谈论我一点都不知道的美式足球，还有我拼不出来的什么喷射机、猎鹰之类的队名，不过相对于从没听过的每一次持球后退跑，我却在脑中百宝囊里储有好多葡萄牙探险家或巴黎大主教之类的东西，也知道需要时就可以派上用场。

莱斯
Rice, Dan

我们都知道一句老话：政客是一群跳梁小丑。嗯，这回还真的有个如假包换的小丑政客。莱斯大概是十九世纪最著名的小丑，大英百科说，他的马戏生涯是在跟人合买一只受过训练的猪而开始的。接着他曾短暂担纲大力士，然后就固定表演小丑和马术了。十九世纪六十年代是莱斯行大运的时期，十年间在全美各地巡回演出，周薪一千美元（跟我的薪水相差不远，想想看），在那时是很惊人的薪水。他那把白胡子就是注册商标，走到哪里都有人认得他。由于很受欢迎，美国第十二任总统泰勒还授予他名誉上校军衔。以下就是我最喜欢的部分：一八六八年，他出来竞选美国共和党总统候选人。没有胜出，这很可惜。我倒很想看到历史课本上提到法国大使涉及派饼扔脸事件哩！

罗贝尔—胡迪
Robert-Houdin, Jean-Eugène

罗贝尔—胡迪是法国魔术师，也是现代魔术鼻祖。由于备受尊崇，以

---

① 拉什迪是印度裔英国作家，曾因《撒旦诗篇》一书遭到穆斯林追杀。

致美国威斯康辛州有个犹太小孩为了表示对他的敬意,自行改名为胡迪尼。我最喜欢罗贝尔—胡迪的一点是:一八五六年,法国政府派他到阿尔及利亚去,偷学回教神秘派旋转舞僧的绝技,藉以打击他们的影响力。我很喜欢这点子:魔术师应国家征召,在战争中为国效力。或许我们应该空投魔术师大卫·布莱恩到伊拉克去,选个伊拉克真正危险的地方,可以考虑地雷区。

罗伯斯比
Robespierre

又跟老爸相约在外面吃中饭,这是我们两个上班族男人在市中心餐厅的不定时饭局之一。我到那家餐厅时,老爸已经就座,正在嚼着桌上碗里的泡菜,这是店里奉送的。

"小心这个,已经证实泡菜跟胃癌有关系,"我说,"腌渍食物和盐分,两者都会增加你罹患胃癌的几率。"我其实并不真正关心老爸的健康,虽然这样做是美事一桩;我意在卖弄知识而已。

"我只吃一半。"老爸说。

"还有,犹太妇女月经来潮时不准碰泡菜。"话才一出口,我就恨不得收回来。这是处世规矩,是"每天淋浴"和"擦防晒乳液"之类规矩中的一条:切勿与你父亲讨论月经来潮。幸亏老爸没怎么理会我,这对我们双方都比较好。

"说来,我已经读到有关你那行业的资料了。"我说。

"喔。"

"大英百科关于律师的部分很不错。你知不知道海珊、列宁还有罗伯斯庇尔都是律师出身?"

"好一群可爱的人。"我老爹说。

有时在我们点的三明治还没送上来之前,老爸会眼尖窥见餐厅另一边有一个他的同事,而且是我不认识的人。他会叫我走过去,到那人桌前跟对方说:"嗨! 巴利。"然后看那人的反应。

这比我提及犹太人的月经禁忌还叫我难安。我就是做不到。老爸看来挺失望的。

石耳
rock tripe

在《君子》杂志开每月的编辑会议,讨论要做的文章。我们五个人坐在会议室里,外加坐在桌首的总编辑格兰杰,不时在写笔记。

我的编辑同事布兰登正在竭力推荐一个故事,关于远离文明的生活,"没有电线线路"的故事。

"取得自用的发电机还只是冰山一角而已。"

"事实上,冰山一角可以是非常大的。"我插嘴说。

"什么?"

"冰山一角不见得就很小,有些冰山形成的时候,有一半的冰山都露在水面之上。所以说,这陈腔滥调不是很准确。"

布兰登怒目谢我,然后谈太阳能,结束了他要推销的题材。格兰杰喜欢这故事,这点由他草草书写的笔记很明显看得出来。接着是几秒钟的静默,于是我推想或许该挺身而出了。

"我有个很好的题材。"我说。格兰杰洗耳恭听。

"我认为应该做些关于我们国家无名英雄的报道。"我故意卖关子停了一下才说:"地衣。"

"那种菌类玩意儿?"

"半真菌半藻类,而且可以代表美国。"

我那些同事的脸孔显示出他们有没有听懂,于是我解释说:当年华盛顿那批饿得半死的部队困在福吉谷时,就是撕下岩石上的地衣来充饥。地衣救了美国,要不是有地衣的话——或更正确地说,是石耳,地衣的一种——我们现在就都在打板球了①。

有人说,他们倒是想用蕨类来做封面,这话引来哄堂大笑;又有一个人说,没有人能比美国小说家梅勒那篇讲苔藓的文章写得好。

就这样继续起哄。回到我办公室的安全窝之后,我又再考虑了一下地衣。老实说,我不认为这会成为很差的文章。大家都喜欢无名英雄,格兰

---

① 板球是英国重要的体育活动,这里意指美国还受到英国管辖。

杰向来都叫我们想些以前没做过的题材,而我几乎可以保证 GQ 杂志不会跟我们抢关于地衣的报道。起初我是想大做一番,做整整两页地衣,包括一份清单列出其他用途(可制香水、石蕊、食物染料)、一道地衣食谱、地衣排行榜前十名,外加一位名人谈地衣,但我还没想出该怎么谈。不过在编辑会议上领教过那场面之后,我已经设定为写成一个小框框就好。我写电邮给格兰杰,重申我提的案子。只占一个小框框。我说。

他回电邮给我:"好。"

在《君子》杂志待了两年后,我已经摸透格兰杰的电邮语码。"很棒"表示他很爱那点子。"行"表示喜欢,"当然"表示不怎么感兴趣。至于"好"则表示讨厌,不过还是会让你去做,好让你闭嘴。

几天之后,我写好一篇向地衣致敬的文章,排版在某页的最下面,甚至还请美术编辑调来一张地衣照片。就这样说吧,这照片确实不像女星潘妮洛普·克鲁兹那么动人,看起来就跟皮肤病差不多。不过这是很值得骄傲的时刻,地衣终于得到应有的评价了。等到文章面世之后,地衣就会与列维尔和鼓笛队并列,这两者都是美国独立战争英雄。我很爱见到自己的知识能对外界产生冲击与影响。

牛仔骑术竞技

rodeo

发明这种角力的人是个非裔美国牛仔,名叫皮克特。他会把一头公牛扭摔倒地,并像斗牛犬一样紧咬住公牛上唇。老天,今天那些牛仔骑术竞技跟他一比,简直就像是"人道对待动物协会"开大会。

鲁本斯

Rubens, Peter Paul

关于鲁本斯,我本来只知道这么多:"具有鲁本斯风格"这个词听起来虽然挺高级的,但最好避免用来恭维你的约会对象①。大英百科又多告诉我一些,我获悉这位十七世纪法兰德斯画派的鲁本斯很多产又有创意,部

---

① 此词亦指妇女丰满。

分风格是受我们那位老友卡拉瓦乔的影响。但他们两人的相似处也仅限于作品而已。至于私生活方面，鲁本斯与卡拉瓦乔唱反调，照大英百科的说法是："八个儿女的父亲——这个富裕、精力充沛、身心彻底均衡的人，可说与现代观念中艺术家谋生艰难的想法完全相反。"耶！这真让人心安。鲁本斯会成为我的模范人物。现在我知道了：我不必对服务生大喊大叫、拿朝鲜蓟扔他们才够格成为艺术天才，也不用在网球场上杀个人，更别提耍脾气。我只需要一些才华就行。

S

守安息日者
Sabbatarians

上帝,我累死了。我一直在想保罗·纽曼在电影《铁窗喋血》里把煮蛋一颗接一颗塞进嘴里的那一幕,我大概可以体会他塞完四十三颗蛋之后的感受,就跟我啃完二十七位立陶宛诗人的资料一样。

现在轮到面对 S 字首这个要命部分了,总共有二千零八十九页,是大英百科篇幅最长的,宛如波士顿马拉松大赛的"伤心丘"那段路。我看看芥黄色书架上 S 字首那几大册,这么安静无声、这么厚、这么整洁体面。我深深吸口气,迈步向前,长驱直入攻向 Sabbatarians——这个词有时用来称呼那些认为神圣安息日是星期六而非星期日的基督徒。对我来说,眼前这个星期六和星期日都不是安息日,而是 S 字首条目日。

圣伊莱亚斯山脉
Saint Elias Mountains

我老早就因为一次惨痛经验而对圣伊莱亚斯山脉有很深认识,很久以前曾经近距离看过这山脉。话说在成长过程中,每年夏天父母都会带我们姐弟去旅行,要我们见见世面,而且在这方面做得很彻底,因此现在我很乐得收看发现频道,神游各地,茱莉对此感到既惊愕又失望。

刚上高中一年级时,爸妈带我们到阿拉斯加旅行,参观了冰河湾国家公园,公园周边就是圣伊莱亚斯山脉。公园很辽阔,有一万二千八百平方公里,大概比纽约中央公园大四千倍,不过却没有一大堆直排轮鞋和毒贩。国家公园的景色壮观极了,即使在我这种伍迪·艾伦所说"跟大自然合不来"的人眼中也很难忘。

一天下午,老姐和我租了艘海豹皮船①(顺便一提,这种轻舟是格陵兰的爱斯基摩人发明的,最初是用海豹皮蒙在鲸鱼骨上做成)。租船给我们的人看起来不怎么坏,最多就像很精通抽大麻而已。老姐和我划入壮丽的海湾里,频频对着四周山脉和鼻子伸出水面的海豹发出"喔"和"啊"的惊叹。我们见不到其他人,不见小船,不见露营者,根本就看不到任何人类存在的迹象,就只有荒野。接着,过了半小时之后,按照原先计划开始划回去,问题却在于:我们似乎转错了方向。原先该是水道的地方,这时却变成了沙滩。(后来才发现那个爱抽大麻的租船家伙忘了提,那条水道会在退潮时会干涸。)

于是贝丽和我往右转,又开始划了起来,以为总会找到一条回去的路。这并不是最好的看法,不过当时我们的航海技术也没到达登峰造极的地步,因此以为这就像在纽约从八十一街走到七十六街一样,通常这样走并不需要用到指南针。

我们划了又划,边唱电视剧主题曲来打发时间,像是《小淘气》、《妙家庭》,还唱起《梦幻岛》主题曲,但想到这首歌跟海难历险有关,此时此刻未免太过应景,就没唱下去了。我们谈到万一死掉的话,自己班上哪个同学会最难过。我很乐于想象瑞秋·亚斯奇扑到我的棺材上,得要旁人把她拉开的情景。这是个很不错的想法。一两小时之后,歌唱完了,话也讲完了,唯一听得到的就是桨在水中的划水声,除此之外,偶尔还听得到难以分辨但无疑是某种凶猛食肉野兽的长啸。

我们不想孤零零地走陆路,旅馆老板已经跟我们讲过一个很不愉快的故事,使我们打消了这念头。我不记得那故事的详情,总之牵涉到一只大灰熊、一包救生牌奶油硬糖,还有缺少下半截的上身肢体。天冷了,黑了,更下起雨来。我们很害怕,但没怕到要死的地步,也许因为生长在纽约而不知天高地厚,总之没有惊慌失措。至于留在岸上的爸妈反而比我们惊

---

① 海豹皮船又称爱斯基摩小艇,首尾均呈尖形,无龙骨,除座位处处外其余均密封,划船者使用双叶桨。

慌，他们吓坏了，因为这时已经是晚上，公园巡逻员不能派出飞机搜寻，必须等到早上才行。更糟的是，巡逻员还说溜了嘴，说要是我和贝丽继续划下去就会冻死。于是我爸妈不免想到，他们可能已经永远失去儿女了。

到了凌晨一点钟左右，贝丽听到我们牙齿打战的声音之外还有别的声音传来，是男人的笑声。于是我们大喊，他们也回喊，我们便朝声音方向划过去。事后才知道，原来他们是方圆几百公里之内唯一的露营者。这些人很好，从加州来这里舒缓身心，并让肺部吸满新鲜空气。他们问我们的第一句话是："你们有香烟吗？"贝丽和我有了一夜好眠，这些加州人让出一顶干爽的帐篷给我们用，解除了我们对熊的担心与恐惧。到了早上，我们是被救援队的海上飞机响声吵醒的。

我仍然记得老爸从飞机上走下来见到我和姐姐时的神色，如释重负的表情淹没了他的脸。我这可不是玩弄字眼而已，而是真的可以看出如释重负的表情涌现在他脸上。

那个晚上让老爸受惊不小，从此可以拿任何事情跟他开玩笑，但却不可以提那个晚上。我认为那晚也改变了他。以前他本来就蛮喜欢我们在他附近，但在那之后，便很执着于我们整个人都要在他眼前、待在他旁边，最高兴我们守在屋里看电视，即使谁都不准讲话、只有在飞快跳过十五秒电视广告时才准开口也好。那次事件之后，他写了张字条给我，与他一贯作风大相径庭，字条写得非常热切又充满感情，全部在讲他多么以我为荣，以致我一想到就会热泪盈眶。

总之，我之所以旧事重提，是因为觉得自己有点体会到老爸的心情了。前几天茉莉抽筋，吓得我半死，这句子大可用黑体字加斜体字外加两个惊叹号来强调一番，总之你懂我的意思。我这辈子老爱担心，然而现在这种担心却有另一种新的层次，是分量截然不同的忧虑。谢天谢地，茉莉后来没事了。但我也渐渐明白那个斯拉夫民间传说故事，故事里的男人为了怕自己的眼睛无意中会给儿女招来厄运，于是就挖出自己的眼球。

萨利耶里
Salieri, Antonio

他与佩因完全相反。历史为佩因翻案，对他青睐有加，然而可怜的萨利耶里却受冤枉。他究竟做错了什么事,以致被当成"平庸"的化身? 其实没有。大英百科说,当年他还是受人尊敬的作曲家,甚至到了让人尊崇敬仰的地步,非但没有鄙视过莫扎特,而且根本就是莫扎特的朋友。

不幸的是,有个叫林姆斯基—高沙可夫[1]的人认为,写一出名为《莫扎特与萨利耶里》的歌剧(一八九八年)是很好玩的事,不过内容完全没有历史根据——剧中的萨利耶里因为妒火中烧而毒死了莫扎特。过了几十年之后,又出现了同样主题的舞台剧。没错,你会说创作者自由等等之类,但那可怜被冤枉的萨利耶里又怎么办? 似乎太不公平了。

萨特
Sartre

现在读到《呕吐》的作者萨特了,这人曾经间接指控我有娈童癖。我浏览这项条目,要找出萨特的弱点,发现他是斗鸡眼。先有个笛卡儿迷恋斗鸡眼,现在又来这个,我不免要问:法国哲学和斗鸡眼之间究竟是怎么回事?

施梅灵
Schmeling, Max

我以前就知道施梅灵,他是个雅利安人拳击手,是希特勒眼中的拳击冠军、纳粹之光。他是个真正的坏人,反正我是这么认为。但是在阅读过施梅灵生平之后,就不再那么肯定了。我当然不会帮孩子取名施梅灵,但也不认为他是个没有灵魂的恶魔化身。大英百科在这方面做得很多,让你明白到,对,历史上确实有几个黑白分明的人物,然而大多数其实都属于深灰或浅灰地带。

施梅灵是在一九三六年跟路易斯[2]比赛之后声名大噪。施梅灵很精明,比赛之前先看过路易斯的拳击影片,用慢动作播映来仔细研究,找出路易斯的缺点——路易斯总是在连串左钩拳之后就放松戒备。感谢这项情

---

[1]　林姆斯基·高沙可夫(1844—1908),十九世纪著名俄国作曲家,俄罗斯国民乐派创始人之一。

[2]　路易斯(1914—1981),美国拳击手,是重量级拳击史上保持冠军头衔时间最长的人。

报,于是施梅灵打倒了路易斯。等到一九三八年路易斯卷土重来时,已经纠正了自己的坏习惯,打得施梅灵趴在地上——这对于雅利安人至上主义的政策宣传真是很棒的一击。

但后来还更离奇:这人居然以"公开与犹太人往来"的雅利安拳手为号召,他的教练是犹太人,并在"水晶之夜"①把两名犹太男孩藏在他的柏林公寓里加以庇护。由于他拒绝抛弃犹太友人,以致在纳粹统治下惹祸上身,不但没有获得纳粹给其他名人的恩惠待遇,还把他派到最危险的空降部队去服役,结果一九四一年因此受伤。战后,施梅灵回到拳击界只有很短时期,之后就在德国开设一家可口可乐加盟店,后来还资助前任敌手路易斯的遗孀。所以你看:他虽然没到封圣的地步,因为他的确为纳粹打过仗,但他也曾庇护犹太人,并资助过路易斯的遗孀。

学校
school

我自认到了该旧地重游的时候了。既然以前我的印象一直以为自己是世上最聪明的男生,现在又力图挽回昔日光荣,因此重返罪案现场应该会很有启发性。说不定去道通学校走走会有些洞见,因为我在那里度过了十三年,从幼稚园念到高中毕业,改善我的脑子。

这趟冒险经历的导游是在学校念六年级的艾碧·奔德,即我以前英文老师奔德的女儿,奔德就是建议我去读那目中无人的福楼拜作品的人。我信任艾碧,她很聪明有趣,我问她在这个大日子之前有什么该知道的事,她告诉我不要穿迷你裙来学校。很好的忠告。

我比预定时间早十分钟到了学校,这是已经养成一年的习惯。我发现,自从当年在学校餐厅努力把焗火鸡意大利面黏到天花板以来,一切改变了很多。到处都冒出麦金塔电脑,电梯还真的可以搭,而每个来自上东城家庭的男生都打扮得像饶舌歌星似的,这点让我印象最深刻。感觉好像走进一所挤满了身高一百二十公分饶舌歌手阿姆的学校,人人穿了布袋裤

---

① 水晶之夜亦称"破碎玻璃之夜"或"十一月屠杀",指一九三八年纳粹杀害犹太人并抢劫财产事件,因暴行后到处是砸碎的玻璃,故有此讽刺名称。

子、绑白色头带,印有篮球选手艾弗森的 T 恤垂到膝盖。虽然少了些钻石首饰和半自动手枪,不过还是挺酷的。

我上的第一堂课是自然课,老师是芬同博士,他看起来就不像饶舌歌星了,而像个风度翩翩的英国人,事实上确实是英国人,大胡子夹杂着灰色,领带尾塞到衬衫口袋里,以免晃来晃去晃到了煤气灯。芬同博士告诉大家今天要做些化学实验。化学。我心想,我应付得来。我极力回想在大英百科看过有关化学的资料,但只想得起德国化学家哈伯,他曾经想用海水提炼黄金,以便为祖国支付第一次世界大战的战争赔款。事实上,海水里面的确含有黄金,但数量却不够使他的计划成功。我决定还是自己好好珍藏这资料算了。芬同博士取出一盘镁。

"镁可以燃烧吗?"其中一个小不点饶舌歌手问道。

"燃烧镁是不合法的,"芬同博士说,"可能会造成视网膜伤疤。"

"这个可不可以吃?"另一个小同学问。

"不可以,这也不是个好主意。"我喜欢这些小同学的思维,但眼见真正有趣的做法都被排除掉了,于是只能乖乖坐着,看芬同博士把一点一点的镁丢进盐酸里面。

"哪,大家看着会有什么结果。"芬同博士跟我们说。盐酸冒出泡泡,嘶嘶作响,然后升起了白色烟雾。我那些小同学,还有我,此时都戴着绿色荧光护目镜;这要是在旧金山开的狂欢派对,护目镜就再适合不过了——我们很用心看着,草草写着笔记。"现在来听听你们怎么解释这现象?"

喔哦,希望芬同博士别点名叫到我,因为我真的不大清楚这究竟是怎么回事。或许是跟共价键有关? 还是稀有气体? 电镀?

"你有没有酸碱值试纸?"有个特别瘦的小同学问,"因为假如盐酸……"他的声音消失了。

"请继续讲下去。"芬同博士说。

"因为假如白烟雾释放出来的是盐酸,那么剩下来溶液的酸性就会比较少了。"

真该死! 那个十二岁的小鬼实在很行。芬同博士跑去拿了些酸碱值试纸来,浸到溶液里。我们又讨论了一会儿,还出现另一个提议叫大家吃吃那溶液。

到了我该表现一下的时候了。于是举起手,心里真的很紧张。"如果镁仍在这液体里呢?"我问。

"你是说镁仍在这液体里,还是镁转变成这液体?"芬同博士问。

老实说我也不肯定,于是就闪避问题:"随便哪一种情形都好。"

芬同博士点点头。我很高兴自己开了腔,因为我的假设(虽然含糊不清)结果是正确的。芬同博士显示给我们看,镁确实溶在液体里了,并释放出氢气。耶!还有,要下课之前,为了证明这种气体的确是氢气,他还制造了一场爆炸,虽然不能跟好莱坞电影里的爆炸场面相比,充其量不过就像打嗝那么大声的"啵"一下而已,不过大家还是很高兴。芬同博士让大家下课之后,我决定给自己打个分数:乙等。尽管我无法想出 $Mg + 2HCl \longrightarrow MgCl_2 + H_2$ 这个化学方程式,但直觉却是正确的。

艾碧的下一堂课是英文。很好,刚好我就是靠英文赚薪水的人,所以应该会大放光彩。老师是柯诺女士,是位穿了七分裤的迷人女士,她宣布今天是个特别的日子:"文法同乐会!"

这是个小班,包括我在内只有八个小同学,我们分成两组,每组四人,来场文法上的一决雌雄。我跟两个爱吵闹的饶舌艺人和一个害羞女生一组。柯诺老师会举起写在一块栎木牌上的句子,如果轮到你时,你就得告诉她,句子里画了线的字句在文法用语上属于哪一种。柯诺老师把牌子朝苏菲举起:"那只<u>猫</u>把法兰克拖到安全处。"

"名词。"我的组员苏菲说,大家都举掌互拍欢呼。

柯诺老师又举起下一个句子。"太阳照耀,<u>然而</u>这天还是很冷。"

"连接词!"杰克大喊,甚至还没等柯诺老师大声念完句子。为了庆祝自己答对,杰克还弯曲手肘、上下摆动跳了两下。这时柯诺老师转向我了。

"<u>昨天</u>她看到二十只熊。"喔哦,这句子很诈,为什么我就不能有那只该死的猫呢?我知道怪猫是什么。好吧,我可以答这题,昨天是个日子,所以是名词。"名词。"

"对不起,"柯诺老师说:"这是副词。"

我那组发出一阵嘀咕。

"你不是作家吗?"杰克说。

"嗯,你也知道,有一种叫文字编辑的人,工作就是专门对付文法,所以实际上作家并不需要对文法知道太多。"可能这话说得太不得体,我看看柯诺老师,她看起来很"恼火",这个词,是形容词。

"现在轮到你负责计分了,"杰克说,"你认为你做得来吗?"

这个我做得来,而且做得很好。可是就在柯诺老师对我抛出另一个文法问题时,我又答错了,说"With"是连接词,其实是介系词。我的组员拍着前额做出头痛状,怀疑我可能比较适合去念幼稚园。

等到文法同乐会最后问题答完之后,我们以二十三比二十五落后对方,这全都拜我所赐。不过现在柯诺老师又加进一点刺激的新玩法:我们可以把自己愿意拿出来的分数赌下去。我的组员要赌十八分,我说不要,要就把二十三分全部赌下去!我们也这样赌了,结果用语法分析一个句子中的"强西"以及"滑溜的冲浪板"之后——我们赢了!另一组没有赌那么多分数。我成了英雄!有一部分的词类用语我或许很差劲,不过却教会他们了解赌博技巧,起码这也算很不错。我给自己打了丁等成绩。

到了上历史课的时候了,老师是史萍格女士,穿了牛仔布衬衫,衣摆没有塞进裤腰带里,鼻尖挂着眼镜,她称小同学为"甜心派"和"亲爱的",只有当一个爱吵闹的男生不肯静下来时,才说:"嘿,札克!你的生命可是一直在消逝喔!"

今天要讲的主题是罗马。有个叫阿雷克斯的男生举起手,于是老师叫他。

"你看过电影《神鬼战士》没?"他问。

"每次我们讲古罗马人时,你就提《神鬼战士》,"史萍格老师说,"有,你知道我已经看过《神鬼战士》了。"阿雷克斯指出,罗素·克洛饰演的角色以前原本是个农夫,所以……所以,他的申论似乎到此就词穷了。不过,你还是很难跟他争论这一点。

"好,各位同学,"史萍格老师说,"说说 arete 这个字是什么意思?"

"追求最佳境界!"他们大喊说。该死,我怎么会忘了这个呢?以前我知道的。

"古希腊人喜欢追求最佳境界,古罗马人则对统治支配很感兴趣。"或者诚如她后来换个方式所说的,"古希腊人很棒,古罗马人很野蛮。"

史萍格老师很有智慧,我已经这样认定。"你们都很年轻,"她告诉班上同学,"将来生活中免不了会有很多跟战争有关的事情,人家会说这是为了取得和平才发起的战争。这时,我要你们回想六年级上过的历史课,因为从古罗马时期以来,人们就一直在讲这种话。"

我心想,不知道自己六年级的老师有没有讲过什么应该终生记得的话。我心想,不知道——嗯,不知道那个坐在第一排的女生是否可以不再弄出任何声响,她正抓着一把蜂蜜巧克力饼干,每次吃完伸手再摸出饼干时,就把袋子弄出很扰人的高分贝响声。终于,史萍格老师劝那位"甜心"先放下饼干,下课后再吃。这些小孩真有福气,我不记得以前上课时准吃零食,就算静悄悄地吃也是不准的。

这班小同学就像之前其他班上的同学一样懂得很多,而且不止知道罗素·克洛饰演的角色而已,还知道亚述诸王、维吉尔写的《埃涅阿斯纪》,以及其他几样我应该知道但却不知的事情。不过,我倒因为讲得出 res publica 是"共和国"的意思而博得满堂掌声,所以给自己打了丙上成绩。

总结来说(这是我小学作文的结尾用语,想来很适合用在这里),这趟时光历险有三项心得。第一,我拥有更多令人惊心的艾宾浩斯遗忘曲线的佐证,从镁到 arete 还有连接词,我忘掉当年在学校所学的东西比想象中要多。其次,对于一个年轻万事通的最初形成过程,我有了较深入的窥探;我不敢说遇到的这些迷你阿姆是否有人自认是世上最聪明的男生,不过我认得出他们那种极为自负的神气活现神态。这些男生如此神气活现,是因为不断有人说他们有多聪明,而且还没有遇到日后的挫败与失败人际关系所带来的反弹。第三,我醒悟到(而且从情况看来,为时也已太晚),上学可以是多么有趣的事。像我对自己的聪明能干这么有自信的人,当年却仍然把大多数时间花在担忧上,担心自己的成绩、外表、一氧化碳会带来的恶果,完全忽略了我其实每周花五天时间在学习很多神奇的事物。学习,这才是我分内的职责。想来不该再把大英百科当做自我指定的家庭作业,而应该当做拥抱学习乐趣才是。放轻松。贾各布斯,记住,你的生命可是一直在消逝啊!

纵横拼字板游戏
Scrabble

这种游戏也有盲人点字版,实在是好事一桩。不知怎么,让我有理由对人性有较好的感觉。

电影剧本

script

可恶！茱莉看了电视连续剧《白宫风云》之后告诉我，剧中的总统偷了我在国庆日发表的那项关于杰弗逊和亚当斯死在同一天的资料。现在这资料已经成为公共财产了。

选择

selection

如常的一个工作日，我在编辑一篇关于新型宝马汽车的文章，还有一篇是讲一个电视明星噘嘴板着脸的报道。如常的一天，直到下午三点钟为止。这时我听到以下这则电话留言："嗨，这是《百万富翁》的麦特打来的。"圣母娘娘呀！我回电话给他，结果是我既希望又害怕的：我中选了。我已经入选大决赛，会在十二月十六日那天录影。只有短短几星期准备。我马上感到压力带来的胃痛。

七大奇观

Seven Wonders

真是令人大失所望。我甚至不认为七大奇观之中有半数够格称得上道地的奇观。金字塔，是的，的确令人惊叹，但是其他的就有些——嗯，且让我们瞧瞧。希腊罗得岛巨像并没有横跨该港，那只是传说而已。巨像确实蛮大的，有三十二公尺高，但并没有横跨海港这回事，只是两腿合并站在港口一边。所以我已经失望了。巴比伦的空中花园根本就不是悬在半空中，而是一大堆庙塔顶上的花园，算是一种很炫的屋顶花园，但话又说回来，这没什么新奇。至于哈利卡纳苏斯的摩索拉斯陵墓也没什么，不过就是一座长方形的大建筑而已，我就不敢说自己会称这个为奇观。不管是谁想出"世界七大奇观"的概念，此君可说有个很了不得的公关宣传头脑。

鲨

sharks

月经来潮大有可能引来鲨鱼攻击。又多了一个为茱莉怀孕而高兴的理由。

萧伯纳
Shaw, George Bernard

还没开始阅读大英百科之前,我对萧伯纳印象最深刻的是他谈婚姻的名言:"当两个人深受最狂烈、最失常、最错觉又最倏忽的热情影响时,就想要誓言他们会保持在激动、不正常、身心疲惫的状态中,直到死才分开。"我会记得这个,是因为曾经有两年,每次去祖父母家出席家族聚会活动时,祖父就会找出《巴特列名人语录辞典》准备好,然后大声朗读萧伯纳的语录,吃吃笑到前仰后合,然后奶奶就会撕掉他念的那页,终止朗读。

现在我倒是知道,原来萧伯纳是个怪胎,二十几岁时要当作家没当成,后来变成了小册子作家、乐评人、歌剧迷、反战分子、素食者、社会主义者,尔后又彻底革新了英国戏剧。他也显然有过一宗守身如玉的禁欲婚姻——至于大英百科怎么知道这点,我就说不上来了,不过这点有助于解释他对婚姻习俗制度所发表的名言。但我最喜欢的萧伯纳却是以下这段,事实上这是在 C 字首资料看到的:这位大剧作家曾经为一位摄影家脱光光。一九〇六年,他应首位艺术摄影家科伯恩请求,摆出罗丹著名雕塑《沉思者》的姿势拍了裸照。萧伯纳成了跨页女郎。

对于成千上万为了摄影师而剥掉衣服的男男女女来说,这真是很感欣慰的消息。所以说,凡妮莎·威廉丝①多露了些皮肤有什么大不了?麦当娜和毕雷诺斯露露屁股又有什么关系?连这个现代世界最伟大的剧作家都露过了。我个人觉得很欣慰是因为说来伤心,想当年日子不好过的时候,我也拍过裸照。那是到《君子》杂志上班第二年的事,我们请女演员玛丽露易丝·派克为杂志拍裸照,这是敝杂志对很多才华洋溢的年轻女演员都会提出的请求,结果她愿意拍,但条件是:负责这篇东西的编辑也得拍裸照。那个编辑刚好就是我。

这已经够困窘了,哪知更困窘的是:等我上司听到这点子后,居然认为实在太精彩了,还建议我在胸部撒上鱼子酱拍照,这是去年我们拍一位意大利女星的手法。于是,为了保住我的工作,几天后,我就置身在飞机棚般

---

① 凡妮莎·威廉丝,曾获得美国小姐桂冠,但因先前拍过裸照而丧失资格。

大的阴暗摄影棚里,等着拍"很高档"的黑白照。虽然没有用上俄国产的鱼卵,不过得生硬地盘腿,做出瑜伽般姿势,以便掩住我那话儿。那位爱尔兰摄影师一直叫我"说你秃子",到后来我终于搞懂他是在叫我收肚子,把我那个小啤酒肚藏起来。说来很伤感情,在场所有年轻可爱的女性助理对我的裸体全都表现出天大的漠视,显然我的裸体能够产生的吸引力就跟一张藤桌差不多。

真正最让人焦虑的部分则是朋友和家人的反应。当我跟老妈提到此事时,她看着我的那种神情,想来大概就是约翰沃克·林德①的妈妈听到儿子已经加入塔利班军队时的表情。有几个人建议我花点钱买除毛膏,同事则跟我说,我的正经记者生涯已告完蛋,说得好像我有过正经记者生涯似的。

总而言之,真希望当时已经知道萧伯纳这项资料,会让我安心得多。不过,由于到现在偶尔还是有人会拿我脱裤子拍照的事情取笑一番,所以我终于能有备无患地回嘴说:"喔,萧伯纳倒是没因为拍过裸照而妨害他的生涯呢!"现在我需要做的只是写出几出精彩的舞台剧。

睡眠
sleep

等到宝宝出生之后,我就没办法有很多睡眠了,这点倒也不至于困扰我,我向来讨厌睡觉,认为很浪费时间,我人生三分之一的时间就这样消失而一无所获,只除了枕头上留下了愈来愈大滩的口水痕迹。茱莉跟我刚好相反,她很爱闭上眼睛,是个睡觉冠军,不费吹灰之力就可以在周末夜晚补个十二小时的眠。她宁可睡觉也不大想从事别的活动,如阅读、看电视、听她老公讨论杜威十进位分类法等形形色色的竞争对手。等她睡足了十二小时醒来时,会发出那种睡饱之后心满意足咂着嘴的声音,以前我还以为这种声音是卡通瑜伽熊冬眠结束之后独有的注册商标。

她最好趁现在尽情品尝饱睡十二小时的滋味,因为再过不久,我们都要尝到睡眠不足的滋味——睡眠不足这个词比失眠妥帖,因为正式来说,

---

① 美国与阿富汗交战时,美国青年约翰沃克·林德加入塔利班阵营,后来受伤遭到逮捕入狱。

每个人几乎还是会有一点点的睡眠。不久后,高音啼哭就会把我们从睡眠中惊醒。关于这一点,事实上根据资料,某些文化认为这是相当危险的事。菲律宾吕宋岛的塔加族认为,人在睡觉时,灵魂出窍到了一个特别的梦乡里,因此他们会"严惩把睡着的人弄醒的行为"。当我告诉茱莉这点时,她很赞同,这早在我意料之中。"这真是条很不错的法律,"她说,"这些塔加族人对于事情的本末轻重拿捏得一点都不含糊。"我早该有先见之明的,第二天一大早,我在厨房里柜台式餐桌上吃谷片早餐,碗的碰撞声稍微响了一点,茱莉就从卧房里大吼:"别搞到我出来惩罚你。"

茱莉喜欢塔加族,我却偏爱堪察加半岛,这地区的人认为梦需要实现,不折不扣正是"让你的梦想成真"。以下就是最深得我心的句子:"有些堪察加人的规矩是:一个男人只需梦见自己对某个女子有好感,他就对这女子有性行为特权。"

你得承认,这是挺有意思的想法。就我的情况来说,念高中时这样的规定肯定极其便利,我可以想象出几十种类似这样的对话:"嘿!依莎贝儿,放学后你忙不忙?哦,你可能得取消那件事喔,因为我昨晚多多少少梦到你,所以何不穿你那套取缔违法停车的紧身女警装来我家?或者顺便带些调好的煎饼面糊过来吧。还有,何不也请你妹妹爱丽森一起来?抱歉,不过我真的梦见这样喔。回头见!"

当然,这个"实现你梦想"的概念也有不利的一面,易洛魁印第安人显然就过真实体验。他们也有类似堪察加地区的做梦哲学,大英百科说:"据说有个印第安人梦见他有十个朋友潜入结冰湖上的洞里,然后从另一个冰洞钻出来。他讲出这个梦之后,那些朋友就按他梦中所见照做一次,可是很不幸,只有九个人实现梦中情景。"

所以这可能不是最好的想法。或许应该集中心思产生有创意的梦。大英百科列出了各种曾经利用梦境做成事情的人。柯尔律治的《忽必烈汗》是在梦中构思(他在阅读蒙古征服者的时候睡着了)、醒来之后写下的。《化身博士》的作者史蒂文生也说,他的作品是梦中的"小人"协助他完成的。有位德国化学家想出苯的结构①,是因为梦见一条蛇把自己的尾巴咬

---

① 苯分子是六角形环状结构。

在口中。好极了,原来睡觉不见得浪费时间。我要利用这八小时来清掉所有待处理的文件,套句意大利贵族梅迪奇公爵的话,他因上班迟到被朋友痛斥时回应:"我在一小时内梦见的工作,比你在四小时内完成的工作还有价值。"

接下来那几晚,当我睡着的时候,决定要做些有创意的事,也就是决定想想,如何能把我从大英百科读到的资料变成一首伟大的诗,或者化为一种新的科学理论。可是我唯一能记得住的梦,却是有福气的贾各布斯退休后住到佛罗里达的公寓套房里,而且是有推移板游戏和流动图书馆的那种公寓。看来得把我的"小人"炒鱿鱼。

螺
snails

事实上它们可以跳跃得相当快速,方法是靠着脚的用力屈曲收缩。这对螺真是好事——粉碎了"慢吞吞像蜗牛"的刻板形象。

柴油机通气管
snorkel

我有个想法:或许物件名称每隔五十年左右就该重定一次。万一名字是根据某样邪恶事情而来的,就得再给它们另取新名字。"Snorkel"这个词来自于第二次世界大战德国潜水艇的通风管,这够邪恶了吧。还有"三明治",嗯,我们都知道这跟桑威奇伯爵(earl of Sandwich)有关,但我以前不晓得他是这样伤风败德的人,他收贿、暗箭伤人、赌鬼(与他同名的"三明治"就是他在赌桌上日夜狂赌时的点心),也是与美国争取独立为敌的人,更是个可怕的战术家。我们应该帮三明治另外想个美式名称,或者以莫理斯为名,因为这位美国独立战争时期的财政专家实在没有得到充分的赏识。请给我一份火腿乳酪莫理斯。

社会经济信条和改造运动
socioeconomic doctrines and reform movements

我最喜欢的改革运动领导人是个法国人,名叫傅立叶,大英百科就事论事地形容这个人"不只有点疯狂而已"。在傅立叶的乌托邦式幻想中,人类过着合作社般的团体生活,这种基层组织称为"法郎吉",里头的人"早上种包心菜,晚上唱歌剧……爱与热情把人们维系在一起,形成一种没有强制性的秩序。"他的"反资本家大计"不仅要求社会转型,更扩及大自然和宇宙:野生动物会转为反狮子、反老虎,并为人类服务,而海洋则会是柠檬汁。这实在是很可爱的幻想,当然,也是一派胡思乱想。在现实中,就我们大家所知,海洋是会变成番茄汁的。

傅立叶并未改造我,我仍然是个资本主义者,但我会说,阅读大英百科确实使我有点掀起了激进的政治情绪,自从中学时代那段不堪回首、自许为马克思主义者的日子之后,已经很久不曾体验这种情绪了。过去几年里,生活在舒适的先进国家,有大量的连锁店和餐厅及各种邮购商品目录,我最成功做到的可说是过起独善其身的茧式生活。当你以阅读名人传记为主时,可以有很长时间不会看到饥荒惨况。你千万别低估我视而不见的能力。不过眼前每天读到很多国家的资料,这些国家的人民平均年收入很少超过两位数字,平均寿命是四十几岁,成千上万的儿童死于痢疾,使得我无法不抓住那些改革信念,不由得明白,这个世界需要拯救。我应该多向老姐贝丽学学,她曾经在秘鲁一个贫穷小镇工作了好几年,有点类似只有她一个女人独撑的和平部队。她有很强烈的道德感,不需要靠大英百科来唤醒。

所罗门

Solomon

我知道他很有智慧,却不知道他原来这么忙碌。这位圣经上的国王有七百名王后、三百名嫔妃——有点像是我们这个时代的赖利·金①。

声

sound

假如森林里有一棵树倒下来,却没有人听见,那么它是否真的发出声响呢?这个老问题已经很久没让我晚上想得睡不着了。但是能够知道明确答案仍然是好事一桩:是的,它确实发出声响,大英百科这样说,因为声

---

① 赖利·金为美国谈话节目主持人,娶过很多任老婆。

响的定义是以"机械式震动透过空气或其他媒介发出的频率是人耳听得到的"为准。所以一棵倒下的栎树,发出的是很一本正经的响声。完毕。

美西战争

Spanish-American War

罗斯福在圣胡安山战役一马当先冲上山,[1]这是个很好的故事,而赫斯特的战争贩子行径、他的"黄色新闻"竞销战也很精彩。[2]但是,这场战争最得我心的部分却是以下这段:

"西班牙四月二十四日对美宣战,美国亦于二十五日宣战,并追溯开战日期为四月二十一日。"

这可真是很便利的一招——追溯开战日。要是哪天老板炒我鱿鱼,想来我只消说:"嗯,这倒好,不过我是不干了,我追溯辞职日为上星期二。顺便追溯要告诉你的话:去你的。"

美国的追溯开战日,可说是我留意过的战争史上逻辑最无懈可击的好例子。说真的,虽然人在战时有时会表现得很崇高,但更常表现得像乱发脾气的小孩。地缘政治学[3]更让我想起小学四年级学生,只不过那些捏人家乳头、把别人的头按到马桶里的人,通常会死得很惨。

为了证明我的观点,我留有一份清单,记录了最爱的名堂古怪的战争,这些战争很能跟海勒[4]的小说一较高下。有一场是"糕点战争",这是墨西哥和法国的军事冲突,导火线始于住在墨西哥城的一名法国糕点师傅,他声称有几名墨西哥陆军军官砸坏他开的餐厅。我很替这场战争中阵亡的人感到难过,为了甜点而送命实在不是很有尊严,就算那甜点是很棒的长形奶油馅巧克力糕点也一样。此外还有"詹金斯的耳朵战争",这场英格兰

---

① 罗斯福力主对西班牙宣战,战时率领他的"莽骑兵"攻上古巴的圣胡安山一战成名,为美西战争伤亡最惨重、最著名的一役。后来罗斯福当选美国第二十六任总统。

② 赫斯特(1863—1951)是美国著名报业大亨。美西战争前夕,赫斯特的《纽约美国人日报》和普立兹的《纽约世界报》展开持久的竞销战,选用耸人听闻的标题,甚至鼓吹美国向西班牙宣战,当时人们斥之为"黄色新闻"。

③ 地缘政治学分析地理位置如何影响各国相互关系,诸如获得国防屏障,控制重要的海上航线、据有战略要地等。

④ 海勒(1923—1999),美国作家,长篇小说《第二十二条军规》是二次大战后"抗议文学"最重要的作品之一。

和西班牙之间的战争所以爆发,是因为有个叫詹金斯的水手声称,西班牙海岸警卫队割掉了他的耳朵,甚至还把割下来的耳朵呈现给英国议会看。更不用提"猪猡战争"了,这是一八五九年发生于英美之间的战争,起因是美国华盛顿州圣胡安群岛上有只英国人养的猪劫掠成性,闯入美国人的马铃薯田里。最后还有"啤酒战争",但这就跟桶装啤酒或著名的争论"味道棒/比较不胀肚子"无关,而是十五世纪期间在德国为了征收啤酒税而引起的。

言语障碍
speech disorder

茱莉的亲戚安术有天晚上来我们家做客。安术是位律师兼电影教授,也是我见过口才最好的人之一,因此他透露自己曾是哥伦比亚大学辩论队的明星队员时,就很说得过去了。

"聪明老兄,你应该去找他们较量一下。"安术跟我说。

这主意倒不坏,那支辩论队大可成为我最好又最严格的智力测验。要是能打败这支自夸的哥伦比亚队,谁敢说我不也能挫挫大舅子的气焰呢?

说起来我不完全算是个辩论赛老兵,唯一的正式经验是在 CNN《针锋相对》节目上亮相,结果奇惨无比。那次辩论主题是"电影票价是否太高了?"(显然那天 CNN 没有什么新闻可做。)由于我曾为《娱乐周刊》写过一篇关于票价的文章,于是选我去代表消费者的立场。我知道这节目叫《针锋相对》,也收看过一两集,多少知道是采取辩论方式进行。然而不知怎地,我总以为既然主题是电影,大概会比较偏重风趣而友善的聊天,说不定主持人苏努努会告诉我们他最爱的〇〇七电影反派是哪个,或者引述一段《教父》里的对白。

结果完全不是这么回事,摄影机的红灯一亮,苏努努就对我厉声咆哮。这人简直像是打心底对我很反感,仿佛我刚才去偷摸他豆蔻年华女儿的乳房,或者对他的宝马汽车撒了泡尿。票价太高了?有吗?所以你不喜欢资本主义?你想要政府规定票价?小子,你是哪根筋不对劲?我感觉到自己就像是麦卡锡听证会上产生弹震症①的愣子一样。这么说,贾各布斯先生,

---

① 在战争中受到刺激所致的精神病症,会有不由自主的惊吓反应,或对声音、光等刺激过敏,伴随过度应答。这里指在美国参议员麦卡锡主导的白色恐怖时期受到迫害的人,会因听证会的压力而做出不实供述。

你订阅《真理报》①有多久了？

制作人透过塞在我耳中的耳机努力想帮我一把，他会说"现在可能是你为自己辩护的好时机"，或者"放胆去讲"，要不就是"拜托，随便讲点什么都好"。但我上节目就不大像针锋相对，反而更像单方挨轰。等到找到机会回应时，争辩重点放在刚推出的电影《失落的世界》②，即《侏罗纪公园》续集，竟然要花九美元去看，但我仍然辩论得左支右绌、颇为狼狈。我实在不是苏格拉底那块料。

第二天上班，我那些同事甚至连假意说说"你表现得很棒！"都做不到，听到的反而是："你没事吧？""你在节目里看起来张口结舌。""起码你有你的——嗯，我想你没有那——唔，算了，回头见。"

那些哥伦比亚大学生似乎比苏努努客气多了。我打电话给他们，亮出安术大名，说明我的计划，他们仿佛认为这点子一流，于是叫我找个星期二晚上到哥伦比亚大学去。

我还以为八成会是在气势宏伟的辩论大厅里开辩论会，哪知实际上辩论的地方是在学生中心四楼一间公共机构般的房间里。辩论主题是"死刑可以合理化"，我跟一个队友一组，这是二对二的比赛，我们这组被派到的是赞成死刑的一方。第一位辩士是大二学生伊范，他上台之后口若悬河讲了七分钟，阐述宗旨、声音手势运用自如，谈到卢梭的社会契约论以及成本效益分析，谈到个人权益及改造，兼及其他好几项伟大的哲学理念。他妈的，讲得行云流水般流畅。

"说得好！说得好！"伊范的队友拍着桌面说。这"说得好！说得好！"实在是很聪明的一招，完全就是参加辩论会者用的招数。此外，我还学到了"程序问题"以及"我方主张"，两个都是很有用的用语。最妙的一个规矩是，如果你站起身来发言反驳，就得把手放在头顶上。（这规矩可以追溯到英国议会，议员起身时按住假发以防掉下来。）整个辩论过程中，这些大学小伙子不断用双手按着脑袋瓜、跳起身来打断另一方，让我联想到口才很好的猩猩。

---

① 《真理报》是前苏联共产党的官方机关报。
② 上映时间为一九九七年。

　　我的队友葛瑞是个讲话速度很快、精力旺盛的大二学生,尤其擅长反驳。当他反驳对方观点时,就用两指压着颈部,好像在探脉搏似的,我不确定这是否属于辩论程序的一部分,不过那姿态看起来蛮酷的。葛瑞提出一些很棒的观点,说明除了囚禁之外还需要另一层次的刑罚。"说得好! 说得好!"我一面拍着桌子一面说。我已经记住"说得好! 说得好!"这招。

　　但不幸的是,按照辩论进行的规矩,我也得提出争辩。我站上台,双手抓住讲台两边,因为这样会让我看起来很坚定果决。然后低头看看自己在一张纸上草草写下关于死刑的重点资料,开口说:"从前在美索不达米亚,根据汉谟拉比法典,也就是最早的法律汇编,酒保要是用水掺稀啤酒出售,就会被判处死刑。用水掺啤酒属于死罪。"我稍停一下。这开场白很吸引人,但我其实不清楚接下来该怎么发挥;或许可以这样说:"我是要暗示应该把上西城那些在'大都会'调酒里掺水的酒保处以死刑吗? 那倒未必。不过我要说的是:你可以打赌,从前美索不达米亚的啤酒一定很浓烈。"

　　台下观众表现得很有风度,不过对我这套创新逻辑好像有点狐疑,虽然没有人喊"说得好! 说得好",但起码也没有蔬菜瓜果对着我扔过来,甚至还听得到几声很客气的呵呵笑声。

　　"再回过头来看古罗马时期。在古罗马,弑父罪,也就是杀害你父亲,会被判处扔到河里去。但不是就这样扔到河里去,而是把你跟一条狗、一只公鸡、一条蛇还有一只大猩猩一起装进大袋子扔到河里去。"我又停下来,部分原因是为了增加戏剧效果,但最主要的原因是正在努力想出该怎么做结论。"我要说的是什么呢? 嗯,要说的不是我们也该把当今的罪犯跟一群动物一起扔进哈得逊河里,而是要说,古罗马时代的父亲都很有安全感。"

　　发言时间还没用完,所以我又低头看看草稿。"再来谈斩首,"我说:"古时候把斩首视为上层阶级的特权。后来法国发明了断头台,让斩首变得更普及,上至国王下至农民都可以斩首。有个人还提议用蒸气来推动断头台,使得斩首更加轻而易举,但这点却从来不曾采用过。"喔哦,我好像离题了。可是我非但没能亡羊补牢,反而还讲起神职人员的好处、十六世纪死刑的漏洞、学拉丁文是件好事,然后下台一鞠躬。我赶快回到座位上,为了支持自己,于是拍着桌子说:"说得好! 说得好!"

　　我的对手马克斯上了台,不费吹灰之力就把我提出的所有论点驳斥得体无完肤。他指出伊拉克很难称得上是司法表率,因此我不该热情洋溢地引用汉谟拉比法典,还指出有很多方法都可以收到吓阻效果,不必非得把人和一条狗与一只公鸡一起扔进河里。接着他和伊范一口气列出很多事实,有关恐外症（xenophobia）、施刑（torture）以及零增益（zero gain）——这些全部属于大英百科后面几个字首的资料。我老人家让人寻了一番开心,真该感到荣幸之至。

　　这些小伙子很聪明,比起我当年念大学时聪明多了,可能也比现在的我聪明,起码在掌握逻辑辩论方面比我强,这点就不大妙;我做这次实验的本意,其实是希望凭借一些诡辩手法和证毕之类的用语天花乱坠一番,让他们甘拜下风。我拥有很精良的武器和弹药,却不知道该如何瞄准发射,结果乱枪打鸟,炮弹全都胡乱发射到水里去了。但是话说回来,起码我还拍过桌子大声叫好,而且绝对比上次在 CNN 辩论的惨痛经验好得多。

香料贸易

spice trade

　　我发誓不再把肉桂口味的夹心饼干视为稀松平常,或者不把红箭肉桂口香糖、贵格牌肉桂麦片当一回事。作为二十一世纪美国人,而且是中上阶层纽约客、住家附近又有大批连锁店,我实在是生活在物资非常丰富的时代和地方,生活在消费文化里,样样都唾手可得,甚至如果到网络上的 eBay 用心找,说不定连肉桂口味的驯鹿肉香肠都买得到。但我决定以后要珍惜这一切。大英百科让我搞清楚这点。

　　因为四百年前,如果要买一小撮肉桂的话,得花上我一个月的薪水。我获悉,香料贸易乱成一团,充斥欺骗手法和贿赂,有点像今天的贩毒业。最珍贵的香料之一是肉桂,当时比黄金还贵。为了要让竞争者退避三舍,香料贸易商散播传言,说肉桂生长在遍布毒蛇的深谷中。他们也说,生产桂皮①香料的树生长在浅湖中,并有长了双翼的野兽在旁看守。

_____

①　肉桂是以锡兰肉桂的树皮内层做成香料,桂皮树则生长在中国与东南亚,亦以树皮做成香料,与肉桂近似但较辣,不及肉桂味道鲜美。北美地区所用的肉桂粉不分肉桂和桂皮。

以后我在马克杯里的热巧克力撒肉桂粉，一定也不再视巧克力为理所当然。西班牙征服者科尔特斯把巧克力引进欧洲，但西班牙对此保密了一百年，不让欧洲其他国家知道。就是因为这样，从今往后我不再把这些都当成应有的权利；以前从来不懂得珍惜巧克力和肉桂，我发誓以后对它们珍而重之。

运动纪录

sporting record

运动纪录整整有六十六页篇幅，涵盖四十五种运动，由射箭到帆船运动——我告诉你，真的读得很辛苦，一串串没完没了的姓名、得分和日期。

你想知道二十世纪二十年代羽毛球界的"老虎伍兹"是谁吗？是爱尔兰人戴弗林，他是羽毛球大师。一九〇三年第一届棒球世界大赛冠军是谁？波士顿朝圣队。说不定红袜队重新改名为朝圣队，就可以打破他们那个小小魔咒①了。我留意到加拿大美式足球联盟曾有一支渥太华莽骑兵队（Rough Riders），还有一支叫萨克其万驯马师队（Roughriders），这也可以自成一项纪录："缺乏想象力"。

我很喜欢阅读那些获胜马匹的名字，例如一九一七年的"快活十字军"，或者一八〇九年的"教皇"，要不就是很奇怪地具有现代感的名字如"摩天大厦"，这匹马于一七八九年赢得英国德贝马赛冠军。这让我想起我当年还是个自以为无所不知的万事通小男生时，祖父跟人合买了一匹赛马。对于帮这匹马命名，我尤其兴致勃勃，提交了一份很长的名单，列出建议马名给祖父，所有名字都暗藏机关，主要是针对播报员以及收听收音机转播赛马实况的人，譬如把名字取成"三畦长②"、"泥泞状态"、"马鼻之差"诸如此类，以便播报员在播报时会说成："看来'马鼻之差'以一个马鼻之差落败。"如今回顾，我还真是个非凡的驴蛋。幸亏那时家人否决了我的提议。

---

① 指红袜队的"贝比鲁斯魔咒"。全垒打王贝比鲁斯在一九一八年帮助红袜队赢得世界大赛冠军，但一九一九年被转卖到洋基队，当时他诅咒红袜队再也拿不到世界冠军，至今红袜队仍与总冠军无缘。

② 畦长是一种古老的英国长度单位，今日几乎仅使用于赛马。

运动

sports

我又多了些弹药可以对付办公室里那些要命的运动话题：第一场篮球赛（用的是橄榄球和两只桃篮）于一八九一年在美国马萨诸塞州春田市举行，成绩是一比零，这要归功于柴斯在中场线的投篮。我猜想，柴斯因此马上得到冰淇淋汽水公司的几百美元赞助。①

史达林

Stalin, Joseph

要说我学到一条跟政府有关、铁定不变的不成文规则，那就是：永远不要信赖有"大叔"昵称的政客。史达林大叔就是一个，他也不会很快获封为圣人。此外还有胡志明，昵称是"胡大叔"。至于可以排第三名的则有保罗·克鲁格，南非那个可恶的荷裔南非人建国者，人称"保罗大叔"。所以要是你见到选票上有位大叔，千万不要投给他，他才不是你真正的大叔呢！他不会讲好笑的笑话，也不会从你耳朵里摸出一毛钱，相反的倒可能会迫害你。为了安全起见，最好也远离那些叫"老爹"的政客为妙。

星条旗之歌②

Star-Spangled Banner, The

作者基伊写这首诗时，原题是《麦克亨利堡保卫战》，称不上很引人注目。还有，音乐旋律取自一首英国饮酒歌。这可怪得很，因为基伊这首诗是在一八一二年对抗……英国人时写下的。先是有圆场棒球，现在又加上这个。我们还真爱由前敌人那边偷来最能表现爱国情操的东西。

斯特拉文斯基

Stravinsky, Igor

其实我在人生很早期就已经知道斯特拉文斯基，那时大约十二岁，跟

---

① 今日商品常会邀请当红运动选手担任广告代言人。十九世纪末，冰淇淋汽水刚在美国风行不久，因此作者有此戏言。
② 美国国歌的别名。

一个叫丹妮丝的老师学钢琴。她人很好，满头小鬈发，三十几岁的单身小姐，来我家的公寓教我弹奏贝多芬的《给爱丽丝》、巴赫的变奏曲，而且为了提高我的兴趣，还弹电影《星际大战》的主题曲。尽管我一点都没有显露出有音乐天分的迹象，她却居然认定我必须更上一层楼，得成为作曲家。

于是有一个星期，每天下午我都花几小时待在家中门厅里的钢琴旁，叮叮咚咚敲着琴键，草草记下音符、擦掉、再草草记下更多音符。最后，到了星期五那天，丹妮丝来了，我就弹奏作品给她听。那效果听起来很像是麦迪逊大道塞车的交通噪音加上传真机和鼬鼠发情叫声的组合。

"弹得好，贾各布斯，"她说，"你正在做无调性乐曲实验。"

"是的，我对无调性乐曲很感兴趣。"不用说，我根本就不知道无调性乐曲是什么；事实上我拼命想写出有调性的乐曲，只是我的音感差劲程度是百分百。

"让我想到斯特拉文斯基。"她说。

"啊，是的，斯特拉文斯基。"我点头应着说。丹妮丝好心到家了，不愿意让我泄气，但我的曲子唯一可能让她想起斯特拉文斯基之处，大概就是斯特拉文斯基不小心一屁股坐到琴键上发出的声音。

这就是我生平第一次知道这位俄国大师的经过。上大学时，我对斯特拉文斯基所知又增多了几个字：他是谱出《春之祭礼》的无调性作曲家，那就是我对他所知的程度了。

从大英百科我获悉两件重要的事。首先，《春之祭礼》不是复数而是单数，所以过去这么多年里，我偶尔提及斯特拉夫斯基（说来难过，只偶尔提到一次）时，连说出这作品名称都表现得像个驴蛋。其次《春之祭礼》于一九一三年五月二十九日在巴黎香榭丽舍剧院首演时，足以引起"首演骚动"。

斯特拉夫斯基的乐曲具有"大胆的节奏和不加处理的不谐和音"，在时髦巴黎观众间引起骚动。由于现场的哗然与喧闹声太大了，以致芭蕾舞者听不到舞台旁乐池里乐团演奏的音乐，然而舞者还是继续舞下去，因为编舞站在舞台侧面一张椅子上大声发号施令，做手势指挥节奏来引导他们。

我爱死了这段，简直不敢相信还不到一个世纪之前，一出由不搭调音符乐曲伴奏的芭蕾舞居然会引起现场骚动。（顺便一提，要是他们听到我谱的乐曲，可能会烧掉剧院吧。）如今的芭蕾舞观众很少骚动了，通常都忙着打瞌睡；要是真的看不下去，就会在第一幕结束之后离场，找个地方去吃顿好吃的意大利面。但不会为此骚动。

这使得我怀念起从前可以借由艺术而惊世骇俗的时代。那时真是易如反掌，只要音阶上有两个音符太过接近，再加一点性意味，说时迟那时快，马上就激起公愤。而今呢？要有足够的好运才惊动得了别人。你去看电影，看到少男少女跟小鹦鹉或什么东东在乱搞，你也不会因此看到骚动、哗然、喧闹或甚至有个人站到椅子上去。以前做个真正的艺术家要容易得多，如果不把得了肺痨病算在内的话。

口吃

stuttering

将来我一定不会过分纠正我的孩子，我许下这承诺。"口吃倾向的出现，多半由于父母对儿童的正常停顿或重复语句反应过强所致。这也可以解释口吃者多为独生子女，或出现于年龄悬殊的兄弟姐妹的原因。"这是给为人父母很实在的忠告，来得正是时候，因为茱莉肚子里的小生命正愈来愈长成人形。

昨天，茱莉和我到西奈山医院去做超音波扫描，护士在茱莉的肚皮涂了些蜜糖色液体，然后把一个有如麦克风的小巧装置放在肚皮上，把那玩意儿用力往下按，探测她肚子，看得我很紧张。找到了，宝宝就在那里。"能看到器官吗？"我问。

"喔，可以看到心脏。"说着，她指着荧幕上一个舒张伸缩的小点，"那个黑点是肝脏。"

"不是，我说的是那个器官。"我想知道我们的孩子将来会是《君子》还是《柯梦波丹》的读者。

"喔，我懂了，"那护士说，"我换个比较好的角度来看。"她在那台嗡嗡响的超音波大机器上按了两个钮，转换到另一个全新角度的画面。"喔，有的，那里有个器官，你们这一胎是个男孩。"

荧幕上显示的像是由大陆凸出的一点白色半岛，大小不算太差的半岛。或许只是我的想象而已，不过我敢发誓，那个护士对之另眼相看，还做了个鬼脸，在我看来像是"如果我还单身而且又年轻个三十五岁的话……"

不过总而言之,是个男孩。将来不会口吃的男孩。茱莉和我都不知该如何反应才好。贾家香火可以延续下去,这是一点。但是男孩天生也比女孩更会破坏财物,而且会用更多的午餐装饰对面的墙壁。不过先别吹毛求疵,重要的是我们有孩子了,一个美好的孩子,有跳动的心脏和代表肝脏的黑点,还有个器官足以使他够格成为胎儿中的米尔顿·伯利①。

茱莉穿回衣服,我们去缴费,就在等候时,我望向窗外,见到好几座垒球场,心想我应该再去学学如何挥球棒了。"那公园挺漂亮的,"我说,"是哪个公园?"

"呃,那是叫做'中央公园'的小公园。"

"喔!"

"再问你一次:你到底是在哪里长大的?"

真是活见鬼,她说有道理。大英百科并没有协助我增强方向感。

苏伊士运河
Suez Canal

还有一个月就要上《百万富翁》节目了。我对此的心理压力处理得还真好,也就是说,睡不着、思路没有条理、只有勉强自己下咽时才吃得进东西。阅读大英百科也没能跟上应有的进度,反而晚上时间都在做研究、温习、准备,觉得自己好像又要去考学力测验似的——不过这次是在几百万家庭观众面前考试。每天总有几次,我一想到某个主题只抓住了皮毛就感到心慌;我口袋里有份清单,记下这些有待加强的主题,而且清单愈来愈长:普卢塔克②、主要桥梁、品脱与夸特、亚洲各国首都、俄国贵族、洛利爵士③、司各脱爵士④、德雷克爵士⑤、巧取豪夺的大亨、黄道十二宫、巴约挂毯⑥、苏伊士运河

---

① 米尔顿·伯利,美国喜剧演员,十岁便成为杂耍演员,电视发展早期很受欢迎。
② 普卢塔克(46—127),古希腊哲学家。
③ 洛利爵士(1552—1618),英国探险家和作家,早期美洲殖民者。
④ 司各脱爵士(1771—1832),苏格兰小说家、诗人、史学家和传记作家,常受推崇为历史小说的创始者与最杰出作者。
⑤ 德雷克爵士(1543—1596),英国伊丽莎白女王时代的著名航海家。
⑥ 巴约挂毯是中世纪刺绣工艺品,描绘一〇六六年诺曼底威廉大公征服英格兰的场景,又是宝贵的十一世纪史料。

（筑于一八六九年，隔开亚洲与非洲）。这简直就像疯狂学院的课程大纲。

自从展开这项阅读计划以来，我常觉得自己浮游于浩瀚资料中，但现在却像是逐渐陷溺在这些要命的事物里。前些时候有一天曾出现很怪异的心境，当时我刚从中央公园西区运动结束，满身大汗走在回家路上，周遭环境在我眼中突然都成了集体资料，全都会移动、有脉搏，也会碰撞反弹。就像电影《黑客帝国》里基努·里维斯饰演的角色，眼中看到的生活尽是连串的〇与一，我的情况也一样，只不过换成了有关车胎、交通标志、水泥、门窗遮篷的各种资料，全部一个一个考起我来，使我愈来愈迷失。

我很羡慕其他那些参加《百万富翁》节目的寻常人士，他们并没有把人生过去这一年花在阅读大英百科，也没有向亲友家人以及同事扬言自己几乎知道所有的事。他们出丑的几率有多少？很高。至于我的呢？有平流层①那么高。（个人备忘：记得要研习大气的各种分层。）

我自信心的起伏变化也很大。好的时候，自觉会赢得七位数字的支票回来，想象着获胜之后要发表的谈话内容。说不定会要求用一百张一万元面额的钞票支付我的奖金，也就是正面有首席大法官蔡斯②肖像的那种钞票。在信心消沉的时候，又认定自己一定会在一百元奖金的问题前就砸锅了。万一他们问我童谣怎么办？我还搞不清楚小号手杰克的拇指和小玛菲小姐的矮凳子呢！③或者万一问起斑马（zebra）或桑吉巴（Zanzibar）怎么办？我的意思是说，这时去上《百万富翁》时机是很好，因为已经阅读到大英百科最后面的一些字母，但仍不是最完美的时机，因为我还没读完 Z 字首，他们甚至可以出个跟犛牛（yak）有关的题目让我栽跟斗。

对于自己如此着重于表现，我也觉得很懊恼。我知道自己相当聪明，懂得很多，何必需要公众来认可这一点呢？但我却需要。我每天都在收看《百万富翁》、仔细观察，此举对于原本紧张不安的心情实在很不利。如果主持人问参赛者的问题是我知道答案的（而我的确大部分都知道），就会弄得我神经兮兮。为什么这题没留着问我？我脑中只收录了两百万条资料，

---

① 平流层位于对流层之上，约在地面上方十至五十公里间。
② 蔡斯曾担任林肯的财政部长，任内奠定美国金融系统并发行货币，贡献卓著。面额一万元的美钞现已不发行。
③ 《小号手杰克》和《小玛菲小姐》都是著名的英文童谣。

而这道题已经不会再问到我了。但如果不知道答案的话,就更糟,更何况还有一些我根本不知道的资料,那些甚至不在我心爱的大英百科里的资料。水龙头发出鼓声般的响声,正式来说应该叫什么?闷声轻播。这个在大英百科就没有了。救生牌糖果新出的口味是什么?黑莓。这个也不在大英百科里。

我没霸占电视机收看《百万富翁》时,茱莉会观赏 MTV 频道介绍金发流行歌手杰西卡·辛普森生活的节目。杰西卡成了公认的天下第一白痴。茱莉告诉我经过情形;在最早的一段节目中,杰西卡问她老公,鲔鱼是鸡还是鱼?她搞不清楚。老公惊讶之余告诉她,鲔鱼事实上是鱼。嗯,她回答说:如果是鱼而不是鸡,那为什么罐头上写成"海底鸡"呢?

起初我听了也呵呵笑,是的,很滑稽。杰西卡的脑子只有微蛾般大(微蛾的翅展只有三公厘长)。但接着就开始替杰西卡感到难过,难过的程度就像你为一个有钱得讨厌的流行歌手难过一样。我们大家都有知识上不足之处,对不对?很久以前我曾经宣布再也不吃乳酪了,因为乳酪是母牛的尿做成的。好吧,我说这话的时候才六岁,我想那是个很老实的错误:把牛奶和牛尿搞混了,然而随之而来那两个月遭到同学的嘲笑与奚落,在我心头留了疤瘩。最近又有一桩:我把前美国棒球大联盟执行长尤伯罗斯(Peter Ueberroth)和英国演员尤斯汀诺夫(Peter Ustinov)搞混了,结果在办公室里被人糗得很惨。尤伯罗斯和尤斯汀诺夫,我这个"活动百科全书"这下子栽了个大跟斗。哈!

要是我在全国播出的电视节目里栽了跟斗呢?大有可能变成同辈圈子里的杰西卡。你可以一辈子每天啃上十七个小时资料,但仍然会有知识上的不足与鸿沟,只不过要看那些鸿沟藏在哪里,而你是否能够驾着卡车或摩托车越过鸿沟。至于两星期前我曾经有过的辉煌神气呢?自认可以跟霍金比美的那种感觉呢?早就没了,消失得跟绝种的度度鸟一样(这种鸟只剩下收藏于牛津的一头一脚,以及收藏于大英博物馆里的一脚、哥本哈根的一头,还有几根零散的骨头)。

I

恐怖主义

terrorism

更多可怖的人类行为。几乎整整两页都在谈杀害无辜者的历史。

这项是大英百科里最令人心情不安，也最怪异的条目之一，先从圣经时代的恐怖主义讲起，然后细数接下来各个世纪的恐怖主义，最后以四个句子谈九一一而告结束。谈到九一一事件竟然只有几句，实在给人本末倒置的感觉。

恰好我从大英百科公关那里得知：世贸中心的双子大厦倒下来时，这一版的大英百科正在印制中，结果临时从印刷机上撤下，再添加两段上去。我很肯定下一个的版本会有较长篇幅讲这次攻击事件。

所以，根据这一版而下任何结论或许有失公允。不管怎么样，看到九一一事件已经列入历史性文献，竟然有安神效果，让我生出希望，就像我父母的朋友所说：这件事也会成为过去。倒不是说要把九一一化成小事，这件事恐怕是我这辈子目睹过最可怕的事件，但是见到它和史上几千件恐怖（而且是很大件）的事件并列，却给了我希望，希望我们能克服它。

真正最讽刺的是，我的反应刚好跟阅读太平天国的感受相反。在这之前，我还认为大英百科不动感情的语气很气人，现在却觉得很有安抚作用。阅读大英百科就会有这种宛如脑子挨鞭子的经验。

特斯拉
Tesla, Nikola

我们参考的怀孕指南说，我应该跟腹中儿子讲话，好让他习惯我的声音。今天晚上我决定念大英百科给他听，讲的是爱迪生的劲敌、电子学先锋特斯拉，他也是交流电的发明者。胎儿都会喜爱电子学先锋。我倾身朝向茱莉的肚子，她的肚子最近已经开始隆起，挺像周末喝了太多百威啤酒的男人肚子。我开始读起来："他在财务上很不实际，而且性格古怪。"我用了最平板、念书给小孩听的腔调，希望他会喜欢。"有严重洁癖，害怕细菌，并受强迫性的行为所驱使。"

"你真像个爸爸。"茱莉说。

"对，就像个爸爸。"我接着念特斯拉的小传："他设想过科学的某些未来课题，例如与其他行星通信、将地球切开等，又曾宣称发明了一种死光，能毁灭几百公里外的上万架飞机，在当时只受到众人讥笑。"

我抬头看看茱莉。"他有没有踢你？"

她摇摇头。没有动静。

"可能他全神贯注听得入迷了。"

"没错，可能就是这样。"

我很明白自己迫不及待等着儿子出生，迫不及待要让他跟我家所有男丁一样爱上学习与知识。可怜的家伙。

戏剧
theater

十九世纪期间，剧院着重于演出一种名为"赛事剧"的舞台剧，台上设有跑步机，活生生的马匹出场后，便在这些跑步机上奔驰。《宾汉》里那幕战车赛事，就是以这种方式于一八九九年搬上舞台的。可惜这种戏剧没有继续上演，因为连我都会很想上剧院去看这种戏呢！

庭
thing

中世纪的冰岛把全国议会称为"庭"①。要是我有机会跟研究冰岛历

---

① 原文 thing 亦指英文的事情、东西，可玩双关语。

358

史的人混混,就可以玩些很正经的双关语:"所有该考虑到的庭(事情)"、"野庭(东西)"、"没庭(事)"。我应该打电话告诉那些门萨会友,他们一定会很欣赏的。

思考
thinking

最近我常想到思考,或者说得更精确,我一直在想关于思考、知识、智力,还有这三者之间的关系。这又回到玛蒂姨妈问我的老问题——用知识塞满脑袋,真的会让我变得更聪明吗? 或者这不过是傻瓜长达一年的白忙一场?

我决定跟美国最顶尖的智力权威专家联系,他是耶鲁大学教授史登堡博士,还帮大英百科写了"智力"条目,可说是最好的讯息来源。我写电邮给史登堡博士,跟他说正在阅读全套大英百科,为了要成为世上最聪明的人。我想跟他谈谈智力。两天后,电脑发出了"乒铃"讯号声,表示电邮传来了,是史登堡博士发来的。他说:"我已经看了你的电邮,如果你对我所提出的整个智力理论很熟悉的话,就会知道我不会视你这番追求很值得,也不会认为这番追求会使你成为世上最聪明的人,反而会认为这完全是浪费时间。祝好,史登堡。"嗯,史登堡博士或许可宣称是很懂智力的人,不过大可再学点礼仪。他是我所称的"十足的德国佛克①飞机"。

史登堡博士第二封电邮建议我去研读有关智力的理论,尽管措辞傲慢,我还是决定照做。我买了两本史登堡博士写的书,一本是《成功的智力》,还有一本是《智力手册》。我从书中学到的第一件事就是:智力是出了名的难以界定。智力这个概念本身就像头猪,浑身是白、棕、黄、骨白色的垃圾油脂,滑溜溜的。不同文化对于智力有不同定义。在辛巴威,智力是指"小心谨慎";在道家传统里,智力主要是虚怀若谷;在尚比亚,智力与"合作与服从"有关。至于西方世界则着重言词能力,完全和寰宇之内其他地区大相径庭,像是有个非洲部落就认为,沉默寡言才是有智慧的表现。

即使在美国文化,对智力的观念与看法也不断转变。首位"科学的"智

---

① 佛克(Fokker)音近于骂人的话 fucker,指讨厌鬼。

力理论家是位名叫高尔顿的人，是达尔文的表弟兼朋友，认为智力意味着较佳的感觉辨别力，因此设计出一种测验，尤其可测出以下能力：听到高频率的哨音、猜出物体的重量、嗅出玫瑰花香。自从高尔顿和他的玫瑰花以来，到现在已经有很多种界定智力的尝试，像是不久前有位理论家把智力再分成很多类别，例如肌肉智力、音乐智力及动觉智力（看你的动作可以好到什么地步）。另一种理论则号称可以分出一百五十多种类别。

最出名的智力理论家大概要算是法国心理学家比奈，他发明了最早的现代智力测验，设计出来的试题原本是要剔除普通教学班上的智障学生。史登堡博士认为智力测验是有缺陷的，因为只能测出一种形式的智力，即分析智力（解决问题的能力），却忽略了创作智力（想出新问题的能力），还有实践能力（把解答融入现实生活中的能力）。我想到自己在门萨智力测验里一败涂地，而史登堡博士对智力测验如此重击，又使我不得不喜欢他。另一方面，我却不欣赏他谈到"固定智力"时的严厉口吻。固定智力指的是知识的累积，刚好就是我从大英百科吸收到的这种。史登堡博士似乎对于固定智力重视的程度不如对流动智力的重视，流动智力指的是脑子适应情境的能力，以及在推理和解决问题方面保持灵活变通。大多数现代理论家都同意，灵活变通是智力的主要关键。

好吧！我完全赞同灵活变通，但有一点史登堡博士应该要考虑到，即我累积的知识愈多，也就愈能看出灵活变通的重要。这两者是相关的。灵活变通是大英百科的主要课题之一。古罗马人之所以成为航海强国，就是因为灵活变通，把陆上战术运用到海上作战，采取让部队登上敌船的策略。亚历山大大帝之所以能征服比他们庞大的波斯军队，就是因为士兵更具机动性。英国在百年战争打败法国，也是因为法国人的武装太过沉重，无法迅速移动。在战争、经济、数学等方面，灵活变通永远胜出。

我向史登堡博士提出的第二个问题是：我的知识量增加之后，也能够在遇到问题时想出比较有创意的解决方法。我也有了更多例子可以做更多比喻，例如不久前我在麦金塔笔记本电脑上打字，电池开始过热，看来很有烧融的危险。换了大多数人可能已经想出补救办法，但我天生不是很擅长操作机械，没多久之前还得找来我们大厦的工人帮忙打开我家的洗衣兼烘衣机。所以我的悟性比较慢。结果我绕弯子想出了解决办法，这要归功于机关枪方面的知识。我想起机关枪刚发明出来的时候,因为产生的热度太高了,以致要用水去冷却。浸湿的麦金塔听起来当然不像是好主意,那么电风扇如何呢?我调整家中一支电风扇,对准电脑,于是搞定了,救了我的笔记本电脑。

我发电邮给史登堡博士提出我的辩解。感谢大英百科,事实上按照史登堡博士的定义,我可说变得更聪明了,这点有电脑电池事件为凭。史登堡博士迅速回了我的信,开头就是:"很棒的故事!"好吧!或许他并非那种德国飞机。他接着写:"我怀疑历史上每一位有过重大贡献的人,无论是在文学艺术方面,或者科学、音乐、商业方面,之所以成为重大贡献者,是因为读过这部或那部百科全书。"妈的。嗯,似乎没必要这样说吧,尤其他详列出来的领域又不是我会很有贡献的。他继续说:"换了是我,就会去想出许多更有用的方式来消磨时间。不过说不定百科对你会起作用,就像圣经或古兰经曾经对其他人起过作用一样,给人某种安全感,而这种安全感是其他方法所欠缺的。"他就这样以一种乐观其成(就算有点小看的味道)的语调作为结束。

史登堡博士没有正面回应我所提出的论点。然而我得承认,这个人确实很聪明。他拿百科和圣经相提并论确实很有洞见。过去几个星期我也想过同样的事。(看到没?我跟史登堡博士一样聪明!)我思索的是,我每天行礼如仪阅读大英百科,批评它这里、批评它那里,但整体而言,它所说的我都像福音般接受。最重要的是:大英百科给了我安定和平的感受:这世界或许会以吓死人的步调不断变动,但这些白纸黑字的大书册却具有恒常之感。当我看着它们时,就感到安心。或许这种安心感就跟自觉聪明同样重要吧!

时间

time

一小时并非向来都是六十分钟。如希腊、苏美、罗马及其他古文明,白昼划分为十二小时,因此随着季节不同,一个小时的长短也有不同,介于我们今天的四十五到七十五分钟之间不等。我喜欢这制度,起码在冬天就不用看到《六十分钟》的主持人鲁尼了。

托尔斯泰
Tolstoy

我对于大英百科的名著杰作介绍最捧场了。这种介绍就像中学生读的名著简介评析，只不过内容简介更短，而且阅读时所感到的惭愧程度也低一点。你不用费劲摸清所有人物和对话，大英百科会用一段文字就把整本书呈现出来，再点出简明扼要的寓意，实在是太美妙的省时阅读法了。我真的不是在开玩笑，而是的确发现很有帮助。

就拿大英百科介绍的《安娜·卡列尼娜》来说，这本书我从来都没办法读完或开始去读。对于安娜的兄弟史提法，大英百科有一段很文雅的形容，说他"和蔼真诚又奢靡逸乐"。它写道："史提法虽然从来不怀恶意，但他老是浪费资源、忽略家庭、视享乐为人生目的。设计史提法这个人物角色，或许是为了暗示，恶与善同样都是从人类每时每刻所做的小小道德选择而逐渐累积成的。"

尽管我不敢说这样分析此书是否正确，但是在"托尔斯泰"条目的这几句话却深深打动了我，实在是珠玑之句，是我看过的几百页之中最有智慧的句子。当时我是在一家餐厅里的防火胶面小桌上阅读"托尔斯泰"条目，一面吃着低脂松饼。所以提到这个，是因为到了要离开的时候，我本来想把用过的纸巾留在桌上，接着又想到，这就是大英百科谈到的那种道德上的小选择。史提法就会那样做。于是我捡起纸巾扔掉。我知道，我是个圣人。后来那几天里，我采用一句新的真言，告诉自己：记住托尔斯泰。我下班要离开公司时，会确定把灯关掉了。记住托尔斯泰，我说。当我从《君子》杂志的庞大衣柜借出一件毛衣来拍照之后，第二天就归还。我认定在大方面有道德心还不够，我不杀人、不抢银行，用 PowerPoint 做简报，这些都还不够，得要时刻留意自己所做的各种最小的决定才行。

先看看能维持多久吧！随着阅读计划将近尾声，我忽然想到，自己正在寻求深刻的一面、迫切寻求事物的意义。也许的确如此。不过就眼前来说，我还挺喜欢这个新的、进步的、托尔斯泰式的自己。

训练
training

我儿子已经准备要出娘胎了，因此我回爸妈家的公寓，挑选一些童年时玩过的玩具：一辆黄色的玩具大卡车、一组乐高积木、一个美式足球形状的枕头。（这枕头让我很紧张；万一这玩意儿把我儿子勾引去当球员怎么办？我不知道到时该跟他谈什么，除了谈当年因为罗斯福总统的影响而引进向前传球的规则以外。）我在那间公寓的时候，老爸做出惊人之举，简直可以说令人惊骇：他居然叫我协助他搞定新买的DVD光驱机。这是从来没有过的事。他向来好比工程师，而我则像个机械白痴，所以这等于是伍德沃德①来向我请教调查新闻的秘招。"我只是想跟用过这机器的人学学而已。"他说。我的确用过。我放入《北非谍影》②光碟，然后示范给他看，如何快速向前、暂停、如何选取功能目录，都是最基本的，没有我的协助，他可能花四秒钟就摸清楚了。

"你知道亨佛莱・鲍嘉上唇僵硬的原因吧？"

"我想是在战时受伤造成的。"老爸说。

"不是，是木头碎片造成的，够奇怪吧。还有，有人认为那句'网球，有谁要打？'也是亨佛莱・鲍嘉创造的。"

老爸忙着测试遥控器。我心情大好，自觉很重要。我老爸找我帮忙哩！他倒不觉得很有面子。说不定将来哪天我也会问我儿子，该怎么设定全像摄影烤面包机。

胜利游行

triumphal marches

我的研读告一段落，暂时休息一下，于是搜寻以前习惯收看的"E!"频道，这是个二十四小时报道好莱坞动态的电视网，我已经几个月没看了。说来奇怪，我居然还记得它。这频道的特派员都抹了大量发胶，使用大量的"最"字（最伟大的、最性感的、最热门的），脸上五官也动得很频繁，而且谈起好莱坞事件都讲得仿佛具有历史重要性，就跟二次大战柏林紧急空运撤退不相上下。我开始感到有点恶心，好像吃了做得很糟糕的香辣鸡之类的反应。事实上，我倒认为这是个好现象。

---

① 伍德沃德是《华盛顿邮报》记者，以揭发水门案闻名。
② 美国经典电影，由亨佛莱・鲍嘉和英格丽・褒曼主演。

这频道正在报道布鲁斯·威利,有他走在红地毯上的画面,面露笑容,好像还跟人挤挤眼,并让如痴如醉的观众摸摸他的手,后面跟了一组公关和经纪人还有随扈。

前不久,我曾经读到古罗马人以及他们举行的正式胜利游行,眼前这幕恰似奇异的现代呼应,只不过没有上了锁链的奴隶跟在后面,起码不是有形的那种奴隶。古罗马的规矩是这样的,若有将军杀敌达五千名以上,就会为他举行正式的胜利游行。五千名是底限。大英百科说,那位战胜归来的将军站在一辆双轮战车上,车上饰有月桂叶,他身穿紫金两色的古罗马长袍,右手持着带叶的月桂枝,左手持节杖。但以下这部分最令我着迷:"一个奴隶手捧金冠戴到将军头上,同时不断提醒他:即使处于光荣之中,他仍是个凡人。"

真是高明。红地毯上就需要安排这个仪式。我们需要派某个制片助理跟在布鲁斯·威利身后对他耳语:"你是个凡人,只是个牙齿矫正得很好的笨蛋,会照着剧本念对白而已。你不是神明。"我们需要对当今社会灌输一些谦虚的概念,谦虚似乎是已经丧失的美德。

三头政治

triumvirate

还有两个多星期就要去上《百万富翁》节目了,而我还像杰弗逊总统当年一样拼命填鸭(他年轻时,每天学习十五个小时、练三小时小提琴,剩下六小时用来吃饭睡觉)。

我抽出时间挑选生命线组员,这些组员要守在电话旁边,万一主持人提出的问题难倒我时,他们可以协助我。我朋友麦克自动请缨要当组员,负责所有跟果汁有关的问题(他在一家奶昔公司上班)。很有心。不过到最后,我决定找荣恩·霍夫林,他的智商高到流鼻血的地步,还有蝉联五届《大冒险!》冠军的戴夫·散普尼亚洛。

还有艾力克,对,我的大舅子兼劲敌(nemesis,顺便一提,这个字眼最初是个希腊女神的名字,掌管植物,天神宙斯化身成天鹅跟她云雨一番)。我为这个决定曾经陷入天人交战,但我想,我们谈的是一百万美元,一百万美元足以摆平我的自我。这个人知道的资料实在太多了,生命线不能没有他。我之所以接受这点,是因为两星期前我岳母问起艾力克,《宾汉》的历史真实性究竟有多少?他老兄回答时很惊人,把罗马帝国一个世纪接一个世纪的历史讲了一遍,从最初的三头政治(凯撒、庞贝和克拉苏)讲到神圣罗马帝国的灭亡。我极力设法跟上,在提到西哥德人时插过嘴,讲东哥德人时也插话一次,但艾力克根本无视我的存在,滔滔不绝地说下去。我回家之后跑去查证他讲过的东西,唉!全部正确无误。没多久,我就向他提出这要求。"艾力克,肯不肯赏脸当我的生命线组员?"

"你要我当你的生命线?"

"是的。"

"哦?要是我帮你赢了一百万奖金,我会有什么财物上的报酬?"

我想了一秒钟。"我会分你百分之十的奖金。不过要是你搞砸了,就得赔偿我输掉的全部奖金。"

艾力克说,如果这样,他还是免费帮我算了。茱莉笑得很灿烂,为我这么会讨价还价感到很骄傲。

我想让艾力克早点派上用场。我已经留意到《百万富翁》付奖金的方式很古怪:如果得到二十五万奖金,他们会整笔一次支付;但如果达到五十万和一百万,就各分成十年和二十年分期支付。要是你把通货膨胀和丧失的投资机会算进去的话,那么一次拿二十五万是不是划算得多?我希望如此。我想那会成为《百万富翁》史上最轰动的时刻:我在赢得二十五万时就收手,并向主持人解释分期给付奖金的错综复杂性。于是我请艾力克这位前任投资银行家打打算盘。

他发电邮回复我:一百万美元过了二十年,会缩减成相当于今天的五十四万美元。先声明,这还是扣税前的数字,但仍然比其他几种选择的钞票要多。妈的,这下子我真得要努力去赢那一百万了。

托洛斯基
Trotsky, Leon

茱莉的乳房涨得很厉害,在家里走动时要用两手托住。我正在阅读山精(遇到阳光就会爆出火焰、化为岩石),还有托洛斯基(在墨西哥被一个用斧头行凶的人杀死),看到茱莉这样子,害我很分神。

川普

Trump, Donald

我和茱莉正在收看 HBO 频道的纪录片，出乎意外大英百科也轧上一脚，但不是讨好的角色就是了。话说这部纪录片叫《天生有钱》，内容是描述一群年轻的遗产继承人的纨袴子弟生活；这些人包括娇生企业的继承人、地产大王川普的女儿（顺便一提，川普拥有二万五千户以上的公寓）。这些享有特权的傀儡个个坐拥非同小可的金钱，信托基金加起来可跟皮萨罗的宝藏匹敌（皮萨罗是一位西班牙征服者，收下二十四吨黄金白银作为印加皇帝阿塔瓦尔帕的赎金，之后却撕票杀了这皇帝）。

总之，这部纪录片讲到欧洲某个统治阶层默默无闻旁系的一个家伙，这人讲话字正腔圆，发油抹得恰到好处，从父母的纺织业继承了大笔财富，大部分闲暇（而且闲暇很多）都花在四处找裁缝量身定做衣服。他告诉观众说，他发现比例不当的西装翻领"很粗俗"。真是那种最令人厌恶的继承人。然后在某个节骨眼上，他向观众介绍他那套第十一版大英百科，还加上解说指出，这是大英百科可取的最后一版了，因为从那之后，大英百科就"变得大众化。如今，大英百科是，你也知道……狗屎。"什么东西嘛！他有什么权利侮辱我心爱的大英百科？你先去把那二千八百万字读完，再回来跟我谈这个。

那个家伙的姓名我不记得了，他可真说得上是遗产法该大幅修改的活生生论证。大英百科谈继承遗产的部分说：史前时代的食物采集者会在临终前毁掉个人财物，包括武器和弓箭等。此外，在新几内亚会烧掉死者的茅屋。也许我们可以从中学到一些东西，或许也该在这些人父母临死前烧掉他们的积架汽车和诺基亚手机，要不起码也重新分配一下。

也可能我们这位爱发牢骚的贵族之所以不喜欢大英百科现行版本，是因为现行版本指出，赞成继承遗产的论点已经愈来愈失势了。如今已经不需要有继承权才能保证企业可以继续维持下去，一般来说，企业已经是由一个执行官交接给下一个执行官，而不是父传子。因此，万一川普的女儿得开始改驾韩国现代汽车、吃肯德基炸鸡，公司的营运依然会很好；如果那个欧洲笨蛋得加入他看不起的一般大众的行列，这个世界的经济模式并不会因此而跟着倒霉。

通古斯事件

Tunguska event

"一九〇八年六月三十日上午七时四十分左右,发生于西伯利亚的一次巨大空中爆炸,将俄国西伯利亚中部石通古斯河附近五十英亩的松林区夷为平地。爆炸能量相当于一千万到一千五百万吨 TNT 黄色炸药。各种尚未确定的证据显示,该爆炸可能源于彗星碎片与地球相撞所造成。"

我对于通古斯事件不仅略知而已,八九岁时我曾有两星期沉迷于这事件。我在一本收录未解神秘事件大全的书中读到这场西伯利亚大爆炸事件,到现在还记得书中黑白插图里几千棵树倒在地上的情景。当时又去查了其他书籍寻找相关资料,得知所有的理论,有的说通古斯事件是幽浮练靶造成的,也有的说是一大块反物质不知怎的向左转,闯进我们的大气层。当然啦,我又担心了好一阵子,因为要是会发生在西伯利亚,又怎能保证不会发生在曼哈顿八十二街呢?谁敢说我不会因此从"上东城事件"人间蒸发呢?然后,接下来那几星期里并没发生什么事,于是通古斯事件就逐渐从我脑海中消失了。直到刚才为止,过去的二十六年间,我连想都没有想过通古斯事件。想来在专门报道名人的媒体里,这宗无法解释的西伯利亚大爆炸不大有机会让人想到。

芜菁

turnip

今天是万圣节前夕。从前在不列颠群岛是用芜菁来雕刻鬼脸灯笼,而不是用南瓜。那些野蛮人。

顺便一提,菜莉怀孕还有另一个好处:她疲倦得不想上街,因此不用雕南瓜,也不用雕芜菁,更不用打扮化装。(过去两年里,一次我打扮成肯德基炸鸡的桑德斯上校,一次打扮成"妙探寻凶"游戏里的黄上校,谁知道今年我本来会打扮成什么上校?)总之,我们因此留在家里,收看电视上某个恐怖吓人的节目。结果选了一个讲童星长大后外出约会的节目。

辅导教学

tutelage

朋友哲米邀我去他任教的成人教育班讲课。经过速读班及记忆班的失败之后,终于有机会让我在成人教育中换换角色,走上讲台。这次轮到我大发议论了。

我是去写作班讲课,大概有十几个学生,都很希望摆脱他们的正职,转而加入赚钱的写作行业,只要你的姓名刚好包括"史蒂芬"和"金",就可以赚很多很多钱。这些学生似乎都挺好的,有一个花了很多时间当滑雪迷,现在想要转到杂志界发展,另一个则想要摆脱地狱般的公关工作。

我决定一开始先给一些写作忠告。我已经从大英百科把这些忠告挑选出来,还把授课内容印在索引卡片上,以便看来做事情很有条理又专业。于是我就照本宣科读起来。

首先,我告诉他们要积极行动。诗人休斯原本在华盛顿一家旅馆的餐厅当服务生,当时已经很有地位的诗人林赛来餐厅吃饭,休斯偷偷把自己写的三首诗塞在林赛的餐盘旁。第二天,全国各报都刊出林赛发现了一个"黑人服务生诗人"。这个故事教训我们:把你的作品弄到人家眼前去,不管用什么手法都好。其次,我告诉他们可以在任何地方写作。要是在GAP服装店里工作,就抽几分钟时间在毛衣部门写几行东西。没有任何借口。想当年洛夫廷写下《杜立德医生》是在一次大战的战壕里,那时他置身在爆炸的手榴弹、防毒面具、大老鼠之间,但却创造出会讲话动物的可爱小故事,寄回家去逗他儿女开心。要学洛夫廷,随地写作。

接着又告诉他们,如果怀着个人风格和热情去写作,任何题材都会变得有意思。不管随便哪个题材都可以,这点科伯已经证实了。科伯是个诗人,朋友向他挑战,请他以沙发为题写篇东拉西扯的长诗,他照办了,而且那首诗叫好又叫座。就我个人来说,我比较喜欢读一篇以搁脚凳为基础的小说,不过可以看得出沙发的吸引力。哲米的学生全都客气地点着头,但我留意到他们的笔缺乏动作,相当奇怪。每次我讲着讲着抬起头来看时,所有的笔都停放在桌上,显见根本没有做笔记。

然后其中一人问我,在《纽约客》杂志有没有认识的人。嗯,有的,我回答说。

"要怎样才能发电邮给他们?"他问。

把我认识的《纽约客》杂志的人告诉他们,这让我心里不大舒服,但我告诉他们,只需在姓和名之间加个底线,后面是《纽约客》杂志的网址,就可以寄到。

这回,教室里所有的笔全都匆匆记下:名_姓@newyorker.com。这个他们就有兴趣了。

打字机

rypewriter

自从二十世纪八十年代初期碰过我妈那部电动雷明顿打字机以来,就再也没碰过这玩意儿了。这种机器发出的声响那么大,足以淹没任何连贯有条理的思绪,就跟我想在纽约拉瓜地亚机场跑道上写高中式的议论文讨论《顽童历险记》或美国历史事件"威士忌酒反抗"一样。然而我觉得还是应该对打字机稍微用心一下,因为现在每天大部分时间都是在打字机的电子后代上敲敲打打度过。

我得知马克·吐温很早就采用打字机,交出最早的一份打字稿给出版社。那种老掉牙的打字机大得像钢琴,而且只能打出大写字体。到了一八七八年,打字机终于引入小写字体,没错,字母转换键(shift)诞生了——不过提醒你一下:诞生过程并不顺利。字母转换键要先跟一位对手苦战过,那个对手就是双键盘机,此机的打字键有一般打字机的两倍多,每个字母有两个键,一个小写一个大写。过了很多年之后,字母转换键终于胜出,这要归功于按指打字法的发明。

我花了一分钟时间,看着我那台麦金塔笔记型电脑的字母转换键。做得好,字母转换键,我很高兴你彻底打败了那个邪恶的双键盘法。可喜可贺!我以前只知道用你,现在要再说声谢谢你。

读大英百科就有这种好处,我不断学会珍惜那些以前不知道值得珍惜的事物。例如电灯泡以及相关理论,它们在大英百科所得到的宣传,比起汤姆·汉克斯去访问儿童医院还要好。然而这些都是小事,是我们久已遗忘但需要好好感激的迷你革命。

尤克莱利琴

ukelele

　　夏威夷的尤克莱利琴是从葡萄牙传入的玛沙达琴演变而来,并不宜用来演奏夏威夷本土音乐。换句话说,夏威夷著名歌手堂何的名曲《小泡泡》,并非太平洋岛上的古老音乐。真令人失望。

母音变音

umlaut

　　到了我该去朝圣的时候了,去大英百科总部来趟朝圣之旅。这三十二本巨册已经消耗掉我人生过去这几个月的光阴,因此迫不及待要去看看它们诞生的地方。

　　嗯,真正诞生的地方是苏格兰的爱丁堡,我是不会去那里的;自从二十世纪三十年代以来,也就是西尔斯—罗巴克①公司曾经看似不可能的短暂拥有大英百科以来,大英总部办公室就迁到芝加哥。从前我在《娱乐周刊》上班时去过芝加哥,采访另一个自视很有文化修养的节目《杰瑞·斯普林格脱口秀》,从那之后就没再去过芝加哥。茱莉要跟我一起去,她在芝加哥有朋友,于是我们就上飞机出发了。

----

①　世界最大的杂货零售商之一,总部设于美国芝加哥。西尔斯—罗巴克公司曾于一九二〇到一九四三年拥有《大英百科全书》,之后该公司将大英百科交予芝加哥大学。

"你知道吗,芝加哥之所以有'风城'之称,并不是因为风大的缘故,"我告诉她,"而是因为早期芝加哥政客讲的都是屁话,像风一样。所以有此昵称。"

"罚一块钱,请交来。"

我因为乱扯离题的资料,已经被罚了差不多二十块美元,但这次要反对这一块钱的罚款。

"这不算离题,而是很有用的气象资料。我是说,芝加哥的风并没有你所想的大,收拾行李时不用带风衣。"茉莉耸耸肩,放我一马。

抵达"膨风城"的第二天早上,起床后我穿上一件西装外套,以便看来像个专业人士,然后去见大英百科的公关汤姆,一起吃早餐。身为记者,工作时就要视所有公关为魔王手下的小卒,然而遇到汤姆就不可能这样看待他。汤姆是个魁梧大汉,声音洪亮,中气十足,很容易开怀大笑。我之前也提过,他很聪明,运用词汇的能力令人甘拜下风,而且旁征博引。记得有一次跟他讲电话,不知怎么提到我的生日,一九六八年三月二十日,然后汤姆就说:"刚好是越共农历新年大反攻和马丁路德·金遇刺身亡之间的日子。"使得我对自己的生日既感惊愕,又对汤姆的记忆力刮目相看。汤姆大大方方在衬衫口袋里插了三支笔,偶尔还讲个知性的笑话,例如"笛卡儿走进酒吧里,酒保说:'你好吗? 要我倒杯啤酒给你吗?'笛卡儿回答:'不好。'说完就走掉不见人影了。"讲完了笑话,汤姆会马上道歉。

唯一看见汤姆露出一点不安神情的时候,是我提到有篇文章宣称,大英百科的网域名称一度被另一个网站混水摸鱼利用过,那网站以金发女郎为号召重点,而且她们所做的勾当大概是你在大英百科"生殖"条目里都找不到的那种。大英百科和最赤裸裸的色情网站扯在一起,使得汤姆有点紧张不安,他赶快澄清说这类问题早已补救了。

总而言之,汤姆为我安排了很紧凑的行程,旋风式参观大英百科的重点部门,于是我们就出发了。

踏出电梯走进办公室时很有奇异之感。我已经读了大量的大英百科,它成了无形的知识之山,宛如旧约圣经《申命记》,是由至高无上之处完整无缺传达下来的,我几乎忘掉它是由人编写出来,是由那些穿长裤(通常也证明是穿灯芯绒裤)时一次把一条腿穿进一条裤管里的人们编写的。

美＝

不过大英百科真的有编辑群，而且还是凡人。此外，他们也很安静。这大概是美国最安静的办公室。汤姆跟我说，有一段时期，拥有大英百科的一家公司也拥有专门经营背景音乐的妙扎客（Muzak）公司，因此办公室总是沐浴在"西蒙与加芬克尔"温柔敦厚的歌声里，但现在已经没有了。我听到的只是电脑键盘的嗒嗒声，以及偶尔出现的客气问答，低声讨论哥德式建筑或其他主题等等。

办公室很整洁，并不凌乱，此外办公室隔间有些小摆设，像是大英百科几年前发行的橡胶人脑模型。墙壁上饰有与大英百科知识或传说相关的图画，例如罗克韦尔①所绘的广告画，画中有位老爷爷正在念一本大书给求知若渴的孙女听；另外有最早出现的大事一览表（特别声明，不是印在大英百科里第一份大事一览表，那种一览表要到第三版才出现），以及一些一七六八年版大英百科的版画真迹，最引人瞩目的是某些用来帮助女性生产的发明物，看起来很像是你会在施虐和受虐狂衣柜里找到、跟球袋摆在一起的东西。诸如此类。

第一站是跟两位最高层的编辑何德乐和西奥多·帕帕斯会面。何德乐主修中国文学，办公室墙上挂有孔子像。他有些地方让我想起二十世纪八十年代的情境喜剧《家有阿福》里的父亲角色，但我决定自己知道就算了，这场合不宜扯到这些。西奥多留小胡子，穿了蓝背心、打领带，作风一丝不苟，你会感到他的 CD 架上不会把古典音乐和爵士乐乱放在一起。两位都很亲切，属于学院派的斯文有礼。我立刻就喜欢上他们，一方面也因为他们似乎对我很好奇，因此还会有什么地方是我不喜欢的呢？我告诉他们，这番追求知识的行动进行得很顺利，他们编的这三十二大本巨著读起来非同小可，非常有挑战性。

"讲数学的部分是我的 bête noir（黑畜生）②。"黑畜生？真不敢相信这话从我嘴里讲出来；谁会这样子讲话呀？我这才明白，我比自己所以为的还要紧张，为了急欲让这些人对我另眼相看、证明自己并非无足轻重，居然很不得体地搬出这个奇怪的法文用语。

---

① 罗克韦尔（1894—1978），美国插画家，以绘制《星期六晚邮报》的封面最为闻名。
② 此为法文，意指最讨厌的事物。

谈到从大英百科学到的特定事项时,不知怎地,首先浮现脑际的资料竟是关于尸体保存,尤其是那个滑头鳏夫的故事,他把妻子的遗体保存在地面之上,因而得以继承她留下来的钱财(参见"尸体保存"条目)。我为此感到有点难为情,大英百科有成千上万笔资料,我却偏偏拿这项讲给人家听。另一方面,好在起码我没讲关于鲍鱼有五个屁眼的事。我说:"我认为这个故事很耐人寻味地病态又恐怖。"把副词"耐人寻味地"放在句子的恰当位置上,希望借此扳回颜面。

他们很斯文地呵呵笑着,原来他们并不知道这一段。

不知道这一段?这可吓了我一跳。我还以为大英百科的编辑差不多都能掌握所有内容,他们编辑了这鬼东西,不是吗?嗯,要是我花上三秒钟多想想,就会晓得这是很呆的想法。总编辑不可能阅读或记得他这套百科里的全部四千四百万字。但亲耳听到当事人说出来,证明起码我知道一项知识是何德乐和西奥多不知道的,嗯,真是如释重负。

我胆子一大便决定勇往直前。"我得说,书中的正确性实在了不得,我很少在大英百科发现错误。"他们听了好像很高兴。

"不过我的确还是发现一些错处。"我告诉他们,佛洛斯特明明是半途退学,但却依然把他列为哈佛毕业生;还有一个是引号方向印反了。我等着看他们脸上出现震惊或敌意的表情,哪知看来就只是好奇而已。他们说会订正错处,西奥多还真的做了笔记。这真是大权在握的感觉,是奇特又很棒的滋味,你能够想象吗?我竟然对这受人敬重的大英百科产生影响;一向都是它看起来稳若泰山、不可动摇,这下能够改动它,简直难以想象,就像要去改动拉什莫尔山的罗斯福雕像下巴。可是我眼下正在做这样的事哩!

"还有,我太太发现大英百科没有提到汤姆·克鲁斯,她很难过。"

西奥多又记下了。这是我得寸进尺、更大胆的尝试,不过西奥多的确也说过,他们想要加强流行文化的报道,让大英百科比较贴近生活、但又不失庄重或流于肤浅。老兄,要是我把汤姆·克鲁斯弄进大英百科里的话,从此我在茉莉面前前途似锦,可以忘掉五六次结婚纪念日,但地位依然稳固。

我跟何德乐和西奥多聊了一小时,聊到后来愈来愈听不懂讲的内容,因为他们开始讨论资料库的理论。我自己也够难为情的，还得开口问"ligature"这个字的意思，这是指两个字母合为一个字母的用法，就像大英百科①的正式名称中包含的 a 和 e。

由于还有很多部门要去参观，于是汤姆催我离开何德乐的办公室。他带我去参观插图部门（我尤其喜欢那个开肠破肚的印表机，用来当做模型）。还去看了动画部门，那里正在为大英百科制作光碟版短片（我评论说，蜻蜓吃掉抓来猎物的录影画面，让我想起好莱坞制片家布洛克海默拍的一部电影，但话才出口就恨不得能收回）。接着汤姆又匆匆把我送到文献索引部门，这个部门依然处在喜气洋洋的气氛中，因为他们得了惠特利奖，这是索引界的诺贝尔奖。我还请他们示范给我看，如何把"索引"这个概念做成索引，因为我仍然喜欢来点后现代主义。我跟一些资料查证员谈过，并获悉当他们在查证一座苏格兰小镇的人口时，曾经打电话去问该镇的某人，那人告诉他们："要是你在电话上等一下，我可以去数清楚。"接着他就跑到屋外去数人口了。我见了五六位编辑，每一位都有其专长，负责分配文章给某个领域的专家撰写。我也参观了图书馆，看到一本关于印第安人契约的书、一本马来语/英语字典。总的来说，全是我见过最古怪的藏书。

接下来，汤姆给了我一个惊奇。大英百科这些狡猾的家伙要我实际演练一下，让我了解这套百科是怎么打造出来的，因此给我两块砖头帮忙建设一番。我被带到一个办公室隔间里，一切都准备好了，有两支红笔、一支荧光笔、一堆书，还有一个大英百科马克杯。就这样留我一个人在这隔间里，坐在大英百科寂静的办公室内，听着其他员工敲键盘的声音。

我的第一个任务是要查证一篇体育史文章的资料。这个我做得来，我曾在《纽约观察家》周报做过几个月资料查证的工作，于是先着手查证相扑的服饰是一九〇六年设计出来的，而不是如许多人所以为的中世纪产物。我翻查了桌上那堆书里的所有目录，都没有提到相扑。我开始上网查询，在德瑞索大学一个网页耗费了折磨人的几分钟但一无所获。我开始冒汗，这并不是形容心情状况，而是真的身体出汗，起码多到足以用海绵来吸汗。

---

① 百科全书的英语为 Encyclopedia。

我心慌了，自从上次门萨测验以来，还不曾出现这种"我又砸锅"的感觉。本打算露两手给这些大英百科的人看看，显示我配得上读他们的书，可是却正在失手。

过了四十分钟（十五项资料我只查证了两项），我换去做第二项任务：编辑。他们给我一篇讲国际刑法的文章，要我加上"有意义的相互参照"。这个我做得来，相互参照就是在句末加上"参见某项与某项"的手法。要是提到绿花椰菜，我就加上"参见'蔬菜'"，诸如此类。我怀着近乎轻率的热忱开始加上相互参照，用红笔在那一页填了很多东西，想要借此弥补查证资料上的大灾难。国际领空？参见"主权"。哪，这才是我所谓"有意义的相互参照"。

二十分钟后，我打电话到西奥多的办公室，回到他那里向他吹嘘我所填的参照。他似乎很满意。

"国际法这篇，你认为有什么地方还可以改动的？"西奥多问，"有什么高见？"

该死，我只顾忙着加上那些有意义的相互参照，却没用脑筋全面想想这篇文章究竟好不好。参见"呆瓜"。"或许，嗯哼，可以再多谈谈国际刑法的历史；譬如说，古希腊是否有此概念？"

我多少以为这不算太差的答案，哪知却是答非所问的答案。

"你不觉得应该多举几个国际刑法的例子吗？"西奥多问，"使它更贴近读者？"

妈的！这才是得其要领的答案。

"没错，"我说，一副拍马屁的口吻，"绝对是很棒的想法。"

"嗯，"西奥多婉转地说，"我们还得想想，不光只是做报纸做过的，更要兼顾长远的看法。"

老天，我又出糗了。我就像唯命是从的记者只顾着追头条，而忘了要像个大英百科编辑般思考。

没多久之后，我就得赶去搭飞机回纽约。和茱莉坐在机场时，丢脸的感觉逐渐消退。出糗不会是我最记得的部分，因为他们实在太客气了，所以就算砸锅，也不会成为我的椎心之痛。我最记得的会是大英百科人员所具有的清新、真心、无拘无束的热切之情。我从来没见过有人对于变音符号

(也就是字母上下附加的那些小横线、重音记号、母音变音、鼻音化符号、斜画过 L 字母的一横等)这么来劲。何德乐谈起名为"资讯管理与检索系统"资料库时,眉飞色舞的样子就像青少年讨论歌手克莉丝汀的乳沟,他真的完全一头栽进去。他们热爱资料——阅读它、消化它,更重要的是组织它。

你也会感受到,大英百科员工深信他们从事的是一种高尚的追求,也许这种信念有点天真,也许有点自命不凡,但却是真诚而坚定地相信。对他们来说,这不同于卖除臭剂,然而如今很多出版工作就跟卖除臭剂没有两样。

在我们交谈的某个节骨眼上,我也跟时下我这辈人一样,习惯用破碎句子响应,并加插"呃"和"唔",这时西奥多引述了一段话,犹如当头棒喝,使得我马上改掉这毛病。我的社交圈里的人根本不懂得引述,除非引述的是电影《乌龙记者一箩筐》和《摇滚万万岁》。西奥多引述的则是二十世纪四十年代大英百科的献辞,他认为很切题,这段献辞如下:"献给这世界追求知识的男女与儿童,这些人借由增加自己对地球及人类方面的知识,寻求了解彼此之间的问题,并透过这种了解,力图争取一个诸国和平共存的社群,大英百科谨此献上此册。"真是金玉良言。

大学

university

世上第一所大学于十一世纪在意大利博洛尼亚成立。早期的大学是由老师向每班学生收费,也就是说,他们得对学生具有号召力才行。这点子实在很高明,有必要恢复实施:将大学班级开放为自由市场!在心理学一〇一教室及高等统计学教室外面设售票亭,等着看那些教授忙不迭地增加教学趣味。我认为,这样一来就会大大改善教育水准。最起码,我很乐见当年选修那门令人打瞌睡的《仙后》①,突然变成学院里的《绝配杀手》②。

尿

urine

大麦町狗和人类有出奇相似的尿液(两者是唯一会产生尿酸的哺乳动

---

① 《仙后》是十六世纪后期一部伟大的英语长诗。
② 好莱坞电影,由本·阿弗莱克和詹妮弗·洛佩兹主演,但绯闻比电影造成更多讨论。

物）。要是我曾经抽大麻、申请政府工作，并能接触大麦町的话，这资料会很有用。不管怎样，出人意料的关联总能令人惊讶。

效用

utility

我堂而皇之，让老爸扬眉吐气。昨晚他出席慈善义卖，告诉一个熟人说，他儿子正在从头到尾阅读大英百科。那人不肯相信，以为又是我老爸的拿手鬼招、他的另一个恶作剧。

于是今天早上我接到电话会议来向我求证，对，我确实正在阅读大英百科。我老爸大乐，因为我帮他达成了捉弄人的目的，或者应该说是并非唬人的捉弄人。老爸很爱用假话唬得人一愣一愣，但更爱的是他讲了惊人真相之后却没有人相信。

乌西雅

Uzziah

U 字首的最后条目，这是公元前八世纪的犹大国王，在位五十二年。随着我逐渐读到尾声，我尽量想硬加一些情节到大英百科里，并希望会有某种结局。我知道这是自欺啦，不过人总得要有梦可寻呀！

疫苗

vaccine

到外公外婆家吃早午餐,饭桌上谈的是一项出版壮举:《家族通讯大全》。《家族通讯》是一九五〇年以来外婆发行的两页每月通讯,大约有二十五个忠实读者。珍姨把全部五百期通讯大部分都找了出来,影印、装订成大英百科般的巨册。这本大全读来津津有味,起码对于跟我有共同基因的人是如此。里面包括诞生、结婚、工作成就等消息,还有某个宝宝吸吮另一个宝宝脚趾的细节——我打字打到这里,觉得听起来好像有点像性变态,但实情的确如此。

《家庭通讯》没有大量丑闻,有点像赫鲁晓夫时期的《真理报》,不过少了些工厂英雄工人的故事就是了,也不会读到哪些表亲被裁员或者儿女体验迷幻菇之类的事。然而翻阅这本大全还是很棒,茱莉尤其被我人生早期的生活报道所吸引,几乎全都是在宣布我每个月又患了什么病,我得过的毛病如下(不分先后):耳朵感染、流行性感冒、一只眼睛感染、"细菌",还有个叫"臀部"的毛病。

"我跟你说过,我经常生病,"我说,"并非只是恐病狂、老是担心自己生病而已。"

外婆也在读这大全,说她读到我爸妈当年谈恋爱那部分,很讶异爸爸上大学时那么年轻。

"再说说你那时几岁?"她问。

"十六岁。"老爸说。

我赶紧抓住机会表现一下,指出殷克利斯·马瑟和柯腾·马瑟父子①都在十二岁进哈佛。"马瑟父子也是天花疫苗接种的先锋,"我补充说,"这在当时引起不小争议。有个愤怒的反对者还扔炸弹到柯腾家的窗户里。"

至于老爸,他说阅读《家族通讯大全》时有一点让他很佩服。

我做好心理准备,等着接下来听他的耍宝笑话。

"对于两老的成就我深深佩服,"老爸说,"两老做了那么多了不起的事情,的确非凡,让这个世界变成比较好的地方。"

吓!我倒没料到这个,老爸真情流露的时刻。我以前见过几次,这几年愈来愈多,似乎自从那次爱斯基摩皮艇事件之后就很明显了。我曾读过,某些社会里存在一种"开玩笑关系",那是要保持人与人之间安全距离的手法。然而老爸打破了这种开玩笑关系,实在令人敬佩。或许我也该这样做,就像现代行为学奠基人劳伦兹②那著名的"有样学样"小鹅研究一样。

范布伦

Van Buren, martin

在各种夺权手段如阉割、弄瞎、斩首、贿赂及其他粗鲁失礼的手法之中,范布伦可说是独领风骚,令人耳目一新。美国这位第八任总统向我们证明(并非经常,只是有时而已)好心有好报。

一八二八年,杰克逊总统任命范布伦(连同他那把络腮大胡子)为国务卿。那是华盛顿相当怪异的一年,这个首都卷入丑闻风暴,要是那丑闻发生在今天的话,大可以称为"佩姬门事件"③。佩姬·伊顿(在之前 E 字首部分有几句关于她的资料)是个出身卑微的妞儿,小酒馆老板的女儿,但她

---

① 殷克利斯·马瑟(1639—1723),牧师、作家及教育家,在新英格兰议会领导权移转给美国出生的第一代人物时,他具有决定性的影响力。柯腾·马瑟(1663—1728),牧师兼作家,支持牧师统治的旧秩序,是最著名的新英格兰清教徒。
② 劳伦兹(1903—1989),奥地利动物行为学家,一九七三年诺贝尔医生奖得主。
③ 依据"水门事件"而来的称法。

飞上枝头做凤凰,嫁给了杰克逊的陆军部长约翰·伊顿。关于她言行不检的流言在华盛顿满天飞,那些傲慢势利的名流夫人都会在宴会中冷落怠慢她。这个"反佩姬"的娘子军团是由副总统卡尔·霍恩的夫人领头,此举激怒了杰克逊总统,他这个人总是自认站在平民百姓这方。杰克逊原本属意由卡尔·霍恩继任总统,但是因为佩姬·伊顿事件的关系,杰克逊对卡尔·霍恩感到不满而与他疏远。

然而内阁有一个人对佩姬·伊顿始终亲切有礼,这人就是范布伦,于是他获得杰克逊青睐,成为新宠。杰克逊于一八三二年设法让范布伦当上副总统,并在四年后支持他选总统。这条通往政治权力的途径相当怪异,只因对一位蓝领妇女友好。然而却很有人情味。

当然,范布伦是个相当差劲的总统。至于佩姬·伊顿,在丈夫去世后又改嫁给意大利舞蹈教师,这人骗光她的钱,然后跟她孙女私奔。所以这个故事也并非如童话故事般美好,但我尽量略过这些不好的部分。要对人友善——这才是我们要汲取的部分。

瓦萨学院
Vassar College

还有两天就要去上《百万富翁》节目了,我还在晕头转向、躁动不安,仍然继续把我忘掉的事加到恶补清单上。七姐妹学校是哪几所? 最大规模的火山爆发是哪一次(是一八一五年印尼的坦博拉火山,不是喀拉喀托火山)。李尔王的三个女儿叫什么名字? 莎士比亚戏剧中的哪个国王是驼子? 我知道他们一定会问到这些。喔,对,是理查德三世。

素食主义
vegetarianism

今晚玛蒂姨妈打电话到家里来,问我在做什么?

"正在K书。"我说。

这个用语没能过得了她那关,她责怪我用这么暴力的比喻——没必要用"K"这个字眼。

"好吧,我正在对书籍轻轻针灸。"我改口说。

她似乎比较喜欢这个比喻。

我爱玛蒂姨妈,不过每次跟她交谈总会跑出一份清单,列出我正在做的事和说的话有哪些是错的,而这份清单又如何支持了男权主义势力结构。我阿姨对这方面很有意见。世上有自由开明派,还有真正自由开明派,然后更有我玛蒂姨妈,她比左派还要超左几公里。话说她住在伯克莱已够如鱼得水了,但即使是伯克莱,她也还嫌有点太过法西斯。

自从茱莉怀孕后,我还没跟玛蒂姨妈聊过天,于是尽量婉转向她透露这个消息,并为增加世界人口的负担而向她致歉。她说没关系,她会原谅我的。不过她指出,我可以将孩子抚养成完全排除动物产品的素食者,吃素长大,以减少对环境的破坏。

玛蒂姨本人远不止吃素而已,她热衷于动物权益(纵然她认为"权益"这观念太过于西方化),一年之中有不少时间在美国各地飞来飞去,参加素食者大会。我可以花一点篇幅列出玛蒂姨不吃的东西:兽肉是不用说了,还有鸡、鱼、蛋、乳制品(她喜欢称冰淇淋为"固化黏液"),甚至也不吃蜂蜜——之所以不吃,是因为蜜蜂受到压榨,没有拿到工会规定的最低工资或之类的理由。你大概会以为她喜欢吃黄豆,但她认为黄豆业很黑暗。最近她的饮食习惯又换了新层次,成了生食主义者,也就是只吃不经烹煮的食物,因为更加天然。

撇开教条与信念不谈,玛蒂姨倒是很善解人意又风趣,她那尖声大嗓门也有自嘲大笑来调和,因此跟她谈话永远都很有意思,虽然不管我多努力留意自己的措辞还是会被她修理。不用说,她很不喜欢带有性别歧视的用语,甚至也排斥歧视动物的用语。有一次我称某人是"猪"就挨了她骂;她指出:猪是很好的动物。外婆不久前发牢骚讲布什,一个不小心犯了错,称布什为"柠檬"①。

"妈,柠檬没有什么不对的地方,"玛蒂姨说,"不要做歧视水果的人。"她说"歧视水果的人"时,语带一点讥嘲意味,但并不严重。

无论何时我跟玛蒂姨说我在阅读大英百科,准可以指望她告诉我大英百科有什么地方弄错了、又忽略了哪些地方。先前我跟她提到哲学家培根,她问:"大英百科有没有讲他是个性别歧视者?"

---

① 指尴尬、窘迫的人。

"没有，里面没有提到。"

她很不以为然。

这次我跟她说刚读完一篇文章，她大概会有兴趣，因为是讲素食主义的。我告诉她，文章提到毕达哥拉斯、柏拉图、普卢塔克都是素食者；伏尔泰称赞素食主义，雪莱则奉行素食主义，以及边沁那段有关动物的名言："问题不在于它们是否能讲理、是否能讲话，而在于它们是否会受苦？"这就对了，她喜欢这引言。

我说，你有兴趣看看这篇文章吗？我故意说得像是无心问起，其实正等着看她会挑出多少毛病来，包括从数据不精确到用了太多男性化印刷字体等。我传真文章给她，果然没令我失望，还真挑出了很多毛病。"素食主义"条目忽略了肉食与雄性特质之间的长久关联；文章过分强调素食者希望保持净化及克服兽性热情的动机，因为彻底的女性主义者所提出的素食主义根本就不信"克服兽性热情"这套观念。还有，为什么只提彼得·辛格①，忽略了其他阐扬素食主义的女性主义者哲学家？

这个教训是：大英百科可以尽量做到超然公正，但却永远无法讨好每一个人，总是会有一些无可避免的偏见。事实上，有段时期"攻击大英百科"好像已成了小规模的家庭工业。根据《旷世巨著大英百科》一书指出，十九世纪末有位姓欧格利斯比的阿拉巴马州记者，写了一本通篇怒气的书，书名是《一些历史真相：针对大英百科及其他恶意污蔑的南方辩白》。令欧格利斯比火大的段落譬如第九版大英百科的这段："梅逊—狄克森线②以南所诞生的思想家，远不及马萨诸塞州一地来得多。"说真的，这句话是真的很失礼，也难怪欧格利斯比了。

后来到了一九三五年，有个姓麦可贝的人（此君原本是神父，后来却转而成为对抗天主教的斗士）写了一本书，名为《大英百科的谎言与谬论》，指称第十一版大英百科处理天主教条目时称得上很诚实，但是到了第十四版，由于教会向编辑部施压，所以删除了直言不讳的部分，例如教皇英诺森

---

① 彼得·辛格，澳洲哲学家，大力提倡动物权与素食主义。

② 原为美国马里兰州和宾州之间的分界线，在南北战争前，此线与俄亥俄河同被视为蓄奴州（南方）与禁奴州（北方）的分界线，至今尤为区分北与南的象征性政治和社会标志。

八世儿女成群、严重贪污腐败的段落全部删除,还有教会阉割小男孩使之充任合唱团员的段落也删了(麦可贝说,大英百科本身被阉割了)。我读了麦可贝的书,这书很薄,只花一个下午就看完了。我不会推荐这个阅读经验,不过他倒是个很发人深省的例子。

读了将近全套的大英百科之后,我认为二〇〇二年印行的版本在力求客观方面的确做了很令人钦佩的功夫。这意思是说,仍然有好几项最受大英宠爱的主题获得额外称赞。说到这里,我就先想到室内乐,大英百科对室内乐特别钟情,如此写道:"比起其他音乐,这大概是能给予多数音乐爱好者最持久乐趣的音乐。"我想,理所当然会有无伴奏合唱团出来反驳。

车辆
vehicle

我在帮《君子》杂志编辑年终大事回顾,读到一则新闻讲到激进分子放火烧一家汽车零售商的店铺,内有二十辆悍马牌汽车,这种大型车可说是公路上的邮轮型车辆。闹事者还用喷漆在焚毁的汽车金属残骸上喷了"肥胖、懒惰的美国人"字样。

我把这新闻归档到"前尘之诡异回响",编号四二五。先前读 C 字首部分时,我曾读到四轮大马车,这种车最早出现于十六世纪,豪华的四轮马车在当年等于今日的运动休旅车 SUV,而且同样盛行。大英百科对这令人惊讶且久已为人所遗忘的争议描述如下:"诗人贬低此车为放荡、粗鄙人用来向人炫耀的车辆……波士顿人攻击此车,说它是魔鬼的作品……"有个德国贵族还敕令禁止这种车。

我很高兴能把悍马车做此联想,更高兴的是,我居然还记得 C 字首的一些资料。

自动贩卖机
vending machines

又是大英百科里成堆无名英雄的一个:用硬币操作的自动贩卖机。自动贩卖机在美国加入二次大战前开始盛行,当时美国正展开防务整建,工厂老板在厂里设自动贩卖机,以便工人可以十二小时轮班,不用把时间花在吃正餐,而可以吃贩卖机出售的点心来填饱肚子。我们欠自动贩卖机很多个谢谢；没有它们的话，可能就要去吃硬币操作机器贩卖的德国酸菜和德国香肠了。

口技，腹语术

ventriloquism

　　爱斯基摩人和祖鲁人都擅长腹语术。我喜欢这种关联，把撒哈拉沙漠以南民族和北极民族扯到一起，你知道的，四海之内皆兄弟嘛。更妙的是，他们居然跟那种利用木偶讲烂笑话的技术扯在一起。

旗帜学

vexillology

　　到目前为止，当记者似乎是我还不错的生涯选择。不过知道有其他选择也不错，大英百科就充满很多新生涯的点子，可说是三万三千页的巨册《求职圣经》。以下就是我眼中排行前七名的选择：

　　一、小册子作者。从前这是很盛行的职业，小册子宣传战需要用到大批小册子作者。最著名也最无情的一场小册子宣传战，是清教徒攻击新教圣公会教徒"profane（渎神）、proud（骄傲）、paltry（可鄙）、popish（天主教调调）、pestilent（伤风败俗）、pernicious（邪恶的）、presumptuous prelates（放肆专横的教士）"。我喜欢头韵，也喜欢轻薄短小的书，所以应该是我的理想工作。

　　二、糊涂道长。我只是认为，名片上印此头衔会很酷。在中世纪的苏格兰，"糊涂道长"其实是主办圣诞节宴会活动的人，例如会弄个以他为君王的宫廷来嘲讽一番。在英格兰则称这种人为"无政府国王"，也是很酷的头衔。

　　三、湖泊学家。专门研究湖泊的人。我喜欢这个想法，竟然有这种只研究湖泊的工作。不过老实说，我还拿不定主意，在湖泊学家及大英百科里面各种有趣学家之间，该选哪一个才好？或许旗帜学家（专门研究旗帜）或选举学家比较好。要不然，太空生物学家（研究地球外生命）、殉教史学家（这不需要解释）、月球学家、印记学家（研究盖章印记）。怎么样？实在难以选择吧。

　　四、猎鲸仪式主持者。北太平洋的印第安努特卡族有一种人负责主持典礼，这种仪式用以召唤死鲸鱼漂上岸。可能不是个成长快速的行业，

《财星》杂志五百强公司大概只有半数需要用到猎鲸仪式主持者。不过看来仍是个不错的专长。

五、印刷厂学徒（Printer's devil）。毕尔斯①当过，《纽约时报》老板奥克斯也当过。我不确定这种行业究竟做些什么，不过任何有"devil"（魔鬼）头衔的工作一定都很不错。

六、觊觎王位者。我不得不对三个名为"冒牌狄米垂"的人另眼相看，他们每个都自称是俄国沙皇"恐怖伊凡"的儿子狄米垂，而其实狄米垂老早就神秘夭折。这三人的长相完全不同，也没有什么地方特别像狄米垂本人，但三人却也未让这一点阻挠了他们继承俄国王位的要求。要诀就在这里：脸皮要够厚。所以我是犹太人又有什么关系？这也不能阻止我声称自己是布什失散的表亲啊。

七、十九世纪高等法院首席大法官。这些人一年才工作七八个星期，有四十四个星期的舒服假期，还没算到病假和事假呢。不过据我猜想，他们若请"陪妻分娩假"应该是不计薪。

除此之外，也有些是世上最差的行业：

一、职业捡骨人。如果你是印第安乔克托族人，死了之后，尸体要由职业捡骨人来收拾干净。做这行业的男女都有特殊文身并留长指甲。

二、对手队成员。我可不是在讲英国国会的反对党，"对手队"是由白人组成的篮球队，职责是专门输球给哈林篮球队。我只是想到，在输了四千三百二十三场球赛之后，不免令人有点挫折。对手队的教练可能还更凶悍。"你们这些家伙就是要输给对方，完全不顾面子，一路输到底。"

三、负责保存列宁遗体者。列宁的遗体用防腐方式保存下来，但据大英百科说，遗体仍需要"定期检查和整修"。

维多利亚女王

Victoria

英国维多利亚女王禁止人敲门，坚持要人在门上轻轻一抓。但她确实

---

① 毕尔斯(1842—1914?)，美国记者及作家，是个愤世嫉俗的才子，作品多以死亡为题材的讽刺小说。

喜欢一种声音;之前有一条目提到,她的裙撑在坐下时会奏出《天佑女王》歌曲。有点像是皇家用的"喊万岁"软垫。

维生液体
vital fluid

这天终于来到了,我的结账日,我的"D-Day"诺曼底登陆日(顺便一提,"D-Day"的正式名称是"霸王计划")。我以为到了这时应该会如坐禅般平静,结果错了,一大早就醒来,还胃痛加头痛。我花了几分钟再度温习记下的希腊剧作家名字、非洲河流,得到茱莉一个祝我好运的拥抱,然后就跳上计程车,往上西城的美国广播公司开去。

"欢迎来到《百万富翁》。"接待员说,这个笑容满面的女子叫爱咪,带我上了一段台阶,来到没有窗户的表演者休息室里。来到这里我才知道,《百万富翁》参赛者所受的待遇等级,大概介乎一流名人和关塔那摩湾美国海军基地战俘之间。爱咪收走我身上的手机、Palm Pilot 和阅读资料,严禁我和外面真实世界的各种娱乐或资讯联系。另一方面,请尽量享用免费的生食蔬菜沙拉!

关在休息室里的还有八个跟我同样的参赛者。有一个是旧金山人,原本是卡车司机,后来改行当唱片 DJ;还有一个马萨诸塞州注册会计师,两个中西部来的教师。环境气氛有点是"我们同在一起谈笑吃喝",有点是"就要拼个你死我活啦",还有点紧张不安,指关节按得卡啦卡啦响,双腿抖来抖去,而且真的有人发出呻吟声。至于我,迫切渴望能再读些东西。以下这个令人不快的谈话内容真是要人命。

"或许我们可以研究波兰泉矿泉水瓶上的商标。"我说。

"以前就问过这个问题了。"密歇根来的高头大马金发教师说。

"问什么?"

"他们问过波兰泉矿泉水是在哪里生产的。"

就在这节骨眼,有个长发的费城大二学生开口唱了起来:"波兰泉矿泉水,事实上来自缅因州①。"她没有再唱下去,反倒以澄清的口吻说:"这是

---

① 波兰泉矿泉水在美国随处可见贩卖,泉源位于缅因州。

他们的广告宣传攻势。"摆明是个麻烦人物。

"事实上,"另一个参赛者说,"他们最近改了广告宣传手法。"我不知道他讲的是否属实,不过倒很喜欢他给那个爱炫耀的人一点颜色。

说到知识程度,这些人不是省油的灯,不仅对瓶装水知之甚详,而且大多数都是老早就执著于学习的人,但也没到达无所不知的地步。有个女人连捷蓝航空①都没听说过,多少让我安心很多。

没多久,我们就通通被赶到楼下录影棚里。这是个圆形剧场,装潢设计是蹩脚的未来主义金属风格。剧场中央就是"热座",即参赛者坐的位子,这可是不容掉以轻心的椅子哪。说它热,倒不是指温度很热,而是坐上去之后可能挺危险的,因为椅子很高,而且旋转速度很快。舞台经理给我们上了一课,指点我们怎样妥当爬上热座:屁股先坐上椅子边缘,再借助两臂撑住扶手,把整个屁股往后挪进椅子里,左右扭动屁股到坐定为止。我们全都演练一遍,不想跟两星期前那位老太太一样,掉下来摔了个狗吃屎。

回到演出者休息室里,《百万富翁》的代表律师向我们告诫一番,她警告说,欺诈会触犯联邦政府法律。在这过程中,那个费城大二女生从头到尾神经兮兮笑着,我说的是几分钟连续不停"嘻嘻嘻"那种笑法!真像单人女子职业鼓掌人突然秀逗似的。

节目执行制作人来对我们发表那套例行谈话,就跟《百万富翁》其他员工一样,叫我们上节目时玩得开心,但又告诉我们一些听来跟开心完全相反的事:节目会问的题目比以往难多了,因为观众渐渐感到无聊。无聊有什么不好?就让那些笨蛋感到无聊好了,这可是我自尊心的危急存亡关头呢!

等待犹如酷刑,是精神上的"吊刑机器"(中世纪天主教宗教法庭用来对付异端人士的刑具,绑住人的双手后吊起来)。吃午饭了,接着又等,观众鱼贯进场,再度等候,上演搞笑场面以便引导观众进入状态,继续等候。终于,第一个倒霉鬼(发型很好的外科医生)被叫出场,坐上那旋转快速的热座。

"祝你好运!"她被匆匆带走时,我跟她说。

---

① 捷蓝航空公司以低价位机票为号召。

"去打败他们！"

"赢走那一百万！"

换句话说：赶快搞砸了下来，好让我们上场！

我们其余几个关在休息室里的人可以从闭路电视收看节目进行的情况，八个人啜饮着缅因州来的波兰泉矿泉水，个个拼命抢在出赛者开口之前作答。我还露了不少锋芒：我知道委内瑞拉是因威尼斯而得名（早期探险家见到海岸边的水上房舍便想起威尼斯）；我也知道腋窝（axilla）在哪里。

"在耳朵里。"有个参赛者说。

"不对，是在腋下。"我纠正他。

"你确定吗？"

"我确定。《君子》杂志做过一篇讲稀奇古怪癖好的专文，腋窝癖就是指利用腋下来做爱的行为。"

回想起来，或者我不该透露这项独特的资料，因为爱咪听了面露惧色。

有位制作人每隔一段时间就带着写字板走进来，宣布下一位出场的参赛者姓名。前任卡车司机出场了，老师出场了，负责看守洛克菲勒中心那棵圣诞树的仁兄也出场了，足球教练出场了，全都出场了，只剩下我、傻笑的费城女生，还有哈佛毕业的服务生。录影结束了。

"明天早上十一点四十五分再回电视台来。"爱咪告诉我们说，一面尽力露出笑容。

我起码睡了两三小时之后，就回到那间演出者休息室，和另一群新的参赛者关在一起。今天的麻烦人物换成一个五十多岁的男人，自称是"固执己见的浑蛋"。他把自己的意见与看法不断提出跟人分享，包括对小甜甜布兰妮（他不是粉丝）、前任纽约市长朱利安尼（胜利万岁[1]）、布什（他做出默剧般吸食古柯碱的动作[2]）、《百万富翁》的一位制作人（她像个"维多利亚的秘密"品牌的内衣模特儿）。他不分享意见看法时，就问我们关于化

---

[1] 这是纳粹分子彼此打招呼的用语。此人是要表达他对朱利安尼处理九一一危机的赞赏态度。

[2] 美国专栏作家著书指称小布什年轻时曾吸毒。

388

学周期表的难题。

有个戴助听器的生物学家抛出了他想到的问题:在电影《日正当中》决斗场面中死掉的四个演员叫什么名字? 每个人都摇头。

"安·麦当纳、鲍伯·威基、舍柏·伍雷,"他说,"还有,你们可知道舍柏·伍雷也写了《紫色食人魔》那首歌?"

"这样总共才三个人,第四个演员是谁?"有个参赛者问。

"第四个姓名我忘了。"

"等一下《百万富翁》就会问到这问题喔。"我说。

他白了我一眼。

接着,那个带着写字板的制作人进到休息室里叫我名字。"有!"我喊得有点太大声了些。

"祝你好运!"其他人说,我心里有数他们是什么意思。

我被带到录影现场,这里的现代主义金属化风格更加咄咄逼人。现场观众拍手的时间加长了一倍,因为节目人员说这样在电视上会比较好看。我爸妈和茉莉都在观众席上,不过被安排坐在我身后,免得他们跟我打信号作弊。怪异又戏剧化的主题音乐响起了,灯光闪闪,我的手心湿得跟乞拉朋吉一样(这个印度小镇曾有一个月的降雨量达到九百三十公厘)。我爬上热座,尽管事前已经演练过,居然还有本事绊倒。我得说,主持人维耶拉跟吓人的录影棚气氛完全相反,她泰然自若,很有母爱风范,一直笑容满面。要不是演技出众的话,就是真心希望你赢得一百万。我们聊了一下,她叫我放松心情、慢慢来。

"你准备好了吗?"我想准备好了。

一百元的问题是:"Bon voyage"这句话是什么意思?

"我在中学念的法文有百分之九十九已经忘掉了,"我说(心想一开始表现谦虚一点,可以赢得观众的心),"不过还记得这百分之一,答案是 C,'一路顺风'的意思,敲定答案。"

满堂掌声。耶! 我已经摆脱彻底丢脸的危机、过关斩将,事实上还势如破竹地对付了首批问题:"桂格"是麦片品牌;修女住在女修院;氢化硫闻起来像臭鸡蛋;"&"符号代表"和"的意思;索菲亚·罗兰是意大利人。更多掌声。

我真是如鱼得水！每题都丝毫无误地选中代表正确答案的字母，简直就是所向无敌的知识忍者。热座是世上少数几个让万事通发挥所长的地方。事实上，说不定我真的是样样都通喔。

也不见得。八千元奖金的题目来了：目前正在播出的《法网游龙》演员阵容中，哪一个演员在电视连续剧里演出最久？妈的！大概那些南美洲首都和日本幕府将军的姓名已经把我所知的电视八卦都挤出脑海了，我不是很肯定，可能是杰瑞·欧巴赫，也可能是萨姆·华特斯顿。

"我想要问观众。"我说，这个权利只能用一次，想来眼前是该动用这权利的时候了。在休息室时，有位制作人跟我们讲了哥伦比亚版的《百万富翁》趣闻，现场观众故意投票选出错误答案，只为了要整整那个可怜的参赛者。但我信任这些善良的美国人（其中有两个刚好是修女），因此我就托付给他们。有百分之十的观众认为是欧巴赫。结果证明他们答对了。

"谢谢各位观众！"我说。

一万六千元奖金的题目是：小人国居民（Lilliputians）是哪本小说的角色？好得很，这个我知道，现在又轮到我主掌大局了。"答案是 C，《格列佛游记》。敲定答案。"

我没跟主持人提到，格列佛对小人国的城堡撒了泡尿，扑灭火灾。还有其他从大英百科看来跟火灾与尿有关的怪异资料也没讲出来，自己知道就算了。这些关联包括弗洛伊德说纵火狂和尿床有关，以及古人用尿液来扑灭希腊燃烧剂（类似当今汽油弹的武器）。我脑子遇到压力时，思绪竟然溜到很奇怪的地方去。

"《格列佛游记》，答对了！"我志得意满，乐歪了，等着回答下一题奖金二万二千元的题目。面前的荧幕冒出了这题：血液中哪一种成分称为 erythrocyte？

Erythrocyte。我瞪眼看着这个生字，在脑子里搜索又搜索，一点印象也没有。我可以花上几天时间在大脑皮质的积尘角落和暗藏裂缝里搜寻，但并不认为这个藏在其中。该死！

答案有四个选择：白血球、血小板、红血球、血清。我还是不知道 erythrocyte，erythrocyte，我很气自己，不过还颇镇定，有生命线可以求救，所以这关会过得了。

"我想打电话给我大舅子。"我说。艾力克在哈佛念书时主修生物化学，这种问题正是他本行。

"好的，"主持人说，"我们打电话给艾力克。"

电话响了三声，艾力克接听。主持人告诉他，我已经赢了一万六千元奖金（艾力克似乎很合情理地刮目相看），而我现在需要他协助。我没花时间说"哈啰"，而是按照指示，马上把题目念给他听。

"血液中哪一种成分称为 erythrocyte？红血球、白血球、血清还是血小板？"

艾力克发出介于"唔"和呻吟之间的声音，不管是哪一种，反正听起来都不妙，是很糟的声音，震惊的那种。这太不像话了吧？艾力克居然不知道？太说不过去了，就像教皇不是天主教徒、日本神明不属于神道教一样。有两秒钟我天旋地转，竭力定下神来。

"Erythrocyte？"他说。

"打出这个字！"我说，"E-r-y-t-h-r-o-c-y-t-e。"

我是在叫他用谷歌搜寻，这是《百万富翁》可鄙的小秘密，生命线组员往往利用电脑找答案。现场观众见我这么大胆都发出窃笑。

"再说一遍答案选择有哪些？"他说。

接着，我还未报完 ABCD 四个答案，时间就到了。主持人对我露出同情的笑容。

"我还以为他什么都知道。"我说。现场观众大笑，但我不是在讲笑话，我是说真的。

这时我慌了，现在完全靠我一个人了。我在椅子上扭了一下身子，又转回原状。我还有所谓的"一半一半"机会，因为其中两个答案已经胡乱猜过而不中，所以就剩下血清和红血球。

"嗯，你们大概以为我听说过红血球的学名，"我说，"真不敢相信我居然没听说过。所以我打算选血清，"我停顿一下："血清。敲定答案。"主持人看来真的很痛心。

"Erythrocyte 的另一个名称是红血球。"

我垂下头埋首两手中。这下子完了，这番小风头已经出完了。主持人切入广告时间。我爬下热座，工作人员带我回到后台，茱莉、爸妈都在那里迎接我，全都说他们以我为荣，起码我以为他们是这样讲的。但我听到的还是："你做了很棒的 erythrocyte！""现场观众真的很 erythrocyte 你。"那时我就只能想到这个字。Erythrocyte，我永远忘不了这个字。工作人员把支票交给我，赢到的奖金跌为一千元。

等回到办公室之后，我打电话给艾力克。

"你欠我三万一千元！"我半开玩笑说。

"你是作家，"他回敬我说，"应该知道那个字眼的！"

艾力克告诉我，他的确用谷歌搜寻，但还没爬梳出结论，时间就已经到了。他并没有提到连线切断之后，他有没有气得大喊大叫。我只说了声："艾力克！"便挂上了电话。接下来我人生的那二十四小时里，所有心思都花在想这件事上，想着我从很多方面都应该知道"erythrocyte"这个字。首先，不用说，应该记得在大英百科看过它，我去查大英百科，果然就在 E 字首部分："erythrocyte：又称红血细胞或红血球。"这种细胞中心凹陷，侧面呈哑铃状，胞体柔软，通过微细血管时变为钟形，含有血红蛋白。我怎么不记得了呢？我应该在生物学部分多用功些的。应该把维生液体列入恶补清单的。

还不止这样。我明明知道"cyte"的意思是"细胞"，大可推论出不是红血球就是白血球。我应该叫艾力克去查大英百科而不是用谷歌搜寻，应该在现场观众席安插一个有通灵能力的血液专家，用心电感应向我传送情报。

所以再没什么好讲的了，我的梦想已遭蹂躏，别指望用百元大钞来点燃最上等的雪茄，也没得开巨瓶香槟来庆祝了——开一瓶 jeroboam（等于四瓶分量），或 methuselah（等于八瓶）、salmanazar（等于十二瓶）、balthazar（等于十六瓶）、nebuchadnezzar（等于二十瓶）。但随着一个个小时过去，我对那一千元奖金也愈来愈安之若素。首先，这已经值回大英百科三分之二的价格，大概等于 A 到 P 字母的册数，已经算很不错了。而且我上节目的表现也并非全然像个驴蛋，说来 erythrocyte 毕竟是个很冷僻的题目，冷僻到连艾力克这位难题问答比赛冠军、在哈佛主修生物化学、美国最通晓资讯的人之一都不知道答案。艾力克知道很多事情，比我知道的要多，这点我可以承认。不过他并非"每样事情"都知道。没有人办得到这点。从这个全国联播电视节目就可以得到证明。

战争技术

war, technology of

整整九十八页让你看得魂飞魄散，通篇都是讲人类互相残杀的手法，这些手法又如何后浪推前浪，愈来愈老练：矛、防御土墙、弩炮、弩弓、枪炮、机关枪、飞弹。其中一段尤其触目惊心，是关于投掷第二枚原子弹的经过，这原子弹有个很诡异的亲切昵称叫"胖子"，于一九四五年八月九日落在长崎。"那架轰炸机在小仓上空盘旋了十分钟，由于视野不清无法瞄准，于是改向第二目标长崎下手，在当地时间上午十一时零二分，该武器挟着二万一千吨黄色炸药的威力，在五百公尺高处爆炸。"

我一点都不知道日本的小仓市原来是第一目标，从来都没听说过小仓。但这真是个奇怪的事实，想想有多少人的生命因此而受到影响。长崎死了七万人，而小仓的几千人却因多云天气而逃过一劫。

我想着飞机在小仓上空盘旋的那十分钟，所有人正展开一天的生活：在办公室里打电话、跟儿女玩耍、吃饭，对于盘旋在上空那个具有难以想象威力、正准备消灭他们躯体的炸弹毫无所觉。但他们却活下来，只因为轰炸机无法瞄准此地的目标。

这是我一再学到的一点：运气在历史上扮演了很重大的角色。我们总喜欢认为，事情是靠我们的意志、理性的决定与计划而产生出来的结果，但我却留意到，往往（而且比往往还频繁）是阴错阳差的一线命运在作祟。二次大战还有一个例子可以证明这点，那就是行刺希特勒的"七月密谋"。这事发生在一九四四年，由军官施陶芬贝格率领一群德国密谋者精心策划。大英百科叙述如下："施陶芬贝格溜出会议室，在中午十二时四十二分目睹了爆炸，因此相信希特勒已经遇害，就飞往柏林……（然而）由于有位出席会议的军官把藏有炸弹的公事包推到会议桌的大块栎木桌脚后面，因而保护希特勒免于受到爆炸威力的全面影响。"希特勒逃过一死，只因有个来开会的军官爱干净，想把公事包拿开免得有碍观瞻。历史就因为这张栎木桌的大小而改变了。

威尔斯

Wells, H.G.

又一个娶了近亲的人。这些历史人物除了罹患痛风之外，最喜欢的消遣似乎就是跟近亲结婚。过去几个月里，我做了一份喜欢亲上加亲的名单，以下就是其中几个例子：达尔文、亨利八世、爱伦·坡（如果你还记得的话，他娶了十三岁的表妹）、拉赫玛尼诺夫，现在这个亲上加亲会又多了个成员：英国小说家威尔斯。我又回头去查拉赫玛尼诺夫，因为不确定，结果很高兴发现没弄错，这位作曲家确实娶了近亲为妻。但妙的是，我还留意到他另一件事：他根据另一个"会员"爱伦·坡的一首诗作了一首交响曲。真是怪事。

话说当年我第一次聪明的时候（高中时期），读过卡尔维诺的一篇短篇小说，是关于城市的寓言故事，此城住户彼此都有线相连，这些线由一户穿出、越过马路，跟对面或街尾另一大楼的某户相连。每条线分别代表不同的人际关系，如果两户人家是血亲，这条线就会是黑色的；若是生意上的往来关系，线就是白色的；如果其中一户是另一户人的上司，线就会是灰色的。到最后，这些线衍生出无数相连关系，交织得很厚又有很多色调，以致你无法在这城里走动自如。

在我看来，历史就像这样，有无数条线索以各种方式把每个人联结在一起，这些方式有的在意料中，也有出人意表的，就像个蜘蛛网（顺便一提，蜘蛛不再继续用网子时，有时会把它吃掉）。

赔偿金
wergild

古日耳曼法律中，这是某人付给受伤害一方的赔偿。大部分文化里都有此风，在中东称为"人命赔偿"，一条人命值一百头母骆驼，损失一只眼或一只脚则索赔五十头母骆驼，头或腹部受袭击则是三十三头，打掉一颗牙是五头。

艾力克应该赔偿我在《百万富翁》损失的三万一千元却依然没有踪影，不过无所谓，因为他还是给了我别的。话说茉莉和她嫂嫂雅丽珊德拉谈过，嫂嫂告诉她说，艾力克对于《百万富翁》这场大溃败感到非常过意不去，不止因为自己在全国联播电视节目上表现无知而难过，更因为害我赢三万二千元奖金的机会成了泡影而内疚。我知道艾力克这人很重感情，他是个慈父也是个好儿子，但我从来不敢想象他也会对我用感情，这几乎比他不知道一个深奥的生物学名词还更令我惊讶，也让我感到很窝心，顿时兴起宽恕之情。我发了电邮给他。

> 谢谢充当我的生命线。我们没赢，但却奋斗到底。
> 　　你的弟弟（姻亲关系，而非红血球关系）　贾各布斯　上

我认为这样拿捏恰到好处，既亲昵又体谅，但结尾又轻轻戳他一下。他回了我信：

> 很高兴帮忙，或者该说，帮不上忙。不过起码你不用为奖金付出大笔税金。　艾力克

我差点要回信跟他说：将来要是我孩子能像他儿女那么可爱、聪明又有趣的话，我会是个幸福快乐的男人。不过你知道吗？凡事总得有个限度。

白宫
White House

白宫当初原称为"总统宫"，不过一般认为"宫"字的皇家意味太重了，

W |

因此更名为"总统府"。到了一九○二年,罗斯福当政时才正式称为"白宫"。顺便一提,罗斯福翻修了二楼,以便腾出空间给"他儿女那些奇异宠物,包括几只浣熊、几条蛇、一只獾,还有一只熊。"

这里写的全都是响当当的事实,但以下却是最奇特的部分。话说我人在办公室跟一个同事讲起罗斯福的动物园,他问我此处提到的那只熊是否就是泰迪熊?于是我上网去查大英百科,重读了"白宫"条目,上面并没有提到这点。不过却留意到,线上大英百科有一段轶闻是纸本版所没有的,想来是因为限于篇幅,所以纸本版删去此段。这轶闻内容如下:

显然白宫以前的安全工作松懈得令人吃惊。一八四二年,狄更斯应泰勒总统邀请到访白宫。狄更斯来到这大房子门前敲了门,却没有人来应门。于是,大英百科是这样说的,他就不请自入,直接由前门走了进去,在无人陪同下开始登堂入室,东窥西探。到最后,这位备受尊崇的英国作家在其中一个房间里碰上了总统十几名随扈中的两名,狄更斯见到这两人在白宫里随地吐痰感到惊骇万分,于是后来写说,他希望白宫会给付优厚的薪水给那些负责清洁痰迹的仆役。

哪,这是很不错的轶闻。我爱纸本版,但现在不免怀疑,先前不想读线上大英百科,究竟因此错过了多少资料?

温切尔
Winchell, Walter

这位讲话速度很快、喜欢戴帽子、爱玩双关语的八卦专栏作家,本名的姓氏只有一个"l"字母,然而有人不小心在当年他演出的剧院布告栏上,把他的姓氏多加了个"l",温切尔反而喜欢,刻意保留下来。同样情况也发生在格兰特(Ulysses Grant)总统身上,西点军校在他的证件名字上多加了个"S",他也保留下来。还有一个原名以色列·巴林(Israel Baline)的人,则因为印刷工把他姓氏排印错误,变成"Berlin"(这可不算小错,希望那名印刷工人后来转行了),于是他索性改名"尔文·柏林"(Irving Berlin)①。又让人见到运气改变历史的例子,不过这几个没那么让人灰心丧气就是了。

---

① 尔文·柏林(1888—1989),美国百老汇剧作家。

396

智者

Wise Men

最近有三名智者在我们生活中冒出头来，或者该说是三贤之一。茱莉和我考虑为儿子取名为贾斯珀，没什么特别理由，纯粹只是因为喜欢这名字，何况茱莉又否决掉了"唔唰唰"和"乌布"这些名字。后来从许多婴儿命名书的其中一本获悉：贾斯珀原来是"葛斯帕"的另一种称法，而葛斯帕是耶稣诞生时去朝拜他的三博士之一。如此说来，我们的儿子会以一位智者来命名。我们认为，或许这会让他成为有智慧的宝宝，又或许，这就是最令人震惊的事了，我甚至还能传一点我的智慧给这小家伙。事实上我真的认为自己有些智慧。

问题在于，要是我真心检讨，其实这阅读大英百科的行动计划，刚开始确实有点儿戏成分。我想的是可以知悉一些有趣的事实、在鸡尾酒会有点话题可讲、助长自己喜欢作怪的毛病，顺便也知道一点资讯的本质。至于智慧？我并没有指望会从中获得。

然而令人惊讶的是，这里面的确包含了智慧，潜藏在四千四百万字里，偶尔出现一下给我个当头棒喝（见《传道书》条目），但最重要则是我从大英百科的整体所汲取到的智慧。试列举如下：

我终于对"智人"有了信心。智人属于脊索动物门两脚哺乳动物，脑容量一三五〇立方公分，有次生颚，头皮上更有成千上万的发丝，是很不错的物种。是的，我们有能力做出很可怕的事，制造出贫穷和战争还有日光节约时间，但就历史长河来看，即过去的一万年、大英百科的三万三千页，我们却以各种成就挽救了自己：创造出罗马许愿泉、盲人点字拼字游戏、狄贝基医生的人造心脏，以及按键电话。

我们改善了自己的生活，使它比以前好一千倍；我再也不会以神话眼光看待过去，以为从前是某种黄金时代。不妨记住：十九世纪期间剖腹生产的死亡率是百分之七十五，所以我朋友珍妮要是生在那时期，恐怕过不了这关。那时每日工作时间是十四小时，就连我这个工作狂也觉得太长了。古罗马人平均寿命是二十九岁。寡妇得改嫁大伯或小叔。最初的叉子只有一支齿尖，雨伞只有黑色的，而你晚餐吃的则是已经摆了四天的臭肉。

挨过了这许多可怕问题之后，如今是活在人间最好的时机。我对儿子即将出生大感兴奋、迫不及待，倒不是把他当成很酷的点缀，好比挂在我腰间的新型收发两用传呼机，不是的，而是认为他会喜欢这个世界，这个世界也会喜欢他。我脑中的资料会逐渐消失，这点我知道。然而这种智慧、这种胸襟视野，希望会一直留存在我身上。

伍德哈尔

Woodhull, Victoria

我本以为经过这一年来不停阅读，大概对这种活动已经颇感厌倦，以为自己读完大英百科之后不会想要再读别的书，也不会想去看停车标志或沙拉酱汁标签说明。然而，当我知道有个像伍德哈尔这号人物时，却感到很想埋首去看她整个传记。真奇怪。

伍德哈尔是个很令人惊奇的妇女，她是美国首位女性证券交易经纪人，也是首位竞选总统的女性，此外还有很多令人惊奇的事情。她于一八三八年出生于俄亥俄州，童年跟着以算命维生的家人浪迹各地。十五岁就嫁人，没多久便离婚并迁居到纽约。她在纽约跟巧取豪夺的强盗资本家范德比尔特结交，范德比尔特很迷通灵，协助她创办了证券交易所。（似乎是个很不错的点子：靠通灵来选股票。）

往后几年里，伍德哈尔愈来愈致力于激进的目标，开始出版一份改革杂志，宣扬集体生活、自由恋爱、男女平权以及妇女选举权。这位异乎寻常的伍德哈尔并不受那些同样提倡妇女选举权的稳重成员的欢迎，但她向美国众议院为妇女选举权申辩之后，她们算是暂时接纳了她。

伍德哈尔跟一个名叫蒂尔顿的改革家之间的关系，导致了全国闻名的丑闻。似乎在她最不择手段的时候，她在杂志上刊登了蒂尔顿之妻与毕齐尔[①]有婚外情的传言，因此遭人指控透过邮件寄送不正当内容。（后来她脱罪了。）一八七七年她迁居到英国，显然是由范德比尔特的继承人资助她迁居，因为唯恐她会对范德比尔特的遗嘱提出异议、加以干预。她在英国

① 毕齐尔（1813—1887），美国牧师，主张妇女应有参政权，也是废奴运动的领袖。

又办了一份倡导优生学的期刊，并曾提供五千元奖金给首位飞越大西洋的人。

实在是奇特又令人神迷的人生。事实上，我已经上网订购了一本她的传记。起码我的后大英百科时期会有一本书存在了。

X射线式绘画
X-ray style

　　这是一种艺术手法,画动物时也画出骨架结构和内脏。北欧中世纪的猎人就很爱X射线式画风,早期的澳洲原住民亦然(大英百科有一张澳洲的X射线式蜥蜴画,看起来还挺新潮的)。今晚读到这段时,正好几个小时之前才有一位《君子》杂志编辑提议要做一辑X射线式照片——一个X射线式男人在打高尔夫球,一对X射线式男女在床上。这会不会是大英百科和生活的最后一次惊悚巧合呢? 有可能是。我可以看到隧道尽头的那些Z字首了,近在眼前。

杨振宁
Yang, Franklin

　　美籍华裔物理学家,一九五七年诺贝尔奖得主。杨振宁童年时读了富兰克林传记之后,决定把英文名字改为富兰克林。如果你想以某人为自己命名的话,富兰克林是个很体面的选择。这位美国建国之父已经先后在大英百科露面十几次,几乎每次都被捧得高高的:他二十一岁创立美国哲学学会,后来设立了美国第一家保险公司,而且怀疑江湖郎中梅斯梅尔(Franz Mesmer)的能力,根据未经证实的说法,这人能置人于催眠状态(因此催眠一字"mesmerize"由他名字而来)。但另一方面,富兰克林的确也藉由"下等女人"来满足性欲。

年

Year

今天又是一年一度在我父母家交换礼物的犹太新年节日。自从开始阅读大英百科以来,已经过了一年,真难以相信。我并不觉得有一年之久,甚至不觉得有阴历年之久(十二个月亮周期,约为三百五十四天,有些历法采用阴历)。我们提早到达,比贝丽和威利先到,这意味茱莉和我妈有时间到里面房间去看我妈精心想出的某些首饰设计。留下我和老爸单独相处。

"要不要看最新的超音波扫描图?"我问。

"当然要。"老爸说。

这是一张拍得很好的超音波扫描图,可以看到亮白的脊椎,像把小梳子似的,还可以看到他的脸孔。茱莉和我曾争论,到底他比较像 ET 还是像《十三号星期五》系列电影里的嗜血狂魔杰森。

我从袋里取出超音波扫描图递给贾斯珀的祖父。

"真是个小帅哥。"他边细看边说。

"没错,他还长了我们贾家人的鼻子。"我说。

"有没有再考虑帮他命名为阿诺德·贾各布斯五世?"老爸问。

"抱歉,不予考虑了。"

他点点头,很明白。

"我还有别的东西,说不定你会想看看。"我说,从袋里掏出了一张纸。

"这是我写的一点东西,打算提交给大英百科委员会,以便列入明年版本里。"

老爸接过那张纸,念了起来:

阿诺德·贾各布斯(一九四一年二月二十六日出生于纽约)

专精于内线交易法,所著法律文章注脚之多打破世界纪录。贾各布斯生长于曼哈顿,父为律师,母为美术教师。高中毕业时,成绩列于一百人中的第七十八名,然而情有可原,因他只在搭地铁上下学途中做功课。贾各布斯念了很多研究所,因篇幅所限无法一一列出。其妻艾兰·基尔乃其收集水牛纪念品的搭档,两人育有两名子女。他传予其子小阿诺德·贾各布斯(又名阿诺德·贾各布斯四世)热爱学习与学问之性情,有时不免发挥过度,然而尚不失体面。老贾各布斯亦凭各方面成就、对家庭的奉献、对成吉思汗的专精研究而令其子肃然起敬。然而最重要的或许是老贾各布斯发现光速以 fathoms per fortnight(英寻/两星期)为单位是:1.98×10^{14},因而在科学上迈进一大步。小贾各布斯根据其父之发现,进一步计算出光速以 knots per nanosecond(节/奈秒)为单位是:0.000162。

我看着老爸念,感觉似乎念了很长时间。最后,他露出笑容。

"写得很棒,"他说,"我感到很荣幸。"

"嗯,看看他们会不会接受这篇东西。"我说。

"knots per nanosecond(节/奈秒)?"

"没错,我计算出来的。"

"这是蛮不错的材料。"

"对,有用的资讯。"我说。

"你连头韵都顾到了。"

"是啊!我认为这比 knots per picosecond(节/皮秒)还好。"

"太棒了,将来我先教我孙子这个。"

我也许没法在老爸搞那些鬼点子恶作剧时配合他,例如放野牛雕像,或编造"黄闪电"饮料为难别人去找"酷爱牌"柠檬汁,但我想,何不在光速用"英寻/两星期"表达时附和他一下呢?何不像劳伦兹观察到的小鹅一样,顺着他给的提示给他一点小小赞美?我知道他会很喜欢的。

随着逐渐读到 Z 字首部分,我终于也在某样事情上打败老爸了。我完成了一件他有头无尾的心愿与任务,想来这也有助于我驱逐心魔——尤其是妒忌之魔,圣经里称之为"海中怪兽"。眼前此刻,起码包括未来两星期内,我大脑皮质里的资料确实比他多。我有没有比较聪明了呢?这倒未必。很可能根本没有变得比较聪明。对于 10b-5 法令我懂得跟他一样多吗?当然不。不过倒是比以前更知道这点:老爸和我是同一种人。我已经学会不再抗拒这个事实,而是学会了喜欢这个事实。

约德尔①

yodel

并非瑞士人独有,俾格米人②和澳洲原住民都精于此道,但这些人的咕咕钟则在水准以下。③

青年会

Young Men's Christian Association

最初由英国十二个布业青年组成,变成"乡巴佬合唱团",热门歌曲《YMCA》才大红大紫。

杨恩

Young, Thomas

提出光波动说,但受到人家轻视,因为大多数科学家认为,任何与牛顿学说对立的理论都是不可思议的。这正应了萧伯纳所说的:"所有重要真相都始于渎神。"你看,我从中得到了一些教训。

宙斯

Zeus

我猜这不是什么大新闻:男人就是很难让裤子老实穿在身上。甚至在大英百科开首一百页里就可以很清楚地看到这点,因为这一百页有大批"放荡"男人与他们的情妇。然而宙斯却独领风骚,值得颁发金牌给他,或者最好给他硝石④(嗯,其实据我所学到的,硝石并不能降低欲火,所以洗个冷水淋浴可能比较有用)。宙斯是希腊神明之中的张伯伦⑤,到处留情播种,无远弗届。阅读过程中,每隔一百页就会见到宙斯跟另一个女人搞七捻三,偶尔也跟男人搞,有时还跟自己搞。不过更常见到他变形伪装去拈花惹草,变公牛、老鹰、杜鹃鸟、乌云、一阵金雨、蚂蚁。蚂蚁? 他化身为蚂蚁,

---

① 用高音假声、低音胸声快速交替的一种歌唱法,山区居民常用此法作为中等距离的通讯法。
② 俾格米人是分布于亚、非两洲赤道森林的矮小黑人。
③ 瑞士的咕咕钟闻名世界。
④ 据说硝石有降低性欲的功能。
⑤ 张伯伦是美国职业篮球选手,公认为篮球史上最伟大的进攻球员。

勾引公主欧律墨杜萨。我甚至搞不懂这是什么意思。我可以大概猜想出来，但还是无法想象欧律墨杜萨会发现那事很有乐趣，而且说不定她还需要擦药膏。

左拉
Zola, Emile

根据某些消息来源指出，左拉还是个没饭吃的穷作家时，曾经在窗沿诱捕麻雀来充饥。

动物园
zoo

阿兹特克人在墨西哥有个很壮观的动物园，需要三百名员工来看管。还有你也该知道，二次大战期间，伦敦人吃的鱼来自市内动物园。还剩下十七页就全部读完了，我颈后一阵战栗，很想略读过去，但强迫自己放慢速度，细细咀嚼这最后几项条目。

小便帽
zucchetto

这是罗马天主教神职人员所戴的无边便帽，也是大英百科最后一项宗教服饰条目。

祖鲁人(Zulu)，非洲民族(对了，祖鲁帝国建国者恰卡在母亲去世时"公然精神失常"，不准人民播种五谷)。

我的上帝，还有七项条目。

聪茨(Leopold Zunz)，犹太学者。

苏黎世陶器(Zurich ware)，一种瑞士陶瓷。

兹维诺集团(Zveno Group)，保加利亚的一个政党。

日维茨
Zywiec

我已经读到终点，这就是那条目，大英百科六万五千条目的最后一项，四千四百万字的最后少许文字。怪的是：我的脉搏跳动得就像真的在跑马拉松一样，达到兴奋状态。我深深吸口气，以便镇定自己，接着就读起日维茨。日维茨是个位于波兰中南部的市镇，以规模庞大的啤酒厂和一尊名为"沉睡的圣母"雕像著称，人口三万二千人。

到此结束，时为晚上九点三十八分，一个平凡无奇的星期二晚上。我坐在白色长沙发上惯坐的位置，已经读完了二〇〇二年版本的大英百科全书。现在反而有点不知所措，悄悄阖上封底，从长沙发上站起身来，然后又坐下。

没有终点线的缎带要冲破，没有地方要插上一面旗帜。那是种很怪异的、没有高潮的感觉。这最后一项条目没有什么帮助。如果大英百科是一般书籍，来到结尾时大概会有些较深刻的意义，有某种概括的结论或令人震惊的峰回路转。然而大英百科里的每样事物都是乖乖按照字母排序，所以我面对的就只有这极其容易遗忘的条目，讲的是一个位于波兰中南部、啤酒厂林立的城镇。想来我也早就知道，这条目并未掌握宇宙的所有秘密，（譬如，日维茨：一种令人费解的物质，存在獾的毛皮里，是生命的关键物质！）然而还是感到有点失望。完成了一项长达一年之久的庞大行动计划，有些惆怅之感，一种马上产生的产后忧郁症。

我把这一册塞回芥黄色书架原来的空位里，料想它会在那里呆很久。我晃出房间走到客厅里。

"完工了。"我告诉太太。

"你是说今晚完工了？"

"不是，我是说完工，搞定了，做完了。"她张开双臂，我得到祝贺拥抱和亲吻。

"等一下，"她说，"我得留个记录。"茱莉跑进卧房里，出来时拿着摄影机。

"小阿诺德·贾各布斯，你已经把大英百科从头到尾读完了，请问现在打算做什么？"

"唔……"我摇摇头，真的不知道，我愣住了。

"你打算去迪士尼乐园吗？"茱莉提示说。

"对，说不定我会去迪士尼乐园，这乐园由创作奥斯华兔子的迪士尼所兴建。"

茉莉按停了摄影机。"去吃顿饭庆祝一下怎么样?"她问。

"说的是,为什么不呢?"这倒很好,跟长久以来受到冷落的茉莉(这是她的名字吧?)吃顿饭。"你想先看完你的《白宫风云》连续剧吗?"我问。

"当然。"

于是我就在长沙发上坐下,坐在茉莉身旁,收看《白宫风云》结局,这连续剧的背景设在白宫,杰弗逊总统曾经称这建筑"大得足以容下两个帝王,一个是教皇,一个是大喇嘛。"

我回想起爸妈有位朋友曾经跟我讲过的寓言故事,故事里那个王国的智者把所有百科知识浓缩成一句话:"这个也会成为过去。"这句话不算差,因为如果你想浓缩成一句,可能还讲不出比这句更好的。那么我的句子是什么呢? 最好趁现在赶快想出来,因为眼前此刻我所拥有的资料空前之多,要趁着艾宾浩斯的鬼曲线没插一脚搞砸之前,赶快把握时机。

坦白说,我也不确定浓缩句子是什么,或许我还不够聪明,无法把大英百科总结成一句,可能最好分成几个句子来讲,看看哪个比较贴切。以下就是我的感想:

我知道样样事情彼此都有关联,就像以全世界为背景的"六重分隔"①游戏。知道历史充满血腥混乱,但同时又聚集各种功业,而且深具启发性又令人惊叹,让你对于自己跟其他人类共享同样的基因结构而感到骄傲。我知道做人最好往好的方面看,否则就是跟自己过不去。知道快跑的未必能赢,智慧的未必得粮食,所以你该要有福尽量享。我知道不要再把肉桂不当一回事。知道即使是最小的决定也有其道德精神,譬如要不要把用过的餐巾捡起来扔掉这等小事。知道 erythrocyte 是红血球,不是血清。我亲身体会到世上资料如浩瀚汪洋。知道自己对于这汪洋所知只有很少一点点。知道自己再过两个月就要添丁,而我才只做好少得不能再少的一点点准备而已(我可以告诉儿子天空为什么是蓝色的,万一他想知道的话,还可以告诉他蓝色月亮的由来),不过我会继续学习为人父母的另外百分之九十九。尽管睡眠时间很少,又错过了收看《辛普森家庭》,但我知道自己

---

① "六重分隔"由耶鲁大学社会学家米尔格兰于一九六七年提出,估计世界上两个不认识的人之间只隔了六层间接关系。

很高兴阅读了大英百科。知道负鼠有十三个乳头。知道自己过去这一年有过几百次自我矛盾，但历史却有过几千次自我矛盾。知道牡蛎可以自行改变性别，土耳其最前卫的杂志叫《生存》。知道人应该勇于对冒险说"好"，否则人生就太沉闷了。知道知识和智力是两码子事，但两者的确是邻居。我也再度了解学习的乐趣，而且这是第一手资料。还有，我知道自己已经回到原有生活，再过一会儿就要和我太太去享受一顿美妙晚餐。

中英名词对照

布拉西斯　Carlo Blasis

布拉克摩尔　Richard Doddridge Black-
more

布拉格扔出窗外事件　Defenestration of
Prague

布拉玛　Joseph Bramah

布法与白居谢　*Bouvard et Pecuchet*

布哈拉　Bokhara

布洛克　Wynn Bullock

布洛克海默　Jerry Bruckheimer

布朗小百科　*Encyclopedia Brown*

布朗夏尔　Marie Blanchard

布朗库西　Constantin Brancusi

布纽尔　Luis Bunuel

布隆丹　Blondin

布隆克斯科学高中　Bronx Science

布雷克　William Blake

布鲁梅尔　Beau Brummell

布鲁图·阿尔比努斯　Decimus Junius
Brutus Albinus

布鲁图·马可斯　Marcus Junius Brutus

布鲁诺　Giordano Bruno

布罗德　Max Brod

布兰特　Bill Brandt

平台网球　platform tennis

平流层　stratosphere

本尼·希尔　Benny Hill

本星系群　Local Group

本·琼森　Ben Jonson

末世教派　apocalyptic cult

正点形象零售公司　Sharper Image

瓦里格航空公司　Varig Brazilian Airline

瓦拉莫人　Walamos

生存　Varlik

甲基安非他命　methamphetamine

白宫风云　*The West Wing*

皮克特　Bill Pickett

皮埃蒙特　Piedmont

皮条客　*Hustler*

皮尔斯　Henry Pearce

皮萨罗　Francisco Pizarro

石通古斯河　Podkamennaya Tunguska

伊弗林·伍德　Evelyn Wood

伊安·佛来明　Ian Fleming

伊安·麦当纳　Ian MacDonald

伊底帕斯情结　Oedipus complex

伊波拉病毒　Ebola

伊普尔　Ypres

伊渥克　Ub Iwerks

伍德沃德　Bob Woodward

休斯　Langston Hughes

兆会　Mega Society

先导过程　leader process

再生不良性贫血　aplastic anemia

再献圣殿节　Hanukka

冰河湾国家公园　Glacier Bay National
Park

列维尔　Paul Revere

印第安人村　Pueblo Indians

早安越南　*Good Morning Vietnam*

吉姆·贝鲁西　Jim Belushi

吉尔布雷思　Frank Gilbreth

向量丛　vector bundles

名人拚死大决斗　*Celebrity Deathmatch*

地下丝绒　Velvet Underground

地磁倒转　geomagnetic reversal

地缘政治学　geopolitics

多胡—佐藤—小阪彗星　Tago-Sato-Kosaka
comet

多莉雅·曼福来迪　Doria Manfredi

多斯·帕索斯　John Dos Passos

多塞人　Dorses

多尔蒂兄弟　Laurie and Reggie Doherty

安妮女王加仑　Queen Qnne's gallon

安妮霍尔　Annie Hall

安妮·蓝妮克丝　Annie Lennox

安娜·卡列尼娜　*Anna Karenina*

安达曼语　Andamanese

安德生氏症　Andersen's disease
成功的智力　*Successful Intelligence*
曲棍网球　lacrosse
朱利安尼　Rudy Giuliani
朱莉亚·登特·格兰特　Julia Dent Grant
朱·凯利　Drew Carey
次中量级　junior middleweight
死谷　Death Valley
芝麻街　*Sesame Street*
百年战争　Hundred Years' War
百科全书　Encyclopédia
百万富翁　*Who wants to be a Millionaire*
米克·杰格　Mick Jagger
米纽伊特　Peter Minuit
米尔顿·伯利　Milton Berle
老伦敦哩　old London mile
老普林尼　the Elder Pliny
艾佛森　Allen Iverson
艾里山　Mt. Airy
艾曼塔起士　Emmentaler cheese
艾略特　T. S. Eliot
艾瑞莎·弗兰克林　Aretha Franklin
艾宾浩斯　Hermann Ebbinghaus
艾摩·林肯　Elmo Lincoln
艾薇拉　Elvira
艾兰·基尔　Ellen Kheel
西奈山医院　Mount Sinai Hospital
西哥德人　Visigoth
西格拉姆环球唱片公司　Seagram's Universal
西斯汀礼拜堂唱诗班　Sistine Choir
西奥多·帕帕斯　Theodore Pappas
西尔斯—罗巴克公司　Sears, Roebuck and Company
亨氏食品公司　Heinz Company
亨佛莱·鲍嘉　Humphrey Bogart
佛多出版社　Fodor
弗罗斯特　Robert Frost
佛瑞斯特　C. S. Forester

佛雷·亚斯坦　Fred Astaire
阿萨月刊　*Mensa Bulletin*
但恩　John Donne
伯利恒皇家医院　Bethlehem Royal Hospital
伯恩斯　Ken Burns
伯格　Bjorn Borg
伯·格雷斯　Bud Grace
伯尔　Aaron Burr
克利夫兰　Grover Cleveland
克利斯·法利　Chris Farley
克里米亚战争　Crimean War
克拉柏　Thomas Crapper
克伦威尔　Oliver Cromwell
克朗兹　David Krantz
克劳修斯　Rudolf Julius Emanuel Clausius
克鲁泡特金　Peter Kropotkin
克鲁格　Paul Kruger
克罗瑙尔　Adrian Cronauer
克兰费尔特氏症候群　Klinefelter's Syndrome
努特卡人　Nootka
伍尔芙　Virginia Woolf
坎特伯里故事集　*The Canterbury Tales*
妙人齐家　*Cheaper by the Dozen*
妙家庭　*The Brady Bunch*
妙探寻凶　Clue
妥瑞氏症　Tourette's syndrome
希拉里　Edmund Hillary
希勒尔　Hillel
希斯　Alger Hiss
希腊燃烧剂　Greek Fire
庇隆　Juan Perón
庇护岛　Shelter Island
折衷词　miranym
抑扬五步格　iambic pentameter
旱叶草　turkey beard
李文斯顿　David Livingstone
李·马文　Lee Marvin

李维史陀　Claude Levi-Strauss
杜木兹　Dumuzi
杜勒斯　John Foster Dulles
杜凯吉斯　Michael Dukakis
沙克　Jonas Salk
沙克尔顿　Sir Ernest Henry Shackleton
沙马伊　Shammai
沉静的美国人　*The Quiet American*
沃提克语　Votic Language
狄安娜　Diana
狄贝基　Michael Debakey
狄拉克　Paul Dirac
狄福　Daniel Defoe
狄德罗　Denis Diderot
狄摩西尼　Demosthenes
狄洁里都号角　didgeridoo
肛门驱除期　anal expulsive
育空河　Yukon River
贝克特　Samuel Barclay Beckett
贝儿·博伊德　Belle Boyd
贝略　Andres Bello
贝都人　Bedouin
贝雅特里齐　Beatrice
贝尔　Andrew Bell
贝尔加马　Bergama
贝尔曼　Carl Michael Bellman
贝尔斯　Peter Bales
贝罗克　Hilaire Belloc
辰砂　cinnabar
邦加　Gbarnga
邦克　Bunker
里弗代尔　Riverdale
里尔克　Rainer Maria Rilke
氙　xenon
乳类素食主义者　lactovegetarian
亚佛加厥数　Avogadro's number
亚伯·金　Albert Kim
亚当斯　John Quincy Adams
亚当斯　John Adams

亚维农　Avignon
佩因　Thomas Paine
佩里　Matthew C. Perry
佩姬·伊顿　Peggy Eaton
佩雷格里诺斯　Peregrinus Proteus
佩雷尔曼　S. J. Perelman
刺激　*The Sting*
固定智力　crystallized intelligence
坦曼尼协会　Tammany Hall
坦博拉火山　Tambora Mount
奈特·沙马兰　M. Night Shmalyan
妮娜·托覃伯格　Nina Totenberg
姗尔达·赛瑞　Zelda Sayre
彼得·辛格　Peter Singer
幸运轮　*Wheel of Fortune*
性蕾期　phallic stage
拉什莫尔山国家纪念碑　Mount Rushmore National Memorial
拉伯雷式　Rabelaisian
拉雪儿·圭迪　Rachele Guidi
拉斯泰利　Enrico Rastelli
拉普人　Lapp
拉维聂小姐　Mlle Julie Lavergne
拉赫玛尼诺夫　Sergey V. Rachmaninoff
拉齐尔　Jesse William Lazear
拆解不可解：哲学结构理论　*Unscrew the Inscrutable：A Theory of the Structure of Philosophy*
东方工作站　Vostok Station
东尼·索波诺　Tony Soprano
东哥德人　Ostrogoth
林白　Charles Lindbergh
林姆斯基—高沙可夫　Nikolay Andreyevich Rimsky-Korsakov
林赛　Vachel Lindsay
武当派　Wu-Tang Clan
波士顿茶党案　Boston Tea Party
波士顿朝圣队　Boston Pilgrims
波以耳　Robert Boyle

波多马克河　Potomac River
波耳　Niels Bohr
波西米亚人　*La Boheme*
波粒二象性　wave-particle duality
波尔班达　Porbandar
法雷利兄弟　Farrelly brothers
法网游龙　*Law & Order*
法兰西斯·柯波拉　Francis Ford Coppola
法兰克·莫尼兹　Frankie Muniz
法兰克斯将军　General Tommy Franks
法兰德斯画派　Flemish school
盲目约会　Blind Date
盲眼麦克特尔　Blind Willie McTell
盲眼杰佛逊　Blind Lemon Jefferson
盲眼富勒　Blind Boy Fuller
矽藻土　kieselguhr
空间之鸟　Bird in Space
肯明斯　E. E. Cummings
舍柏·伍雷　Shed Wooley
弗里达·卡萝　Frida Kahlo
芭芭拉·史丹妃　Barbara Stanwyck
芬兰—乌戈尔诸语言　Finno-Ugric languages
金衡盎司　troy ounce
金驴记　The Golden Ass
长鼻猴　proboscis monkey
门格勒　Josef Mengele
阿什克罗夫特　John Ashcroft
阿巴斯　Abbas
阿布鲁佐　Ben L. Abruzzo
阿米许人　Amish
阿伯拉　Peter Abelard
阿里奥斯托　Ariosto
阿姆　Eminem
阿查瓜人　Achagua
阿迪斯阿贝巴　Addis Ababa
阿伦　Hank Aaron
阿娜希提　Anahiti
阿留申群岛　Aleutian Islands

阿马丹　Almaden
阿基米德螺旋泵　Archimedes screw
阿斯拉快车　Acela
阿塔瓦尔帕　Atahuallpa
阿尔贡　Argonne
阿玛菲　Amalfi
阿鲍齐特　Firmin Abauzit
阿济济耶　Al-Aziziyah
阿赞德部落　Azande
保罗·柏尔斯　Paul Bowles
保罗·德曼　Paul de Man
俄南　Onan
前父影响　telegony
前寒武纪　Cryptozoic eon
前词反复　anadiplosis
匍匐剪股颖　creeping bent grass
哀绿绮思　Heloise
哈丁　Hardinge
哈西德主义　Hasidism
哈伯　Fritz Haber
哈利卡纳苏斯的摩索拉斯陵墓　Mausoleum of Halicarnassus
哈利法克斯　Halifax
哈利·梭　Harry Thaw
哈林篮球队　Harlem Globertotters
哈勒利人　Hareris
哈得逊　Henry Hudson
哈斯丁战役　Battle of Hastings
哈塞尔　Odd Hassel
哈泼氏索引　*Harper's Index*
哈泼时尚杂志　*Harper's Bazaar*
垂贝克　Alex Trebek
城堡　*The Castle*
威豹合唱团　Del Leppard
威瑞森行动电话公司　Verizon
威尔科克斯　Horace Wilcox
威尔·萧兹　Will Shartz
度度鸟　dodo
律法　Torah

恰卡　Shaka
拼字板　Scrabble
拼字棋　Balderdash
拼字盘　Boggle
拼猜哑谜　charade
指痉病　athetosis
施韦特—奎利温泉　Schwertbad-Quelle
施泰因夫人　Charlotte von Stein
施陶芬贝格　Claus Stauffenberg
春之祭礼　The Rites of Spring
星光列车　*Starlight express*
星尘往事　Stardust
星际大争霸　*Battlestar Galactica*
柯　Samuel Taylor Coleridge
柯根　Herman Kogan
柯瑞·布克　Cory Booker
柯梦波丹杂志　*Cosmopolitan*
柯腾·马瑟　Cotton Mather
查理士　James Challis
柏克　Williams Burke
柏努利定理　Bernoulli's theorem
柏恩斯　Robert Burns
柏班克　Burbank
毒芹　hemlock
流动智力　fluid intelligence
派翠西亚·康薇尔　Patricia Cornwell
洛夫廷　Hugh Lofting
洛克　John Locke
洛利爵士　Sir Walter Raleigh
洛威拿犬　Rottweiler
洛柏·布隆金　Rob Blonkin
洛纳·杜恩　Lorna Doone
为芬尼根守灵　*Finnegans Wake*
珍内特·雷诺　Janet Reno
珍·哈露　Jean Harlow
珍·麦纳　Jan Miner
皇家威龙　*Shanghai Knight*
皇家堡　Fort Royal
盾　guilder

研究生管理科学入学考试　Graduate Management Admission Tests
科氏力　Coriolis force
科尼岛　Coney Island
科伯　William Cowper
科伯恩　Alvin Langdon Coburn
科帕卡巴纳　Copacabana
科德　cord
科标族　Cobeua
竿　rod
红外套　Red Jacket
红字　*The Scarlet Letter*
红衫千人军　Red Shirts
红鹿　red deer
约翰·巴斯克维尔　John Baskerville
约翰生　Samuel Johnson
约翰沃克·林德　John Walker Lindh
约翰·哈林顿爵士　Sir John Harington
约翰·乔治二世　John George II
约翰逊　Robert Johnson
美心杂志　*Maxim magazine*
美国　*Amerika*
美斯顿会　Maidstone Club
美丽的亚美利加　America the Beautiful
耶洗别　Jezebel
胡士托　Woodstock
胡迪尼　Harry Houdini
范布伦　Martin Van Buren
范德比尔特　Cornelius Vanderbilt
英寻　fathom
金花虫　casebearing beetle
迪斯累利　Benjamin Disraeli
重返校园　*Old School*
面部表情回馈　facial feedback
韦拉札诺　Giovanni da Verrazzano
飞天万能车　*Chitty Chitty Bang Bang*
飞毛腿　Galloping Ghost
倭鼩鼱　pygmy shrew
俾格米人　pygmy

俾路支人　Balochi
哥德派美国人　American Gothic
哲学原理　*Principles of Philosophy*
埃克森美孚石油公司　Exxon
埃里克　Erik THE RED
埃姆斯电报　Ems telegram
埃涅阿斯纪　*Aeneid*
真理报　*Pravde*
夏洛蒂·勃朗特　Charlotte Bronte
射水鱼　archerfish
库斯科　Cuzco
库钦人　Kutchin
恐怖的伊凡　Ivan the Terrible
悍马车　Hummer
柴斯　William R. Chase
家有阿福　*Alf*
格瓦拉　Che Guevara
格列高利历　Gregorian calendar
格劳曼大都会剧院　Graumann's Theater
格雷　Elisha Gray
格雷特内克　Great Neck
格兰杰　David Granger
殷克利斯·马瑟　Increase Mather
泰特勒　James Tytler
泰德·基尔　Ted Kheel
海之荣光芋螺　glory-of the sea cone shell
海地克利奥尔语　Haitian Creole
海豹皮船　kayak
海勒　Joseph Heller
海森堡　Werner Karl Heisenberg
海德格　Martin Heidegger
浩劫余生　*Planet of the Apes*
涅墨西斯　Nemesis
乌拉山山脉　Ural Mountains
特拉法加　Trafalgar
特鲁里街剧院　Drury Lane Theatre
班夫　Banff
班扬　John Bunyan
班雅明　Walter Benjamin

神鬼战士　*Gladiator*
索托人　Sotho
索马利人　Somalis
索尔·贝娄　Saul Bellow
纽约之光　*The Lights of New York*
纽约公民报　*New York Citizen*
纽约历史学会　New York Historical Society
纽约观察家周报　*New York Observer*
纳博可夫　Vladimir Nabokov
纳尔逊勋爵　Lord Nelson
草原犬鼠　prairie dog
追根究底游戏　Trivial Pursuit
针锋相对　*Crossfire*
马丁路德　Martin Luther
马克安诺　John McEnroe
马尾藻海　Sargasso Sea
马里斯　Roger Maris
马里欧·普佐　Mario Puzo
马拉　Jean-Paul Marat
马格纳斯效应　Magnus effect
马塞里亚　Joe Masseria
马歇尔西洋棋会　Marshall Chess Club
马蒂斯　Henri Matisse
马尔他热　Malta fever
高空俱乐部　mile-high club
高级流浪汉自传　*The Autobiography of a Super Tramp*
高楚人　gaucho
高尔　Al Gore
高尔基　Maxim Gorky
高尔顿　Sir Francis Galton
斗鸡　Game Chicken
偶思数事录　*Occasional Reflections on Several Subjects*
曼彻斯特联队　Manchester United
曼戴尔　Howie Mandel
第三类接触　*Close Encounters*
啤酒加仑　ale gallon

国家询问报 *The National Enquirer*
国际高智商协会 Mensa
基伊 Francis Scott Key
堂何 Don Ho
寇得贝之箭：诺曼编年史 *The Arrow of Caudebec, A Norman Chronicle*
崔特·威廉斯 Treat Williams
常衡盎司 avoirdupois ounce
康乃尔医学中心 Cornell Medical Center
康拉德 Joseph Conrad
康宁 Hans Koning
张伯伦 Wilt Chamberlain
强尼苹果籽 Johnny Appleseed
强纳森 Jonathan Green
捷蓝航空 Jet Blue
教宗英诺森八世 Pope Innocent VIII
梯牧草 Timothy grass
梵乐希 Paul Valéry
梅迪奇公爵 Lorenzo de'Medici
梅特涅 Prince von Klemens Metternich
梅纳日 Gilles Menage
梅勒 Norman Mailer
梅尔维尔 Herman Melville
梅逊—狄克森线 Mason and Dixon Line
梅丽莎·李佛斯 Melisa Rivers
烽火赤焰万里情 *Reds*
猜字游戏 Taboo
球风火乐团 Earth Wind & Fire
理察·德瑞佛斯 Richard Dreyfus
畦长 furlong
毕凯 Jean-Luc Picard
毕尔斯 Ambrose Bierce
毕齐尔 Henry Ward Beecher
硫磺岛 Iwo Jima
移字母构新词 anagram
窒息性爱 *Dead Sexy*
绅士杂志 *Gentleman's Magazine*
莎拉·雅特丝 Sarah Yates
莫比斯带 Mobius strip

莫泊桑 Guy de Maupassant
莫斯比 John Singleton Mosby
莫霍克 mohawk
袋狸 bandicoot
这个世界出了什么错 *What's Wrong with the World*
连接词省略 asyndeton
顶尖百分之一会 Top One Percent Society
麦卡锡 Michael J. McCarthy
麦可贝 Joseph McCabe
麦考利勋爵 Lord Macaulay
麦克亨利堡保卫战 The Defence of Fort M'Henry
麦克法夸尔 Colin Macfarquhar
麦克鲁汉 Marshall McLuhan
麦恩 Horace Mann
氪 krypton
傅立叶 Charles Fourier
杰克和吉儿 Jack and Jill
杰克逊将军 T. J. "Stonewall" Jackson
杰利·贾西亚 Jerry Garcia
杰瑞·欧巴赫 Jerry Orbach
凯丝琳·莫萨 Kathleen Murtha
凯萨 Caissa
劳夫·克兰登 Ralph Kramden
劳伯·雷纳 Rob Reiner
劳勃·古列 Robert Goulet
劳伦兹 Konrad Lorenz
博卡萨 Jean-Bedel Bokassa
喀巴拉 Kabbalah
喀拉喀托火山 Krakatoa
喜姆牌 Hummel
乔伊斯 James Joyce
乔克托人 Choctaw
乔治·哈里森 George Harrison
乔治·达尔文 George Darwin
堪察加 Kamchatka
寒狱 hal
厕所的变化 *The Metamorphosis of Ajax*

循道宗;卫理公会　Methodist
惠特利奖　Wheatley Medal
惠特曼　Walt Whitman
掣签节　Purim
提格雷人　Tigres
斯文本恩　Algernon Charles Swinburne
斯克林　James Sickling
斯坦福　Stamford
斯洛维尼亚　Slovenia
斯特伊弗桑特　Peter Stuyvesant
斯特林堡　Johan August Strindberg
斯密　Joseph Smith
斯梅利　William Smellie
普里茅斯　Plymouth
普朗克　Max Planck
普瑞达皮欧　Predappio
普卢塔克　Plutarch
普罗米修斯会　Prometheus Society
智力手册　*Handbook of Intelligence*
棕榄美琪　Palmolive's Madge
棉花国王　King Cotton
汤姆·潘内拉斯　Tom Panelas
测链　chain
无政府国王　King of misrule
无衬衫者　Shirtless Ones
犹太受诫礼　bar mitzvah
犹太鱼丸　gefilte fish
番木鳖碱　strychnine
发育异常　dysplasia
硝化甘油　nitroglycerin
绝配杀手　*Gigli*
腕尺　cubit
腓力五世　Philip V
莱布尼兹　Gottfried Wilhelm Leibniz
菲利普·罗斯　Philip Roth
菲尔宾　Regis Phibin
菲诺港　Portofino
费西合唱团　Phish
费波纳奇数列　Fibonacci series

费兹杰罗　F. Scott Fitzgerald
费茨罗伊　Robert Fitzroy
费马最后定理　Fermat's last theorem
费曼　Richard P. Feynman
费尔丁　John Fielding
费尔班克斯　Charles Warren Fairbanks
贺尔　Joseph Hall
越共农历新年大反攻　Tet Offensive
越战猎鹿人　*Deer Hunter*
超弦理论　superstring theory
超级男孩合唱团　N Sync's
进步杂志　*The Progressive*
乡巴佬合唱团　Village People
开特力　Gatorade
开脱礼　halitza
隆头鱼　wrasse
雅各宾俱乐部　Jacobins
雅利安人　Aryan
雅德莱·雅特丝　Adelaide Yates
集蜂　sweat bee
冯迪索　Vin Diesel
黄上校　colocne Mustard
黄色新闻　yellow journalism
黄金律　Golden Rule
黄荣亮　B. D. Wong
黑尿热　blackwater fever
黑衫党　Blackshirt/Camicia Nera
黑莓机　Blackberry
黑尔　Williams Hare
黑与棕　Black and Tan
黑热病　dumdum fever
黑穗病　stinking smut
圆场棒球　rounders
塞夫尔　Sevres
塞尼卡人　Seneca
塞曼效应　Zeeman effect
塔木德经　Talmud
塔加族　Tajal
塔虎脱　William Howard Taft

塔朗泰拉舞　tarantella

奥弗伯里　Thomas Overbury

奥吉亚斯国王　Augeas

奥克斯　Adolph Simon Ochs

奥都邦　John James Audubon

奥德列　Robert Ardrey

微蛾　midget moth

艾米莉·勃朗特　Emily Jane Bronte

爱尔兰哩　Irish mile

爱维莱特　Everett Edward

搞怪艾尔　Weird Al Yankovic

搞怪猫　Rum Tumg Tugger

摇滚万万岁　*This Is Spinal Tap*

新学院大学　New School University

极移　polar wandering

岁差　procession of equinoxes

温科特　Wyncote

滑液囊炎　bursitis

瑟斯同·豪尔　Thurston Howell

瑞吉·杰克逊　Reggie Jackson

瑞秋·札巴尔　Rachel Zabar

瑞德·格兰奇　Red Grange

节　knot

经文楣铭　mezuzah

义务论　deontology

圣巴泰勒米　Saint-Barthelemy

圣母百合　Madonna lily

圣胡安山战役　San Juan Hill

圣胡安群岛　San Juan Island

圣嘉勒教堂　Church of Saint Clare

圣玛丽亚岛　island of Santa Maria

圣维图　Saint Vitus

腺性瘟疫　bubonic plague

蒂波·高尔　Tipper Gore

蒂尔顿　Theodore Tilton

加芬克尔　Art Garfunkel

葛斯帕　Gaspar

葛瑞兹基　Wayne Grezky

葛兰姆　Graham Sylvester

葛兰姆饼干　graham crackers

葡萄酒加仑　wine gallon

蜕变　*Metamorphosis*

解码字谜　Cryptics

话语中断　aposiopesis

詹姆斯　Henry James

詹姆斯时期　Jacobean age

詹姆斯梵德毕克　James Van Der Beek

詹姆斯党　Jacobite

詹金斯的耳朵战争　War of Jenkins' Ear

资讯年鉴　*Information Please Almanac*

贾斯汀　Justin Timberlake

贾斯珀　Jasper

路易十四　Louis XIV

路易斯　Jerry Lee Lewis

路易斯　C. S. Lewis

路易斯　Joe Louis

路·瑞德　Lou Reed

跳跃的巴斯克人　Bounding Basque

道通　Dalton

达加洛语　Tagalog

达拉斯　George Mifflin Dallas

逾越节家宴　seder

雷·克洛克　Ray Kroc

雷纳德　Elmore Leonard

雷诺瓦　Jean Renoir

电影艺术科学学院　Academy of Motion Picture Arts and Sciences

呕吐　*Nausea*

图坦卡门　Tutankhamun

梦幻岛　*Gilligan's Island*

察尔准　chaldron

对手队　Oppositon team

对句　couplet

对抗大群可怕女人之第一声号角　*First Blast of the Trumpet Against the Monstruous Regiment of Women*

对偶　antithesis

荣恩·霍夫林　Ron Hoeflin

兴奋过度　erethism

萧特　Ben Schott

萧特杂录　*Schott's Original Miscellany*

诺曼地登陆日　D-Day

赖利·金　Larry King

遗忘曲线　forgetting curve

钢琴师　*Shine*

霍卡语　Hokan

霍布斯　Thomas Hobbes

霍金　Stephen Hawking

霍迦斯　William Hogarth

霍恩布洛尔船长　*Horatio Hornblower*

霍博肯　Hoboken

霍兰　Clifford M. Holland

头发　*Hair*

头韵　alliteration

鲍伯·威基　Bob Wilke

鲍尔温　James Baldwin

默克药厂　Merck

骇客任务　*The Matrix*

戴夫·佩泽　David Pelzer

戴夫·散普尼亚洛　Dave Sampugnaro

戴弗林　J. F. Devlin

戴芬　John Delfin

戴维斯　Jefferson Davis

戴维斯　William Henry Davies

爵士歌手　*The Jazz Singer*

爵床科　Acanthaceae

联合学院　Union College

薛迪克—东氏症候群　Chediak-Higashi Syndrome

谢亚棒球场　Shea Stadium

谢尔登　W. H. Sheldon

赛伦女巫审判　Salem witch trials

迈尔斯　Mike Myers

韩福瑞　Hubert Horation Humphrey

猎椿　assassin bug

绕着桑树转呀转　All Around the Mulberry Bush

萨克森　Saxony

萨姆·华特斯顿　Sam Waterston

萨法提　Margherita Sarfatti

萨德　Marquis de Sade

覆盆子　raspberry

双狭缝实验　Double Slit Experiment

伞形科　Apiaceae

怀特　Stanford White

怀海德　Alfred North Whitehead

旷世巨著大英百科　*The Great EB*

濒危的地球　*Earth in the Balance*

瘪四与大头蛋　Beavis and Butt-head

绳球游戏　tether ball

罗克韦尔　Norman Rockwell

罗贝多·贝尼尼　Roberto Benigni

罗许·林鲍夫　Rush Limbough

罗斯韦尔　Roswell

罗兰巴特　Roland Barthes

边际效用　Marginal utility

关塔那摩湾　Guantanamo Bay

丽亚·波曼　Rhea Perlman

丽金　Regine

丽泰·海华斯　Rita Hayworth

丽鱼　cichlid fish

宝嘉康蒂　Pocahontas

忏悔星期二　Shrove Tuesday

献给从火车上看到的一位胖太太　To a Fat Lady Seen from a Train

苏利南　Suriname

苏努努　John Sununu

苏格兰哩　Scottish mile

苏格兰场　Scotland Yard

钟，书和烛　bell, book and candle

兰金贝斯动画公司　Rankin-Bass

铁窗喋血　*Cool Hand Luke*

霸王计划　Operation Overlord

霹雳上校　*The Great Santini*

露西·鲍儿　Lucille Ball

读书椅　cockfighting chair

赎罪日　Yom Kippur

恋爱世代　*Dawson's Creek*

驴皮记　*Wild Ass' Skin*

猫啼症　cri-du-chat syndrome

鮟鱇鱼　anglerfish